- 二十一世纪“双一流”建设系列精品教材
- 西南财经大学研究生重点建设课程教材

中级计量经济学方法与应用

Intermediate Econometrics Method and Application

张卫东 喻开志 李 伊 张华节 编著

西南财经大学出版社
中国·成都

图书在版编目(CIP)数据

中级计量经济学:方法与应用/张卫东等编著.—成都:西南财经大学出版社,2021.9(2023.8 重印)
ISBN 978-7-5504-5037-0

Ⅰ.①中… Ⅱ.①张… Ⅲ.①计量经济学—研究生—教材
Ⅳ.①F224.0

中国版本图书馆 CIP 数据核字(2021)第 171628 号

中级计量经济学——方法与应用

ZHONGJI JILIANG JINGJIXUE FANGFA YU YINGYONG

张卫东　喻开志　李　伊　张华节　编著

责任编辑:周晓琬
责任校对:肖　翀
封面设计:墨创文化
责任印制:朱曼丽

出版发行	西南财经大学出版社(四川省成都市光华村街 55 号)
网　　址	http://cbs.swufe.edu.cn
电子邮件	bookcj@swufe.edu.cn
邮政编码	610074
电　　话	028-87353785
照　　排	四川胜翔数码印务设计有限公司
印　　刷	四川五洲彩印有限责任公司
成品尺寸	185mm×260mm
印　　张	18.5
字　　数	418 千字
版　　次	2021 年 9 月第 1 版
印　　次	2023 年 8 月第 2 次印刷
书　　号	ISBN 978-7-5504-5037-0
定　　价	49.80 元

前言

计量经济学是现代经济学的重要组成部分。近年来随着众多理论和应用成果的出现，计量经济学得以高速发展。计量经济学的理论研究与应用研究日益受到重视。计量经济学课程也成为高等院校经济管理类专业本科生和研究生的核心基础课程。在此背景下，从计量经济学教学的实际出发，本着“重思想、重方法、重应用”的理念，我们编写了这本经济管理类专业研究生用的教材。

党的二十大强调，“要坚持教育优先发展、科技自立自强、人才引领驱动，加快建设教育强国、科技强国、人才强国”。作为经济管理类专业研究生的中高级的计量经济学教材，本书在计量经济学经典方法的基础上，重点介绍讲解近现代计量经济学的主要方法及其应用。随着计量经济学的发展，其内容和方法在不断拓展、更新。本教材在传统经典内容的基础上，充实了近年来流行且实用的方法（比如处理效应与因果推断等），并通过 Stata 软件运用与众多案例分析，从方法和应用上体现现代计量经济学的要义。具体来说，本教材旨在让学习者通过案例学习主要理论与方法，并在案例分析中学习 Stata 软件的实际操作方法。本书各章例题和案例采用的是 Stata 15 的命令和输出界面。

自 2000 年“中级计量经济学”成为西南财经大学经济管理类专业研究生基础必修课二十余年以来，该课程教学课时已超过上万学时。其间出版了教材《中级计量经济学》（西南财经大学出版社，2010）。而本教材在严谨的理论方法框架下，增加了一些新内容，并更注重应用性（书中带 * 号的部分可视情况略过），力求通过案例（包括习题）建设，提高学生对计量经济学方法和应用的学习能力。本教材中涉及的数据文件，登陆网址 http://cbs.swufe.edu.cn/download_content.aspx? id=325 即可下载。希望通过学习本教材，学生能够掌握计量经济学中的基本思想和分析方法以及 Stata 软件的操作方法，提高运用计量经济学分析问题、解决问题的应用能力。

本书内容分为七章和一个附录。第一、二、三章由张卫东编写，第四、七章由李伊编写，第五章由喻开志编写，第六章及附录由张华节编写。全书由张卫东统稿。

本书的编写得到了西南财经大学研究生院、西南财经大学统计学院及郭建军院长的关心和支持，在此表示衷心感谢。

本书的出版还得到了西南财经大学出版社的支持和帮助，谨此表达由衷的谢意。

限于作者水平，书中难免有疏漏或失误，敬请读者批评指正。

作者

2021 年 5 月

目　录

第一章　导论 ……………………………………………… (1)
第一节　计量经济学的作用和意义 ……………………………… (1)
第二节　经典计量经济学概述 ………………………………… (2)
第三节　非经典计量经济学概述 ……………………………… (3)

第二章　经典线性回归模型 …………………………………… (6)
第一节　基本概念与模型设定 ………………………………… (6)
第二节　经典线性回归模型的参数估计方法 ………………… (9)
第三节　经典线性回归模型的检验方法 ……………………… (13)
第四节　经典线性回归模型应用案例 ………………………… (21)
第五节　含有虚拟解释变量的经典线性回归模型 …………… (24)
习题 …………………………………………………………… (28)

第三章　放宽基本假定的处理及方法拓展 …………………… (30)
第一节　非球形扰动 ………………………………………… (30)
第二节　内生性问题 ………………………………………… (37)
第三节　模型设定误差 ……………………………………… (46)
第四节　极大似然估计与非线性约束检验 …………………… (60)
习题 …………………………………………………………… (69)

第四章　离散选择模型 ……………………………………… (71)
第一节　二项选择模型 ……………………………………… (72)
第二节　多项选择模型 ……………………………………… (92)
习题 …………………………………………………………… (107)

第五章　时间序列计量经济分析…………………………………………………（109）
第一节　平稳时间序列模型 ……………………………………………………（109）
第二节　非平稳时间序列模型 …………………………………………………（124）
第三节　向量自回归模型 ………………………………………………………（136）
*第四节　自回归条件异方差模型初步 ………………………………………（154）
习题 ……………………………………………………………………………………（164）

第六章　面板数据模型 ………………………………………………………………（166）
第一节　基本概念 ………………………………………………………………（166）
第二节　变截距面板数据模型 …………………………………………………（171）
第三节　高维（多维）固定效应面板数据模型……………………………（188）
第四节　变系数面板数据模型 …………………………………………………（191）
*第五节　动态面板数据模型 …………………………………………………（202）
第六节　案例分析 ………………………………………………………………（208）
习题 ……………………………………………………………………………………（245）

第七章　因果推断与政策评价模型 ……………………………………………（247）
第一节　因果推断模型概述 ……………………………………………………（248）
第二节　倾向值得分匹配 ………………………………………………………（252）
第三节　断点回归模型 …………………………………………………………（262）
第四节　双重差分模型 …………………………………………………………（270）
习题 ……………………………………………………………………………………（277）

参考文献 ……………………………………………………………………………（278）

附录　Stata 软件入门操作……………………………………………………（281）

第一章
导 论

第一节 计量经济学的作用和意义

1933 年“Econometrica”杂志的创刊和世界计量经济学会的成立，标志着计量经济学的诞生。“Econometrica”杂志主编和第一任世界计量经济学会会长——挪威经济学家 Ragnar Frisch 说：“用数学方法探讨经济学可以从好几个方面着手，但任何一个方面都不能和计量经济学混为一谈。计量经济学与经济统计学绝非一码事；它也不同于我们所说的一般经济理论，尽管经济理论大部分具有一定的数量特征；计量经济学也不应视为数学应用于经济学的同义语。经验表明，统计学、经济理论和数学这三者对于真正了解现代经济生活的数量关系来说，都是必要的，但本身并非是充分条件。三者结合起来，就是力量，这种结合便构成了计量经济学。”

而当代意义下的计量经济学，本质上并没有偏离上述精髓，但有了许多新的发展，如数学和统计方法的内容已有很大的扩展，同时还包括了很重要的工具——计算机的普及和各种统计软件的应用。

计量经济学在经济学中占有非常重要的地位。Samuelson 说过：“第二次大战后的经济学是计量经济学的时代”。迄今至少十几位计量经济学家直接因为对计量经济学发展的贡献而获得诺贝尔经济学奖。其中，1980 年诺贝尔经济学奖得主 Lawrence R. Klein 曾说：“计量经济学已经在经济学科中居于最重要的地位。”“在大多数大学和学院中，计量经济学的讲授已经成为经济学课程表中最有权威的一部分。”

为什么计量经济学研究与应用会出现蓬勃发展的状况？

作为实证社会科学的（西方）经济学，其一般方法论与自然科学方法论有相似之处，即二者都属于实证科学。表现为：一是它们是基于对客观事实观察和观测；二是它们的理论科学性都要依靠事实来检验。这两点是实证方法论的核心，也是所有实证方法论的共同基础。

当然它们也有不同之处。作为社会科学的经济学，研究的问题是具有意识和理智的人们的经济行为，并且，社会经济现象的规律性主要是存在于千百万人的活动之中，而不是表现在个别人的行动中。因此，经济学不能完全靠在实验室里做实验来构造以及检验经济学理论。我们应该认识到社会经济现象的客观复杂性和经济学实证方法论的局限性。

经济学按研究的范式不同分为规范经济学（研究经济学中所涉及的道德规范、价值判断问题，力求说明“应该是什么”的问题）与实证经济学（在做出一定行为关系的假设下，分析与预测行为的经济后果，力求说明“是什么”的问题）。计量经济学是典型的实证经济学，它没有自己的经济理论，而是分析方法的应用和创新。在经济分析中引入数学和统计方法，是因为数学或统计方法具有很强的逻辑性、客观性、通用性和独立性。这也正体现了计量经济学作为典型的数量分析工具的作用和意义。

第二节 经典计量经济学概述

所谓经典计量经济学通常是指 1970 年代以前的计量经济学。经典计量经济学于 20 世纪 30 年代创立，40—50 年代发展，60 年代扩张。到现在，依然有经济学家使用到经典计量经济学。例如，Damodar N. Gujarati 在 *Basic Econometrics*（4th edition）（2001）一书中，多处用到经典计量经济学（classical econometrics）和经典方法论（classical methodology）等词语。Paul A. Ruud 2000 年出版一本教科书的名称就是 *An Introduction to Classical Econometric Theory*。2000 年 Wallace Huffman 也出版了一本教科书 *Classical Econometrics*。Franco Peracchi（2001）在 *Econometrics* 中明确指出，该书提供了一个连接经典计量经济学与最近若干年的新研究领域，如非参数方法、面板数据等的桥梁。

在经典假设的前提下，计量经济学有一系列的理论、方法与应用。其方法论按如下路线进行：①理论或假说的陈述；②理论的数学模型的设定；③理论的计量经济模型的设定；④获取数据；⑤计量经济模型的参数估计；⑥有关模型的假设检验；⑦结构分析、政策评价、控制或预测。

对经典计量经济学做出重大贡献而获得诺贝尔经济学奖的经济学家有 6 位。挪威经济学家 Ragner Frish 和荷兰经济学家 Jan Tinbergen 在 1969 年获得诺贝尔奖，颁奖词是“对经济过程的分析发展和应用了动态模型”。其中，Frish 是计量经济学的主要创立者，Tinbergen 建立了第一个应用模型。美国经济学家 Wassily Leontief 在 1973 年获奖时的颁奖词是“发展了投入产出方法以及在重要经济问题上的应用”，他建立了投入产出模型，对经济领域产生了重大作用。美国经济学家 Lawrence R. Klein 在 1980 年获得诺贝尔经济学奖，因为他“在分析经济波动和经济政策时计量经济模型的建立和应用”，并成为其理论与应用的集大成者。英国经济学家 Richard Stone1984 年获得诺贝尔奖是因为“国家预算数据系统发展的基础性贡献和由此极大地改进了经验经济分析的基础”，即发展了数据基础。挪威经济学家数学家 Trygve Haavelmo 在 1989 年获得诺贝尔奖是因为“计量经济学中概率理论基础的澄清以及联立经济结构的分析”，即他建立了经典计量经济学的概率论基础。

经典计量经济学的主要特征是：①模型类型是随机模型。②模型设立以理论背景为导向。③模型结构为线性或者可以化为线性的形式，模型具有明确的形式和参数，分析变量间的依存关系，解释变量具有同等地位。④数据类型以时间序列数据或者截面数据为样本，被解释变量为服从正态分布的连续随机变量（这可以认为是“经典”的核心）。⑤估计方法是仅利用样本信息，以最小二乘估计法为核心的方法来估计模型。

经典计量经济学的应用主要表现为：①应用模型的方法论基础有实证分析、经验分析和归纳。②应用模型的功能有结构分析、政策评价、经济预测、理论检验与发展。③应用模型的领域则包括诸如生产、需求、消费、投资、货币金融以及宏观经济等的传统的应用领域。

经典计量经济学为经济学的发展做出了重大贡献，许多在其他经济学领域获得诺贝尔经济学奖的经济学家都应用了经典计量经济学的理论方法。经典计量经济学中的单方程模型仍然是最具应用价值的模型。

第三节　非经典计量经济学概述

以经典计量经济学为基石，计量经济学在各领域快速发展，构成了所谓的现代计量经济学。比如时间序列计量经济学、金融计量经济学、微观计量经济学、面板数据计量经济学、非参数计量经济学，以及近来流行的处理效应与因果推断方法等。

时间序列计量经济学，是现代宏观计量经济分析的主要工具。经典的宏观计量经济学主要是宏观计量经济学模型理论。而现代宏观计量分析的主要研究方向已发展为单位根检验、协整理论以及动态计量经济学。（可参见 2001 年 *Journal of Econometrics* 第 100 期纪念专辑中的两篇经典文章：Clive W. Granger，“Macroeconometrics—Past and Future”。J. H. Stock，“Macroeconometrics”）。当代宏观计量经济学，或者时间序列计量经济学的前沿研究方向已发展到结构变化的单位根和协整理论。

因“发现分析经济时间序列共同趋势（协整）的方法”而获得 2003 年诺贝尔经济学奖的英国经济学家 Clive W. Granger，发现了分析具有共同趋势的经济时间序列的方法——协整。他发现了处理非平稳时间序列之间的虚假回归问题的方法，提出了协整的概念和协整的检验方法；区分和表述了非平稳时间序列之间的长期关系和短期影响；提出了著名的 Granger 表述定理，即如果变量 X 与 Y 是协整的，则它们间的短期非均衡关系总能由一个误差修正模型表述。

Granger 的贡献已经被经济学家广泛用于经济时间序列分析，成为宏观经济分析的常用理论方法，以及宏观计量经济学的主流。在一个经济系统中，经济变量之间既存在长期均衡关系，又存在短期动态关系，格兰杰的协整分析已经成为建立动态计量经济学模型的基石。

作为现代计量经济学的一部分的动态时间序列计量经济学，注重模型设定理论以及方法技术。以英国经济学家 D. F. Hendry 为代表的这一学派，强调从理论导向到数据导向；从简单到复杂的建模思路到从一般到简单的建模思路；从数据生成过程（DGP）到自回归分布滞后模型（ADL）；从自回归分布滞后模型（ADL）到误差修正模型（ECM）的演进。并考虑分布的约化、误差项的约化、参数的约化、滞后项的约化、函数形式的约化，使之能更好更方便地分析实际经济问题。

另外，作为计量经济学的一个相对独立的分支——金融计量经济学，由于金融市场分析的重要性，金融市场时间序列数据的特殊性，促使金融计量经济学理论方法的发展成为迫切需要。而金融市场数据的可得性和充分性，为发展其理论方法提供了条件，并使得理论方法能够得到广泛的应用。

因“发现分析经济时间序列时变波动方法”而获得 2003 年诺贝尔经济学奖的美国经济学家 Robert F. Engle 发现了分析随时间变化的波动性的经济时间序列的方法——自回归条件异方差（ARCH）模型。ARCH 模型假定随机误差项的方差是随时间变化的，而且具有自回归条件异方差的结构。ARCH 模型及其估计方法的提出，模型性质的证明以及 ARCH 模型的发展——GARCH 模型，使得金融计量经济学达到新的高度。一些著名的模型，例如 CAPM 模型（Sharpe，1990）、Black-Scholes 公式等因此而得到修正与完善。

一般来讲，我们可以将计量经济模型写为条件期望和条件方差的和，即：$y = E(y \mid X) + S(X)\varepsilon$ 。如果条件方差 $\mathrm{Var}(y \mid X) = \mathrm{S}(X)$ 为常数，或特别地等于 1，即 $y = E(y \mid X) + \varepsilon$ ，这就是传统的经典计量经济模型。而对于 $\mathrm{S}(X)\varepsilon$ 的讨论则构成自回归条件异方差模型，如 ARCH 模型、GARCH 模型等。这是现代的非经典计量经济学的活跃分支。

这种“均值+方差”的分析思路也可叫作计量经济分析的整体思路。

现代计量经济学的另一个重要分支是 2000 年正式提出的微观计量经济学。它的主要特征是：对个人和家庭的经济行为进行经验分析。微观计量经济学的原材料是微观数据。微观数据是通过调查得到的。微观数据的显著增加使得微观计量经济学得到发展。

美国经济学家 J. J. Heckman 和 D. L. Mcfadden 在微观计量经济学的基础性贡献，为他们赢得了 2000 年的诺贝尔奖。自 2000 年起，关于微观计量经济学的研究形成高潮，主要包括一般离散选择模型（Discrete Choice Model）、嵌套离散选择模型（Nested）、排序离散选择模型（Ordered）、计数数据模型（Model for Count Data）等。微观计量经济学中最前沿的理论方法研究是非参数和半参数方法。

面板数据（Panel Data）模型是相对独立的计量经济学分支，包括宏观和微观面板数据模型。形成了与截面数据模型相对应的较完整的内容体系，更多地应用于宏观。基本内容有模型的类型或分类，模型的估计方法，模型的选择、比较、检验与应用。其较新的研究方向是动态面板数据模型、面板数据单位根检验和协整分析、面板数据模型的非参数方法等。

非参数计量经济学包括非参数模型和半参数模型，单方程模型和联立方程模型，随机设定模型和固定设定模型。非参数模型的估计方法有两大类：局部逼近（权函数方法）和整体逼近（级数估计）。主要方法是权函数估计，最常见的权函数估计是核估计和局部线性估计。目前研究的重点仍是估计方法及其性质（例如半参数模型的估计、级数估计、联立方程非参数模型的估计、窗宽、边界点等）。

除此之外，现代计量经济学还有其他方面的内容。比如广义矩方法（GMM），以及近来很流行的处理效应与因果推断。也有对于经济理论模型的具体设定验证；对于数据背后的经济规律发现，数据质量诊断；判断或检验模型的若干信息准则；等等。

以上种种构成了现代计量经济学的主要内容。本书后面各章将在经典计量经济学及其拓展的基础上，介绍非经典计量经济学也就是现代计量经济学的一些基本内容，在兼顾理论的同时，注重分析方法思路和实际应用。

第二章
经典线性回归模型

经典计量经济学分析方法是通过设定模型、收集数据，对观测数据本身统计规律进行认识，对模型进行估计和检验，并由此对经济变量及其变化规律做出正确的推断、分析、预测和应用，从而客观科学地认识和表述经济现象和经济规律。

计量经济分析是经济学科各分支进行理论分析和定量研究必不可少的工具。它能更精确、更深刻地揭示经济现象和经济规律。而其核心则是模型设定和相关的统计推断方法，即有关参数估计和假设检验的方法。

本章首先从矩阵角度对经典计量经济学的基础内容（包括条件期望、条件方差，总体回归函数、样本回归函数、古典假定等）做简要的回顾总结。然后着重分析描述线性回归模型的参数估计方法与检验方法及其拓展，主要包括实证经济分析中的一些重要的估计方法和检验方法的使用条件、数理过程、结论性质和应用效果。

第一节　基本概念与模型设定

条件期望和条件方差是计量经济学的基本分析工具。首先介绍条件期望、条件方差的定义及性质。

对于二维随机变量（x，y），变量 y 的条件概率和条件分布定义为：当变量 x 取某固定值时（条件），y 的值是不确定的，y 取不同值的概率称为条件概率。而 y 的不同取值会形成一定的分布，这是 y 的条件分布。

变量 y 的条件期望定义为：对于 x 的每一个取值，y 所形成的分布确定其期望或均值，称为 y 的条件期望或条件均值，用 $E[y \mid x]$ 表示。y 的条件期望是随 x 的变动而变动的，是 x 的函数。条件期望可表示为：

$$m(x) \triangleq E[y \mid x] = \begin{cases} \int_y yf(y \mid x)\, dy \cdots\cdots \text{若 } y \text{ 是连续的} \\ \sum_y yP_{y \mid x}(y \mid x) \cdots\cdots \text{若 } y \text{ 是离散的} \end{cases}$$

条件期望是在给定 x 的一定条件下 y 的期望，是 x 的函数。它具有以下几个简单而很有用的性质：

（1）期望迭代律

$$E[y] = E[E[y \mid x]]$$

即条件期望的条件期望等于无条件期望。

（2）$E[(ax + by) \mid z] = aE[x \mid z] + bE[y \mid z]$

或者更为一般的情形是：设 $a_1(x)$，$a_2(x)$，…，$a_G(x)$ 和 $b(x)$ 为 x 的标量函数，y_1，y_2，…，y_G 为随机变量，那么：

$$E\left(\left(\sum_{j=1}^{G} a_j(x)\, y_j + b(x)\right) \mid x\right) = \sum_{j=1}^{G} a_j(x)\, E(y_j \mid x) + b(x)$$

（3）对于任何二元变量及分布，可以证明

$$\mathrm{Cov}(x, y) = \mathrm{Cov}(x, E[y \mid x]) = \int_x (x - E(x))\, E[y \mid x] f_x(x)\, dx$$

从这个性质中，可以引申得到

$$E(u \mid x) = 0 \Rightarrow \mathrm{Cov}(x, u) = 0$$

由此可以帮助我们理解线性回归中的两个基本的古典假设：强外生性假定（在 x_i 给定的条件下，u_i 的条件均值为零）和弱外生性假定（随机扰动项与解释变量不相关）。强外生意味着弱内生，反之不然。

有了条件期望的定义和性质后，我们给出条件方差的定义。

条件方差的定义为

$$\mathrm{Var}[y \mid x] = E[(y - E[y \mid x])^2 \mid x] = E(y^2 \mid x) - (E[y \mid x])^2$$

它是在方差定义公式中涉及期望的地方换成条件期望。条件方差可理解为分组情况下的集中或分散程度的度量，或者分组条件下变量差异程度的度量。它常用的性质有：

（1）$\mathrm{Var}((a(x)\, y + b(x)) \mid x) = (a(x))^2 \mathrm{Var}(y \mid x)$

（2）方差分解定理：

$\mathrm{Var}[y] = \mathrm{Var}[E[y \mid x]] + E[\mathrm{Var}[y \mid x]]$

即，任何一个随机变量的方差可以分解为其条件期望的方差和条件方差的期望。它是传统计量经济学中方差分解的理论基础。

上述条件期望和条件方差的定义和性质均可推广到多维的情形（比如 x 本身就是向量的情形）。

条件期望和条件方差是计量经济学分析的知识基础，而主要的分析对象或工具则是总体回归函数、样本回归函数等。

回归函数的定义为：被解释变量 Y 的条件期望 $E[Y \mid X]$ 随解释变量 X（可能是向量）的变化而有规律的变化，如果把 Y 的条件期望表示为 X 的某种函数 $E[Y \mid X] = f(X)$，这个函数称为回归函数。对于每一个 X 的取值，都有 Y 的条件期望与之对应，代表 Y 的条件期望的轨迹形成的直线或曲线称为回归线。回归函数分为总体回归函数和样本回归函数。

总体上看，被解释变量 Y 的条件期望表现为解释变量 X 的某种函数 $E[Y \mid X] = f(X)$，这个函数称为总体回归函数（PRF）。本质上，总体回归函数体现了特定总体中被解释变量随解释变量的变动而平均变动的某种规律性。然而总体通常是庞大而

未知的，所以很难直接找出总体回归函数 $E[Y|X]=f(X)$。这时需要通过样本回归函数对总体回归函数做出估计。

计量经济学的根本目的之一是要探寻变量间数量关系的规律，也就要努力去寻求总体回归函数。作为总体运行的客观规律，总体回归函数是客观存在的。但在实际的经济研究中总体回归函数通常是未知的，只能根据相关的经济理论和实践经验去设定。

而样本回归函数则是根据总体回归函数的设定形式，对应写出其相应的表达式，并进行估计。经典计量经济学分析方法一般分为模型设定、参数估计、模型检验、模型应用四大步骤。模型设定是首要的一步。

既然计量经济学研究中“计量”的根本目的之一是要寻求总体回归函数，我们所设定的计量模型实际就是在设定总体回归函数的具体形式。总体回归函数中 Y 与 X 的关系可能是任何形式，可以是线性的，也可以是非线性的。

假如 Y 的条件期望 $E[Y|X]=f(X)$ 是解释变量 X 的线性函数，则可以表示为

$$E[Y|X]=f(X)=\alpha+\beta X$$

而关于个别值表现，或随机设定形式则理解为：对于一定的 X_i，Y 的各个别值 Y_i 并不一定等于条件期望，而是分布在其周围，若令各个 Y_i 与条件期望 $E[Y_i|X_i]$ 的偏差为 u_i，即 $Y_i-E[Y_i|X_i]=u_i$。u_i 称为随机扰动项（随机误差项），它是众多细小的无法观测或未认知的随机因素的总和，是个随机变量。于是，$Y_i=E[Y_i|X_i]+u_i=\alpha+\beta X_i+u_i$，此即一个简单的一元线性回归模型的设定。

而一般常用的模型设定为多元线性回归模型

$$Y_i=\beta_1+\beta_2X_{2i}+\cdots+\beta_kX_{ki}+u_i \quad (i=1, 2, \cdots, n)$$

其中 Y 为被解释变量，X_2，…，X_k 为 $k-1$ 个解释变量，u 为随机扰动项或随机误差项。β_1，β_2，…，β_K 则是 k 个待估计的参数。或写为矩阵形式：

$$Y=X\beta+u \tag{2.1}$$

其中 $Y=\begin{pmatrix}Y_1\\Y_2\\\vdots\\Y_n\end{pmatrix}$，$X_{n\times k}=\begin{pmatrix}1 & X_{21} & \cdots & X_{k1}\\1 & X_{22} & \cdots & X_{k2}\\\vdots & \vdots & \ddots & \vdots\\1 & X_{2n} & \cdots & X_{kn}\end{pmatrix}$，$u=\begin{pmatrix}u_1\\u_2\\\vdots\\u_n\end{pmatrix}$，$\beta=\begin{pmatrix}\beta_1\\\beta_2\\\vdots\\\beta_k\end{pmatrix}$

此时样本回归方程是

$$Y=X\hat{\beta}+e \tag{2.2}$$

而主要的任务就是通过合适的方法，估计得出未知参数 β 的估计量 $\hat{\beta}$。

其中 $\hat{\beta}=\begin{pmatrix}\hat{\beta}_1\\\hat{\beta}_2\\\vdots\\\hat{\beta}_k\end{pmatrix}$，$e=\begin{pmatrix}e_1\\e_2\\\vdots\\e_n\end{pmatrix}$，$e_i=Y_i-\hat{Y}_i$ 是残差项。

这就是最基本最常用的经典线性回归模型设定。

模型设定应该根据实际问题的背景理论及研究需要，设定出正确或最适合的模

型。当然这不是容易的事情。除了经典线性回归模型，以下也是常见的模型形式：

$\ln Y_i = \beta_1 + \beta_2 \ln X_{2i} + \cdots + \beta_k \ln X_{ki} + u_i$

$Y_i = \alpha + \beta_1 X_i + \beta_2 X_i^2 + \gamma Z_i + u_i$

它们对于参数来说还是线性的。其对应的样本回归方程是

$\ln Y_i = \hat{\beta}_1 + \hat{\beta}_2 \ln X_{2i} + \cdots + \hat{\beta}_k \ln X_{ki} + e_i$

$Y_i = \hat{\alpha} + \hat{\beta}_1 X_i + \hat{\beta}_2 X_i^2 + \hat{\gamma} Z_i + e_i$

亦可采用适当的方法进行估计。

第二节　经典线性回归模型的参数估计方法

对于多元线性回归模型（2.1）

$$Y = X\beta + u$$

为了得到参数的最优估计量，有以下的古典假定：

① $E(u \mid X) = 0$　（u_i 的条件均值为零）

② $\mathrm{Var}(u \mid X) = \sigma^2 I$（$u_i$ 同方差，无自相关，或称球形扰动）

③ $E(X'u) = 0$（解释变量非随机，或若随机也与 u 不相关，亦称为外生性）

④ $\mathrm{Rank}(X'X) = k$　（满秩性条件，解释变量无共线性，这里 $k < n$）

⑤ $u \sim N(0, \sigma^2 I)$　（扰动项正态分布）

上述古典假定的意义和作用在于：

第一，零条件均值假定，也称强外生性。它可以保证估计量的无偏性。

第二，球形扰动，是指随机扰动项的方差—协方差矩阵为同方差和无自相关同时成立时的情况。违反此假设条件，被称为非球形扰动，将会影响到参数估计的有效性。

第三，外生性条件，表示随机扰动项中不包含有解释变量的任何信息。外生性条件的违反将影响到参数估计的一致性。

第四，满秩性条件，它是为了保证条件期望的唯一性，参数可求解。

第五，正态性条件，它主要与统计检验和推断有关，但在大样本的条件下，根据中心极限定理这个条件是可以放宽的。

在后面的有关内容中，将逐渐放宽这些假设条件，从而对这些假定进行更深入的理解和认识。

在古典假定的条件下，当我们获取样本容量为 n 的观测数据后，可由样本的回归方程 $Y = X\hat{\beta} + e$，通过普通最小二乘估计法（OLS），得出未知参数 β 的优质估计量 $\hat{\beta}$。

一、最小二乘估计法

最小二乘估计法的基本原理是，寻求使残差（扰动项的估计）平方和 $e'e$ 达到最小的 $\hat{\beta}$，即

$$\min e'e=\min(Y-X\hat{\beta})'(Y-X\hat{\beta})=\min(Y'Y-2\hat{\beta}'X'Y+\hat{\beta}'X'X\hat{\beta})$$

于是 $\dfrac{\partial\ e'e}{\partial\ \hat{\beta}}=-2X'Y+2X'X\hat{\beta}=0$

则有
$$\hat{\beta}=(X'X)^{-1}X'Y \tag{2.3}$$

这就是最小二乘估计法估计的结果。仅估计结果的过程而言，古典假定很多没起作用，只需要 $X'X$ 满秩。而估计效果好坏的基本要求和准则是“尽可能地接近”原则，即参数估计量的值应尽可能地接近总体参数的真实值。决定参数估计效果的统计性质是无偏性、有效性和一致性等。

正是在满足相应古典假定的条件下，OLS 估计量具有优良的统计性质，即 $\hat{\beta}$ 是 β 的最佳线性无偏估计（BLUE）。

（1）线性特征：最小二乘估计法的参数估计量是被解释变量观测值 Y_i 的线性组合。

由式（2.3）可以看出，$\hat{\beta}$ 等于解释变量构成的矩阵 $(X'X)^{-1}X'$ 与被解释变量 Y 的乘积，从而是 Y 的线性函数。或者说 $\hat{\beta}_j(j=1,2,\cdots,k)$ 是 Y_i 的线性函数。

（2）无偏性：$\hat{\beta}$ 是 β 的无偏估计。由于

$$\begin{aligned}\hat{\beta}&=(X'X)^{-1}X'Y=(X'X)^{-1}X'(X\beta+u)\\&=(X'X)^{-1}X'X\beta+(X'X)^{-1}X'u\\&=\beta+(X'X)^{-1}X'u\end{aligned}$$

对两边取期望，$E(\hat{\beta}\mid X)=\beta+(X'X)^{-1}X'[E(u\mid X)]$，

由零均值假定 $E(u\mid X)=0$，则有 $E\hat{\beta}=E[E(\hat{\beta}\mid X)]=\beta$，即 $\hat{\beta}$ 是 β 的无偏估计。

（3）最小方差特性：在所有的线性无偏估计中，OLS 估计具有最小方差。

$\hat{\beta}$ 的方差—协方差矩阵为

$$\begin{aligned}\mathrm{Var}\hat{\beta}&=E(\hat{\beta}-E\hat{\beta})(\hat{\beta}-E\hat{\beta})'\\&=E(\hat{\beta}-\beta)(\hat{\beta}-\beta)'\\&=E[(X'X)^{-1}X'uu'X(X'X)^{-1}]\\&=(X'X)^{-1}X'E(uu')X(X'X)^{-1}\\&=(X'X)^{-1}X'\sigma^2IX(X'X)^{-1}\\&=\sigma^2(X'X)^{-1}\end{aligned}$$

可以证明，它在所有的线性无偏估计量的方差中，它是最小的。（过程略）

最后的结论就是：在古典假定下，多元线性回归的 OLS 估计量是最佳线性无偏估计量（BLUE）。这就是著名的高斯—马尔可夫定理。

同时，还可以得到 $\hat{\beta}\sim N[\beta,\sigma^2(X'X)^{-1}]$。具体可表述为，在古典假定下，$\hat{\beta}_j(j=1,2,\cdots,k)$ 服从正态分布，即 $\hat{\beta}_j\sim N(\beta_j,\sigma^2c_{jj})$。其中 c_{jj} 是矩阵 $(X'X)^{-1}$ 中第 j 行第 j 列位置上的元素。

而随机扰动项的方差（同方差时）也可估计出来。可以证明，残差平方和具有如下性质（过程略）：

$$E(\sum e_i^2)=E(ee')=(n-k)\sigma^2$$

即 $\hat{\sigma}^2 = \dfrac{e'e}{n-k}$ 是 σ^2 的最小方差无偏估计。

OLS 估计是计量经济分析中最基本、最常用且具有良好统计性质的估计方法。

【例 2. 1】研究货币供应量与国内生产总值及通货膨胀等因素的关系：以中国货币供应量（M2）年底余额、国内生产总值（GDP）、居民消费价格指数（CPI，以 1978 年为 100 的定基指数）为变量。从《中国统计年鉴》中取得各变量 2000—2019 年数据作为样本，如表 2. 1 所示。

表 2. 1　各经济变量数据（2000—2019 年）

年份	货币供应量 M2（万亿元）	国内生产总值 GDP（当年价格，万亿元）	居民消费价格指数 CPI（1978 = 100）
2000	13. 5	10. 03	434. 0
2001	15. 8	11. 08	437. 0
2002	18. 5	12. 17	433. 5
2003	22. 1	13. 74	438. 7
2004	25. 4	16. 18	455. 8
2005	29. 9	18. 73	464. 0
2006	34. 6	21. 94	471. 0
2007	40. 3	27. 01	493. 6
2008	47. 5	31. 92	522. 7
2009	61. 0	34. 85	519. 0
2010	72. 6	41. 21	536. 1
2011	85. 2	48. 79	565. 0
2012	97. 4	53. 86	579. 7
2013	110. 7	59. 30	594. 8
2014	122. 8	64. 13	606. 7
2015	139. 2	68. 88	615. 2
2016	155. 0	74. 63	627. 5
2017	169. 0	83. 20	637. 5
2018	182. 7	91. 93	650. 9
2019	198. 6	99. 09	671. 1

数据来源：2001—2020 年的《中国统计年鉴》。

设定模型　$M2_i = \beta_1 + \beta_2 \mathrm{GDP}_i + \beta_k \mathrm{CPI}_i + u_i$

采用 OLS 估计，运用 Stata 软件（操作过程如图 2. 1 所示）回归输出结果如图 2. 2所示。

```
use c:\Stataex\wdzhang\no1        //打开指定位置的数据

tset year  //定义时间序列数据类型

reg m2 gdp cpi
```

图 2.1 操作过程

```
. reg m2 gdp cpi

      Source |       SS           df       MS      Number of obs   =        20
-------------+----------------------------------   F(2, 17)        =   2325.43
       Model |  70701.2092         2  35350.6046   Prob > F        =    0.0000
    Residual |   258.42961        17  15.2017418   R-squared       =    0.9964
-------------+----------------------------------   Adj R-squared   =    0.9959
       Total |  70959.6388        19  3734.71783   Root MSE        =    3.8989

------------------------------------------------------------------------------
          m2 |      Coef.   Std. Err.      t    P>|t|     [95% Conf. Interval]
-------------+----------------------------------------------------------------
         gdp |   2.708934   .2047898    13.23   0.000     2.276866    3.141003
         cpi |  -.2127822   .0725138    -2.93   0.009     -.365773   -.0597915
       _cons |   76.94612   30.10012     2.56   0.020     13.44042    140.4518
------------------------------------------------------------------------------
```

图 2.2 输出结果图

因此，所估计的样本回归方程为

$$\hat{M}2_i = 76.946\ 1 + 2.708\ 9\mathrm{GDP}_i - 0.212\ 8\mathrm{CPI}_i$$

即 GDP 系数的 OLS 估计值为 2.708 9，置信水平 95%的区间估计是（2.276 9，3.141 0）；CPI 系数估计值为-0.212 8，95%的置信区间为（-0.365 8，-0.059 8）。

如果古典假定满足，由此得到的 OLS 估计量（值）是最佳线性无偏估计。而且扰动项同方差时，可知其方差的无偏估计是 $\hat{\sigma}^2 = \dfrac{e'e}{n-k} = 258.429\ 6/17 = 15.201\ 7$。

以上是普通最小二乘估计法的估计过程及其有限样本性质（小样本性质）。即在古典假定下，多元线性回归的 OLS 估计是最佳线性无偏估计。但是如果古典假定不满足，这个性质则不成立（下一章将讨论这一问题）。不过，这时也可考察 OLS 的大样本性质，即当样本容量不断增大（或者趋于无穷大）时 OLS 的性质。

多元线性回归中 OLS 估计的大样本性质主要包括估计量的一致性及其渐进分布：如果外生性条件满足，即所有解释变量与扰动项无关 $E(X'u)=0$（只需这一条件），在大样本情况下，①OLS 估计是一致估计量，即 $\hat{\beta}$ 依概率收敛于 β：$\hat{\beta} \xrightarrow{p} \beta$ 或者 $\lim\limits_{n\to\infty} P(|\hat{\beta}-\beta| \geqslant \delta)=0$；②OLS 估计量服从渐进正态分布，即 $\hat{\beta}$ 依分布收敛于正态分布：$\hat{\beta} \xrightarrow{d} N[\beta,\ \sigma^2(X'X)^{-1}]$。上述大样本性质理论基础是大数定律和中心极限定理，具体过程在此略去。

二、矩估计

矩估计是另一种重要和常用的方法，其基本原理是利用样本矩的信息来替代总体矩，以此得到一致估计量。矩估计虽然古老但仍在广泛应用。矩估计的基本思想是：在随机抽样中，样本统计量是观察的 n 维随机向量即样本 $X = (X_1, X_2, \cdots, X_n)$ 的一个函数，且要求它不包含任何未知参数。在不知道总体分布的情况下，利用样本矩构造方程（包含总体的未知参数），利用这些方程求得总体的未知参数。

样本矩的基本定义：

①统计量 $m_\nu \triangleq \frac{1}{n}\sum_{i=1}^{n} X_i^\nu$ 为样本 ν 阶原点矩；

②统计量 $B_\nu \triangleq \frac{1}{n}\sum_{i=1}^{n} (X_i - \bar{X})^\nu$ 为样本的 ν 阶中心矩。

就经典线性回归模型，从外生性条件（也称为矩条件）出发，

由外生性条件 $E[X'u] = 0$

有　$E[X'u] = E[X'(Y - X\beta)] = 0$

用样本矩替代总体矩：$\frac{1}{n}X'(Y - X\hat{\beta}) = 0$

由此可得到矩估计量：

$$\hat{\beta} = (X'X)^{-1}(X'Y) \tag{2.4}$$

它与 OLS 估计量是一样的。当然它的前提条件是满足外生性的矩条件。我们可以根据矩条件再对最小二乘估计法进行理解，并将矩估计与 OLS 估计对比进行应用。

关于矩估计的进一步发展——广义矩估计将在后面内容中讲到。同样，点估计的第三种重要方法——极大似然估计将在下一章介绍。

第三节　经典线性回归模型的检验方法

作为统计推断的核心内容，除了估计未知参数以外，对参数的假设检验是实证分析中的一个重要方面。对模型进行各种检验的目的是，改善模型及其设定以尽量保证基本假设和估计方法适合于分析数据，同时也是有关理论有效性的验证。

一、假设检验的基本理论及准则

假设检验的理论依据是“小概率事件原理”，它的一般思路是：第一，建立两个相对的假设（零假设和备择假设）；第二，在零假设条件下，寻求用于检验的统计量及其分布；第三，得出拒绝或接受零假设的判别规则。参数显著性检验的具体步骤是：已知总体的分布 $F(x, \theta)$，其中 θ 是未知参数。总体真实分布完全由未知参数 θ 的取值所决定。对 θ 提出某种假设 H_0：$\theta = \theta_0$（H_1：$\theta \neq \theta_0$ 或 $\theta > \theta_0$，$\theta < \theta_0$ 等），从总体中抽取一个容量为 n 的样本，确定一个统计量及其分布，决定一个拒绝域 W，使得 $P_{\theta_0}(W) = \alpha$，或者对样本观测数据 X，$P_{\theta_0}(X \in W) \leqslant \alpha$。$\alpha$ 即是显著

性水平。

计量经济学中对已经估计出参数的多元线性回归模型的检验，除了用于判断假定条件是否满足以外，还主要用于对所估计的模型拟合优度的检验、对整个回归方程显著性的检验，以及对模型中各个参数显著性的检验，包括传统假设检验中的 z 检验、t 检验、χ^2 检验、F 检验等方法。

二、拟合优度检验

在一元简单线性回归模型中，我们用可决系数 R^2 来衡量估计的模型对观测值的拟合程度。在多元线性回归模型中，我们也需要讨论所估计的模型对观测值的拟合程度。

1. 多重可决系数

与简单线性回归类似，为了说明多元线性回归线对样本观测值的拟合情况，可以考察在 Y 的总变差中由多个解释变量做出了解释的那部分变差的比重，即“回归平方和”与“总离差平方和”的比值。在多元回归中这一比值称为多重可决系数，用 R^2 表示。

多元线性回归中 Y 的变差分解式为

$$\begin{array}{llllll} \text{变差} & \sum (Y_i - \bar{Y})^2 & = & \sum (\hat{Y}_i - \bar{Y})^2 & + & \sum (Y_i - \hat{Y}_i)^2 \\ & \text{TSS} & = & \text{ESS} & + & \text{RSS} \\ \text{自由度} & (n-1) & = & (k-1) & + & (n-k) \end{array} \tag{2.5}$$

其中，总离差平方和 TSS 反映了被解释变量观测值总变差的大小；回归平方和 ESS 反映了被解释变量回归估计值总变差的大小，它是被解释变量观测值总变差中由多个解释变量做出解释的那部分变差；残差平方和 RSS 反映了被解释变量观测值与估计值之间的变差，是被解释变量观测值总变差中未被列入模型的解释变量解释的那部分变差。显然，回归平方和 ESS 越大，残差平方和 RSS 就越小，从而被解释变量观测值总变差中能由解释变量解释的那部分变差就越大，模型对观测数据的拟合程度就越高。因此我们定义多重可决系数为

$$R^2 = \frac{\text{ESS}}{\text{TSS}} = 1 - \frac{\text{RSS}}{\text{TSS}} \tag{2.6}$$

多重可决系数 R^2 是介于 0 和 1 之间的一个数，R^2 越接近 1，模型对数据的拟合程度就越好。

2. 修正的可决系数

多重可决系数有一个重要性质，即它是模型中解释变量个数的不减函数，也就是说，在样本容量不变时，随着模型中解释变量的增加，总离差平方和 TSS 不会改变，而解释了的平方和 ESS 可能增大，多重可决系数 R^2 的值也会变大。当被解释变量相同而解释变量个数不同时，随着模型中解释变量的增加，哪怕增加的解释变量对被解释变量没有直接影响，多重可决系数一般也会变大，这时的可决系数 R^2 的值就不太准确，为此应予修正。可决系数只涉及各种变差，没有考虑其自由度（自由度是指统计量中可自由变化的样本观测个数，它等于所用样本观测值的个数减去对

观测值约束的个数）。如果用自由度去校正所计算的变差，可以纠正解释变量个数不同引起的 R^2 的值的不准确性，使可决系数更真实可信。由于在样本容量一定的情况下，增加解释变量必定使得待估参数的个数增加，从而会损失自由度。因此，可以用自由度去修正多重可决系数 R^2 中的残差平方和与回归平方和，从而引入修正的可决系数 $\bar{R}^2$（adjusted coefficient of determination），其计算公式为

$$\bar{R}^2 = 1 - \frac{\text{RSS}/(n-k)}{\text{TSS}/(n-1)} = 1 - \frac{n-1}{n-k}\frac{\text{RSS}}{\text{TSS}} \tag{2.7}$$

修正可决系数与多重可决系数之间有如下关系：

$$\bar{R}^2 = 1 - (1 - R^2)\frac{n-1}{n-k} \tag{2.8}$$

由式（2.8）可以看出，当 $k>1$ 时，$\bar{R}^2 < R^2$，这意味着 $\bar{R}^2$ 小于 R^2，且随着解释变量个数的增加，会越来越小。另外需要注意，可决系数 R^2 必定非负，但按式（2.8）计算的修正可决系数 $\bar{R}^2$ 则有可能为负值，这时可认为 $\bar{R}^2=0$，或者认为拟合效果很不好。

三、回归方程的显著性检验（F 检验）

由于多元线性回归模型包含多个解释变量，它们同被解释变量之间是否存在显著的线性关系呢？还需进一步做出判断。也就是要对模型中被解释变量与所有解释变量之间的线性关系在总体上是否显著做出推断。

对回归模型整体显著性的检验，所检验假设的形式为

$$\text{H}_0: \beta_2 = \beta_3 = \cdots = \beta_k = 0$$

$$\text{H}_1: \beta_j (j = 2, 3, \cdots, k) \text{ 不全为零}$$

这种检验是在方差分析的基础上利用 F 检验进行的。如前所述，被解释变量 Y 观测值的总变差有式（2.5）的分解形式，将自由度考虑进去进行方差分析，可得方差分析表如表 2.2 所示。

表 2.2　方差分析表

变差来源	平方和	自由度	均方差
源于回归	$\text{ESS} = \sum(\hat{Y}_i - \bar{Y})^2$	$k-1$	ESS/（$k-1$）
源于残差	$\text{RSS} = \sum(Y_i - \hat{Y}_i)^2$	$n-k$	RSS/（$n-k$）
总变差	$\text{TSS} = \sum(Y_i - \bar{Y})^2$	$n-1$	

可以证明，在 H_0 成立的条件下，统计量

$$F = \frac{\text{ESS}/(k-1)}{\text{RSS}/(n-k)} \sim F(k-1, n-k) \tag{2.9}$$

即统计量 F 服从自由度为 $k-1$ 和 $n-k$ 的 F 分布。

给定显著性水平 α，在 F 分布表中查出自由度为 $k-1$ 和 $n-k$ 的临界值 $F_\alpha(k-1, n-k)$，将样本观测值代入式（2.9）计算 F 值，然后将 F 值与临界值 $F_\alpha(k-$

1，$n-k$) 比较。若 F> $F_{\alpha}(k-1, n-k)$，则拒绝原假设 $H_0: \beta_2=\beta_3=\cdots=\beta_k=0$，说明回归方程显著，即列入模型的各个解释变量联合起来对被解释变量有显著影响；若 F< $F_{\alpha}(k-1, n-k)$，则不能拒绝原假设 $H_0: \beta_2=\beta_3=\cdots=\beta_k=0$，说明回归方程不显著，即列入模型的各个解释变量联合起来对被解释变量的影响不显著。

F 检验与可决系数有密切联系。事实上，F 检验与拟合优度检验都是在把总变差 TSS 分解为回归平方和 ESS 与残差平方和 RSS 的基础上，构造统计量进行的检验，区别在于前者考虑了自由度，后者未考虑自由度。一般来说，模型对观测值的拟合程度越高，模型总体线性关系的显著性就越强。F 统计量与可决系数 R^2 之间有如下关系：

$$F=\frac{n-k}{k-1}\cdot\frac{R^2}{1-R^2} \tag{2.10}$$

可以看出，伴随着可决系数 R^2 和修正可决系数 $\bar{R}^2$ 的增加，F 统计量的值将不断增加。当 $R^2=0$ 时，$F=0$；当 R^2 越大时，F 值也越大；当 $R^2=1$ 时，$F\to\infty$。这说明两者之间具有一致性，对 H_0：$\beta_1=\beta_2=\cdots=\beta_K=0$ 的检验，实际等价于对 $R^2=0$ 的检验。也就是说，对方程联合显著性检验的 F 检验，实际上也是对 R^2 的显著性检验。区别在于，可决系数和修正可决系数只能提供对拟合优度的度量，它们的值究竟要达到多大才算模型通过了检验呢？这一点并没有给出确定的界限。而 F 检验则不同，它可以在给定显著性水平下，给出统计意义上严格的结论。

四、回归参数的显著性检验（t 检验）

多元线性回归分析的目的，不仅仅是获得较高拟合优度的模型，也不仅仅是要寻求方程整体的显著性，还要对各个总体回归参数做出有意义的估计。因为方程的整体线性关系显著并不一定表示每个解释变量对被解释变量的影响都是显著的。因此，还必须分别对每个解释变量进行显著性检验。多元回归分析中对各个回归系数的显著性检验，目的在于分别检验当其他解释变量不变时，该回归系数对应的解释变量是否对被解释变量有显著影响。这就是 t 检验，其方法如下：

由 OLS 参数估计量的性质已知，在古典假定下，回归系数的估计量服从如下正态分布

$$\hat{\beta}_j \sim N[\beta_j, \mathrm{Var}(\hat{\beta}_j)]$$

其标准化随机变量服从标准正态分布

$$Z=\frac{\hat{\beta}_j-\beta_j}{\sqrt{\mathrm{Var}(\hat{\beta}_j)}} \sim N(0, 1) \tag{2.11}$$

已知 $\mathrm{Var}(\hat{\beta}_j)=\sigma^2 c_{jj}$，而 σ^2 未知，故 $\mathrm{Var}(\hat{\beta}_j)$ 也未知。但正如前面已经讨论过的，可以用 $\hat{\sigma}^2$ 代替 σ^2 对 $\hat{\beta}_j$ 做标准化变换，此时可以证明所构造的统计量服从自由度为 $n-k$ 的 t 分布，即

$$t=\frac{\hat{\beta}_j-\beta_j}{\sqrt{\hat{\sigma}^2 c_{jj}}}=\frac{\hat{\beta}_j-\beta_j}{\hat{\sigma}\sqrt{c_{jj}}} \sim t(n-k) \tag{2.12}$$

这样，就可以用 t 统计量对各个回归参数做显著性检验。具体过程如下：

1. 提出检验假设

$H_0: \beta_j = 0 (j = 1, 2, \cdots, k)$

$H_1: \beta_j \neq 0 (j = 1, 2, \cdots, k)$

2. 计算统计量

在 H_0 成立的条件下，式（2.12）变为

$$t = \frac{\hat{\beta}_j - 0}{\hat{\sigma}\sqrt{c_{jj}}} = \frac{\hat{\beta}_j}{\hat{\sigma}\sqrt{c_{jj}}} \sim t(n - k) \tag{2.13}$$

根据样本观测值计算 t 统计量的值

$$t = \frac{\hat{\beta}_j}{\hat{s}e\hat{\beta}_j} = \frac{\hat{\beta}_j}{\hat{\sigma}\sqrt{c_{jj}}} \tag{2.14}$$

3. 检验

给定显著性水平 α，查自由度为 $n-k$ 的 t 分布表，得临界值 $t_{\alpha/2}(n-k)$。

若 $|t| \geqslant t_{\frac{\alpha}{2}}(n-k)$，即 $t \leqslant -t_{\alpha/2}(n-k)$ 或 $t \geqslant t_{\alpha/2}(n-k)$，就拒绝 H_0，不拒绝 H_1，说明在其他解释变量不变的情况下，解释变量 X_j 对被解释变量 Y 的影响是显著的。

若 $|t| < t_{\frac{\alpha}{2}}(n-k)$，即 $-t_{\alpha/2}(n-k) < t < t_{\alpha/2}(n-k)$，就不能拒绝 H_0，说明在其他解释变量不变的情况下，解释变量 X_j 对被解释变量 Y 的影响不显著。

从 t 分布表可以看出，在给定显著性水平 $\alpha = 0.05$ 的情况下，当自由度大于 10 时，临界值 $t_{\alpha/2}$ 基本上都接近 2。因此，当参数估计的 t 统计量的绝对值超过 2 时，我们可以粗略做出判断，在显著性水平 0.05 下可拒绝原假设 H_0，认为相应解释变量对被解释变量的影响是显著的，此时犯错误的概率不超过 0.05。如果系数估计的 t 统计量的绝对值远大于 2，则犯错误的概率更小。

【例 2.2】例 2.1 中，GDP 的 $t = 13.23$，CPI 的 $t = -2.93$，均为显著。$R^2 = 0.9964$，$F = 2325.43$，模型整体显著。可规范表达为

$$\hat{M}2_i = 76.9461 + 2.7089GDP_i - 0.2128CPI_i$$
$$t = \quad (2.56) \quad (13.23) \quad (-2.93)$$
$$R^2 = 0.9964, \quad F = 2325.43, \quad n = 20$$

五、一般线性约束的假设检验

多元回归模型 $Y = \beta_1 + \beta_2 X_2 + \cdots + \beta_k X_k + u$ 的统计检验通常包括以下三种情况：①单个系数的显著性检验；②若干个回归系数的联合检验；③回归系数线性组合的检验。例如，考虑下面这些典型假设。

假设 1　$H_0: \beta_i = 0$。即回归元 X_i 对 Y 没有影响，这是最常见的参数显著性检验。

假设 2　$H_0: \beta_i = \beta_{i0}$。$\beta_{i0}$ 是某一具体值。例如 β_i 表示价格弹性，我们希望它是−1。

假设 3　$H_0: \beta_2 + \beta_3 = 1$。这里的 β 表示生产函数中资本和劳动的弹性，此时检

验是否规模报酬不变。

假设 4　H_0：$\beta_3=\beta_4$ 或 $\beta_3-\beta_4=0$。即检验 X_3 和 X_4 的系数是否相同。

假设 5　H_0：$\beta_2=\cdots\beta_k=0$。即检验全部回归元都对 Y 没有影响。

假设 6　H_0：$\beta_{II}=0$。这里的含义是把 β 向量分为两个子向量 β_I 和 β_{II}，分别含有 k_1 和 k_2 个元素。检验 H_0：$\beta_{II}=0$ 就是检验某一些回归元 X_{II}（X 的一部分）对 Y 没有影响。

诸如以上的情形都可归于一般的线性框架：

$$R\beta=r \quad [\text{注意：这里 } \beta=(\beta_1,\ \cdots,\ \beta_k)'\ ]$$

其中 R 是由已知常数构成的 $q\times k$ 矩阵（$q<k$），r 是各元素为常数（一般是 0 或 1）的 $q\times 1$ 矩阵。于是，对于上述情形，具体有：

① $R=(0\cdots1\cdots0)$，$r=0.\ (q=1)$

② $R=(0\cdots1\cdots0)$，$r=\beta_{i0}.\ (q=1)$

③ $R=(0,\ 1,\ 1,\ 0\cdots0)$，$r=1.\ (q=1)$

④ $R=(0,\ 0,\ 1,\ -1,\ \cdots0)$，$r=0.\ (q=1)$

⑤ $R=(0\quad I_{k-1})$，$r=0.\ (q=k-1)$

⑥ $R=\begin{pmatrix}0 & I_{k_2}\end{pmatrix}$，$r=0.\ (q=k_2)$

所以，上述问题的统一假设是

$$H_0:\ R\beta-r=0$$

为了检验这个假设，应先估计出 $\hat{\beta}$，计算 $R\hat{\beta}-r$，若其值较“小”（接近于0），则不应否定原假设；而如果其值较大，那么应对 H_0 提出怀疑。为此我们先考察 $R\hat{\beta}$ 的分布。

对于古典假定条件下的 OLS 估计量 $\hat{\beta}$，我们知道 $\hat{\beta}\sim N[\beta,\ \sigma^2(X'X)^{-1}]$。

那么，$E(R\hat{\beta})=R\beta$

$$\text{Var}(R\hat{\beta})=E[R(\hat{\beta}-\beta)(\hat{\beta}-\beta)'R']=R\text{Var}\hat{\beta}R'=\sigma^2R(X'X)^{-1}R'$$

所以，$R\hat{\beta}\sim N[R\beta,\ \sigma^2R(X'X)^{-1}R']$

$$R\hat{\beta}-r\sim N[R\beta-r,\ \sigma^2R(X'X)^{-1}R']$$

于是，在 H_0：$R\beta-r=0$ 成立的条件下，

$$R\hat{\beta}-r\sim N(0,\ \sigma^2R(X'X)^{-1}R')$$

根据有关的数理统计知识可知：

$$(R\hat{\beta}-r)'[\sigma^2R(X'X)^{-1}R']^{-1}(R\hat{\beta}-r)\sim\chi^2(q) \tag{2.15}$$

此外，还可以证明残差平方和的分布为

$$\frac{e'e}{\sigma^2}\sim\chi^2(n-k)$$

因此，由上述两式，得到在 H_0 下的检验统计量：

$$F=\frac{(R\hat{\beta}-r)'[R(X'X)^{-1}R']^{-1}(R\hat{\beta}-r)/q}{e'e/(n-k)}\sim F(q,\ n-k) \tag{2.16}$$

[注意：$e'e/(n-k)=\hat{\sigma}^2$]

于是，检验的程序是，如果算出的 F 值大于某个事先选定的临界值，则拒绝 H_0。具体描述如下：

假设 1 H_0：$\beta_i = 0$

此时 $R\hat{\beta}$ 为 $\hat{\beta}_i$。$R(X'X)^{-1}R'$ 为 c_{ii}。即 K 阶对称方阵 $(X'X)^{-1}$ 主对角线上的第 i 个元素。因此：

$$F = \frac{\hat{\beta}^2{}_i}{\hat{\sigma}^2 c_{ii}} = \frac{\hat{\beta}^2{}_i}{\widehat{\text{Var}}\hat{\beta}_i} \sim F(1,\ n-k)$$

取平方根 $t = \dfrac{\hat{\beta}_i}{\widehat{se}\hat{\beta}_i} \sim t(n-k)$，这就是传统的关于回归参数显著性的 t 检验法。

假设 2　H_0：$\beta_i = \beta_{i0}$

类似假设 1，这里 $t = \dfrac{\hat{\beta}_i - \beta_{i0}}{\widehat{se}\hat{\beta}_i} \sim t(n-k)$

同时也可以计算，比如 β_i 的 95%置信区间，而不用检验关于 β_i 的具体假设，这个置信区间是 $\hat{\beta}_i \pm t_{0.025}\widehat{se}\hat{\beta}_i$。

假设 3　H_0：$\beta_2 + \beta_3 = 1$

$R\hat{\beta}$ 给出了两个估计系数的和是 $\hat{\beta}_2 + \hat{\beta}_3$，而此时 $R(X'X)^{-1}R' = c_{22} + 2c_{23} + c_{33}$ [注：$(X'X)^{-1} = (c_{ij})$，$R = (0,\ 1,\ 1,\ \cdots,\ 0)$]。那么

$$\begin{aligned}&\frac{[R(X'X)^{-1}R']^{-1}}{\hat{\sigma}^2}\\&= [\hat{\sigma}^2(c_{22} + 2c_{23} + c_{33})]^{-1}\\&= [\hat{\text{Var}}\hat{\beta}_2 + 2\hat{\text{Cov}}(\hat{\beta}_2,\ \hat{\beta}_3) + \hat{\text{Var}}\hat{\beta}_3]^{-1}\\&= [\hat{\text{Var}}(\hat{\beta}_2 + \hat{\beta}_3)]^{-1}\end{aligned}$$

于是检验统计量为

$$t = \frac{\hat{\beta}_2 + \hat{\beta}_3 - 1}{\sqrt{\hat{\text{Var}}(\hat{\beta}_2 + \hat{\beta}_3)}} \sim t(n-k)$$

或者，也可以计算 $\beta_1 + \beta_2$ 的 95%置信区间 $(\hat{\beta}_2 + \hat{\beta}_3) \pm t_{0.025}\sqrt{\hat{\text{Var}}(\hat{\beta}_2 + \hat{\beta}_3)}$

假设 4　H_0：$\beta_3 = \beta_4$ 或 $\beta_3 - \beta_4 = 0$

类似假设 3，可推得此时的检验统计量为

$$t = \frac{\hat{\beta}_3 - \hat{\beta}_4}{\sqrt{\hat{\text{Var}}(\hat{\beta}_3 - \hat{\beta}_4)}} \sim t(n-k)$$

假设 5　H_0：$\beta_2 = \beta_3 = \cdots = \beta_k = 0$

此时 $R = (0\quad I_{k-1})$，$r=0$，$q=k-1$，那么可以推出（过程略）：

$$F = \frac{\hat{\beta}'_{\triangle}x'x\hat{\beta}_{\triangle}/k-1}{e'e/(n-k)} = \frac{\text{ESS}/k-1}{\text{RSS}/n-k} \sim F(k-1,\ n-k)$$

其中 $\hat{\beta}_{\triangle}=(\hat{\beta}_2,\ \cdots,\ \hat{\beta}_k)$, $x'x$ 为 $X'X$ 去掉了第一行第一列的矩阵。这就是我们熟悉的关于回归方程显著性的 F 检验。

假设 6　H_0：$\beta_{II}=0$

这里对应于 $\beta=\begin{pmatrix}\beta_I\\ \beta_{II}\end{pmatrix}$ 。把 X 分块为 $X=(X_I\quad X_{II})$ ，可以证明（过程略）

此时
$$F=\frac{(e'_1e_1-e'e)/k_2}{e'e/(n-k)}\sim F(k_2,\ n-k) \tag{2.17}$$

其中 e'_1e_1 是 Y 对 X_I 做线性回归的残差平方和。$e'e$ 是 Y 对所有 X 回归的 RSS 。

通过上述示例，我们看到一般线性框架下的假设检验，它涵盖了传统计量经济分析中的统计检验方法。有了它，我们可以方便地实现许多实证问题中线性意义下的统计检验。其重要性是显而易见的。

六、一般线性假设检验的另一种形式

上面假设 6 中情况出现的统计量就是这里所说的另一种形式。显然假设 5 是假设 6 的特殊情况，而事实上其他的假设也可归于假设 6。这里有一个问题，对未知参数有约束限制的模型进行回归后的某种结果，与对未知参数没有约束限制的模型回归后的某种结果是否接近甚至一致？这是检验的关键。下面的分析回答了这一问题。

事实上，无论是假设 5 还是假设 6 都可以认为是用了两种不同回归的结果。第一种回归可看作有约束的回归，或者说 H_0 中的约束条件实际上是估计方程施加的。即假设 5 中有约束回归是将 X_2，…，X_K 从回归式中省略掉，或等价地说，令 β_2，…，β_k 为零；在假设 6 中，有约束的回归只用了前面一部分变量 X_I（ $k-k_2$ 个）。而假设 5 和假设 6 的第二种回归是无约束回归，它们都用了所有的变量 X。由于无约束模型的残差平方和 RSS 是 $e'e$ ，有约束模型的残差平方和 RSS 记为 e'_*e_* ，因此对某些 β_i 的显著性检验也就是问，对应的 X_i 加入模型后，残差平方和 RSS 是否显著减少。

检验假设 H_0：$R\beta=r$ 的统计量的另一种形式就是
$$F=\frac{(e'_*e_*-e'e)/q}{e'e/(n-k)}\sim F(q,\ n-k) \tag{2.18}$$

这恰好说明前面所述的 6 种检验的情形都可以用上述方式进行，即拟合一个受约束的回归，用受约束模型的残差平方和与无约束模型的残差平方和之差 $e'_*e_*-e'e$ 的大小（或记为 RSS_R-RSS_U ）来推断原假设是否成立。这也就是说一般的线性假设情形都是假设 6 的特例，或者式（2.18）的 F 统计量是普遍适应于一般线性假设的一种重要检验方法。更一般的表述为
$$F=\frac{(RSS_R-RSS_U)/q}{RSS_U/(n-k)}\sim F(q,\ n-k) \tag{2.19}$$

其中 RSS_R 和 RSS_U 分别是受约束模型和无约束模型的残差平方和，q 是约束条件个数。如果对于未知参数有约束限制的模型进行回归后的结果（此处的 RSS_R ），与对

没有约束限制的模型回归后的结果（此处的 RSS_U）很接近甚至相同（即 $RSS_R - RSS_U$ 很小甚至等于零），这时应接受原假设；否则拒绝原假设。

【例 2.3】考虑下列模型：

模型 A：$Y_i = \beta_1 + \beta_2 X_{2i} + \beta_3 X_{3i} + \beta_4 X_{4i} + \beta_5 X_{5i} + \beta_6 X_{6i} + u_i$

模型 B：$Y_i = \beta_1 + \beta_3 X_{3i} + \beta_5 X_{5i} + u_i$

模型 A 嵌套模型 B（或者说模型 B 嵌套在模型 A 中），那么实际应用时是选择模型 A 还是模型 B 呢？这即是检验 H_0：$\beta_2 = \beta_4 = \beta_6 = 0$

一般的 F 检验统计量是

$$F = \frac{(RSS_R - RSS_U)/q}{RSS_U/(n-k)} \sim F(q, n-k)$$

其中，RSS_R 是受约束模型（本例的模型 B）的残差平方和；RSS_U 是无约束模型（本例的模型 A）的残差平方和；q 是约束个数，k 是无约束模型参数个数，n 是样本容量。（本例中 $q=3$，$k=6$）

如果 F 统计量的值大于临界值，则拒绝原假设，选择模型 A；否则接受原假设，选择模型 B。

以上是一般线性约束的假设检验，关于非线性约束的检验将在下一章介绍。

第四节　经典线性回归模型应用案例

本节通过案例分析及 Stata 软件操作，展现经典线性回归模型的应用。

【例 2.4】案例分析：收集整理各地 2018 年的有关投入产出数据（见表 2.3），建立并估计 CD 生产函数模型，做相应的显著性检验，并检验规模报酬不变的假设是否成立。

表 2.3　2018 年各地区规模以上工业企业研究与发展（R&D）及发明专利数据

地区	有效发明专利数/件	R&D 人员全时当量/人·年	R&D 经费投入/百万元
	Y	X_2	X_3
北京	42 851	46 929	27 401
天津	23 407	53 280	25 288
河北	18 762	68 956	38 199
山西	7 917	27 228	13 125
内蒙古	3 909	15 777	10 336
辽宁	21 089	53 113	30 060
吉林	4 612	11 124	5 750
黑龙江	4 708	13 110	6 057

表2.3(续)

地区	有效发明 专利数/件	R&D 人员 全时当量 /人·年	R&D 经费投入 /百万元
	Y	X_2	X_3
上海	47 940	88 016	55 488
江苏	176 120	455 530	202 452
浙江	62 341	394 147	114 739
安徽	56 296	106 744	49 730
福建	29 543	120 723	52 494
江西	11 878	67 394	26 777
山东	63 496	236 515	141 850
河南	23 857	128 054	52 893
湖北	32 421	105 041	52 552
湖南	33 659	102 800	51 672
广东	328 467	621 950	210 720
广西	6 846	17 228	8 910
海南	1 258	1 971	1 137
重庆	17 519	61 956	29 921
四川	35 959	77 848	34 239
贵州	6 544	20 041	7 623
云南	6 466	24 048	10 702
西藏	82	326	86
陕西	16 892	39 315	21 656
甘肃	3 208	8 026	4 762
青海	559	1 157	677
宁夏	2 282	7 060	3 699
新疆	3 252	5 806	4 488

数据来源：2019 年《中国统计年鉴》相关数据。

建立生产函数模型 $\ln Y_i = \beta_1 + \beta_2 \ln X_{2i} + \beta_3 \ln X_{3i} + u_i$

估计模型并检验规模报酬是否不变（即 $\beta_2 + \beta_3 = 1$ 是否成立）

Stata 操作过程如图 2.3 所示，结果如图 2.4 所示。

```
use c:\Stataex\wdzhang\no2,clear        //打开指定位置的数据

gen lny=log(y)        //变量取对数变换
g lnx2=log(x2)
g lnx3=log(x3)

reg lny lnx2 lnx3        //无约束模型

test lnx2+lnx3=1        //约束的 F 检验
```

图 2.3 操作过程

```
. reg lny lnx2 lnx3        //无约束模型

      Source |       SS       df       MS              Number of obs =      31
-------------+------------------------------           F(2, 28)      =  330.88
       Model |  81.7094016     2  40.8547008           Prob > F      =  0.0000
    Residual |  3.45722407    28  .123472288           R-squared     =  0.9594
-------------+------------------------------           Adj R-squared =  0.9565
       Total |  85.1666257    30  2.83888752           Root MSE      =  .35139

------------------------------------------------------------------------------
         lny |      Coef.   Std. Err.      t    P>|t|     [95% Conf. Interval]
-------------+----------------------------------------------------------------
        lnx2 |   .1841195   .2812911     0.65   0.518    -.3920791    .7603181
        lnx3 |   .7903436   .2847618     2.78   0.010     .2070354    1.373652
       _cons |  -.2022732   .4216133    -0.48   0.635    -1.065909    .6613625
------------------------------------------------------------------------------
```

图 2.4 输出结果

回归方程的结果为：$\ln\hat{Y}_i = -0.2023 + 0.1841\ln X_{2i} + 0.7903\ln X_{3i}$

其中，F=330.88，Adj R-squared=0.9565，模型整体拟合效果较好。但 X_2（R&D 人员全时当量）对 Y（有效发明专利数）的影响并不显著，而 R&D 经费投入 X_3 对 Y 有显著影响。

下面检验规模报酬是否不变，即检验 $H_0: \beta_2+\beta_3=1$。检验程序及结果如图 2.5 所示。

```
. test lnx2+lnx3=1        //约束的F检验

 ( 1)  lnx2 + lnx3 = 1

       F(  1,    28) =    0.45
            Prob > F =    0.5063
```

图 2.5 检验结果

从图 2.5 可以看出，F 检验的值很小（0.45），其对应的 p 值很大（0.5063），因此应接受原假设，即规模报酬不变。

第五节 含有虚拟解释变量的经典线性回归模型

在前面的分析中，被解释变量主要受可以直接度量的定量因素的影响，如收入、产出、商品需求量、价格、成本、资金、人数等。但现实经济生活中，影响被解释变量变动的因素，除了可以直接观测数据的定量变量外，可能还包括一些本质上为定性的因素，例如性别、种族、职业、季节、文化程度、战争、自然灾害、政府经济政策的变动等。在实际的经济分析中，这些定性因素有时具有不可忽视的重要作用。例如，研究居民收入水平时，职业、性别、文化程度、地域等因素，通常是值得考虑的影响因素。因此，在计量经济学的建模中有时需要将定量因素和定性因素同时纳入模型之内。

定量因素是指那些可直接测度的数值型因素，如国内生产总值 GDP、广义货币供应量 M2 等。定性因素，或称为属性因素，如男性或女性、城市居民或非城市居民、气候条件正常或异常、经济政策不变或改变等。这类定性因素有共同的特征，即它们表示的都是某种属性，是说明某种属性或状态存在与否的非数值型因素，属性因素的类型或状态水平往往也是“非此即彼”的，而且不能直接用可观测的数据精确测度与描述。

为了在模型中反映定性因素，可以引入虚拟变量作为表现定性因素不同状态的变量。虚拟变量是人工构造的作为属性因素代表的变量，通常用字母 D（或 dummy 的缩写 DUM）表示。一般情形下，虚拟变量的取值为 0 和 1。当虚拟变量取值为 0，即 $D=0$ 时，表示某种属性或状态的类型或水平不出现或不存在；当虚拟变量取值为 1，即 $D=1$ 时，表示某种属性或状态的类型或水平出现或存在。例如，构造政府经济政策的虚拟变量，当某经济政策不变时，虚拟变量取值为 0，当某经济政策改变时，虚拟变量取值为 1。这种做法实际上是一种变换或映射，将不能精确计量的定性因素的水平或状态用 0 和 1 来描述。

在计量经济学中，把包含有虚拟变量的模型称为虚拟变量模型。常用的虚拟变量模型有三种类型：①解释变量中只包含虚拟变量，作用是在假定其他因素都不变时，只研究定性变量是否使被解释变量表现出显著性差异；②解释变量中既含定量变量，又含虚拟变量，研究定量变量和虚拟变量同时对被解释变量的影响；③被解释变量本身为虚拟变量的模型，是被解释变量本身取值为 0 或 1 的模型，适用于对某社会经济现象进行“是”与“否”的判断研究。

计量经济模型中引入虚拟变量，可以使我们兼顾定量因素和定性因素的影响和作用，但是，由于定性因素通常具有多种类型或水平，在设置虚拟变量时应遵循一定的规则。

虚拟变量 D 取值为 0，还是取值为 1，应从分析问题的目的出发予以界定，要注意区分所代表的是基础类型还是比较类型。虚拟变量取“0”，通常代表作为比较基础的类型；虚拟变量取“1”，通常代表与基础类型相比较的类型。若一个定性因素

有 m 个相互排斥的类型（或属性、水平）时，按照模型设定中有无截距项，虚拟变量个数的设置规则分为两种情况：①在有截距项的模型中，只能引入 $m-1$ 个虚拟变量，否则会陷入所谓的“虚拟变量陷阱”，产生完全的多重共线性；②在无截距项的模型中，可以引入 m 个虚拟变量，而不会导致完全的多重共线性。

在计量经济模型中，引入虚拟解释变量的途径有两种基本方式：一是加法方式；二是乘法方式。应当注意的是，不同的途径引入虚拟变量有不同的作用，以加法方式引入虚拟变量可能改变原有模型的截距；以乘法方式引入虚拟变量可能改变原有模型的斜率。

以加法方式引入虚拟解释变量的模型一般形式为

$$Y_t = \alpha_1 + \alpha_2 X_t + \alpha_3 D + u_t$$

其中 X 为定量变量，D 为虚拟变量。

以乘法形式引入虚拟解释变量，是在所设定的计量经济模型中，将虚拟解释变量与其他解释变量相乘作为解释变量，以表示模型中斜率系数的差异。以乘法形式引入虚拟解释变量的主要作用有：①结构变化检验；②交互效应分析；③分段回归。

（1）结构变化检验——回归模型的比较

$$Y_t = \alpha_1 + \alpha_2 D_t + \beta_1 X_t + \beta_2 (D_t X_t) + u_t$$

在基本假定下，可用 OLS 估计各参数，并着重检验参数 α_2 和 β_2 是否显著为零，以比较 D 取 0 或 1 的状态下是否有显著差异。

（2）分析不同的虚拟解释变量对被解释变量的交互效应，则引入两个（或多个）虚拟解释变量的乘积，如

$$Y_i = \alpha_1 + \alpha_2 D_{2i} + \alpha_3 D_{3i} + \alpha_4 (D_{2i} D_{3i}) + \beta X_i + u_i$$

估计各参数，并着重检验描述交互作用的参数 α_4 是否显著为零。

（3）建立分段回归模型，分析检验不同阶段是否需要不同的回归模型。具体内容不在此赘述。

【例 2.5】随着经济的快速发展，我国私人汽车拥有量持续增长，近年来更是以每年千万辆的速度增长。表 2.4 选取了 1990—2018 年中国私人汽车拥有量、城镇居民人均可支配收入、公路里程数、公路运营汽车拥有量、原油产量以及一年期贷款利率等相关数据，对中国私人汽车拥有量的主要影响因素进行分析。

表 2.4　中国私人汽车拥有量等变量数据

年份	私人汽车拥有量 Y /万辆	城镇居民人均可支配收入 X_2/元	公路里程数 X_3 /万公里	公路营运汽车拥有量 X_4/万辆	原油产量 X_5/万吨	一年期贷款利率 X_6
1990	81.62	1 510.2	102.83	31.30	13 831.0	9.36
1991	96.04	1 700.6	104.11	31.67	14 099.0	8.64
1992	118.2	2 026.6	105.67	30.87	14 210.0	8.64
1993	155.77	2 577.4	108.35	28.96	14 524.0	10.98
1994	205.42	3 496.2	111.78	27.97	14 608.0	10.98

表2.4（续）

年份	私人汽车拥有量 Y /万辆	城镇居民人均可支配收入 X_2/元	公路里程数 X_3 /万公里	公路营运汽车拥有量 X_4/万辆	原油产量 X_5/万吨	一年期贷款利率 X_6
1995	249.96	4 283.0	115.70	27.49	15 004.9	12.06
1996	289.67	4 838.9	118.58	28.81	15 733.3	10.08
1997	358.36	5 160.3	122.64	29.89	16 074.1	8.64
1998	423.65	5 425.1	127.85	31.88	16 100.0	6.39
1999	533.88	5 854.0	135.17	501.77	16 000.0	5.85
2000	625.33	6 280.0	167.98	702.82	16 300.0	5.85
2001	770.78	6 859.6	169.80	764.39	16 395.8	5.85
2002	968.98	7 702.8	176.52	826.34	16 700.0	5.31
2003	1 219.23	8 472.2	180.98	924.64	16 959.9	5.31
2004	1 481.66	9 421.6	187.07	1 067.18	17 587.3	5.58
2005	1 848.07	10 493.0	334.52	733.22	18 135.2	5.58
2006	2 333.32	11 759.5	345.70	802.58	18 476.5	6.12
2007	2 876.22	13 785.8	358.37	849.22	18 631.8	7.47
2008	3 501.39	15 780.8	373.02	930.61	19 001.2	5.31
2009	4 574.91	17 174.7	386.08	1 087.35	18 948.9	5.31
2010	5 938.71	19 109.4	400.82	1 133.32	20 301.4	5.81
2011	7 326.79	21 809.8	410.64	1 263.75	20 287.5	6.56
2012	8 838.60	24 564.7	423.75	1 339.89	20 747.8	6.00
2013	10 501.68	26 955.1	435.62	1 504.73	20 991.8	6.00
2014	12 339.36	29 381.0	446.39	1 537.93	21 142.9	5.60
2015	14 099.10	31 790.3	457.73	1 473.12	21 455.3	5.25
2016	16 330.22	33 616.2	469.63	1 435.77	19 969.6	4.85
2017	18 515.11	36 396.2	477.35	1 450.22	19 151.5	4.65
2018	20 574.93	39 250.8	484.65	1 435.48	19 110.2	4.35

数据来源：根据《中国统计年鉴》数据整理。

2001 年 12 月，世界贸易组织（WTO）正式宣布中国成为世界贸易组织的一员，中国市场能与国际市场相连接，这极大地促进了中国经济的发展和人民的生活水平的提高。这一变化同样也可能会影响到中国的私人汽车拥有量。我们尝试以 2001 年年底加入 WTO 为转折点，在私人汽车拥有量的对数 $\ln Y$ 对城镇居民可支配收入的对数 $\ln X_2$ 以及公路里程等变量进行回归的基础上，引入虚拟变量，建立以下多元回归模型：

$$\ln Y_t = \beta_1 + \beta_2 \ln X_{2t} + \beta_3 X_{3t} + \beta_4 X_{4t} + \beta_5 X_{5t} + \beta_6 X_{6t} + \beta_7 D_{2t} + u_t$$

式中

$$D_2 = \begin{cases} 1 & t = 2001 \text{ 年以后} \\ 0 & t = 2001 \text{ 年及以前} \end{cases}$$

操作过程如图 2.6 所示，回归结果如图 2.7 所示。

```
use c:\Stataex\wdzhang\no3,clear        //打开指定位置的数据

tset year   //定义时间序列数据类型

gen d2=(year>=2001)        //生成虚拟变量 D2=1,t>=2001,否则为 0。

gen lny=log(y)      //对变量 y 取对数变换

gen lnx2=log(x2)      //对变量 x2 取对数变换

reg lny lnx2 x3 x4 x5 x6 d2
```

图 2.6　操作过程

```
. tset year   //定义时间序列数据类型
        time variable:  year, 1990 to 2018
                delta:  1 unit
```

```
. reg lny lnx2 x3 x4 x5 x6 d2

      Source |       SS           df       MS      Number of obs   =        29
-------------+----------------------------------   F(6, 22)        =   3762.16
       Model |  85.8582641         6  14.3097107   Prob > F        =    0.0000
    Residual |  .083678958        22  .003803589   R-squared       =    0.9990
-------------+----------------------------------   Adj R-squared   =    0.9988
       Total |  85.9419431        28  3.06935511   Root MSE        =    .06167

------------------------------------------------------------------------------
         lny |      Coef.   Std. Err.      t    P>|t|     [95% Conf. Interval]
-------------+----------------------------------------------------------------
        lnx2 |   1.164426   .0503447    23.13   0.000     1.060018    1.268835
          x3 |   .0027407   .0002659    10.31   0.000     .0021892    .0032921
          x4 |    .000502   .0000799     6.28   0.000     .0003363    .0006677
          x5 |  -.0000205   .0000186    -1.10   0.282    -.0000591     .000018
          x6 |  -.0177084   .0099181    -1.79   0.088    -.0382773    .0028604
          d2 |  -.0155778   .0513158    -0.30   0.764    -.1220003    .0908447
       _cons |  -3.984856    .372074   -10.71   0.000     -4.75649   -3.213222
------------------------------------------------------------------------------
```

图 2.7　回归结果

从回归结果可以看出，模型的解释变量有的显著有的不显著，但虚拟变量 D_{2t} 的经济意义并不显著，即加入 WTO，对我国私人汽车拥有量并没有显著影响。

需要指出的是，在上述建模过程中，主要是从教学目的出发，说明运用虚拟变量的规则和方法，没有考虑更多建模的可能性。在实证分析中，还可以进一步考虑

分段回归（以虚拟变量分辨更多的分段点）以及是否存在多重共线性对模型的影响等。

虚拟被解释变量及相应的离散选择模型将在后续章节中介绍。

习题

1. 什么是估计量的无偏性、有效性和一致性？线性回归模型 OLS 估计量的统计性质是什么？哪些假定条件能保证这些性质成立？

2. 假定在线性回归模型 $y = X\beta + \varepsilon$ 中，有 $E(X'\varepsilon) = 0$，$Var(\varepsilon \mid X) = \sigma^2$，但是 $E(\varepsilon \mid X) \neq E(\varepsilon)$。问此时 $E(\varepsilon^2 \mid X) = \sigma^2$ 是否成立？若不成立，对最小二乘估计的适用性会有什么样的影响？

3. 考虑模型：$\ln Y_t = \beta_1 + \beta_2 \ln X_{2t} + \beta_3 \ln X_{3t} + \beta_4 \ln X_{4t} + u_t$

其中 Y_t、X_{2t}、X_{3t}、X_{3t} 分别是粮食总产量、化肥施用总量、粮食播种总面积、农业劳动力人口。

模型估计结果如图 2.8 所示。

```
. reg lny lnx2 lnx3 lnx4        //式(27)回归

      Source |       SS           df       MS      Number of obs   =        36
-------------+----------------------------------   F(3, 32)        =    661.31
       Model |  .756624347         3  .252208116   Prob > F        =    0.0000
    Residual |  .012204034        32  .000381376   R-squared       =    0.9841
-------------+----------------------------------   Adj R-squared   =    0.9826
       Total |  .76882838         35  .021966525   Root MSE        =    .01953

------------------------------------------------------------------------------
         lny |      Coef.   Std. Err.      t    P>|t|     [95% Conf. Interval]
-------------+----------------------------------------------------------------
        lnx2 |   .2924883   .0124182    23.55   0.000     .2671932    .3177834
        lnx3 |   1.290895   .0927609    13.92   0.000     1.101947    1.479843
        lnx4 |  -.1339293   .0421655    -3.18   0.003    -.2198177    -.048041
       _cons |  -4.100382   1.314169    -3.12   0.004    -6.777256   -1.423508
------------------------------------------------------------------------------
```

图 2.8　模型估计结果

根据输出结果回答下列问题：

(1) 写出模型的规范形式。样本容量是多少？

(2) 各解释变量是否是影响被解释变量的显著因素？解释其经济意义。

(3) 模型的拟合优度是多少？拟合效果如何？

(4) 如何解释农业劳动力人口的系数估计值为负值？

4. 为了分析某国的进口需求，根据 29 年的数据得到下面的回归结果：

$$\hat{Y}_t = -58.900 + 0.20X_{1t} - 0.10X_{2t}$$
$$se. \quad = 2.526 \quad 0.0092 \quad 0.0075$$
$$R^2 = 0.96 \quad \bar{R}^2 = 0.95$$

其中：Y=进口量（百万美元），X_1=个人消费支出（美元/年），X_2=进口价格/国内价格。

（1）解释 X_1 和 X_2 系数的经济意义；

（2）对参数进行显著性检验，并解释检验结果；

（3）Y 的总离差中被回归方程解释的部分及未被回归方程解释的部分所占比例分别是多少？

5. 对于满足古典假定的双变量模型

$$Y_t = \beta_1 + \beta_2 X_t + \varepsilon_t$$

为检验 t^* 时刻后是否发生结构变化，该如何引入虚拟变量？并给出检验方法的步骤及统计量。

6. 考虑半对数线性模型

$$LnW = \alpha + \beta_1 X_1 + \beta_2 M_i + u_i$$

其中，W 为财产值（不允许零财产和负财产）；X 为描述个体特征的虚拟变量，包括性别、职业、受教育程度等；M 为内部控制变量，包括家庭人口和家庭收入。

（1）试给出计量经济学建模分析的思路、方法、步骤。

（2）解释该模型中系数的含义——比如，受教育程度（本科及以上=1，其他=0）的系数为0.25，性别（男=1，女=0）的系数为0.12，以及它们的交互效应的系数为-0.12，且都是显著的。

＊附：两个定理（也可作为练习题选做）

定理1：记 $e'e$ 是 y 对 X 回归的残差平方和，而 $u'u$ 是 y 对 X 和 z 回归的残差平方和。那么有 $u'u = e'e - c^2(z'_* z_*) \leq e'e$。其中：c 是 y 对 X 和 z 的回归中 z 的参数估计，$Asy.\ \mathrm{var}[\sqrt{n}(\beta - \hat{\beta})] = \sigma^2 [E(\hat{x}'\hat{x})]^{-1}$。

这个定理说明的是在一个线性回归模型中增加新的解释变量，总是可以使模型的残差平方和减小，或者至少不增大。

定理2：记 R^2_{Xz} 是 y 对 X 和 z 回归的可决系数，而 R^2_X 是 y 只对 X 回归的可决系数，r^*_{yz} 表示在控制了 X 之后，y 与 z 的相关系数。则有：$R^2_{Xz} = R^2_X + (1 - R^2_X) \cdot r^*_{yz}$。由该定理也说明了，增加新的解释变量会使得可决系数增大。

第三章
放宽基本假定的处理及方法拓展

第一节 非球形扰动

经典线性回归模型 OLS 估计量在古典假定条件下满足高斯-马尔可夫定理，但在现实经济活动中，这些基本假定并非都能满足该定理。在基础计量经济学中，针对异方差性、自相关性问题我们主要探讨了问题产生的原因、造成的后果以及如何检验与修正的方法。本节内容主要是在此基础上，进一步探讨异方差和自相关的本质，并给出在存在异方差及自相关情况下如何得到估计量的有效性改进。

考虑线性回归模型

$$Y = X\beta + u \tag{3.1}$$

其中 $$E(u \mid X) = 0\text{ , }\mathrm{Var}(u \mid X) = E(uu' \mid X) = \sigma^2\Omega\text{ , }\Omega \neq I \tag{3.2}$$

此时称模型的随机扰动项是非球型扰动（可称为广义线性回归模型）。

如果模型存在非球型扰动（其他基本假定仍满足），此时仍然采用 OLS 估计会有以下特点：

①OLS 估计量是无偏且一致的。

②OLS 估计量是非有效的。即如果仍然做 OLS 回归，只能得到线性无偏但非最小方差的估计量。

③传统的 OLS 估计量的标准差不正确，以这些标准差为依据建立起来的传统的 t 检验是无效的。

那么，OLS 估计量的正确方差（标准差）是什么呢？

事实上

$$\begin{aligned}\mathrm{Var}(\hat{\beta}) &= E[(\hat{\beta}-\beta)(\hat{\beta}-\beta)'] \\ &= E[(X'X)^{-1}X'uu'X(X'X)^{-1}] \\ &= (X'X)^{-1}X'\sigma^2\Omega X(X'X)^{-1}\end{aligned} \tag{3.3}$$

传统 OLS 估计量方差公式 $\sigma^2(X'X)^{-1}$ 只是正确表达式（3.3）的一部分，所以传统的 t 检验统计量是无效的。

为得到正确的方差（标准差），我们先考虑异方差情形，然后再考虑自相关情形及异方差和自相关混合的情形。

当仅出现异方差时，扰动项的方差协方差矩阵是

$$\mathrm{Var}(u)=E(uu')=\begin{pmatrix}\sigma^2{}_1 & \cdots & 0\\ \vdots & \ddots & \vdots\\ 0 & \cdots & \sigma^2{}_n\end{pmatrix}=V$$

在这种情况下，如果我们仍然使用 OLS 估计模型，那么有效的统计推断要求正确计算出式（3.3），即 $\sigma^2\Omega=\mathrm{diag}\{\sigma_1^2,\ \sigma_2^2,\ \cdots,\ \sigma_n^2\}$ 。由于 $\sigma^2\Omega$ 中有 n 个未知方差，而我们的样本为 n，因此，如果没有附加假设，要从 n 个样本点估计这些未知参数，显然是不可能的。不过，White 认为可以换一个角度看此问题。我们目的是要得到 k 阶方阵 $X'\sigma^2\Omega X$ 的一个满意的估计，这是一个 k 阶方阵，而 k 是独立于样本容量 n 的常数。

$$X'\sigma^2\Omega X=[x_1,\ x_2,\ \cdots,\ x_n]\begin{pmatrix}\sigma^2{}_1 & \cdots & 0\\ \vdots & \ddots & \vdots\\ 0 & \cdots & \sigma^2{}_n\end{pmatrix}\begin{bmatrix}x_1{}'\\ x_2{}'\\ \vdots\\ x_n{}'\end{bmatrix}$$

$$=\sum_{i=1}^{n}\sigma_i^2x_ix'_i \tag{3.4}$$

White 估计量以 e_i^2 代替未知的 σ_i^2 ，其中，e_i 是最初 OLS 估计的残差。White（1980）证明了

$$\widehat{\mathrm{Var}}(\hat{\beta})=(X'X)^{-1}X'\sigma^2\hat{\Omega}X\,(X'X)^{-1}$$

$$\sigma^2\hat{\Omega}=\mathrm{diag}\{e_1^2,\ e_2^2,\ \cdots,\ e_n^2\} \tag{3.5}$$

是式（3.3）的一个一致估计量。而且，式（3.5）由于不需要对异方差形式做任何假定而显得特别有用。

式（3.5）主对角线元素的平方根就是 OLS 估计量的“真实”标准差，它通常被称为 White 异方差一致标准差。此时，通常的 t 检验和 F 检验是渐进有效的。而一般的假设检验也可以用相应的统计量来完成。

White 关于 OLS 估计量的方差协方差矩阵的一致估计（也称为 White 方差协方差稳健估计），是假设被估计的模型的随机扰动项是序列不相关的。而 Newey 和 West（1987）提出了更一般的估计量。在存在未知形式的异方差和自相关时仍然是一致的。估计式为：

$$X'\sigma^2\hat{\Omega}X=\frac{N}{N-k}\Big[\sum_{i=1}^{n}e_i^2x_ix'_i+\sum_{v=1}^{q}w(v)\sum(x_ie_ie_{i-v}x'_i+x_{i-v}e_{i-v}e_ix'_i)\Big] \tag{3.6}$$

其中，q 是模型随机误差项的最大自相关阶数，需要事先给定。$w(v)$ 是权数，$w(v)=1-\dfrac{v}{q+1}$ 。将式（3.6）带入式（3.3）得到 OLS 估计量的 Newey-West 异方差—自相关一致方差协方差估计

$$\hat{\mathrm{V}}\mathrm{ar}(\hat{\beta})=\frac{N}{N-k}(X'X)^{-1}\Big[\sum_{i=1}^{n}e_i^2x_ix'_i+\sum_{v=1}^{q}w(v)\sum(x_ie_ie_{i-v}x'_i+x_{i-v}e_{i-v}e_ix'_i)\Big](X'X)^{-1} \tag{3.7}$$

【例 3.1】分析交通与通信支出如何受人均可支配收入的影响。建立交通通信支出的一元线性回归模型，解释变量为人均可支配收入。相关数据如表 3.1 所示。

表 3.1　30 个地区某时段人均可收入与交通通信支出的截面数据

（单位：美元）

收入（inc）	支出（cum）	收入（inc）	支出（cum）
4 009.61	159.60	5 000.79	212.30
4 098.73	137.11	5 084.64	270.09
4 112.41	231.51	5 127.08	212.46
4 206.64	172.65	5 380.08	255.53
4 219.42	193.65	5 412.24	252.37
4 220.24	191.76	5 434.26	255.79
4 240.13	197.04	5 466.57	337.83
4 251.42	176.39	6 017.85	255.65
4 268.50	185.78	6 042.78	266.48
4 353.02	206.91	6 485.63	346.75
4 565.39	227.21	7 110.54	258.56
4 617.24	201.87	7 836.76	388.79
4 770.47	237.16	8 471.98	369.54
4 826.36	214.37	8 773.10	384.49
4 852.87	265.98	8 839.68	640.56

建立交通通信支出的一元线性回归模型

$$cum_i = \alpha + \beta inc_i + \varepsilon_i$$

Stata 操作及结果如图 3.1 所示，输出结果如图 3.2 和图 3.3 所示。

```
use c:\Stataex\wdzhang\no4,clear        //打开指定位置的数据

reg cum inc      //公式(3.8)

reg cum inc, robust      //公式(3.9),White 异方差一致估计
```

图 3.1　Stata 操作过程

```
. reg cum inc      //公式(3.8)

      Source |       SS           df       MS      Number of obs   =        30
-------------+----------------------------------   F(1, 28)        =     80.32
       Model |  204694.04          1   204694.04   Prob > F        =    0.0000
    Residual |  71359.6214        28  2548.55791   R-squared       =    0.7415
-------------+----------------------------------   Adj R-squared   =    0.7323
       Total |  276053.661        29  9519.09176   Root MSE        =    50.483

------------------------------------------------------------------------------
         cum |      Coef.   Std. Err.      t    P>|t|     [95% Conf. Interval]
-------------+----------------------------------------------------------------
         inc |   .0580748   .0064801     8.96   0.000     .0448009    .0713487
       _cons |  -56.91799   36.20625    -1.57   0.127    -131.0831    17.24714
------------------------------------------------------------------------------
```

图 3.2　式（3.8）输出结果

```
. reg cum inc, robust      //公式(3.9), White异方差一致估计

Linear regression                               Number of obs     =         30
                                                F(1, 28)          =      21.74
                                                Prob > F          =     0.0001
                                                R-squared         =     0.7415
                                                Root MSE          =     50.483

------------------------------------------------------------------------------
             |               Robust
         cum |      Coef.   Std. Err.      t    P>|t|     [95% Conf. Interval]
-------------+----------------------------------------------------------------
         inc |   .0580748   .0124551     4.66   0.000     .0325617     .083588
       _cons |  -56.91799   60.22735    -0.95   0.353    -180.2881    66.45215
------------------------------------------------------------------------------
```

图 3.3　式（3.9）输出结果

将 OLS 估计结果（见图 3.2）和采用 White 异方差一致估计的结果（见图 3.3）对比

$$\begin{gathered} \hat{cum}_i = -56.92 + 0.058inc_i \\ se = (36.20) \quad (0.0065) \\ t = (-1.57) \quad (8.96) \\ R^2 = 0.74 \end{gathered} \tag{3.8}$$

$$\begin{gathered} \hat{cum}_i = -56.92 + 0.058inc_i \\ se = (60.23) \quad (0.012) \\ t = (-0.95) \quad (4.66) \\ R^2 = 0.74 \end{gathered} \tag{3.9}$$

估计结果表明，系数估计值相同，但系数估计量的标准误差不同，t 值也不同。式（3.9）中的标准差 0.012 称为稳健标准差，它是 inc 系数最小二乘估计量"真实标准差"的 White 一致估计。值得注意的是，OLS 估计结果［式（3.8）］中的 t 值通常是被夸大的。而 White（以及 Newey-West）方法正是给出了估计量方差的真实改进。

非球型扰动的处理，除了上述的 OLS 加 White（或 Newey-West）稳健方差一致

估计方法以外，另一种重要的处理方法是广义最小二乘估计法（GLS）。

在实际经济问题的分析过程中，常常遇到古典假定的不满足，即随机扰动项存在非球型扰动（异方差或自相关）。比如利用截面数据进行分析时，随机因素的方差有时会随着解释变量的增大而增大（即所谓的递增异方差——如在研究消费收入的关系时，随着收入的增加，随机因素的变化会增大）。而利用时间序列数据进行分析时，由于经济变量的惯性作用，随机扰动项之间也会有联系，较为普遍的现象是扰动项的一阶自相关（即 $u_t = \rho u_{t-1} + \varepsilon_t$）。

当存在非球型扰动（异方差或自相关）的情况下，传统的 OLS 不再是有效估计，这时，我们可以采用广义最小二乘法（GLS）来解决这类问题。

具体地，对于线性回归模型 $Y = X\beta + u$

$E(u \mid X) = 0, Euu' = \sigma^2\Omega$

其中 $\Omega = \begin{pmatrix} w_1 & & \\ & \ddots & \\ & & w_n \end{pmatrix} = \begin{pmatrix} \frac{\sigma^2{}_1}{\sigma^2} & & \\ & \ddots & \\ & & \frac{\sigma^2{}_n}{\sigma^2} \end{pmatrix}$ 时，u_t 存在异方差；

$$\Omega = \frac{1}{1-\rho^2}\begin{pmatrix} 1 & \rho & \cdots & \rho^{n-1} \\ \rho & 1 & \cdots & \rho^{n-2} \\ \cdots & \cdots & \cdots & \cdots \\ \rho^{n-1} & \rho^{n-2} & \cdots & 1 \end{pmatrix}$$ 时，u_t 存在一阶自相关。

需要说明的是，无论是异方差还是自相关，矩阵 Ω 是正定矩阵。于是，存在非奇异矩阵 P，使得

$$\Omega = PP'$$

或
$$P^{-1}\Omega(P')^{-1} = I$$

在模型 $Y = X\beta + u$ 两边同时左乘 P^{-1}，得

$$P^{-1}Y = P^{-1}X\beta + P^{-1}u$$

令 $P^{-1}Y = Y^*$，$P^{-1}X = X^*$，$P^{-1}u = u^*$。于是有

$$Y^* = X^*\beta + u^* \tag{3.10}$$

此时，$Eu^*u^{*\prime} = E[P^{-1}uu'(P')^{-1}] = P^{-1}\sigma^2\Omega(P')^{-1} = \sigma^2 I$

即 u^* 已无异方差和自相关。

那么，对式（3.10）运用 OLS 可以得到

$$\hat{\beta} = (X^{*\prime}X^*)^{-1}X^{*\prime}Y^* = (X(P^{-1})'P^{-1}X)^{-1}X'(P^{-1})'P^{-1}Y = (X'\Omega^{-1}X)^{-1}X'\Omega^{-1}Y$$

这就是未知参数 β 的广义最小二乘估计量 GLS。即

$$\hat{\beta}_{GLS} = (X'\Omega^{-1}X)^{-1}X'\Omega^{-1}Y \tag{3.11}$$

广义最小二乘估计量 GLS 具有良好的统计性质：它是无偏的、一致的、渐近正态 $[E\hat{\beta}=\beta,\ \mathrm{Var}\hat{\beta}=\sigma^2(X'\Omega^{-1}X)^{-1}]$ 的估计量。换句话说，GLS 估计量是广义模型中的最小方差线性无偏估计。这就是所谓的 Aitken 定理，当 $\Omega = I$ 时高斯—马尔可夫定理为其特例。

广义最小二乘法是处理非球型扰动问题的一般良好估计方法。而具体到异方差或自相关的单一问题时，广义最小二乘法（GLS）则简化为加权最小二乘法（WLS）或广义差分法。

当Ω已知时，比如异方差时，各个 $w_i = \frac{\sigma_i{}^2}{\sigma^2}$ 已知，此时，矩阵P为

$$P = \begin{pmatrix} \sqrt{w_1} & & \\ & \ddots & \\ & & \sqrt{w_2} \end{pmatrix}, P^{-1} = \begin{pmatrix} \frac{1}{\sqrt{w_1}} & & \\ & \ddots & \\ & & \frac{1}{\sqrt{w_2}} \end{pmatrix}$$

$$Y^* = P^{-1}Y = \begin{pmatrix} \frac{Y_1}{\sqrt{w_1}} \\ \vdots \\ \frac{Y_n}{\sqrt{w_n}} \end{pmatrix}, X^* = P^{-1}X = \begin{pmatrix} \frac{X_1}{\sqrt{w_1}} \\ \vdots \\ \frac{X_n}{\sqrt{w_n}} \end{pmatrix}, u^* = P^{-1}u = \begin{pmatrix} \frac{u_1}{\sqrt{w_1}} \\ \vdots \\ \frac{u_n}{\sqrt{w_n}} \end{pmatrix}。$$

这时由式（3.10）估计出来的 β，其实与加权最小二乘法（WLS）估计的是相同的。换句话说，加权最小二乘法实际上是广义最小二乘法的特例。

再比如，随机扰动项有一阶自相关且 ρ 已知，

$$此时\ \Omega = \frac{1}{1-\rho^2}\begin{pmatrix} 1 & \rho & \cdots & \rho^{n-1} \\ \rho & 1 & \cdots & \rho^{n-2} \\ \cdots & \cdots & \cdots & \cdots \\ \rho^{n-1} & \rho^{n-2} & \cdots & 1 \end{pmatrix} = PP'，可以算得$$

$$P^{-1} = \begin{pmatrix} \sqrt{1-\rho^2} & 0 & 0 & \cdots & 0 & 0 \\ -\rho & 1 & 0 & \cdots & 0 & 0 \\ 0 & -\rho & 1 & \cdots & 0 & 0 \\ \cdots & \cdots & \cdots & \cdots & \cdots & \cdots \\ 0 & 0 & 0 & \cdots & -\rho & 1 \end{pmatrix}$$

那么式（3.10）中的

$$Y^* = P^{-1}Y = \begin{pmatrix} \sqrt{1-\rho^2}\,Y_1 \\ Y_2 - \rho Y_1 \\ \vdots \\ Y_n - \rho Y_{n-1} \end{pmatrix}, X^* = P^{-1}X = \begin{pmatrix} \sqrt{1-\rho^2}\,X_1 \\ X_2 - \rho X_1 \\ \vdots \\ X_n - \rho X_{n-1} \end{pmatrix}$$

此时估计式（3.10）得出的 $\hat{\beta}$，其实就是广义差分法的估计结果。也就是说广义差分法也是GLS的特例。所以，GLS是一个理论上普遍适用的方法。

但是，上述情形在Ω已知的情况下是可行的。而在现实应用时，Ω往往是未知的。于是我们面临一个问题——Ω如何确定？回答是，对Ω中的未知量预先进行估

计（比如一阶自相关中的ρ，异方差中的w_i），再运用广义最小二乘法 GLS。这是一种理论上可行的方法，但实际操作可能会遇到许多困难，尤其是在有异方差存在时。为此，我们介绍另一种方法——可行广义最小二乘法（FGLS）。

下面以异方差为例，介绍如何估计 Ω 中的未知量，进而运用可行广义最小二乘法（FGLS）。

异方差的具体形式是复杂多样的，但总的来说都是与解释变量有关的，随解释变量的变化而变化。以下三种假设情况是文献中经常讨论的情形。

假设 1：$\sigma^2_i = \alpha_0 + \alpha_1 Z_{i1} + \cdots + \alpha_p Z_{ip}$

假设 2：$\sigma_i = \alpha_0 + \alpha_1 Z_{i1} + \cdots + \alpha_p Z_{ip}$

假设 3：$\ln\sigma^2_i = \alpha_0 + \alpha_1 Z_{i1} + \cdots + \alpha_p Z_{ip}$ ［或$\sigma^2_i = \exp(\alpha_0 + \alpha_1 Z_{i1} + \cdots + \alpha_p Z_{ip})$］

我们称这些方程为扰动项方差的辅助方程。式中的 Z 是原模型中部分或全部的 X 或 X 的函数（比如 $Z_1 = X_1$，$Z_2 = X_1^2$，$Z_3 = X_1X_2$，等等）。可行广义最小二乘法的基本思想就是，先利用辅助函数求得参数估计值$\hat{\alpha}_i$，然后得出估计值$\hat{\sigma}_i$从而得到$\hat{\Omega}$及最终的 GLS 结果。FGLS 的步骤如下：

第一步，Y 对常数项和 X_1，X_2，…，X_K 回归，求得β的 OLS 估计值。

第二步，计算残差 $e_i = Y_i - \hat{\beta}_0 - \hat{\beta}_1 X_{1i} - \cdots - \hat{\beta}_k X_{ki}$。

第三步，选择上述方程的适当形式。

形式一：$e_i{}^2$对常数项及 Z_1，…，Z_P 回归，求得α的估计值。这是针对上述假设 1 方程的情况。式中的 Z 为原来 X 的平方或交叉乘积。然后把这些α的估计值代回假设 1 方程便得到$\sigma_i{}^2$的估计值$\hat{\sigma}_i{}^2$。再使用 GLS 或 WLS 得出最终结果。需要指出的是，这种方式并不能保证所有的$\hat{\sigma}_i{}^2$都为正，如果其中出现了 0 或负数，那么我们就只能使用原来的$e_i{}^2$代替$\hat{\sigma}_i{}^2$了。

形式二：对应于上述假设 2 中的方程，让e_i对常数项及 Z_1，…，Z_P 回归，求得α的 OLS 估计值，代入假设 2 方程得到$\hat{\sigma}_i$，然后使用 GLS 或 WLS（此时选择权数为$\dfrac{1}{\hat{\sigma}_i}$，如$\hat{\sigma}_i$为负，那么权数为$\dfrac{1}{|e_i|}$）。

形式三：对应假设 3 方程，让 $\ln e_i{}^2$ 对常数项及 Z_1，…，Z_P 回归，求出α的 OLS 估计值，再代回假设 3 方程求得 $\ln\hat{\sigma}_i{}^2$ 或$\hat{\sigma}_i{}^2$。然后利用 GLS 或 WLS 得出结果。这里值得一提的是，此时的$\hat{\sigma}_i{}^2$只会产生正值，不存在 0 或负的情况，这也是此种方法有吸引力的地方。

以上便是有异方差时可行广义最小二乘法的常用步骤。由此得到的 FGLS 估计量是一致估计量。而且它的方差和协方差估计也是一致的。同时渐近地（大样本场合）比 OLS 估计更有效。

而更一般化的可行广义最小二乘法（FGLS）操作应用还需要具体情况具体分析。一般公式为

$$\hat{\beta}_{FGLS} = (X'\hat{\Omega}^{-1}X)^{-1}X'\hat{\Omega}^{-1}Y \tag{3.12}$$

其中$\hat{\Omega}$是 Ω 的一致估计。

第二节　内生性问题

本节主要讨论内生性问题，包括有关概念、后果、检验方法及处理方法等。

一、内生性概念及后果

对于模型

$$Y = X\beta + u$$

强外生性意味着　$E[u|X] = 0$，

或者　$E[u_i|x_1, x_2, \cdots, x_n] = 0 \quad i = 1, 2, \cdots, n$；

其中 x_i 是矩阵 X' 的第 i 列，即所有解释变量的第 i 个观测值。

一般来说，条件均值 $E(u_i|x_1, x_2, \cdots, x_n)$ 是 x 的函数。强外生性表明这个函数是取值为零的常数，即扰动项的变化与解释变量是独立的。另一方面，如果这个条件均值是常数但不为零，即 $E(u_i|x_1, x_2, \cdots, x_n) = \mu \neq 0$，此时只需对模型扰动项稍做变动，新的扰动项仍然满足强外生性。这种情况只是影响了模型的截距项，对模型其他方面没有影响，外生性仍然成立。

根据期望迭代定理 $E[E(u|X)] = E(u)$，由强外生性容易推出扰动项的无条件均值为零，$E(u_i) = 0$。更重要的是能推出各解释变量与扰动项不相关（或称为正交），即 $E(x_ju_i) = 0\ (i, j = 1, 2, \cdots, n)$，或 $\text{cov}(x_j, u_i) = 0\ (i, j = 1, 2, \cdots, n)$。这是因为

$$E(x_ju_i) = E[E(x_ju_i|X)] = E[x_jE(u_i|X)] = 0$$

$$\text{cov}(x_j, u_i) = E(x_ju_i) - E(x_j)E(u_i) = 0$$

上述两式由强外生性推出，称为弱外生性，也就是通常说的外生性。它表明解释变量与扰动项不相关，这是获得一致估计量的重要前提。

如果外生性假定被违背，即 $E(x_ju_i) \neq 0$，解释变量与扰动项相关，那么模型存在内生性问题。与扰动项相关的解释变量称为内生解释变量。此时最小二乘估计量是不一致的估计量。

二、内生性检验

如果模型中某个解释变量不满足外生性条件，则该变量为内生解释变量。此时模型具有内生性（Endogeneity）。检验某个解释变量是否是内生变量，称为内生性检验（Testing for Endogeneity），常用的检验是豪斯曼检验（Hausman）。

Hausman（1978）检验的基本思想是比较两种不同估计方法估计结果的差异大小，比如解释变量系数的 OLS 估计和两阶段最小二乘法（2SLS）估计量大小。如果待检验的变量确实是外生的，则解释变量系数的 OLS 和 2SLS 估计量差值仅取决于抽样误差，差异不会太大；如果两类估计量差值过大，则拒绝外生性，认为存在内生性问题。这是因为如果存在内生性，OLS 是不一致的估计，而 2SLS 估计量是一致

估计（后证）。

Hausman 检验的原始表述是基于不同估计方法结果差异的比较，对于不同的模型或问题有各自的计算公式。一种简单易行又常用的方法是基于线性模型回归结果完成此检验，且该种做法与原始 Hausman 检验是渐进等价的。这种做法也适用于非线性模型。

在此我们介绍基于线性回归结果的 Hausman 内生性检验。先假设模型中有一个可能的内生解释变量，然后可以扩展到多个内生解释变量检验问题。

设
$$y = z_1\alpha_1 + \beta x + u \tag{3.13}$$

y 是因变量；x 是可能的内生解释变量，即 $E(xu) \neq 0$；z_1 是 $1 \times L_1$ 的解释变量（包含截距项），是外生的；u 是扰动项；β 和 α_1 是系数（向量）。假设与模型问题有关的所有可能的外生变量为 z（$1 \times L$），z_1 是 z 的一个子集。模型满足假定

$$E(z'u) = 0$$

我们要检验的原假设是 x 是外生变量，备择假设是 x 是内生变量。思路步骤如下：

将 x 对 z 线性投影（辅助回归）

$$\begin{aligned} x &= z\pi + \nu \\ E(z'\nu) &= 0 \end{aligned} \tag{3.14}$$

因为 u 与 z 不相关，那么如果 x 是内生的，即 x 与 u 相关，则有 $E(u\nu) \neq 0$，从而内生性检验转化为两个扰动项是否相关。

u 对 ν 的线性投影为

$$u = \rho\nu + e \tag{3.15}$$

其中 $\rho = E(u\nu)/E(\nu^2)$，$E(e\nu) = 0$，$E(z'e) = 0$。因此，如果 x 是外生的，必有 $\rho = 0$。将式（3.15）带入式（3.13）得

$$y = z_1\alpha_1 + \beta x + \rho\nu + e \tag{3.16}$$

用 OLS 估计（3.16），使用标准的 t 检验来检验 H_0：$\rho = 0$。但由于 ν 不可观测，所以实际操作中，使用式（3.14）的残差项作为 ν 的估计。如果同方差假定满足，即 $E(u^2|z_1, x) = \sigma^2$，则 $\hat{\rho}$ 的 OLS 估计结果的 t 检验在 H_0 成立条件下是有效的。如果是异方差，则需要使用异方差稳健 t 统计量检验（如 White 异方差一致估计）。

具体检验步骤如下：

第一，x 对所有外生变量 z 回归，生成残差序列，得到 ν 的估计 $\hat{\nu}$。

第二，将 $\hat{\nu}$ 加入原模型结构方程，估计该结构方程。

$$y = z_1\alpha_1 + \beta x + \rho\hat{\nu} + e$$

第三，检验 H_0：$\rho = 0$：如果相应的 t 值很小，则接受原假设，表明 x 是外生的；如果 t 值较大，则拒绝原假设，表明 x 是内生的。

下面通过一个例子来说明具体的应用过程。

【例 3.2】检验女性工资方程中教育变量的内生性

$$\log(\text{wage}) = \delta_0 + \delta_1\text{exper} + \delta_2\text{exper}^2 + \lambda\text{educ} + u$$

exper 和 $exper^2$ 是外生的，现怀疑 educ 有内生性。educ 的工具变量是父亲教育年限 fatheduc、母亲教育年限 motheduc 和丈夫教育年限 huseduc。

第一步，educ 对所有外生变量：常数项 1、exper、$exper^2$、motheduc、fatheduc、huseduc 回归，得到残差 E；

第二步，将残差 E 作为一个解释变量加入结构方程中，

$$\log(\text{wage}) = \delta_0 + \delta_1 \text{exper} + \delta_2 \text{exper}^2 + \lambda \text{educ} + \rho E + u$$

Stata 操作及估计结果如图 3.4、图 3.5 和图 3.6 所示

```
* 内生性检验

*第 1 步
reg edu exper exper2 motheduc fatheduc husedu   //内生变量对所有外生变量、IV 回归
predict ei, residual   //得到残差
* l ei

*第 2 步
reg lnwage exper exper2 edu ei, r   //检验 ei 的系数是否为 0
```

图 3.4 操作过程

```
. reg edu exper exper2 motheduc fatheduc husedu //内生变量对所有外生变量、IV回归
```

Source	SS	df	MS
Model	1820.49038	5	364.098077
Residual	2089.54946	747	2.79725496
Total	3910.03984	752	5.19952106

Number of obs	=	753
F(5, 747)	=	130.16
Prob > F	=	0.0000
R-squared	=	0.4656
Adj R-squared	=	0.4620
Root MSE	=	1.6725

edu	Coef.	Std. Err.	t	P>|t|	[95% Conf.	Interval]
exper	.0532406	.0218443	2.44	0.015	.0103571	.0961241
exper2	-.0007403	.000708	-1.05	0.296	-.0021303	.0006497
motheduc	.130004	.0223789	5.81	0.000	.086071	.1739371
fatheduc	.1013613	.0214423	4.73	0.000	.059267	.1434556
husedu	.3715645	.0220465	16.85	0.000	.3282839	.414845
_cons	5.115778	.298017	17.17	0.000	4.530727	5.700828

图 3.5 输出结果一

```
. reg lnwage exper exper2 edu ei,r        // 检验ei的系数是否为0

Linear regression                               Number of obs    =       428
                                                F(4, 423)        =     22.99
                                                Prob > F         =    0.0000
                                                R-squared        =    0.1625
                                                Root MSE         =    .66497

------------------------------------------------------------------------------
             |               Robust
      lnwage |      Coef.   Std. Err.      t    P>|t|     [95% Conf. Interval]
-------------+----------------------------------------------------------------
       exper |   .0438739    .015069     2.91   0.004     .0142545    .0734934
      exper2 |  -.0008708    .000415    -2.10   0.036    -.0016866   -.000055
         edu |   .0801296   .0211893     3.78   0.000     .0384802    .121779
          ei |   .0478873   .0261267     1.83   0.068    -.003467    .0992417
       _cons |  -.2008036   .2887922    -0.70   0.487    -.76845     .3668429
------------------------------------------------------------------------------
```

图 3.6　输出结果二

输出结果二可看出，$\hat{\rho}$ 的 t 统计量值为 1.83，在 10%显著性水平下，拒绝原假设，表明 educ 具有内生性，从而用 OLS 估计原模型存在问题。

如果模型存在内生性问题，我们应寻求适当的方法加以处理。

三、工具变量与两阶段最小二乘法

解决内生解释变量的基本做法是采用工具变量方法估计模型，基本思想是利用工具变量替代内生解释变量，然后用 OLS 估计模型。这一过程通常使用了两次 OLS，因此称之为两阶段最小二乘法（2SLS）。

为了表述工具变量的概念，我们假设有如下模型：

$$y = \beta_1 + \beta_2 x_2 + \cdots + \beta_k x_k + u$$

x_k 与扰动项 u 可能相关，而其他解释变量都是外生的。

采用工具变量方法，需要找到可观测的工具变量 z，且工具变量需要满足两个条件：

①z 与误差项 u 不相关，$\mathrm{cov}(z, u) = 0$；

②z 与 x_k 高度相关。或者说 z 与 x_k 存在偏相关（即扣除其他外生变量的影响后仍然是相关），也就是 x_k 对包含所有外生变量的映射中，

$$x_k = \alpha_1 + \alpha_2 x_2 + \cdots + \alpha_{k-1} x_{k-1} + \delta z + \varepsilon$$

有 $\delta \neq 0$。

此即工具变量的定义。工具变量可以有多个，基本要求和做法与此类似。

下面继续通过上述的例子，说明工具变量及两阶段最小二乘法（2SLS）处理内生性的过程。

【例 3.3】（例 3.2 续）采用工具变量方法解决教育变量的内生性问题。

经过检验发现 educ 具有内生性，上例使用了父亲教育年限 fatheduc、母亲教育年限 motheduc 和丈夫教育年限 huseduc 作为 educ 的工具变量。首先，这三个变量满足工具变量定义的第一个条件，即与原模型的扰动项不相关；接下来，考察第二个

条件，即与内生解释变量的相关性（即工具变量检验）。为此需要估计及检验以下模型。

（1）估计模型 $educ = \alpha_0 + \alpha_1 exper + \alpha_2 exper^2 + \delta_1 motheduc + \delta_2 fatheduc + \delta_3 huseduc + \varepsilon$。

Stata 操作及估计结果如图 3.7、图 3.8 所示。

```
* 内生性检验

* 第 1 步 内生变量对所有外生变量、IV 回归
reg edu exper exper2 motheduc fatheduc husedu      //内生变量对所有外生变量、IV 回归
```

图 3.7　第 1 步操作过程

```
. reg edu exper exper2 motheduc fatheduc husedu //内生变量对所有外生变量、IV回归

      Source |       SS           df       MS      Number of obs   =       753
-------------+----------------------------------   F(5, 747)       =    130.16
       Model |  1820.49038         5  364.098077   Prob > F        =    0.0000
    Residual |  2089.54946       747  2.79725496   R-squared       =    0.4656
-------------+----------------------------------   Adj R-squared   =    0.4620
       Total |  3910.03984       752  5.19952106   Root MSE        =    1.6725

------------------------------------------------------------------------------
         edu |      Coef.   Std. Err.      t    P>|t|     [95% Conf. Interval]
-------------+----------------------------------------------------------------
       exper |   .0532406   .0218443     2.44   0.015     .0103571    .0961241
      exper2 |  -.0007403    .000708    -1.05   0.296    -.0021303    .0006497
    motheduc |    .130004   .0223789     5.81   0.000      .086071    .1739371
    fatheduc |   .1013613   .0214423     4.73   0.000      .059267    .1434556
      husedu |   .3715645   .0220465    16.85   0.000     .3282839     .414845
       _cons |   5.115778    .298017    17.17   0.000     4.530727    5.700828
------------------------------------------------------------------------------
```

图 3.8　第 1 步输出结果

（2）估计受约束模型 $educ = \alpha_0 + \alpha_1 exper + \alpha_2 exper^2 + \varepsilon$。

Stata 操作及估计结果如图 3.9 和图 3.10 所示。

```
* 第 2 步 估计受约束模型
reg edu exper exper2   //估计受约束模型
```

图 3.9　第 2 步操作过程

```
. reg edu exper exper2    //估计受约束模型

      Source |       SS           df       MS      Number of obs   =       753
-------------+----------------------------------   F(2, 750)       =      6.22
       Model |  63.8445025         2  31.9222513   Prob > F        =    0.0021
    Residual |  3846.19534       750  5.12826045   R-squared       =    0.0163
-------------+----------------------------------   Adj R-squared   =    0.0137
       Total |  3910.03984       752  5.19952106   Root MSE        =    2.2646

------------------------------------------------------------------------------
         edu |      Coef.   Std. Err.      t    P>|t|     [95% Conf. Interval]
-------------+----------------------------------------------------------------
       exper |   .1020016   .0294389     3.46   0.001     .0442092     .159794
      exper2 |   -.002871   .0009516    -3.02   0.003    -.0047391   -.0010029
       _cons |   11.71364   .1844669    63.50   0.000     11.35151    12.07577
------------------------------------------------------------------------------
```

图 3.10　第 2 步输出结果

（3）根据工具变量的第二个条件，要求 δ_1、δ_2、δ_3 至少一个不为零，即要检验原假设为 H_0: $\delta_1=\delta_2=\delta_3=0$，采用线性约束 F 检验，

$$F=\frac{(RSS_R-RSS_U)/q}{RSS_U/(n-k)}\sim F(q,\ n-k)$$

Stata 操作及结果如图 3.11 和图 3.12 所示。

```
*第 3 步 受约束 F 检验
quietly reg edu exper exper2 motheduc fatheduc husedu   //内生变量对所有外生变量、IV 回归
test motheduc fatheduc husedu   //约束的 F 检验
```

图 3.11　第 3 步操作过程

```
. quietly reg edu exper exper2 motheduc fatheduc husedu  //内生变量对所有外生变量、IV回归

. test motheduc fatheduc husedu      //约束的F检验

 ( 1)  motheduc = 0
 ( 2)  fatheduc = 0
 ( 3)  husedu = 0

       F(  3,   747) =  209.33
            Prob > F =    0.0000
```

图 3.12　第 3 步输出结果

拒绝原假设，表明第二个条件成立，即父亲教育年限 fatheduc、母亲教育年限 motheduc 及丈夫教育年限 huseduc 是 educ 的（有效）工具变量。

于是进一步地，我们使用两阶段最小二乘法 2SLS 处理内生性问题：

①生成 educ 的替代变量，即 educ 对所有外生变量回归，用 educ 的估计量 $\widehat{educ}$ 作为替代变量 z；

②用 z（$\widehat{educ}$）替代 educ 估计工资方程，

$$\log(wage)=\delta_0+\delta_1 exper+\delta_2 exper^2+\delta_3 z+u$$

此即两阶段最小二乘法 2SLS 的运用过程。

本例中，Stata 操作及估计结果如图 3. 13 和图 3. 14 所示。

```
* 使用两阶段最小二乘 2SLS 估计原模型

ivregress 2sls lnwage exper exper2 ( edu = motheduc fatheduc husedu ) , r
```

图 3. 13　使用 2SLS 法操作过程

```
. ivregress 2sls lnwage exper exper2 (edu = motheduc fatheduc husedu), r

Instrumental variables (2SLS) regression          Number of obs   =        428
                                                   Wald chi2(3)    =      27.83
                                                   Prob > chi2     =     0.0000
                                                   R-squared       =     0.1495
                                                   Root MSE        =     .66616

------------------------------------------------------------------------------
             |               Robust
      lnwage |      Coef.   Std. Err.      z    P>|z|     [95% Conf. Interval]
-------------+----------------------------------------------------------------
         edu |   .0803918   .0216016     3.72   0.000     .0380533    .1227302
       exper |   .0430973   .0152347     2.83   0.005     .0132378    .0729568
      exper2 |  -.0008628   .0004197    -2.06   0.040    -.0016854   -.0000402
       _cons |  -.1868572   .2998514    -0.62   0.533    -.7745553    .4008408
------------------------------------------------------------------------------
Instrumented:  edu
Instruments:   exper exper2 motheduc fatheduc husedu
```

图 3. 14　输出结果

本例中，如果不采用 2SLS，而是直接用 OLS 估计该模型，则 Stata 操作及结果如图 3. 15 和图 3. 16 所示。

```
use c: \ Stataex \ wdzhang \ labor_ force_ married_ women, clear      //打开指定位置的数据

gen lnwage=log ( wage)
gen exper2=exper^2

* OLS 回归结果
reg lnwage exper exper2 edu  // OLS 回归结果
```

图 3. 15　使用 OLS 法操作过程

```
.  reg lnwage exper exper2 edu        // OLS回归结果

      Source |       SS           df       MS      Number of obs   =       428
-------------+----------------------------------   F(3, 424)       =     26.29
       Model |  35.0222967         3  11.6740989   Prob > F        =    0.0000
    Residual |  188.305145       424  .444115908   R-squared       =    0.1568
-------------+----------------------------------   Adj R-squared   =    0.1509
       Total |  223.327442       427  .523015086   Root MSE        =    .66642

------------------------------------------------------------------------------
      lnwage |      Coef.   Std. Err.      t    P>|t|     [95% Conf. Interval]
-------------+----------------------------------------------------------------
       exper |   .0415665   .0131752     3.15   0.002     .0156697    .0674633
      exper2 |  -.0008112   .0003932    -2.06   0.040    -.0015841   -.0000382
         edu |   .1074896   .0141465     7.60   0.000     .0796837    .1352956
       _cons |  -.5220406   .1986321    -2.63   0.009    -.9124667   -.1316144
------------------------------------------------------------------------------
```

图 3.16　输出结果

对 2SLS 法与 OLS 法的估计结果进行比较，教育对工资影响的 2SLS 估计的系数为 0.080，而 OLS 估计的系数为 0.107。虽均为显著，但相差较大（相差约 30%）。这从另一角度也说明模型存在内生性，此时更应认可 2SLS 的估计结果，因为它是一致估计。

四、工具变量估计量和 2SLS 估计量的性质

1. 简单工具变量

考虑线性回归方程：$y = \beta_1 + \beta_2 x_2 + \cdots + \beta_k x_k + \varepsilon$

现在假设 x_k 是内生的，也就是说，x_k 与扰动项 ε 相关。在这样的情况下，OLS 得到的参数估计量是有偏且不一致的。需要说明的是，此时参数估计的偏差不仅仅存在于参数 β_k 上，而是所有的参数估计值都会受到影响。

矩阵形式的回归方程：

$$y = \beta_1 + \beta_2 x_2 + \cdots + \beta_k x_k + \varepsilon = X\beta + \varepsilon$$

仍然假设 x_k 是内生的，如果可以找到一个工具变量 z_1，满足如下两条假定：$E(z_1 x_k) \neq 0$ 以及 $E(z_1 \varepsilon) = 0$，那么，可以定义 $Z = (x_1, x_2, \cdots, x_{k-1}, z_1)$，其中 $x_1 = (1, 1, \cdots, 1)'$。方程两边左乘 Z'，同取期望，有 $\beta = [E(Z'X)]^{-1}E(Z'Y)$

以此得到参数估计量

$$\hat{\beta}_{IV} = (Z'X)^{-1}(Z'Y) \tag{3.17}$$

称为工具变量估计量（IV）。它是一致估计量。这是因为：

$$\text{plim}\hat{\beta}_{IV} = \beta + \text{plim}\left(\frac{Z'X}{n}\right)^{-1} \text{plim}\left(\frac{Z'\varepsilon}{n}\right) = \beta$$

但是，这样简单使用工具变量得到的估计量并不是无偏的（特殊的能得到无偏估计的情况是：x_k 与其他外生变量无关，只和 z_1 相关）。而正确的做法是，将内生变量 x_k 对所有的外生变量进行投影（回归），也就是按照如下公式计算：

$$x_k = \alpha_0 + \alpha_1 x_1 + \cdots + \alpha_{k-1} x_{k-1} + \theta z_1 + r_k$$

只要系数 $\theta \neq 0$，该工具变量就是有效的。也就是说，必须保证 z_1 与 x_k 是在扣除了其他外生变量的影响下，仍然是相关的。这样，根据回归得到了 x_k 的估计值：

$$\hat{x}_k = \hat{\alpha}_0 + \hat{\alpha}_1 x_1 + \cdots + \hat{\alpha}_{k-1} x_{k-1} + \hat{\theta} z_1$$

用估计出的 $\hat{x}_k$ 代替原来的 x_k，进行 OLS 估计，就可以得到产生的无偏估计。这实际上是将内生变量分成了内生部分和外生部分，通过投影得到外生的部分，然后进入回归方程。

2. 多工具变量和两阶段最小二乘法（2SLS）

多工具变量是简单工具变量的一个扩展。当我们可以找到的工具变量不止一个的时候，我们可以提高对内生变量的拟合，得到一个更好的估计。另外，如果一个多元回归方程中含有的内生变量个数不止一个，那么我们就必须分别找到它们各自的工具变量。一般来说，工具变量的个数大于方程中内生变量的个数。每一个内生变量，都须对所有的外生变量（包括工具变量）进行投影，这样得到的参数估计才是一致的。

下面用一个具体的例子来说明。为了方便，我们仍然假设回归方程中只含有一个内生变量 x_k：

$$y = \beta_1 + \beta_2 x_2 + \cdots + \beta_k x_k + \varepsilon = X\beta + \varepsilon$$

现在假设我们可以找到一组工具变量 $(z_1, z_2, \cdots, z_L)$，具体的做法是：

（1）将 x_k 对所有外生变量（包括工具变量）进行回归：

$$x_k = \alpha_0 + \alpha_1 x_1 + \cdots + \alpha_{k-1} x_{k-1} + \theta z_1 + \cdots + \theta z_L + r_k = Z\alpha + r_k$$

其中 $Z = (x_1, \cdots, x_{k-1}, z_1, \cdots, z_L)$

于是可以得到：$\hat{x}_k = Z[(Z'Z)]^{-1}(Z'x_k)$

同时，对每一个外生的 x_i $(i \neq k)$ 也可进行如下的回归：

$$x_i = \alpha_0 + \alpha_1 x_1 + \cdots + \alpha_{k-1} x_{k-1} + \theta z_1 + \cdots + \theta z_L + r_i = Z\alpha + r_i,$$

此时可以得到如下的结果：$\hat{x}_i = Z[(Z'Z)]^{-1}(Z'x_i) = x_i \quad (i \neq k)$

（2）定义 $\hat{X} = (\hat{x}_1, \hat{x}_2, \cdots, \hat{x}_k) = (x_1, x_2, \cdots, \hat{x}_k)$

有：

$$\hat{X} = Z(Z'Z)^{-1}Z'X$$

于是有两阶段最小二乘估计量的公式：

$$\hat{\beta}_{2SLS} = (\hat{X}'\hat{X})^{-1}(\hat{X}'Y) = [(X'Z(Z'Z)^{-1}Z')(Z(Z'Z)^{-1}Z'X)]^{-1}[X'Z(Z'Z)^{-1}Z'Y]$$
$$= [(X'Z(Z'Z)^{-1}Z'X)]^{-1}[X'Z(Z'Z)^{-1}Z'Y]$$

3. 两阶段最小二乘法的性质

假设：

① $p\lim \dfrac{Z'Z}{n} = Q_{zz}$ 是一个有限、可逆的 $L \times L$ 维正定矩阵。

② $p\lim \dfrac{Z'X}{n} = Q_{zx}$ 是一个有限的 $L \times K$ 的矩阵，并且该矩阵的秩是 K。

③ $p\lim \dfrac{Z'\varepsilon}{n} = 0$。

两阶段最小二乘 2SLS 估计具有一致性。证明如下：

$$\hat{\beta}_{2SLS} = [(X'Z(Z'Z)^{-1}Z'X)]^{-1}[X'Z(Z'Z)^{-1}Z'Y]$$
$$= \beta + [(X'Z(Z'Z)^{-1}Z'X)]^{-1}[X'Z(Z'Z)^{-1}Z'\varepsilon]$$

而 $\quad plim[(X'Z(Z'Z)^{-1}Z'X)]^{-1}[X'Z(Z'Z)^{-1}Z'\varepsilon]$

$$= plim\left[\left(\frac{X'Z}{n}\right)\left(\frac{Z'Z}{n}\right)^{-1}\left(\frac{Z'X}{n}\right)\right]^{-1}\left[\left(\frac{X'Z}{n}\right)\left(\frac{Z'Z}{n}\right)^{-1}\left(\frac{Z'\varepsilon}{n}\right)\right]$$

$$= [(Q'_{xz})(Q_{zz})^{-1}(Q_{xz})]^{-1}(Q'_{xz})(Q_{zz})^{-1}plim\left(\frac{Z'\varepsilon}{n}\right) = 0$$

所以，$plim\hat{\beta}_{2SLS} = \beta$

两阶段最小二乘法（2SLS）是一致估计，它是处理内生性问题重要而常用的方法。另一种常用的处理内生性问题的方法是广义矩估计（GMM），我们后续简要介绍。

第三节　模型设定误差

模型设定是计量经济研究的重要环节。所设定的模型要正确地描述被解释变量与解释变量之间的真实关系。在第二章提出线性回归模型的基本假定时，除了对随机扰动项 u_i 的假定以外，还强调假定模型对变量和函数形式的设定是正确的。但是在建模实践中，对模型的设定不一定能够完全满足这样的要求，从而会出现模型设定误差。本节主要讨论模型设定误差的类型、变量设定误差的后果、设定误差检验及变量选择，以及案例分析。

一、设定误差的类型

计量经济模型是研究者对经济变量间因果依存关系的设想，实际是对总体回归函数的某种设定。所设定的模型如果是个“正确”的模型，就能够比较好地表现被解释变量的基本特征和变化规律。反之如果模型设定是错误的，对被解释变量的基本特征和变化规律的刻画就会出现偏误。这种由模型设定而导致的偏误，在计量经济学中被统称为设定误差。从误差来源看，设定误差主要包括：①变量的选择设定误差，包括相关重要变量的遗漏（欠拟合）、无关变量的误选（过拟合）；②模型函数形式的设定误差；③变量数据的测量误差；④随机扰动项设定误差。

若所设定的回归模型是“正确”的，主要任务是对所设模型参数的估计和假设检验。若检验统计量 R^2、t、F 和 DW 等在统计意义上是显著的，则模型的建模过程结束。反之，若这些统计量中的一个或多个不显著，我们就要寻找其他的估计方法进行参数估计和检验。例如，在加权和广义差分的基础上用最小二乘法解决异方差性或自相关性问题。但是如果对计量模型的各种诊断或检验仍不能令人满意，这时就应把注意力集中到模型的设定方面，考虑所建模型是否遗漏了重要的变量，是否包含了多余的变量，所选模型的函数形式是否正确，随机扰动项的设定是否合理，关于被解释变量和解释变量的数据收集是否有误差，等等。

出现设定误差的原因是多方面的。首先，数据来源渠道可能不畅。在建模过程中，尽管某个变量有着重要的经济意义和计量经济学解释作用，但这个变量的数据很难取得，而被迫将该变量排斥在模型之外，例如消费行为分析中消费者财富的变量就是例证。其次，虽然知道模型中应当包含哪些变量，但却不知道这些变量应当以什么确切的函数形式出现在回归模型中。也就是说，经济管理的基本理论并没有提示模型中变量的准确函数形式。例如，经济学理论不会肯定消费水平与有关变量的关系是线性的还是对数线性的，或者非线性的，或者某种混合形式的。最后，更为重要的是，事实上我们事先并不知道所研究的实证数据中所隐含的真实模型究竟是什么。正是上述这些原因，设定误差在建模中是比较容易出现的。设定误差的存在可能会对模型形成不良的后果。

二、变量设定误差的后果

变量设定误差主要有两类：一类是相关重要变量的遗漏，也称为模型“欠拟合”；另一类是无关变量的误选，也称为模型“过拟合”。从实质上看，变量设定误差的主要后果，是一个或多个解释变量与随机扰动项之间存在着相关性，从而影响参数估计的统计特性。

1. 遗漏相关变量（欠拟合）的偏误

采用遗漏了重要解释变量的模型进行估计而带来的偏误，称为遗漏相关变量偏误。

比如，如果正确的模型应当为

$$Y_i = \beta_1 + \beta_2 X_{2i} + \beta_3 X_{3i} + u_i \tag{3.18}$$

其离差形式为 $y_i = \beta_2 x_{2i} + \beta_3 x_{3i} + u_i$

但是由于某种原因，设定模型时将变量 X_{3i} 遗漏了，实际采用的回归模型为

$$Y_i = \alpha_1 + \alpha_2 X_{2i} + v_i \tag{3.19}$$

假定其他有关线性模型的古典假设都成立，则式（3.19）中 α_2 的 OLS 估计量为

$$\hat{\alpha}_2 = \frac{\sum x_{2i} y_i}{\sum x_{2i}^2}$$

将正确模型（3.18）的离差形式代入上式，得

$$\begin{aligned}\hat{\alpha}_2 &= \frac{\sum x_{2i}(\beta_2 x_{2i} + \beta_3 x_{3i} + u_i)}{\sum x_{2i}^2} \\ &= \frac{\sum \beta_2 x_{2i}^2 + \beta_3 \sum x_{2i} x_{3i} + \sum x_{2i} u_i}{\sum x_{2i}^2} \\ &= \beta_2 + \beta_3 \frac{\sum x_{2i} x_{3i}}{\sum x_{2i}^2} + \frac{\sum x_{2i} u_i}{\sum x_{2i}^2}\end{aligned} \tag{3.20}$$

两边取条件期望，有

$$E(\hat{\alpha}_2 \mid X_2) = E[(\beta_2 + \beta_3 \frac{\sum x_{2i}x_{3i}}{\sum x_{2i}^2} + \frac{\sum x_{2i}u_i}{\sum x_{2i}^2}) \mid X_2]$$

在小样本情况下，上式中的第二项求期望不会为零，表明 OLS 估计量 $\hat{\alpha}_2$ 在小样本下有偏。为分析当样本容量无限增大时 $\hat{\alpha}_2$ 的概率极限性质，对式（3.20）两边取概率极限（详细过程略），得

$$\operatorname*{plim}_{n\to\infty}\hat{\alpha}_2 = \beta_2 + \beta_3 \frac{\mathrm{Cov}(X_{2i},\ X_{3i})}{\mathrm{Var}(X_{2i})} + \frac{\mathrm{Cov}(X_{2i},\ u_i)}{\mathrm{Var}(X_{2i})}$$

由此可以看出，X_3 的遗漏将产生以下后果：

（1）如果遗漏的 X_3 与 X_2 相关，则参数估计量 $\hat{\alpha}_2$ 将是有偏且不一致性的，即

$$E(\hat{\alpha}_2) \neq \beta_2\ ,\ \operatorname*{plim}_{n\to\infty}(\hat{\alpha}_2) \neq \beta_2\ 。$$

这是因为在（3.19）式中 $v_i = \beta_3 X_{3i} + u_i$ ，所以

$$\begin{aligned}\mathrm{Cov}(v_i,\ X_{2i} \mid X_2) &= \mathrm{Cov}(\beta_3 X_{3i} + u_i,\ X_{2i} \mid X_2)\\ &= \mathrm{Cov}(\beta_3 X_{3i},\ X_{2i} \mid X_2) + \mathrm{Cov}(u_i,\ X_{2i} \mid X_2)\end{aligned}$$

上式中，虽然 $\mathrm{Cov}(u_i,\ X_{2i} \mid X_2) = 0$，但 $\mathrm{Cov}(\beta_3 X_{3i},\ X_{2i} \mid X_2) = \beta_3 \mathrm{Cov}(X_{3i},\ X_{2i} \mid X_2) \neq 0$。OLS 估计量 $\hat{\alpha}_2$ 不仅在小样本下有偏，在大样本下式（3.20）第二项中的 $\frac{1}{n}\sum x_{2i}x_{3i}$ 也不会随着样本的增大而趋于零，表明 OLS 估计量 $\hat{\alpha}_2$ 在大样本下也是不一致的，即有 $\operatorname*{plim}_{n\to\infty}\hat{\alpha}_2 \neq \beta_2$。

同样可以证明，参数估计量 $\hat{\alpha}_1$ 也是有偏且不一致性的，即 $E(\hat{\alpha}_1) \neq \beta_1$，$\operatorname*{plim}_{n\to\infty}(\hat{\alpha}_1) \neq \beta_1$。

（2）若 X_3 与 X_2 不相关，即 $\sum x_{2i}x_{3i} = 0$，$\hat{\alpha}_2$ 满足无偏性和一致性，但可以证明这时截距项的估计 $\hat{\alpha}_1$ 却是有偏的（证明略）。

（3）$\hat{\alpha}_2$ 的方差是 $\hat{\beta}_2$ 方差的有偏估计。对于式（3.19），已知

$$\mathrm{Var}(\hat{\alpha}_2) = \frac{\sigma^2}{\sum x_{2i}^2}$$

而对于式（3.18），有

$$\mathrm{Var}(\hat{\beta}_2) = \frac{\sigma^2}{\sum x_{2i}^2[1 - \frac{(\sum x_{2i}x_{3i})^2}{\sum x_{2i}^2 \sum x_{3i}^2}]} = \frac{\sigma^2}{\sum x_{2i}^2(1 - r_{23}^2)}$$

如前所述，$\mathrm{Var}(\hat{\beta}_2)$ 是 β_2 方差的无偏估计，而如果漏掉的 X_3 与 X_2 相关，$r_{23}^2 \neq 0$，$\mathrm{Var}(\hat{\alpha}_2) \neq \mathrm{Var}(\hat{\beta}_2)$ ，故 $\mathrm{Var}(\hat{\alpha}_2)$ 是有偏的。

（4）遗漏 X_3 的式（3.19）中的随机扰动项 v_i 的方差估计量 $\hat{\sigma}_v^2 = \mathrm{RSS}_v/(n-2)$ 将是有偏的，即 $E(\hat{\sigma}_v^2) \neq \sigma_u^2$ ；与方差相关的假设检验，包括区间估计等，都会导

出错误的结论。

对从模型中遗漏变量时参数估计性质的认识，还有两点需要注意：

（1）若 X_3 与 X_2 相关，$r_{23}^2 \neq 0$，显然 $\text{Var}(\hat{\alpha}_2) \neq \text{Var}(\hat{\beta}_2)$，似乎有 $\text{Var}(\hat{\alpha}_2) < \text{Var}(\hat{\beta}_2)$。但实际情形并不完全如此。可以注意到，依据式（3.18）和式（3.19）分别计算的残差平方和 RSS，由于自由度不同，估计结果是不等的。即 $\text{RSS}_v/(n-2) \neq \text{RSS}_u/(n-3)$，或 $\hat{\sigma}_v^2 \neq \hat{\sigma}_u^2$。因此，有可能从式（3.19）估计得到的 $\text{RSS}_v/(n-2)$ 大于从式（3.18）估计得到的 $\text{RSS}_u/(n-3)$。

（2）若 X_3 与 X_2 不相关，有 $r_{23}^2=0$ 和 $\sum x_{2i}x_{3i}/\sum x_{2i}^2=0$，似乎分别有 $E(\hat{\alpha}_2)=\beta_2$，$\text{Var}(\hat{\beta}_2)=\text{Var}(\hat{\alpha}_2)$。若这两个等式成立，意味着尽管变量 X_3 在理论上分析是有关的变量，但从所选模型中略去似乎也不会导致什么危害。这种认识实际也不正确。因为 $\widehat{\text{Var}}(\hat{\alpha}_2)=\dfrac{\hat{\sigma}_v^2}{\sum x_{2i}^2}=\dfrac{\text{RSS}_v/n-2}{\sum x_{2i}^2}$，与 $\widehat{\text{Var}}(\hat{\beta}_2)=\dfrac{\hat{\sigma}_u^2}{\sum x_{2i}^2}=\dfrac{\text{RSS}_u/n-3}{\sum x_{2i}^2}$ 不相等，即使 X_3 与 X_2 不相关，也有 $\widehat{\text{Var}}(\hat{\beta}_2) \neq \widehat{\text{Var}}(\hat{\alpha}_2)$，致使假设检验的结果有可能是可疑的。况且，在大多数的实证经济研究中，X_3 与 X_2 通常都是相关的，更可能会产生上述后果。因此必须清楚，一旦根据相关理论把模型建立起来，再从中删除变量需要充分谨慎。

2. 包含无关变量（过拟合）的偏误

模型中包括了不重要的解释变量，即误选了无关解释变量的模型进行估计而带来的偏误，称为包含无关变量偏误。

为讨论方程中包含了无关变量的情形，假设正确的模型是

$$Y_i=\beta_1+\beta_2X_{2i}+u_i \tag{3.21}$$

而回归模型加入了无关变量 X_3，被设定为

$$Y_i=\alpha_1+\alpha_2X_{2i}+\alpha_3X_{3i}+v_i \tag{3.22}$$

可将式（3.21）视为式（3.22）的以 $\alpha_3=0$ 为约束的特殊形式。采用 OLS 法对式（3.22）进行参数估计，有

$$\hat{\alpha}_2=\frac{\sum x_{2i}y_i\sum x_{3i}^2-\sum x_{3i}y_i\sum x_{2i}x_{3i}}{\sum x_{2i}^2\sum x_{3i}^2-\left(\sum x_{2i}x_{3i}\right)^2} \tag{3.23}$$

将式（3.21）的离差形式 $y_i=\beta_2x_{2i}+u_i$ 代入式（3.23），并整理，得

$$\hat{\alpha}_2=\beta_2+\frac{\sum x_{3i}^2\sum x_{2i}u_i-\sum x_{2i}x_{3i}\sum x_{3i}u_i}{\sum x_{2i}^2\sum x_{3i}^2-\left(\sum x_{2i}x_{3i}\right)^2}$$

对上式求条件期望，得

$$E(\hat{\alpha}_2 \mid X_2,\ X_3)=\beta_2$$

其方差为

$$\text{Var}(\hat{\alpha}_2)=\frac{\sigma_v^2}{\sum x_{2i}^2(1-r_{23}^2)}$$

由以上可知，无关变量的设定误差的后果有以下四种：

（1）可以证明，式（3.22）参数的 OLS 估计量是无偏的，且为一致性估计量。即 $E(\hat{\alpha}_2)=\beta_2$，$\underset{n\to\infty}{\text{plim}}\hat{\alpha}_2=\beta_2$。同理，可证明 $E(\hat{\alpha}_1)=\beta_1$，$E(\hat{\alpha}_3)=\beta_3=0$；$\underset{n\to\infty}{\text{plim}}\hat{\alpha}_1=\beta_1$ 和 $\underset{n\to\infty}{\text{plim}}\hat{\alpha}_3=\beta_3=0$。（证明过程略）

（2）$\hat{\alpha}_2$ 不是有效估计量。因为 $\hat{\beta}_2$ 的方差为 $\dfrac{\sigma_u^2}{\sum x_{2i}^2}$，那么，

$$\frac{\text{Var}(\hat{\alpha}_2)}{\text{Var}(\hat{\beta}_2)}=\frac{1}{(1-r_{23}^2)}\frac{\sigma_v^2}{\sigma_u^2}$$

虽然变量 X_3 对被解释变量 Y 是无关的，但解释变量 X_3 与 X_2 之间很可能一定程度相关，即 $0\leqslant r_{23}^2\leqslant 1$，则 $Var(\hat{\alpha}_2)\geqslant Var(\hat{\beta}_2)$。这表明，无关变量 X_3 的误选，会使得 $\hat{\alpha}_2$ 的方差增大，导致 $\hat{\alpha}_2$ 的估计精度下降，且偏离程度随着解释变量间相关程度的增加而增大。此结论对 $\hat{\alpha}_1$ 也成立。

（3）$E(\hat{\sigma}_v^2)=\hat{\sigma}_v^2$，即随机误差项的方差的估计仍为无偏估计。

（4）通常的区间估计和假设检验程序依然有效，但 $\hat{\alpha}_2$ 的方差增大，接受错误假设的概率会较高。

比较遗漏相关变量和误选无关变量两类设定误差可以看出，如果遗漏了重要的相关变量，将导致参数估计量有偏，且不一致；如果误选了无关变量，虽然参数估计量具有无偏性、一致性，又会损失参数估计量的有效性。由于事先并不可能清楚地知道隐含在数据中的真实数量关系，建模过程中将面临如何选择更为恰当的两难境地。若是主要注重估计量的无偏性、一致性，那么可能会宁愿误选无关变量也不愿遗漏相关变量；若是主要注重估计量的有效性，有时可能宁愿删除相关变量。通常误选无关变量不如遗漏相关变量的后果严重。因此，一定程度上模型的设定实际是对偏误与有效进行权衡，偏爱哪一方取决于模型的研究目的。若建模目的只是为了进行预测，最小均方误差则可能是兼顾有效性和无偏性的良好准则。

均方误差（简记为 MSE）是参数估计量 $\hat{\beta}$ 与参数真实值 β 离差平方的期望

$$\text{MSE}(\hat{\beta})=E(\hat{\beta}-\beta)^2$$

容易证明，均方误差与方差有如下关系：

$$E(\hat{\beta}-\beta)^2=E[\hat{\beta}-E(\hat{\beta})]^2+[E(\hat{\beta})-\beta]^2$$

均方误差 $E(\hat{\beta}-\beta)^2$ 是方差 $E[\hat{\beta}-E(\hat{\beta})]^2$ 与偏倚的平方 $[E(\hat{\beta})-\beta]^2$ 之和，包含了两个方面的因素。当在较小偏倚（或无偏性）和较小方差（或最小方差性）“二者不可得兼”，需要进行“权衡与折中”时，可用均方误差准则。

三、设定误差检验及变量选择

相关变量的遗漏和无关变量的误选，在不同程度上给模型的设定形成了不良影响，有必要对变量设定误差进行检验。当然，这种假设检验必须在经济理论指导下进行，不可抛弃经济理论而进行假设检验。对于是否误选无关变量的检验，只要针

对无关变量系数是否为零进行假设，用 t 检验或 F 检验，对无关变量做显著性检验即可得知。对于遗漏变量设定误差的检验有多种方法，例如 DW 检验、拉格朗日乘数检验（Lagrange Multiplier，LM）、一般性检验（regression error specification，RESET）以及一般性的 F 检验等。这里讨论的只是设定误差及模型选择的一些最常用的基本方法。这些方法也可以用于某些函数形式设定误差的检验。

1. DW 检验

用 DW 检验去检验是否遗漏相关变量，其基本思想是认为遗漏的相关变量应包含在随机扰动项中，那么回归所得的残差序列就会呈现单侧的自相关性，因此可从自相关性的角度检验相关变量的遗漏。

从遗漏变量的模型看，可以认为遗漏变量模型是无遗漏变量模型的一个特例：被遗漏变量的系数为 0。例如，当式（3.18）中变量 X_{3i} 的系数为 0 时，则为式（3.19）。我们称式（3.18）为无约束回归模型，而式（3.19）为受约束回归模型。

DW 检验的具体步骤如下：

（1）对设定的回归模型运用 OLS 法得残差序列 e_i 。

（2）设定 H_0：受约束回归模型（即约束条件成立，无遗漏变量）；H_1：无约束回归模型（即约束条件不成立，有遗漏变量）。按（可能）遗漏的解释变量的递增次序对残差序列 e_i 进行排序，对排序后的残差序列 e_i 计算 d 统计量，得

$$d = \frac{\sum_{i=2}^{n} (e_i - e_{i-1})^2}{\sum_{i=1}^{n} e_i^2}$$

（3）查 Durbin-Watson 表，若 d 统计量显示存在正自相关，则拒绝原假设，受约束回归模型不成立，存在模型设定误差，否则接受原假设，受约束回归模型成立，模型无设定误差。

例如，设定总生产成本函数，准备使用如下的三个备选模型。

模型 1：$Y_i = \beta_1 + \beta_2 X_i + \beta_3 X_i^2 + \beta_4 X_i^3 + u_{1i}$

模型 2：$Y_i = \beta_1 + \beta_2 X_i + \beta_3 X_i^2 + u_{2i}$

模型 3：$Y_i = \beta_1 + \beta_2 X_i + u_{3i}$

用 DW 法检验模型设定误差。

首先，解释变量按递增次序排列，对上述三个模型分别代入数据回归，得

$\hat{Y}_i = 141.767 + 63.478 X_i - 12.962 X_i^2 + 0.939 X_i^3$

$t = (22.23)\ (13.28)\ (-13.15)\ (15.86)$

$R^2 = 0.998\ 3 \quad \bar{R}^2 = 0.997\ 5 \quad DW = 1.706$

$\hat{Y}_i = 222.383 - 8.025\ 0 X_i + 2.542 X_i^2$

$t = (9.468) \quad (-0.818) \quad (2.925)$

$R^2 = 0.928\ 4 \quad \bar{R}^2 = 0.907\ 9 \quad DW = 1.308$

$\hat{Y}_i = 166.467 + 19.933 X_i$

$t = (8.752)\ (6.502)$

$R^2=0.8409$　$\bar{R}^2=0.8210$　DW＝0.716

遗漏变量按递增次序排列，此时的 DW 值等于 d 值。对上述模型的 DW 统计量查表情况分析如下：

（1）对于模型 1，DW＝1.706，当 $n=30$，$k'=3$、$\alpha=5\%$时，$d_L=1.214$，$d_u=1.650$，不能表明存在显著的正相关关系，接受 H_0，表示没有遗漏的变量。

（2）对于模型 3，DW＝0.716，当 $n=30$，$k'=1$、$\alpha=5\%$时，$d_L=1.352$，$d_U=1.489$，显然存在正的自相关，拒绝 H_0，表明存在遗漏变量；

（3）对于模型 2，DW＝1.308，当 $n=30$，$k'=2$，$\alpha=5\%$时，$d_L=1.284$，$d_U=1.567$，显然 1.284<1.308<1.567，属于无法确定的区域。这时，可采用修正的 DW 检验法进行检验，即扩大拒绝区域，依据 DW＝1.308 $<d_U=1.641$，宁可判别残差中存在正的自相关，认为也存在遗漏变量。

2. 拉格朗日乘数检验

拉格朗日乘数检验的基本思想，是认为模型中遗漏的相关变量包含在随机扰动项中，因此随机扰动项或回归所得的残差序列应与遗漏的相关变量呈现出某种依存关系，因此可以进行残差序列与相关变量的回归，在一定显著水平下若相关变量对残差序列的影响具有统计显著性，则认为存在遗漏变量形成的设定偏误，若相关变量的影响不具有统计显著性，则认为没有遗漏变量形成的设定误差。

拉格朗日乘数检验的具体步骤如下：

（1）对可能存在遗漏变量设定偏误的模型（受约束回归模型）进行回归，得到残差序列 e_i 。

（2）用残差序列 e_i 对全部的解释变量（包括可能遗漏的变量）进行回归（无约束回归模型），得可决系数 R^2。

（3）设定 H_0 为受约束回归模型，H_1 为无约束回归模型 。构造检验统计量 nR^2，在大样本情况下，恩格尔（Engle）证明

$$nR^2 \overset{asy}{\sim} \chi^2(\text{约束个数}) \tag{3.24}$$

其中，asy（asymptotically）表示渐近地；约束个数是 H_0 中设定的受约束个数。

（4）进行显著性检验的判断：若 $nR^2>\chi^2_\alpha(\text{约束个数})$，则拒绝 H_0，认为受约束模型不成立，存在遗漏变量；否则，若 $nR^2<\chi^2_\alpha(\text{约束个数})$，则接受 H_0，认为受约束模型成立，进而无遗漏变量。

3. 一般性检验

一般性检验是拉姆齐（Ramsey）于 1969 年提出的一种检验方法。其检验的基本思想为：如果事先知道遗漏了哪个变量，只需将此变量引入模型，估计并检验其参数是否显著不为零即可，可是问题是并不知道遗漏了哪个变量，这时可寻找一个替代变量 Z 来进行上述检验。RESET 检验中，替代变量 Z 通常选用所设定模型被解释变量拟合值 $\hat{Y}$ 若干次幂的线性组合。若模型估计所得的残差包含着遗漏的相关变量，那么这个残差可用被解释变量拟合值 $\hat{Y}$ 的线性组合近似表示；若这个线性组合的影响是显著的，则认为原模型的设定有误。由于可引入若干个替代变量去判断是否有多个变量被遗漏，所以该方法被称为一般性设定偏误检验。

RESET 检验的基本步骤有三步：

第一步，对模型进行回归，用 OLS 法估计

$$Y_i = \beta_1 + \beta_2 X_{2i} + \cdots + \beta_k X_{ki} + u_i$$

分别得到 Y_i 的拟合值 $\hat{Y}_i$ 和残差 e_i。若残差 e_i 与拟合值 $\hat{Y}_i$ 之间存在某种函数关系，则可用拟合值 $\hat{Y}_i$ 若干次幂的线性组合充当变量。

第二步，用被解释变量 Y_i 的拟合值 $\hat{Y}_i$ 的线性组合，测度残差中是否包含着遗漏的相关变量。具体做法为，在第 1 步的模型中增加一个包含拟合值 $\hat{Y}_i$ 的函数。这个函数通常选择为拟合值 $\hat{Y}_i$ 的平方、三次方、四次方，或它们的线性组合。例如：

$$Y_i = \beta_1 + \beta_2 X_{2i} + \cdots + \beta_k X_{ki} + \delta_1 \hat{Y}_i^2 + \delta_2 \hat{Y}_i^3 + \delta_3 \hat{Y}_i^4 + v_i \tag{3.25}$$

并对上述模型进行估计。

第三步，构造原假设：H_0：$\delta_j = 0, j = 1, 2, 3$。然后用 F 统计量进行检验。F 检验统计量为

$$F = \frac{(\mathrm{RSS}_R - \mathrm{RSS}_U)/J}{\mathrm{RSS}_U/[n-(k+J)]} = \frac{(R_U^2 - R_R^2)/J}{(1-R_U^2)/[n-(k+J)]}$$

即

$$F = \frac{(\mathrm{RSS}_R - \mathrm{RSS}_U)/3}{\mathrm{RSS}_U/[n-(k+3)]} = \frac{(R_U^2 - R_R^2)/3}{(1-R_U^2)/[n-(k+3)]}$$

其中，RSS_U 和 R_U^2 分别为对式（3.25）进行回归得到的残差平方和与拟合优度，RSS_R 和 R_R^2 分别为当原假设 H_0：$\delta_j = 0, j = 1, 2, 3$ 成立时，对式（3.25）进行回归得到的残差平方和与拟合优度，J 为约束条件的个数。

若 F 统计值大于 F 临界值，则拒绝原假设，表明存在某种形式的设定误差问题。事实上，这一检验是嵌套模型一般性 F 检验的应用。

4. 嵌套模型选择的 F 检验

所谓嵌套模型是指对于同一个被解释变量，一个模型的解释变量完全包含另一个模型的解释变量。例如考虑下列模型。

模型 A：$Y_i = \beta_1 + \beta_2 X_{2i} + \beta_3 X_{3i} + \beta_4 X_{4i} + \beta_5 X_{5i} + \beta_6 X_{6i} + u_i$

模型 B：$Y_i = \beta_1 + \beta_2 X_{2i} + \beta_3 X_{3i} + \beta_5 X_{5i} + u_i$

模型 A 嵌套模型 B（或者说模型 B 嵌套在模型 A 中），那么实际应用时是选择模型 A 还是模型 B 呢？这即是检验 H_0：$\beta_4 = \beta_6 = 0$

一般性的 F 检验统计量是

$$F = \frac{(\mathrm{RSS}_R - \mathrm{RSS}_U)/q}{\mathrm{RSS}_U/(n-k)} \sim F(q, n-k)$$

其中，RSS_R 是受约束模型（本例的模型 B）的残差平方和；RSS_U 是无约束模型（本例的模型 A）的残差平方和；q 是约束个数，k 是无约束模型参数个数，n 是样本容量。（本例中 $q=2$，$k=6$）。如果 F 统计量的值大于临界值，则拒绝原假设，选择模型 A；否则接受原假设，选择模型 B。

一般性的 F 检验对于嵌套模型的变量选择非常有用。

5. 模型函数形式设定的检验

在计量经济分析中，能否建立一个令人满意的计量经济模型至关重要，一个好的模型除了变量的确定外，还必须选择模型的函数形式。所谓模型函数形式的选择实际是指对被解释变量条件期望函数的设定，是根据关于变量间依存关系的理论分析，正确选择 $E(Y|X_i)=f(X_i)$ 中 $f(\cdot)$ 的具体函数形式。当选取了错误的模型函数形式并对其进行估计时，可能会带来偏误，这称为错误函数形式偏误。

模型错误的函数形式往往会引起随机扰动项的自相关。当模型存在自相关时，为了发现模型是否有错误的函数形式，比较简便的方法之一是用回归的残差 e_i 对解释变量的较高次幂回归，然后检验新的残差项是否还有自相关，如果残差 e_i 对解释变量的较高次幂回归所得到的新残差不再有自相关，则很可能原模型采用了错误的函数形式。

此外，对遗漏变量设定误差的一些检验方式，有时也可检验模型函数形式是否正确。例如，总生产成本 Y 与产出 X 关系的模型，有可能分别设定为

$$Y_i=\beta_1+\beta_2X_i+u_i$$

$$Y_i=\beta_1+\beta_2X_i+\beta_3X_i^2+u_i$$

$$Y_i=\beta_1+\beta_2X_i+\beta_3X_i^2+\beta_4X_i^3+u_i$$

可以运用 DW 检验、LM 检验和 RESET 检验等方法，检验上述模型中的 X_i^2 和 X_i^3 是否为被遗漏的变量，也就检验了其中哪种函数形式更加符合实际。

对模型其他函数形式设定误差的检验，还可以采用对非嵌套模型设定的假设检验，如戴维森-麦金农的 J-检验，非嵌套 F 检验等。在此不做具体介绍。

四、案例分析

【例 3.4】分析不同解释变量的设定对于解释粮食产量的适用性。

有人分析农业发展状况，模型设定为

$$\ln Y_t=\alpha_1+\alpha_2\ln X_{2t}+u_t \tag{3.26}$$

式中，Y_t 是国内粮食总产量；X_{2t} 是全国化肥施用总量

也有人认为，国内的粮食产量不止取决于化肥施用量，还有一些其他的因素会可能影响到粮食产量，应当考虑添加其他的解释变量，主张考虑将“粮食播种面积”和“农业劳动力人口”的影响也纳入模型中，将模型设定为

$$\ln Y_t=\alpha_1+\alpha_2\ln X_{2t}+\alpha_3\ln X_{3t}+\alpha_4\ln X_{4t}+u_t \tag{3.27}$$

式中，X_{3t} 是国内粮食播种总面积；X_{4t} 是代表农业劳动力人口的变量，这里用可以获取的“中国乡村人口总数”作为农业劳动力人口的代理变量。

为了分析第一个回归模型（3.26）是否有变量的设定误差，需要对其进行变量设定误差检验。如果设定的回归模型（3.26）遗漏了变量，那么 X_3 和 X_4 是不是被遗漏的重要变量呢？从 CEIC 经济数据库中可以获得 1983—2018 年国内粮食总产量、全国化肥施用总量、国内粮食播种总面积等数据（见表 3.2）。

表 3.2　粮食总产量、化肥施用总量、粮食播种总面积、乡村人口总数

年份	粮食总产量（Y）/千吨	化肥施用总量（X2）/千吨	粮食播种总面积（X3）/千公顷	乡村人口总数（X4）/百万人
1983	387 275.00	16 598.00	114 047.30	807.34
1984	407 305.00	17 398.00	112 884.00	803.40
1985	379 108.00	17 758.00	108 845.13	807.57
1986	391 512.00	19 306.00	110 932.70	811.41
1987	402 980.00	19 993.00	111 268.00	816.26
1988	394 080.00	21 415.00	110 122.70	823.65
1989	407 550.00	23 571.00	112 204.70	831.64
1990	446 243.00	25 903.00	113 465.87	841.38
1991	435 293.00	28 051.00	112 313.60	846.20
1992	442 658.00	29 302.00	110 559.70	849.96
1993	456 488.00	31 519.00	110 508.70	853.44
1994	445 101.00	33 179.00	109 543.70	856.81
1995	466 618.00	35 937.00	110 060.40	859.47
1996	504 535.00	38 279.00	112 547.92	850.85
1997	494 171.00	39 807.00	112 912.10	841.77
1998	512 295.30	40 837.00	113 787.40	831.53
1999	508 385.80	41 243.20	113 160.98	820.38
2000	462 175.20	41 464.12	108 462.54	808.37
2001	452 636.70	42 537.63	106 080.03	795.63
2002	457 057.50	43 393.90	103 890.83	782.41
2003	430 695.26	44 115.60	99 410.37	768.51
2004	469 469.49	46 365.80	101 606.03	757.05
2005	484 021.90	47 662.18	104 278.38	745.44
2006	498 042.27	49 276.93	104 957.70	731.60
2007	501 602.77	51 078.32	105 638.36	714.96
2008	528 709.16	52 390.23	106 792.65	703.99
2009	530 820.78	54 043.52	108 985.75	689.38
2010	546 477.12	55 616.80	111 676.09	671.13
2011	571 208.49	57 042.36	112 573.02	656.56
2012	589 579.66	58 388.49	113 203.59	642.22

表3.2(续)

年份	粮食总产量（Y）/千吨	化肥施用总量（X2）/千吨	粮食播种总面积（X3）/千公顷	乡村人口总数（X4）/百万人
2013	586 938.40	59 118.64	113 955.56	629.61
2014	596 026.06	59 959.38	115 722.58	618.66
2015	618 439.18	60 226.03	118 963.53	603.46
2016	616 250.50	59 840.29	118 036.48	589.73
2017	615 250.0	58 594.0	117 969.20	576.61
2018	610 036.0	56 534.0	117 305.30	564.01

数据来源：CEIC 经济数据库。

1. 是否有遗漏变量的检验

依据表 3.2 中 1983—2018 年的数据，将所有变量的数据进行对数化处理，做式（3.26）的回归，Stata 操作及结果如图 3.17 和图 3.18 所示。

```
use c:\Stataex\wdzhang\no5,clear          //打开指定位置的数据
tset year            //定义时间序列数据类型
gen lny=log(y)            //变量取对数变换
g lnx2=log(x2)
g lnx3=log(x3)
g lnx4=log(x4)
/*-----------------1 是否有遗漏变量的检验-----------------*/
reg lny lnx2          //式(3.26)回归
predict et,r              //计算残差
line et year              //画残差时间序列图
```

图 3.17　操作过程

```
. reg lny lnx2          //式(26)回归

      Source |       SS           df       MS      Number of obs   =        36
-------------+----------------------------------   F(1, 34)        =    150.67
       Model |  .627280161         1  .627280161   Prob > F        =    0.0000
    Residual |  .14154822         34  .004163183   R-squared       =    0.8159
-------------+----------------------------------   Adj R-squared   =    0.8105
       Total |  .76882838         35  .021966525   Root MSE        =    .06452

------------------------------------------------------------------------------
         lny |      Coef.   Std. Err.      t    P>|t|     [95% Conf. Interval]
-------------+----------------------------------------------------------------
        lnx2 |    .326769   .0266209    12.27   0.000     .2726688    .3808692
       _cons |   9.644681   .2810343    34.32   0.000     9.073551    10.21581
------------------------------------------------------------------------------
```

图 3.18　回归结果

图 3.19 显示可能存在自相关，建模时遗漏了重要的相关变量可能是其原因。

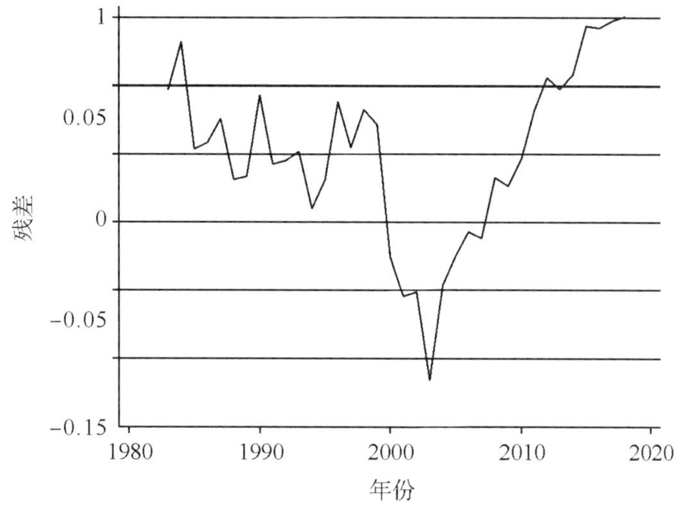

图 3.19　残差图

（1）DW 检验

对式（3.26）的模型估计结果的 DW 统计量为 0.385 7，根据 $n=36$ 和 $k'=1$，$\alpha=0.05$的 DW 统计量的临界值为 $d_L=1.393$，$d_U=1.514$，由于 $DW=0.3857<d_L=1.393$，表明存在正的自相关，式（3.26）的模型存在遗漏变量。

（2）LM 检验

LM 检验的 Stata 操作及回归结果如图 3.20 和图 3.21 所示。

```
/*----------------- (2) LM 检验-----------------*/
estat bgodfrey   //B-G LM 检验
```

图 3.20　LM 检验操作过程

Breusch-Godfrey LM test for autocorrelation

lags(p)	chi2	df	Prob > chi2
1	23.885	1	0.0000

H0: no serial correlation

图 3.21　回归结果

图 3.21 中显示的 p 值为 0.000 0，拒绝原假设，认为存在序列相关，式（3.26）不适合，可能存在遗漏变量。

（3）一般性检验（RESET）

进行 RESET 检验，Stata 操作及结果如图 3.22 和图 3.23 所示。

```
reg lny lnx2    //式(3.26)回归
estat ovtest    //使用 lny_hat 的 2、3、4 次项作为非线性项
```

图 3.22 一般性检验操作过程

```
Ramsey RESET test using powers of the fitted values of lny
       Ho:  model has no omitted variables
                  F(3, 31) =      16.64
                  Prob > F =       0.0000
```

图 3.23 输出结果

图 3.23 显示的 F 统计量的值为 16.64，其 p 值为 0.000 0，因而拒绝原假设，认为模型存在遗漏变量。

2. 对模型设定的调整

为纠正遗漏变量的设定误差，在解释变量中补充 $\ln X_{3t}$ 和 $\ln X_{4t}$，得

$$\ln Y_t = \alpha_1 + \alpha_2 \ln X_{2t} + \alpha_3 \ln X_{3t} + \alpha_4 \ln X_{4t} + u_t \tag{3.27}$$

估计模型的 Stata 操作及回归结果如图 3.24 和图 3.25 所示。残差图如图 3.26 所示。

```
reg lny lnx2 lnx3 lnx4        //式(3.27)回归

predict et1,r                 //计算残差
line et1 year                 //画残差时间序列图
```

图 3.24 估计模型操作过程

```
. reg lny lnx2 lnx3 lnx4        //式(3.27)回归

      Source |       SS           df       MS      Number of obs   =        36
-------------+----------------------------------   F(3, 32)        =    661.31
       Model |  .756624347         3  .252208116   Prob > F        =    0.0000
    Residual |  .012204034        32  .000381376   R-squared       =    0.9841
-------------+----------------------------------   Adj R-squared   =    0.9826
       Total |   .76882838        35  .021966525   Root MSE        =    .01953

------------------------------------------------------------------------------
         lny |      Coef.   Std. Err.      t    P>|t|     [95% Conf. Interval]
-------------+----------------------------------------------------------------
        lnx2 |   .2924883   .0124182    23.55   0.000     .2671932    .3177834
        lnx3 |   1.290895   .0927609    13.92   0.000     1.101947    1.479843
        lnx4 |  -.1339293   .0421655    -3.18   0.003    -.2198177    -.048041
       _cons |  -4.100382   1.314169    -3.12   0.004    -6.777256   -1.423508
------------------------------------------------------------------------------
```

图 3.25 回归结果

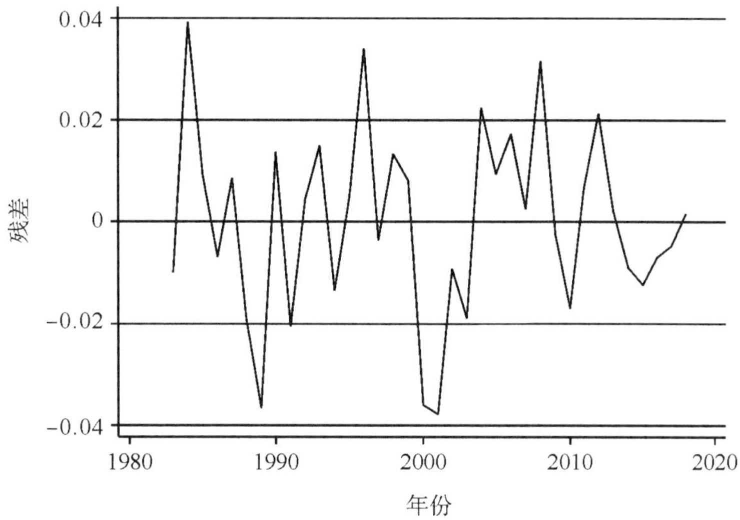

图 3.26 残差图 2

（1）DW 检验

对式（3.27）的模型估计结果的 DW 统计量为 1.808 4，根据 DW 统计量的临界值为 $d_L = 1.271$，$d_U = 1.652$，由于 $d_U = 1.652 < DW = 1.808\ 4 < 4 - d_U = 2.348$，表明不存在自相关，模型（3.27）不存在显著的遗漏变量。

（2）LM 检验

对式（3.27）进行 LM 检验，Stata 操作及结果如图 3.27 和图 3.28 所示。

```
estat bgodfrey          //B-G LM 检验
```

图 3.27 操作过程

Breusch-Godfrey LM test for autocorrelation

lags(*p*)	chi2	df	Prob > chi2
1	0.416	1	0.5189

H0: no serial correlation

图 3.28 输出结果

图 3.28 中显示的 p 值为 0.518 9，接受原假设，无序列相关，认为不存在显著的遗漏变量。

（3）一般性检验（RESET）

对式（3.27）进行 RESET 检验，Stata 操作及结果如图 3.29 和图 3.30 所示。

```
reg lny lnx2 lnx3 lnx4        //式(3.27)回归

estat ovtest  //使用 lny_hat 的 2、3、4 次项作为非线性项
```

图 3.29　操作过程

```
Ramsey RESET test using powers of the fitted values of lny
       Ho:  model has no omitted variables
                 F(3, 29) =       1.68
                 Prob > F =       0.1938
```

图 3.30　输出结果

图中显示 F 统计量的 p 值为 0.193 8，不拒绝原假设，认为不存在显著的遗漏变量。

综上，经过变量设定检验说明，本案例分析中，相对更合理的模型是经过三种方法检验无遗漏变量的式（3.27）。

需要指出的是，在上述建模过程中，主要是从教学目的出发进行遗漏变量的讨论，并没有考虑时序数据的特殊问题。而在实证分析中，还应该对这类问题进行讨论。

第四节　极大似然估计与非线性约束检验

一、极大似然估计法

一般的模型估计中，OLS 估计方法不需要知道随机变量的分布（比如线性模型中，OLS 方法就估计而言，不需要知道 $u \sim N(0, \sigma^2 I)$。只是在进行有关检验时，才由此引出 $\hat{\beta} \sim N[\beta, \sigma^2 (X'X)^{-1})]$。而另一种重要而常用的估计方法则需要知道 u 或者 Y 的分布，这就是极大似然估计法（ML 估计法）。

极大似然估计法的基本思想是：在一次观测中某一事件出现了，我们认为是因为此事件发生的可能性大。在概率统计中，概率密度函数 $p(x, \theta)$ 扮演了这样的角色。当 θ 已知时，$p(x, \theta)$ 显示概率密度函数怎样随 x 变化。而当有了样本观测数据 x 后，则可考虑对不同的 θ，概率密度如何变化，它反映了对 x 的解释能力，这便是似然。极大似然估计就是要寻找使这种可能性或似然达到最大的未知参数 θ。

就线性回归模型（2.1）及古典假定，由 $Y \sim N(X\beta, \sigma^2 I)$，在获取样本后的联合密度函数，也就是似然函数为（矩阵形式）

$$L(X, Y; \beta, \sigma) = (2\pi\sigma^2)^{-\frac{n}{2}} \exp\left\{-\frac{(Y - X\beta)'(Y - X\beta)}{2\sigma^2}\right\}$$

取对数：

$$\ln L = -\frac{n}{2}\ln 2\pi - \frac{n}{2}\ln\sigma^2 - \frac{(Y - X\beta)'(Y - X\beta)}{2\sigma^2}$$

于是
$$\frac{\partial \ln L}{\partial \beta} = -\frac{1}{2\sigma^2}(-2X'Y + 2X'X\beta) = 0$$

$$\frac{\partial \ln L}{\partial \sigma^2} = -\frac{n}{2\sigma^2} + \frac{1}{2\sigma^4}(Y - X\beta)'(Y - X\beta) = 0$$

得到
$$\hat{\beta}_{ML} = (X'X)^{-1}X'Y \tag{3.28}$$

$$\hat{\sigma}^2_{\ ML} = \frac{1}{n}(Y - X\hat{\beta}_{ML})'(Y - X\hat{\beta}_{ML}) \tag{3.29}$$

可以看出$\hat{\beta}_{ML}$与 OLS 的$\hat{\beta}$相同。$\hat{\sigma}^2_{\ ML}$与 OLS 的$\hat{\sigma}^2$不同，$\hat{\sigma}^2_{\ ML}$是σ^2的有偏估计，但可以证明是一致估计量。

极大似然估计法是统计推断中的一种重要且应用广泛的方法，但也有其局限性和不足。比如你需要某些随机因素的分布，而且有时计算量很大（甚至不能直接算出）。还有就是极大似然估计的有限样本性质未必最优，比如在估计均匀分布$U(0,\ \theta)$中的θ时，$\hat{\theta}_{ML} = X_{(n)}$，而$X_{(n)}$不是一个好的估计，因为，如果以均方误差做标准，$\frac{n+1}{n}X_{(n)}$一致优于$X_{(n)}$。但极大似然估计具有很好的大样本性质。

极大似然估计具有以下很好的统计性质（证明略）：

（1）一致性：$p\lim\hat{\theta} = \theta$。

（2）渐进正态：$\hat{\theta} \xrightarrow{a} N[\theta,\ [I(\theta)]^{-1}]$，其中$I(\theta) = -E\left[\frac{\partial^2 \ln L}{\partial \theta \partial \theta^T}\right]$称为信息矩阵。

（3）渐进有效：$\hat{\theta}$是渐进有效的，即渐进方差达到一致估计量的方差下界（克拉美-劳下界）：

$$\text{Asy. Var}(\hat{\theta}) = \left\{-E\left[\frac{\partial^2 \ln L(\theta)}{\partial \theta \partial \theta^T}\right]\right\}^{-1} = \left\{E\left[\left(\frac{\partial \ln L(\theta)}{\partial \theta}\right)\left(\frac{\partial \ln L(\theta)}{\partial \theta^T}\right)\right]\right\}^{-1}$$

（4）不变性：若$\hat{\theta}$是θ的 ML 估计，$g(\theta)$是连续函数，则$\eta = g(\theta)$的 ML 估计是$g(\hat{\theta})$。

前三个性质是极大似然估计的良好的大样本性质。第四个性质为估计参数的函数提供了便利，即若要估计参数的连续函数形式，无须重新进行估计过程。

相比 OLS 估计和 ML 估计，一般来说，在线性回归模型的参数估计时，OLS 较 ML 更为优越常用，但对于非线性模型有时 ML 比 OLS 更有用。

*二、广义矩方法（GMM）

极大似然估计方法的重要假设就是需要知道分布才能估计，但是现实中我们往往无法得到关于分布的信息，这时矩估计方法便显示出其优势。如上一章所说，矩估计是最简便直观的方法，即用样本矩作为总体矩的估计，是利用样本矩的信息来代替总体矩，并组成方程组求解未知参数，以此得到渐进性质下的一致估计量。但当方程的个数与未知参数的个数不同时，可能就无法求解了。为此 L. Hansen（1982）提出了广义矩方法（GMM），它是矩估计方法的发展，并有广泛的应用。

特别是广义矩估计也是处理内生性问题的重要而常用的方法。

下面简要介绍 GMM 的一般理论和方法。

设 θ 是 $k\times1$ 的未知参数向量。$m(z,\ \theta)$ 是 $\ell\times1$ 的向量函数（$\ell\geqslant k$），满足矩条件 $E[m(z,\ \theta)]=0$。

对于样本容量 n，设 $\bar{g}(\theta)=\frac{1}{n}\sum_{i=1}^{n}m(z_i,\ \theta)$。

如果 $\ell=k$（称为恰好识别），由 $\bar{g}(\theta)=0$，我们可得矩估计量（MM）$\hat{\theta}$。而一般更常见的，$\ell>k$ 时（称为过度识别），可能没有估计量使得 $\bar{g}(\theta)=0$ 成立，于是我们希望 $\bar{g}(\theta)$ 尽可能接近于 0，那么

$$\min J(\theta)=n\bar{g}(\theta)'W\bar{g}(\theta)$$

可得到广义矩估计量

$$\hat{\theta}_{\mathrm{GMM}}=\mathrm{argmin}[\frac{1}{n}\sum m(z_i,\ \theta)]'W[\frac{1}{n}\sum m(z_i,\ \theta)]$$

W 为加权矩阵。

$\hat{\theta}_{\mathrm{GMM}}$ 具有良好的渐近性质：

$$\sqrt{n}(\hat{\theta}_{\mathrm{GMM}}-\theta)\xrightarrow{d}N(0,\ V)$$
$$V=(\Gamma'W\Gamma)^{-1}\Gamma'W\Omega W\Gamma(\Gamma'W\Gamma)^{-1}$$

其中，$\Gamma=\frac{\partial}{\partial\theta}E[m(z,\ \theta)]$，$\Omega=E[m(z,\ \theta)m(z,\ \theta)']$

而且，若取 $W=\Omega^{-1}$，$\hat{\theta}_{\mathrm{GMM}}$ 具有最小方差 $V=(\Gamma'\Omega^{-1}\Gamma)^{-1}$，即有效 GMM 估计。

对于常用的线性模型，

$$y_i=z'_i\beta+\varepsilon_i \qquad E(x_i\varepsilon_i)=0$$

其中 $z_i(k\times1)$ 是 $x_i(\ell\times1)$ 的部分或函数（$\ell\geqslant k$）。这里的 $m(z_i,\ \beta)=x_i\varepsilon_i=x_i(y_i-z'_i\beta)$。或者将线性模型表示为矩阵形式

$$Y=Z\beta+\varepsilon \qquad E(X'\varepsilon)=0$$

其中 $Z'=(z_1,\ \cdots,\ z_n)$，$X'=(x_1,\ \cdots,\ x_n)$。Z 的第 i 行是 z'_i，X 的第 i 行是 x'_i。在此情形下，$\bar{g}(\beta)=\frac{1}{n}\sum_{i=1}^{n}m(z_i,\ \beta)=\frac{1}{n}X'\varepsilon=\frac{1}{n}X'(Y-Z\beta)$。

那么若取 $W=\Omega^{-1}$，此时的 $\Omega=E[m(z,\ \beta)m(z,\ \beta)']=E(x_ix_i'\varepsilon_i^2)$，可以得到未知参数 β 的有效 GMM 估计量

$$\hat{\beta}=\mathrm{argmin}J(\beta)=\mathrm{argmin}n\bar{g}(\beta)'\Omega^{-1}\bar{g}(\beta)$$
$$=(Z'X\Omega^{-1}X'Z)^{-1}Z'X\Omega^{-1}X'Y$$

且 $\sqrt{n}(\hat{\beta}-\beta)\xrightarrow{d}N(0,\ (\Gamma'\Omega^{-1}\Gamma)^{-1})$

其中，$\Omega=E[m(z,\ \beta)m(z,\ \beta)']=E(x_ix_i'\varepsilon_i^2)$，$\Gamma=\frac{\partial}{\partial\beta}E[m(z,\ \beta)]=-E(x_iz'_i)$ $=-\frac{1}{n}X'Z$。

而具体运用时 $\hat{\beta}=(Z'X\hat{\Omega}^{-1}X'Z)^{-1}Z'X\hat{\Omega}^{-1}X'Y$，这里的 $\hat{\Omega}$ 是未知 Ω 的一致估计

量。或者可采用两步 GMM 估计方法得到有效估计量。即先取加权矩阵 W = 单位矩阵 I，或者对于线性模型 $Y = X\beta + u$，取 $W = (X'X)^{-1}$ 得到初始 GMM 估计量 $\tilde{\theta}$（或 $\tilde{\beta}$）。然后再取加权矩阵 $W = \hat{\Omega}(\tilde{\theta})^{-1} = [\frac{1}{n}\sum m_i(z_i, \tilde{\theta})m_i(z_i, \tilde{\theta})']^{-1}$，可以证明它是 Ω^{-1} 的一致估计量。于是

$$\hat{\theta} = \mathrm{argmin}\bar{g}(\theta)'\hat{\Omega}(\tilde{\theta})^{-1}\bar{g}(\theta)$$

即是通过两步完成的 GMM 估计量。

GMM 还可用于检验矩条件 $E[m(z, \theta)] = 0$ 是否成立。即通过样本信息检验理论假设或计量模型的统计性质 H_0：$E[m(z_i, \theta)] = 0$，尤其是对于 $\ell > k$ 的过度识别状态。用于检验的统计量依分布收敛于 χ^2 统计量

$$J = J(\hat{\theta}_{GMM}) = n\bar{g}(\hat{\theta})'W\bar{g}(\hat{\theta}) \xrightarrow{d} \chi^2(\ell - k),$$

如果 $J > \chi_\alpha^2$，则拒绝 H_0，即拒绝矩条件。

这就是 GMM 的一般理论和方法。GMM 是现代计量经济学的重要内容之一。有关 GMM 的更多具体内容可参见相应文献。

还有一点可提供大家思考：在一定条件下，极大似然估计可视为广义矩估计的特例。

三、非线性约束检验

在完成了极大似然估计后，我们可以考虑有关的检验问题，特别是非线性约束的检验。下面介绍通常所说的三大检验：似然比检验（LR 检验）、沃尔德检验（Wald 检验）、拉格朗日乘数检验（LM 检验）。

1. 似然比检验（LR 检验）

在统计推断中，许多古典检验方法的理论是建立在似然比（两种不同状态下似然函数之比）的基础之上的。似然比检验的重要性和实用性会在应用中显现出来。一般而言，似然比被定义为原假设下似然函数的最大值与无约束条件下似然函数的最大值的比率。

比如，对于线性回归模型参数的极大似然估计量［如式（3.28）和式（3.29）］

$$\hat{\beta}_{ML} = (X'X)^{-1}X'Y \tag{3.28}$$

$$\hat{\sigma}^2_{ML} = \frac{1}{n}(Y - X\hat{\beta}_{ML})'(Y - X\hat{\beta}_{ML}) \tag{3.29}$$

它们在无约束条件下，使似然函数最大化。把它们代入似然函数可得无约束的最大似然值（推导过程略）

$$L(\hat{\beta}, \hat{\sigma}^2) = 常数 \cdot (e'e)^{\frac{-n}{2}} \tag{3.30}$$

式中的常数与模型中的任何参数无关，$e'e$ 是残差平方和。

就多元线性回归模型，假如我们检验假设 H_o：$R\beta - r = 0$（这仍是线性约束，以此为例进行说明），则在约束条件 $R\beta - r = 0$ 下使似然函数最大化。令 $\tilde{\beta}$ 和 $\tilde{\sigma}^2$ 表示所导致的估计值，那么 $L(\tilde{\beta}, \tilde{\sigma}^2)$ 便是约束条件下的最大似然值。有约束的最大值当然不会超过无约束的最大值，但如果约束条件“有效”，有约束的最大值应当“逼

近”无约束的最大值，这正是似然比检验的基本思路。似然比统计量定义为

$$\lambda = \frac{L(\tilde{\beta}, \tilde{\sigma}^2)}{L(\hat{\beta}, \hat{\sigma}^2)} \tag{3.31}$$

显然，$0 \leqslant \lambda \leqslant 1$。如果原假设为真，我们认为 λ 的值接近 1。或者说，如果 λ 太小，我们则应该拒绝原假设。似然比检验的建立就是要使得当 $\lambda \leqslant k$ 时，拒绝原假设。即 $P(0 \leqslant \lambda \leqslant k | H_0) = \alpha$（$\alpha$ 为显著性水平）。在某些情况下，拒绝域 $\{\lambda \leqslant k\}$ 可以转化为含有我们熟知的 t 统计量或 F 统计量的形式。不过，普遍适用的是大样本检验。可以证明，对大样本来说，似然比检验统计量 LR（likelihood ratio）的分布为

$$\mathrm{LR} = -2\ln\lambda = 2[\ln L(\hat{\beta}, \hat{\sigma}^2) - \ln L(\tilde{\beta}, \tilde{\sigma}^2)] \sim \chi^2(q) \tag{3.32}$$

具体地，如果 LR 很大，则应拒绝原假设，或者说似然比检验的拒绝域为 $\{\mathrm{LR} \geqslant \chi^2_{1-\alpha}(q)\}$，其中 $\chi^2_{1-\alpha}(q)$ 为卡方分布的 $1-\alpha$ 下侧分位数。

前面已得到无约束的最大似然值 $L(\hat{\beta}, \hat{\sigma}^2)$，为了保证 LR 的计算，我们还需要得出约束条件下的最大似然值 $L(\tilde{\beta}, \tilde{\sigma}^2)$。为此，最大化 $\ln L - \mu'(R\beta - r)$（式中的 μ 是 $q \times 1$ 的拉格朗日乘数向量，$\ln L$ 就是无约束的对数似然函数），可得约束条件下的 $\tilde{\beta}$。此时的残差为 $Y - X\tilde{\beta} = e_*$，而 σ^2 的带约束的极大似然估计为 $\tilde{\sigma}^2 = \frac{e'_* e_*}{n}$，因此，［类似于（3.30）式］

$$L(\tilde{\beta}, \tilde{\sigma}^2) = \text{常数} \cdot (e'_* e_*)^{-n/2} \tag{3.33}$$

式中常数与式（3.30）相同。将式（3.30）和式（3.33）代入式（3.32），就得到似然比检验统计量的另一种形式

$$\mathrm{LR} = n(\ln e'_* e_* - \ln e'e) \tag{3.34}$$

当然，需要注意的是，这只是多元线性回归模型中 LR 检验的例子。

【例 3.5】某消费模型，用 LR 统计量检验对无约束模型施加约束 $\mathrm{Ln}I_t$ 和 $\mathrm{Ln}I_{t-1}$ 的系数 $\beta_0 = \beta_1 = 0$ 是否成立。

无约束模型（U）估计结果：

$$\widehat{\mathrm{Ln}C_t} = 0.3181 + 0.8756\,\mathrm{Ln}I_t + 0.6466\,\mathrm{Ln}C_{t-1} - 0.6078\,\mathrm{Ln}I_{t-1} + 0.0218\,\mathrm{Ln}P_{t-1}.$$

（2.75）　（10.97）　（4.72）　（−4.86）　（2.09）

$R^2 = 0.9989$，RSS = 0.0015，DW = 1.95，$\mathrm{Ln}L$ = 105.87，n = 30

H_0：$\beta_0 = \beta_1 = 0$

有约束模型（R）估计结果如下

$$\widehat{\mathrm{Ln}C_t} = 0.1932 + 0.9600\,\mathrm{Ln}C_{t-1} - 0.0168\,\mathrm{Ln}P_{t-1}.$$

（0.88）　（19.95）　（−0.78）

$R^2 = 0.9935$，RSS = 0.0088，DW = 2.27，$\mathrm{Ln}L$ = 79.47，n = 30

于是 $\mathrm{LR} = -2[\log L(\tilde{\beta}, \tilde{\sigma}^2) - \log L(\hat{\beta}, \hat{\sigma}^2)] = -2(79.47-105.87) = 52.8$

因为 $\mathrm{LR} = 52.8 > \chi^2_{(2)} = 5.99$，所以，约束条件 $\beta_0 = \beta_1 = 0$ 被拒绝。即 $\mathrm{Ln}I_t$ 和 $\mathrm{Ln}I_{t-1}$ 是重要的解释变量，不应从模型中删除。

需要注意的是，上述只是多元线性回归模型中关于线性约束的 LR 检验的例子。而 LR 检验理论上也可以进行非线性约束的检验。

一般地，如果我们要检验假设 H_o：$c(\theta)=0$［θ 是未知参数向量，c 是（线性或非线性）函数（向量）］，运用极大似然估计，$\hat{\theta}$ 是无约束的极大似然估计量。而在约束条件 H_o：$c(\theta)=0$ 下使似然函数最大化，$\tilde{\theta}$ 表示有约束的极大似然估计量，$L(\tilde{\theta})$ 是约束条件下的最大似然值。则

$$LR=-2\ln\lambda=2[\ln L(\hat{\theta})-\ln L(\tilde{\theta})]\sim\chi^2(q) \tag{3.35}$$

其中 q 是约束条件（函数）的个数。

值得注意是，运用 LR 检验，需要计算 LR 统计量中无约束和有约束时的最大似然值。有时这种计算并不容易，尤其是非线性约束时可能算不出来。

2. 沃尔德检验（Wald 检验）

同样从多元线性回归模型的线性约束检验为例说起。在第二章一般线性框架的假设检验的讨论中，由 OLS 估计量 $\hat{\beta}$ 服从正态分布推出了式（2.15）。这里如果我们考虑极大似然估计 $\hat{\beta}$ 的渐近正态性，也能得到前面的式（2.15），即在 H_o：$R\beta-r=0$ 下，

$$(R\hat{\beta}-r)'[\sigma^2R(X'X)^{-1}R']^{-1}(R\hat{\beta}-r)'\sim\chi^2(q)$$

这里 q 是 R 中约束条件个数，用 σ^2 的一致估计量 $\hat{\sigma}^2=\dfrac{e'e}{n}$ 代替式中的 σ^2，渐近分布成立，或者说大样本情形的 Wald 统计量为

$$W=\frac{(R\hat{\beta}-r)'[R(X'X)^{-1}R']^{-1}(R\hat{\beta}-r)}{\hat{\sigma}^2}\overset{a}{\sim}\chi^2(q) \tag{3.36}$$

类似于前面的式（3.34），上式的分子也可写为（$e'_*e_*-e'e$），于是 Wald 检验的统计量具有另一种形式（过程略）

$$W=\frac{n(e'_*e_*-e'e)}{e'e}\sim\chi^2(q) \tag{3.37}$$

与 LR 检验的情况一样，W 呈大样本卡方分布。如果 W 的值大于卡方分布的 α 上侧分位数 χ^2_α，则拒绝原假设。当然，这是针对多元线性回归模型及 H_o：$R\beta-r=0$ 时的情形。

而 Wald 检验的一般公式可表述为，对于原假设 H_0：$c(\theta)=0$　［θ 是未知参数向量，c 是（线性或非线性）函数（向量）］

$$W=c(\hat{\theta})'[\hat{\mathrm{Var}}c(\hat{\theta})]^{-1}c(\hat{\theta})\sim\chi^2(q) \tag{3.38}$$

其中，$\hat{\theta}$ 是无约束的极大似然估计量；q 是约束条件（函数）的个数。

【例 3.6】某生产函数模型

$$\widehat{\mathrm{Ln}y_t}=-8.4+0.67\,\mathrm{Ln}x_{t2}+1.18\,\mathrm{Ln}x_{t3}$$

$$t=\qquad(4.4)\qquad\qquad(3.9)$$

$R^2=0.89$，$F=48.45$，DW=1.3

检验 $\beta_2/\beta_3=0.5$ 是否成立。

Stata 操作中记变量的系数为 b，即检验 H_0：$b_2/b_3=0.5$，结果如图 3.31 所示。

```
. testnl _b[lnx2]/_b[lnx3]=0.5     //wald检验

 (1)  _b[lnx2]/_b[lnx3] = 0.5

               chi2(1) =        0.37
           Prob > chi2 =        0.5432
```

图 3.31 Wald 检验结果

由此可看出，接受原假设，即 $\beta_2/\beta_3=0.5$ 成立。

一般来说，对于非线性约束的检验，Wald 检验更适合。

3. 拉格朗日乘数检验（*LM* 检验）

上述的 LR 检验、Wald 检验都涉及极大似然估计及对数似然函数 $\ln L$。Wald 检验是由 $\hat{\beta}$ 渐近服从均值为 β，方差协方差矩阵为 $I^{-1}(\beta)$ 的正态分布，而导出在 H_0：$R\beta-r=0$ 下，$R\hat{\beta}-r\sim N[0,\ RI^{-1}(\beta)R']$。其中 $I^{-1}(\beta)=\sigma^2(X'X)^{-1}$。从而得出 Wald 统计量的分布。

一般地，如果 $\hat{\theta}$ 是 θ 的极大似然估计量，由其大样本性或渐近性知，$\hat{\theta}\sim N[\theta,\ I^{-1}(\theta)]$，其中 $I(\theta)$ 称为信息矩阵，它的定义如下：

$$I(\theta)=E\left[\left(\frac{\partial\ \ln L}{\partial\ \theta}\right)\left(\frac{\partial\ \ln L}{\partial\ \theta}\right)'\right]=-E\left[\frac{\partial\ ^2\ln L}{\partial\ \theta\partial\ \theta'}\right]$$

在线性模型的极大似然估计中，易知 $I^{-1}\begin{pmatrix}\beta\\ \sigma^2\end{pmatrix}=\begin{pmatrix}\sigma^2(X'X)^{-1} & 0\\ 0 & \dfrac{2\sigma^4}{n}\end{pmatrix}$

即上述 Wald 检验的 $I^{-1}(\beta)=\sigma^2(X'X)^{-1}$。

拉格朗日乘数检验同样依赖于对数似然函数及信息矩阵。记 $S(\theta)=\dfrac{\partial\ \ln L}{\partial\ \theta}$，称为 $\ln L$ 在 θ 处的得分（函数）。无约束估计量 $\hat{\theta}$ 的得分 $S(\hat{\theta})=0$，而受约束的估计量 $\tilde{\theta}$ 的得分 $S(\tilde{\theta})$ 在约束条件有效的情况下，应接近于 0。可以证明，得分向量 $S(\theta)$ 的均值为零，方差-协方差矩阵为信息矩阵 $I(\theta)$，于是 $S'(\theta)I^{-1}(\theta)S(\theta)$ 服从分布 χ^2，所以大样本时，在 H_0：$\theta=\theta_0$ 下，有

$$LM=S'(\tilde{\theta})I^{-1}(\tilde{\theta})S(\tilde{\theta})\overset{a}{\sim}\chi^2(q) \tag{3.39}$$

此时，我们只需计算受约束的估计量 $\tilde{\theta}$ 的得分（注意：Wald 检验计算的是无约束的估计量）。

对于线性模型，$S(\theta)=\begin{bmatrix}\dfrac{\partial\ \ln L}{\partial\ \beta}\\ \dfrac{\partial\ \ln L}{\partial\ \sigma^2}\end{bmatrix}=\begin{bmatrix}\dfrac{1}{\sigma^2}X'u\\ -\dfrac{n}{2\sigma^2}+\dfrac{u'u}{2\sigma^4}\end{bmatrix}$

用 $e_*=Y-X\tilde{\beta}$ 和 $\tilde{\sigma}^2=e'_*e_*/n$ 代替上式的 u 和 σ^2，以及 $R\tilde{\beta}=r$，可得

$$S(\tilde{\theta})=\begin{pmatrix}\dfrac{1}{\tilde{\sigma}^2}X'e_*\\ 0\end{pmatrix}$$

再通过适当的运算和变换可得［类似于式（3.34）的推导过程］

$$\mathrm{LM} = \frac{ne'_* X (X'X)^{-1} X' e_*}{e'_* e_*} \tag{3.40}$$

当然，这也是针对多元线性回归模型及 H_o：$R\beta - r = 0$ 时的情形。

LM 检验主要处理的是有约束的情况，因此，一般来说，在约束条件下问题简化时使用 LM 检验。

事实上，对于线性回归模型，一种具体的 LM 检验可分两步完成。第一步，计算受约束的估计量 $\tilde{\beta}$，从而得到残差向量 e_*，第二步，让 e_* 对所有的变量 X 回归，这个回归的可决系数是 R^2，Engle（1982）证明了对于大样本来说，

$$\mathrm{LM} = nR^2 \sim \chi^2(q) \tag{3.41}$$

当 $nR^2 > \chi^2_\alpha$（卡方分布的 α 上侧分位数）时，则拒绝原假设。

LM 检验方法实际上是从一个较简单的模型开始，检验是否可以增加新变量，第一步就是对简单模型（变量较少）回归，得到残差 e_*。如果"真实"模型变量很多，则这些变量加入模型应对 e_* 有影响。所以第二步 e_* 对所有变量回归而得到的 R^2 的大小就将直接决定是否应该增加新变量，即约束 $R\beta = r$ 是否成立。如果 R^2 很大（$nR^2 > \chi^2_\alpha$），则说明新增变量对 e_* 有显著影响，即真实模型应含较多变量，或者说对参数的约束（比如某些 β_i 为 0）不成立。如果 R^2 较小（$nR^2 < \chi^2_\alpha$），则说明新增变量对 e_* 没有显著影响，真实模型就应是变量较少的简单模型，即约束条件成立。这也是通常所说的"从简单到一般"的模型设定方法。

【例 3.7】接前例 3.4，有人根据农业发展状况，将模型设定为

$$\ln Y_t = \alpha_1 + \alpha_2 \ln X_{2t} + u_t \tag{3.26}$$

式中，Y_t 是国内粮食总产量，X_{2t} 是全国化肥施用总量。

也有人认为，国内的粮食产量不止取决于化肥施用量，还有一些因素也可能影响粮食产量，主张将"粮食播种面积"和"农业劳动力人口"的影响纳入模型中，将模型设定为

$$\ln Y_t = \alpha_1 + \alpha_2 \ln X_{2t} + \alpha_3 \ln X_{3t} + \alpha_4 \ln X_{4t} + u_t \tag{3.27}$$

式中，X_{3t} 是国内粮食播种总面积；X_{4t} 是代表农业劳动力人口的变量。那么 X_3 和 X_4 是否是被遗漏的重要变量呢？

运用 LM 方法检验国内粮食播种总面积等变量是否为被遗漏的重要变量。按照上述 LM 检验的步骤，对于式（3.26）的有约束模型，首先生成其残差序列 EE，再用 EE 对全部解释变量（包括可能的遗漏变量）进行回归（过程略），得到 R2 = 0.913 57。由此计算出 $nR^2 = 34 \times 0.913\ 57 = 31.061\ 4$，临界值 $\chi^2_{0.025}(2) = 7.377\ 76$，显然，$nR^2 = 31.061\ 4 > \chi^2_{0.025}(2) = 7.377\ 76$，拒绝 H_0，即受约束回归模型（3.26）不合理，可判断存在遗漏变量。

4. LR 检验，Wald 检验，LM 检验的简单比较

三种检验方法都由极大似然估计而来。都用到了对数似然函数，三种检验均适用于线性约束和非线性约束检验。由于 LR 检验需要计算带约束和无约束的对数似然函数值（计算较烦琐），LR 检验常用于线性约束的检验；Wald 检验和 LM 检验既

用于线性约束也用于非线性约束的检验。Wald 检验只需要估计无约束的模型，更适用于非线性约束检验；而 LM 检验只需要估计约束模型，所以当施加约束条件后模型形式变得简单时 LM 检验更方便适用。

三个检验统计量之间有一个著名不等式，就同样的 H_0、同样的样本，有 W≥LR≥LM。

下面简要推导一下。

首先，式（3.34）可写为 $\mathrm{LR} = n\ln(1 + \frac{e'_* e_* - e'e}{e'e})$

将其按级数 $\ln(1+z) = z - \frac{1}{2}z^2 + \cdots$ 展开，便可得到 $\mathrm{LR} \leqslant W$。

其次，证明式（3.40）可写为

$$\mathrm{LM} = \frac{n(e'_* e_* - e'e)}{e'_* e_*} \tag{3.42}$$

事实上，对于回归模型 $Y = X\hat{\beta} + e$ 的残差可表为

$$e = Y - X\hat{\beta} = Y - X(X'X)^{-1}X'Y = [I - X(X'X)^{-1}X']Y = MY$$

其中，$M = I - X(X'X)^{-1}X'$ 是一对称等幂矩阵，它具有性质 $MX = 0$，$Me = e$。而对于满足约束条件 $R\beta_* = r$ 的受约束估计量 $\hat{\beta}_*$，同样有 $e_* = Y - X\hat{\beta}_*$，从而 $Me_* = MY = e$（因为 $MX = 0$），于是有

$$\begin{aligned} e'e &= e'_* M'Me_* = e'_* Me_* \quad (M' = M,\ M^2 = M) \\ &= e'_*[I - X(X'X)^{-1}X']e_* \\ &= e'_* e_* - e'_* X(X'X)^{-1}X'e_* \end{aligned}$$

即 $e'_* X(X'X)^{-1}X'e_* = e'_* e_* - e'e$，这就得到 LM 的另一种表达式——式（3.42）。

再次，LR 还可写为 $\mathrm{LR} = -n\ln(1 - \frac{e'_* e_* - e'e}{e'_* e_*})$

同样按级数 $\ln(1-z) = -z - \frac{1}{2}z^2 - \cdots$ 展开，便可得到 LR≥LM，即最终有：W≥LR≥LM。

由此不等式可知，当 LM 检验拒绝原假设时，其他检验也一样。当 Wald 检验没有拒绝原假设时，其他检验也不会拒绝原假设。尽管在小样本时三个值可能有所不同，但在大样本情形，这三个检验近似相等。就计算而言，LR 检验最麻烦，其他两种相对简单。

图 3.32 是三大检验的关系图，它较为形象直观地反映了 LR 检验、Wald 检验和 LM 检验三大检验的特点和关系。

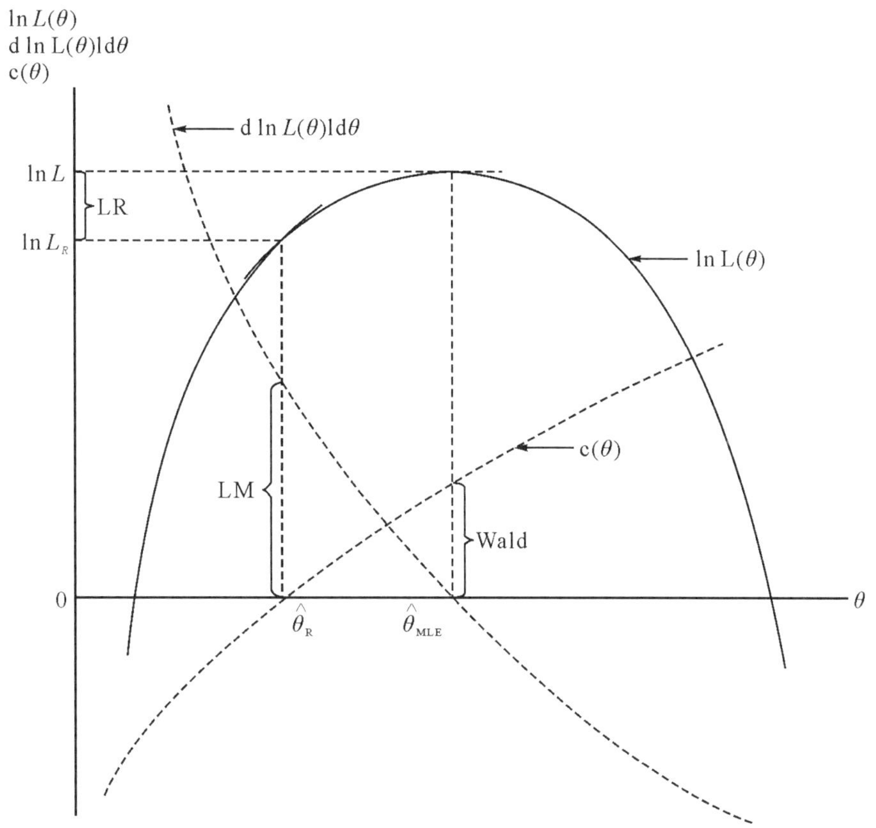

图 3.32　三大检验关系图

习题

1. 对非球型扰动模型，仍采用 OLS 估计有什么后果？通常用什么方法估计？White 或 Newey-West 方法的作用是什么？

2. 现有某地制造业生产函数模型

$$\mathrm{Ln}\hat{y}_t = -8.4 + 0.67\ \mathrm{Lnx}_{t1} + 1.18\ \mathrm{Lnx}_{t2}$$

$$t = \qquad (4.4) \qquad (3.9)$$

$$R^2 = 0.89,\ F = 48.45,\ DW = 1.3,\quad n = 30$$

其估计量的方差协方差矩阵如图 3.33 所示：

Coefficient Covariance Matrix			
	C	LOG(X1)	LOG(X2)
C	7.385962	0.377604	-0.815678
LOG(X1)	0.377604	0.023453	-0.043878
LOG(X2)	-0.815678	-0.043878	0.091226

图 3.33　方差协方差矩阵图

（1）若要检验斜率参数间是否满足 $\beta_2/\beta_1 = 2$（弹性之比为 2），一般应考虑用什么检验方法？

（2）若检验其线性变形 $\beta_2 - 2\beta_1 = 0$ 是否成立，请给出具体计算过程和结果。

3. 什么是内生性问题？它有什么后果？通常采用什么方法检验和修正？简述处理内生性的过程步骤。

4. 遗漏变量和无关变量选取的后果是什么？有哪些方法可以检验？

第四章
离散选择模型

在现实经济问题中，我们常常需要对某些定性变量进行影响因素分析，例如，分析哪些因素会影响人们参与就业，某只股票的涨跌受到哪些因素的影响，哪些因素会影响人们对于理财方式的选择等。当我们感兴趣的变量属于定性变量而非定量变量，或无法通过准确的方式衡量时，我们常常将其定义为离散变量（discrete variable）。将离散变量作为被解释变量的回归模型被称为离散选择模型（discrete choice model）。

在微观经济数据中，离散变量尤为常见。由于微观经济学主要关注微观经济个体资源配置的最优化，而达到最优化资源配置，经济选择是经济行为中最基础的部分，例如，购买房产与否、投资股市与否，这些都属于离散变量。在金融问题中，离散选择问题也非常常见，例如，股票的涨跌、投资者的投资策略选择等。

根据选项的多少，离散变量被分为二项选择变量和多项选择变量。二项选择变量指变量仅有两种可能的选择，也被称为零一变量。将二项选择变量作为被解释变量建立的回归模型被称为二项选择模型（binary choice model）。当离散变量的选项超过两个时，被称为多项选择变量。将多项选择变量作为被解释变量建立的回归模型被称为多项选择模型（multiple choice model）。在多项选择变量中，某些变量的选项具有自然的先后顺序，例如，对某种产品或服务的满意程度（非常满意、基本满意、不满意），学历的高低（大学以上、高中、高中以下）等。这种变量被称为有序的离散变量，由有序离散变量作为被解释变量建立的回归模型被称为有序离散选择模型（ordinal model）。而没有自然顺序的离散变量被称为无序离散变量。由无序离散变量作为被解释变量建立的回归模型被称为无序离散选择模型（unordered model）。

本章主要介绍基础的二项选择模型，以及多项选择模型的建模方法。对于其他相关的模型，例如嵌套多项选择模型、Tobit 模型、计数模型等，感兴趣的同学可以通过其他文献进行更深入的学习。本章将从模型设定、参数估计、模型检验以及模型应用等方面对以上模型进行介绍。

第一节　二项选择模型

一、二项选择模型的设定

本节介绍二项选择模型中常见的线性概率模型（LPM）、广义线性模型（GLM）、倾向值得分模型（PSM）以及可加随机效用模型（ASUM）。其中线性概率模型和广义线性模型是从数学的角度建立的模型，而倾向值得分模型和可加随机效用模型是从经济学的角度建立的模型。在二项选择模型中，可以证明广义线性模型、倾向值得分模型和可加随机效用模型是等价的。

1. 线性概率模型（LPM）

当我们感兴趣的变量为二项选择变量时，是否可以用传统的线性回归模型来建模呢?

假设 Y 为是否购买房产的变量，其中取 1 表示购买房产，取 0 表示未购买房产；X 表示影响 Y 的因素，例如家庭可支配收入等。我们设定如下的模型：

$$Y_i = X'_i\beta + u_i \tag{4.1}$$

由于 Y 取值为 0 或 1，因此服从贝努利分布（Bernoulli distribution）：

$$Y = \begin{cases} 1 & p \\ 0 & 1-p \end{cases}$$

其中，Y 取 1 的概率为 p，取 0 的概率为 $1-p$。

由于贝努利分布的期望为 p，方差为 p（$1-p$），因此：

$$P(Y_i = 1 \mid X_i) = E(Y_i \mid X_i) = X'_i\beta \tag{4.2}$$

由式（4.2）可以看出，Y 取 1 的条件概率被设定为 X 的线性形式，因此，模型被称为线性概率模型（Linear Probability Model，LPM）。

线性概率模型是否是好的适用的二项选择模型呢？由于 LPM 模型为线性回归模型，因此我们从古典假定的角度来评价此模型的优劣。

首先，由于 Y 的条件分布为贝努利两点分布，因此扰动项 u 不再服从正态分布，违背了正态分布假定。在线性回归模型中，正态分布假定仅用于小样本下进行统计推断，不影响最小二乘估计的无偏性和有效性，因此违背正态分布假定对 LPM 模型来说影响不大。

其次，由于贝努利两点分布的方差为 p（$1-p$），扰动项 u 的条件方差：

$$\text{Var}(u_i \mid X_i) = P(Y_i = 1 \mid X_i)[1 - P(Y_i = 1 \mid X_i)] = (X'_i\beta)(1 - X'_i\beta)$$

因此，LPM 模型违背了同方差的假定。在线性回归模型中，同方差假定主要用于保证最小二乘估计的有效性，因此对 LPM 模型有一定的影响。但是，违背同方差假定并不影响参数估计的无偏性与一致性，因此最小二乘估计仍然是可行的，但需要使用异方差稳健估计来对方差进行估计。另外，我们也可以使用加权最小二乘估计来解决异方差的问题，进而得到有效的估计。与普通的线性回归模型不同，由于 LPM 模型扰动项的条件方差与解释变量的关系是给定的，因此加权最小二乘估计的权重选择比较固定。总体来说违背同方差假定对 LPM 的影响也不算太严重。

但是，线性概率模型中，Y 的条件概率被设定为解释变量的线性形式，因此一定会违背零均值假定。我们将从数学和经济学两个角度来说明以上结论。从数学的角度看，Y 的条件概率取值范围是［0，1］，而解释变量的线性函数 $X'_i\beta$ 的取值范围为（$-\infty$，$+\infty$）。因此这样的模型设定必然存在模型设定误差，及违背零均值假定。从经济学角度看，线性概率模型意味着解释变量对 Y 取 1 的条件概率影响为线性的，也就是说边际效应不变。但在绝大部分经济问题中，这个假设都不成立。例如，在家庭可支配收入对是否购房的影响分析中，对于低收入和高收入人群来说，家庭可支配收入对购房概率的边际效应较小，而中等收入人群家庭可支配收入对购房概率的边际效应会大得多。在线性回归模型中，零均值假定用于保证最小二乘估计的无偏性和一致性，因此违背零均值假定将使得 LPM 模型的估计是有偏或非一致的。综上，违背零均值假定对 LPM 的影响是致命的。因此，LPM 模型在二项选择问题中的应用是非常有限的。

另外，由于 Y 的取值只可能为 0 或者 1，因此样本观测点只可能在 X 轴上或者 $Y=1$ 这条直线上（见图 4.2），因此对于 LPM 模型如果使用可决系数 R^2 衡量模型的拟合优度不可能等于 1。通常情况下 LPM 模型的 R^2 一般都比 1 小很多，通常在 0.6 以下。

2. 广义线性模型（GLM）

由于线性概率模型会造成模型的误设，线性回归模型一般不适用于对二项选择变量的建模，因此我们需要使用非线性模型来对其拟合。因为计量经济模型除了需要有效地拟合数据，还需要保证一定的可解释性，所以在二项选择模型中，我们通常使用非线性模型中最简单的模型，即广义线性模型（Generalized Linear Model，GLM）来达到以上目标。

广义线性模型由 John A. Nelder 和 Robert W. M. Wedderburn 于 1972 年提出，它在普通的线性回归模型基础上加入了一个给定的单调递增函数 $g^{-1}(.)$，也被称为连接函数（link function）。具体形式如下：

$$E(Y_i \mid X_i) = g(X'_i\beta) \tag{4.3}$$

广义线性模型不只是应用在二项选择问题中，它被广泛应用于非线性统计和计量建模中。在二项选择模型中，广义线性模型为

$$P(Y_i = 1 \mid X_i) = g(X'_i\beta) \tag{4.4}$$

那么，现在的问题是，如何确定函数 g（.）的具体形式？

我们知道，回归可以看作被解释变量 Y 向解释变量 X 所在空间的投影（projection），这样就可以保证回归残差的长度是最短的（如图 4.1 所示），也就是说残差与解释变量保持垂直。据此我们可以获得满足此条件的连接函数。

假设广义线性回归模型的残差为 $e_i = Y_i - g(X'_i\beta)$。残差与解释变量 X_i 垂直，即

$$\sum_{i=1}^{n} X_i e_i = \sum_{i=1}^{n} [Y_i - g(X'_i\beta)] X_i = 0 \tag{4.5}$$

满足以上等式的广义线性回归模型的连接函数被称为正则连接函数（canonical link function）。

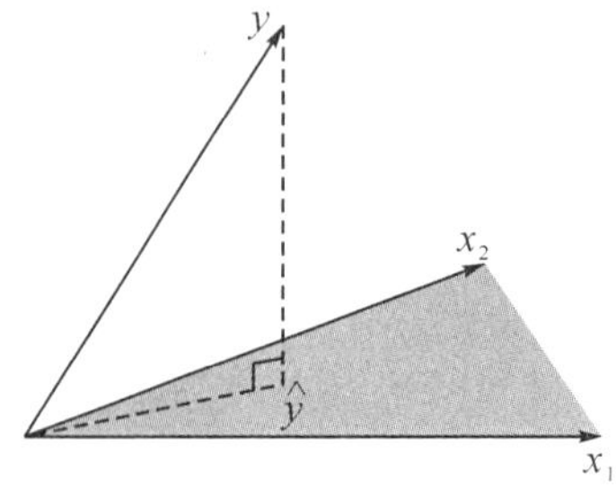

图 4.1　投影示意图

在二项选择模型中，我们可以求解满足式（4.5）的正则连接函数为

$$g(z)=\frac{e^z}{1+e^z} \tag{4.6}$$

扫码查看式（4.6）求解过程

根据式（4.6），我们将二项选择模型的形式设定为

$$P(Y_i=1\mid X_i)=\frac{e^{X'_i\beta}}{1+e^{X'_i\beta}} \tag{4.7}$$

此模型被称为 Logit 模型。

由图 4.2 可以看到，Logit 模型的样本回归函数由 0 单调递增到 1，其中 X 值较小或较大时斜率较小，中间斜率较大，这与条件概率的取值范围以及实际经济问题都是相吻合的。因此，Logit 模型在模型设定上是优于线性概率模型的。

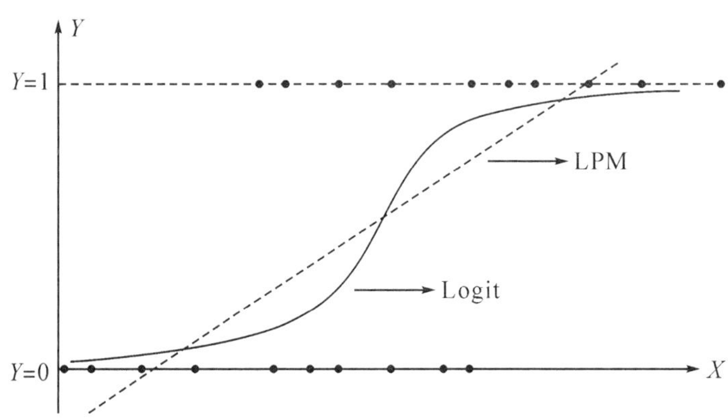

图 4.2　Logit 模型的函数

3. 倾向值得分模型（PSM）

在经济建模过程中，我们可以通过挖掘经济选择行为的内涵机制来设定相应的

模型。例如，什么驱动我们决定是否选择购买房产？我们称之为“倾向”（propensity）。假设 Y^* 为选择 1 的倾向值，Y^* 越大，则选择 1 的可能性越大，反之亦然。由于“倾向”是看不见摸不着的经济学概念，因此无法获得其观测结果。我们将这种无法直接观测到的经济变量称为潜变量（latent variable）。

假设 Y^* 为连续的随机变量，我们可以使用传统的线性回归模型进行建模：

$$Y_i^* = X'_i\beta + u_i \tag{4.8}$$

其中，$u_i \overset{iid}{\sim} N(0, \sigma^2)$。

式（4.8）被称为倾向值得分模型（Propensity Score Model，PSM）。由于 Y^* 是不可观测的，因此我们无法直接通过潜变量模型估计其参数，需要将其变换成可观测变量的等价模型。我们将不可观测的潜变量与可观测的经济变量之间关系称为经济学机制（mechanism）。我们需要设定潜变量的机制，才能将潜变量模型变成可观测变量的模型。对于倾向值得分模型，我们设定它的机制为

$$Y_i = \begin{cases} 1 & Y_i^* > C \\ 0 & Y_i^* \leqslant C \end{cases} \tag{4.9}$$

也就是说，当倾向超过某个临界值 C 时，我们将选择 1，否则选择 0。这里的临界值 C 为未知参数。

由式（4.8）和式（4.9）我们可以得到

$$\begin{aligned} P(Y_i = 1 \mid X_i) &= P(Y_i^* > C \mid X_i) = P(X'_i\beta + u_i > C \mid X_i) \\ &= P(\frac{u_i}{\sigma} < \frac{X'_i\beta - C}{\sigma} \mid X_i) = \Phi(\frac{X'_i\beta - C}{\sigma}) \end{aligned} \tag{4.10}$$

其中 $\Phi(\cdot)$ 为标准正态分布的累积分布函数 $[\Phi(z) = \int_{-\infty}^{z} \frac{1}{\sqrt{2\pi}} e^{-s^2/2} ds]$。

在式（4.10）中，可以观测到的变量仅仅为 Y 和 X，参数 β，C 和 σ^2 是不能同时被识别的。为此我们不妨假定 $C=0$，$\sigma^2=1$。这是因为，由于潜变量 Y^* 不可观测，我们所能获得的信息仅仅是 Y^* 是否大于未知参数 C。此时，当 Y^* 和 C 同时增加或减少一个常数时，我们观测到的结果是不变的，因此模型的截距与 C 不能同时识别。同理，β 和 σ^2 也不能同时识别。

根据以上可识别性分析，倾向值得分模型等价于以下模型：

$$P(Y_i = 1 \mid X_i) = \Phi(X'_i\beta) \tag{4.11}$$

可以发现，式（4.11）实质上是一个广义线性模型，其连接函数为 $\Phi^{-1}(\cdot)$。我们将这个模型称为 Probit 模型。

Logit 模型和 Probit 是最为常用的二项选择模型。它们都是广义线性模型，区别仅仅在于拥有不同的连接函数。从图 4.3 我们可以看到，Logit 模型和 Probit 模型的形状非常类似，其中 Logit 模型拥有更平坦的尾部，也就是说 Logit 模型中条件概率趋近于 0 或 1 的速度更慢一些。在实际的经济问题中，选择使用 Logit 模型还是 Probit 模型主要取决于两者模型不同的经济学解释。

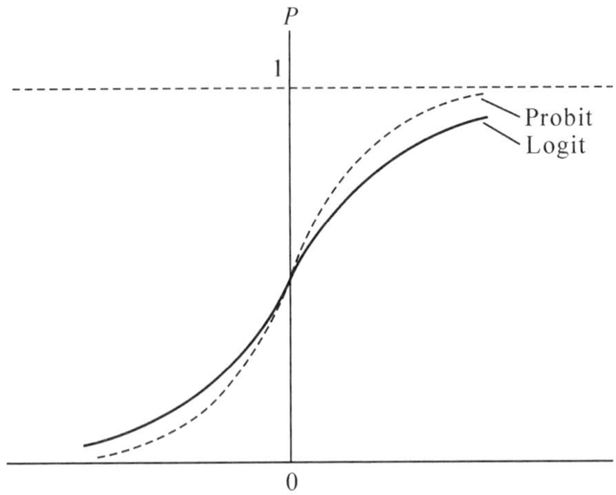

图 4.3　Logit 模型函数和 Probit 模型函数

4. 可加随机效用模型（ARUM）

除了通过倾向值来描述经济行为中的选择机制外，还可以利用微观经济学中的效用来描述二项选择模型的选择机制。效用（Utility），是经济学中最常用的概念之一。一般而言，效用是指对于消费者通过消费或者享受闲暇等使自己的需求、欲望等得到满足的一个度量。我们可以将之推广为决定个体或群体经济行为的度量。例如，我们可以将是否选择购买房产归因于购买房产的效用 U_1 和不购买房产的效用 U_0 之间的大小关系。假设 $U_j(j=0,\ 1)$ 是连续的随机变量，我们可以使用经典的线性回归模型对其进行拟合：

$$
\begin{aligned}
U_{i1} &= X'_i\beta_1 + u_{i1} \\
U_{i0} &= X'_i\beta_0 + u_{i0}
\end{aligned}
\tag{4.12}
$$

其中，$u_{ij} \overset{\text{iid}}{\sim} N(0,\ \sigma_j^2)$，$j=0,\ 1$。

式（4.12）被称为可加随机效用模型（Additive Random Utility Model，ARUM）。与倾向值得分模型类似，由于效用为不可观测的潜变量，因此需要设定其与可观测变量之间的经济学机制。很明显，当选择 1 的效用大于选择 0 的效用时，我们将选择 1，反之亦然。因此，我们将其机制设定为

$$
Y_i = \begin{cases} 1 & U_{i1} > U_{i0} \\ 0 & U_{i1} \leqslant U_{i0} \end{cases}
\tag{4.13}
$$

由式（4.12）、式（4.13）我们可以得到

$$
\begin{aligned}
P(Y_i = 1 \mid X_i) = P(U_{i1} > U_{i0} \mid X) &= P\left[\frac{u_{i0} - u_{i1}}{\sqrt{\sigma_0^2 + \sigma_1^2}} < \frac{X'_i(\beta_1 - \beta_0)}{\sqrt{\sigma_0^2 + \sigma_1^2}} \mid X_i\right] \\
&= \Phi\left[\frac{X'_i(\beta_1 - \beta_0)}{\sqrt{\sigma_0^2 + \sigma_1^2}}\right]
\end{aligned}
\tag{4.14}
$$

式（4.14）中，参数不能同时识别，因此我们设定：$\beta = (\beta_1 - \beta_0)/\sqrt{\sigma_0^2 + \sigma_1^2}$。根据以上可识别性条件，可加随机效用模型等价于以下模型：

$$P(Y_i = 1 \mid X_i) = \Phi(X'_i\beta) \tag{4.15}$$

即可加随机效用模型也等价于 Probit 模型。

至此我们介绍了四种二项选择模型的设定方式。其中，由于 LPM 模型存在模型设定误差，因此现实经济问题中不常使用；Logit 模型为使用正则连接函数的广义线性模型；Probit 模型为 PSM 模型和 ARUM 模型的等价形式。在现实经济问题中，最常使用的是 Logit 模型和 Probit 模型。因此在以下内容中，我们将着重介绍这两种模型的使用方法，包括参数估计、模型检验以及模型应用。

二、二项选择模型的参数估计

本小节主要介绍 Logit 模型和 Probit 模型的参数估计方法。由于这两个模型的区别仅在于连接函数不同，因此我们将两者统一起来介绍广义线性模型的估计方法，分别介绍二项选择模型参数的点估计和区间估计。

1. 回归模型的极大似然估计（MLE）

不同于线性回归模型我们主要使用基于最小二乘（OLS）的估计方法。对于广义线性模型这样的非线性模型，我们通常使用极大似然估计。极大似然估计（Maximum Likelihood Estimate，MLE），是由被称为现代统计学之父的 Ronald A. Fisher 于 1922 年提出。不同于最小二乘估计关注数据与模型的拟合程度，极大似然估计关注样本数据出现的可能性。Fisher 认为，既然我们观测到了样本数据，那么它们出现的可能性应该比较大。那么我们可以通过最大化这种可能性来估计模型中的未知参数，Fisher 把这种可能性定义为似然（Likelihood）。对于离散的随机变量，使用其分布函数（概率分布）定义似然（函数）；而对于连续的随机变量，使用其密度函数定义似然（函数）。

例如，对于连续型随机变量，可观测到的数据为 Y 和 X，因此似然函数为其联合分布：

$$L(\theta \mid X, Y) = f(X, Y \mid \theta) \tag{4.16}$$

其中，θ 表示待估参数，f 为变量 X 和 Y 的联合密度函数。

在回归模型中，我们仅对被解释变量的条件分布进行设定，并没有设定 X 和 Y 的联合分布，因此我们使用贝叶斯公式将式（4.16）转换为条件分布和边际分布相乘的形式：

$$L(\theta \mid X, Y) = f(Y \mid X, \theta) f(X \mid \theta) \tag{4.17}$$

然而，最大化似然函数需要最大化 Y 的条件分布与 X 的边际分布之乘积，但是回归模型中我们并没有对 X 的分布做任何的假设。因此，我们需要假设 X 的分布与未知参数 θ 无关，也就是 $f(X \mid \theta) = f(X)$ 。这个假设在计量经济学中被称为外生性（exogenous）假设，即解释变量 X 的数据生成过程与模型无关。在此假设的基础上，最大化似然函数便可转换为最大化 Y 的条件概率分布。也就是说，我们可以直接设定：

$$L(\theta \mid X, Y) = f(Y \mid X, \theta) \tag{4.18}$$

进一步的，我们假设给定 X 时，样本之间是独立同分布的，因此式（4.18）可

以变为

$$L(\theta \mid X, Y) = \prod_{i=1}^{n} f(Y_i \mid X_i, \theta) \tag{4.19}$$

那么参数的极大似然估计量为

$$\hat{\theta} = \underset{\theta}{\operatorname{argmax}} L(\theta \mid X, Y) \tag{4.20}$$

2. 二项选择模型的极大似然估计

在二项选择模型中，Y 服从贝努利两点分布（离散型），其条件概率分布函数为

$$f(Y_i \mid X_i) = p_i^{\ Y_i}(1 - p_i)^{1-Y_i} \tag{4.21}$$

将广义线性模型的设定式（4.4）带入式（4.21），我们可以得到二项选择模型的似然函数表达式：

$$L(\beta \mid X, Y) = \prod_{i=1}^{n} g(X'_i\beta)^{Y_i}[1 - g(X'_i\beta)]^{1-Y_i} \tag{4.22}$$

最大化式（4.22）我们可以得到未知参数 β 的极大似然估计量。最大化目标函数需要令其导数为零，但是似然函数中包含乘积和指数，求导颇为烦琐，因此考虑对其进行对数变换。对数变换为单调递增的函数变换，因此其最大值点不会发生变化。

$$\ln L(\beta \mid X, Y) = \sum_{i=1}^{n}[Y_i \ln g(X'_i\beta) + (1 - Y_i)\ln(1 - g(X'_i\beta))] \tag{4.23}$$

对式（4.23）进行求导我们可以获得其得分函数（Score Function）

$$S(\beta) = \frac{\partial \ \ln L(\beta \mid X, Y)}{\partial \ \beta} = \sum_{i=1}^{n} \frac{Y_i - g(X'_i\beta)}{g(X'_i\beta)[1 - g(X'_i\beta)]} g'(X'_i\beta)X_i \tag{4.24}$$

令式（4.24）为零我们便可得到未知参数 β 的极大似然估计量。由于式（4.24）为非线性函数，因此可能不存在解的显式表达式。现实中，我们将通过数值算法求得广义线性模型的极大似然估计。对于 Logit 模型和 Probit 模型，我们仅需要将对应的连接函数带入式（4.24）即可。

另外，在 Probit 模型中，有时可能遇到异方差的情况。也就是说在 PSM 模型或 ARUM 模型中，各扰动项的方差不同。此时，Probit 模型变为

$$P(Y_i = 1 \mid X_i) = \Phi\left(\frac{X'_i\beta}{\sigma}\right) \tag{4.25}$$

如果假设异方差是由某些协变量 Z 引起的，其影响服从以下形式：

$$\ln\sigma_i = Z'_i\gamma \tag{4.26}$$

那么，我们可以得到异方差 Probit 模型：

$$P(Y_i = 1 \mid X_i) = \Phi\left(\frac{X'_i\beta}{e^{Z'_i\gamma}}\right) \tag{4.27}$$

将式（4.27）带入式（4.23），分别对未知参数 β 和 γ 求导，令其为零，便可得到参数 β 和 γ 的极大似然估计。

3. 极大似然估计量的性质

对于二项选择模型，我们将从一致性、有效性、渐近正态性三方面讨论极大似然估计量的性质，以确保参数估计的准确性，并方便进行接下来的统计推断。由于二项选择模型大多为非线性模型，其极大似然估计量也没有显式表达式，因此参数的估计无法保证无偏性。也就是说，在小样本情况下，二项选择模型大多可能存在较大偏误。因此，二项选择模型一般需要在大样本条件下进行估计。

定理 4.1：当二项选择模型设定正确时，

$$\underset{n\to\infty}{Plim}\hat{\beta}=\beta \tag{4.28}$$

即二项选择模型的极大似然估计为一致的估计。

扫码查看定理 4.1 证明过程

理论上讲，二项选择模型必须设定正确时，才能保证参数估计的一致性。也就是说如果将 Logit 模型误设为 Probit 模型，参数估计可能是不一致的。但是由于 Logit 模型和 Probit 模型的连接函数差别较小（见图 4.3），因此实际应用时不必苛求模型设定的准确性。但需要注意的是，如果使用 Probit 模型，需要关注是否存在异方差的情况，也就是需要检验模型（4.27）中的参数 γ 是否显著，如果显著，则说明模型存在异方差，需要使用异方差 Probit 模型的形式进行估计。

定理 4.2：当模型设定正确时，二项选择模型的参数估计是渐近有效估计，并且渐近服从正态分布，即

$$\hat{\beta}\rightarrow N\left(\beta,\ -E\left[\frac{\partial^{2}\ln L(\beta\mid X,\ Y)}{\partial\beta\partial\beta'}\right]^{-1}\right) \tag{4.29}$$

扫码查看定理 4.2 证明过程

由定理 4.1、定理 4.2 我们可以得到结论，当模型设定正确时，二项选择模型是一致且渐近有效的估计，也就是说此时二项选择模型的参数估计在大样本情况下是最优的。并且我们可以利用参数估计的渐近正态性在大样本情况对参数进行统计推断（区间估计和假设检验）。

需要注意的是，当模型设定正确时，参数估计的渐近方差为式（4.29）中的 $-E\left[\frac{\partial^{2}\ln L(\beta\mid X,\ Y)}{\partial\beta\partial\beta'}\right]^{-1}$，但是当模型存在误设时，参数估计的渐近方差为

$$\mathrm{Var}(\hat{\beta}) = E\left[\frac{\partial^2 \ln L(\beta \mid X, Y)}{\partial \beta \partial \beta'}\right]^{-1}$$

$$E\left[\frac{\partial \ln L(\beta \mid X, Y)}{\partial \beta}\frac{\partial \ln L(\beta \mid X, Y)}{\partial \beta'}\right]E\left[\frac{\partial^2 \ln L(\beta \mid X, Y)}{\partial \beta \partial \beta'}\right]^{-1} \tag{4.30}$$

式（4.30）被称为参数估计的稳健方差。当我们无法确保模型设定正确时，我们通常使用参数估计的稳健方差公式来估计参数估计的方差，从而进行统计推断。式（4.30）的证明见定理4.2的证明。

4. 二项选择模型参数的区间估计

二项选择模型的极大似然估计是参数的点估计。虽然上一小节我们已经说明当模型设定正确时，极大似然估计是一致且渐近有效的，但我们无法定量测度估计的准确性。因此我们希望通过构造置信区间来确保估计的准确性。具体来说，对于二项选择模型的任意参数β_j，我们构造以参数点估计为中心的区间$[\hat{\beta}_j - \delta, \hat{\beta}_j + \delta]$，使得

$$P(\hat{\beta}_j - \delta \leqslant \beta_j \leqslant \hat{\beta}_j + \delta) = 1 - \alpha \tag{4.31}$$

其中，$1-\alpha$为置信度，用于控制区间估计的准确性。常用的置信度包括90%、95%以及99%。

需要注意的是，由于区间是随机的，而参数是固定的，因此对于区间估计更为准确的表述应该是“置信区间覆盖真实参数的概率是$1-\alpha$”，而不是“参数落在置信区间中的概率是$1-\alpha$”。

要得到参数的置信区间，只需找到δ即可。我们对式（4.31）进行变换，得到

$$P(-\delta \leqslant \hat{\beta}_j - \beta_j \leqslant \delta) = 1 - \alpha \tag{4.32}$$

因此，我们发现δ即为$\hat{\beta}_j - \beta_j$的分位点。因此我们只需找到$\hat{\beta}_j - \beta_j$的分布，即可找到所需的置信区间。

由定理4.2我们知道二项选择模型的参数估计渐近服从正态分布。因此

$$\frac{\hat{\beta}_j - \beta_j}{\mathrm{SE}(\hat{\beta}_j)} \to N(0, 1) \tag{4.33}$$

那么，

$$P\left(-z_{1-\alpha/2} \leqslant \frac{\hat{\beta}_j - \beta_j}{\mathrm{SE}(\hat{\beta}_j)} \leqslant z_{1-\alpha/2}\right) \to 1 - \alpha \tag{4.34}$$

$$P(\hat{\beta}_j - z_{1-\alpha/2}\mathrm{SE}(\hat{\beta}_j) \leqslant \beta_j \leqslant \hat{\beta}_j + z_{1-\alpha/2}\mathrm{SE}(\hat{\beta}_j)) \to 1 - \alpha \tag{4.35}$$

其中，$z_{1-\alpha/2}$为标准正态分布的$1-\alpha/2$分位点。式（4.35）中的$\mathrm{SE}(\hat{\beta}_j)$未知，因此我们需要对它进行估计。

当模型设定正确时，我们使用式（4.29）中的方差公式对$\mathrm{SE}(\hat{\beta}_j)$进行估计。假设$\mathrm{A} = -\left(\frac{\partial^2 \ln L(\beta \mid X, Y)}{\partial \beta \partial \beta'}\right)^{-1}\Big|_{\hat{\beta}}$，$a_{jj}$为A的第$j$个对角线上元素。那么，$\widehat{\mathrm{SE}}(\hat{\beta}_j) = \sqrt{a_{jj}}$。由于$A$是$\mathrm{Var}(\hat{\beta})$的一致估计，因此$\widehat{\mathrm{SE}}(\hat{\beta}_j) \to \mathrm{SE}(\hat{\beta}_j)$。

$$P(\hat{\beta}_j - z_{1-\alpha/2}\widehat{\mathrm{SE}}(\hat{\beta}_j) \leqslant \beta_j \leqslant \hat{\beta}_j + z_{1-\alpha/2}\widehat{\mathrm{SE}}(\hat{\beta}_j)) \to 1 - \alpha \tag{4.36}$$

需要注意的是，当我们无法保证模型设定正确时，需要使用式（4.30）对参数估计的标准误进行估计。

本小节我们介绍了二项选择模型参数的估计方法。主要利用极大似然估计对广义线性模型进行估计，并且证明，当模型设定正确时，极大似然估计是一致的、渐近有效的，参数估计量渐近服从正态分布，并可以利用参数估计的渐近正态性构造参数的置信区间。

三、二项选择模型的检验

模型检验是建立模型过程中至关重要的一部分，需要通过统计学等理论从定性和定量的角度判断模型的优劣以保证模型分析结果的准确性。本节将通过拟合优度检验和显著性检验两个部分来介绍二项选择模型的检验问题。其中，拟合优度检验属于定量检验，而显著性检验属于定性检验。

1. 二项选择模型的拟合优度检验

与传统的线性回归模型一样，我们需要判断样本回归函数对数据的拟合程度，进而衡量被解释变量的变化中有多少比重是由解释变量决定的，这就是拟合优度检验。对于传统的线性回归模型，通常使用可决系数 R^2 作为衡量拟合优度的指标。但对于 Logit 模型和 Probit 模型这类广义线性模型，可决系数不再适用。由图 4.2 可以看到，由于样本点只能出现在 X 轴或者 Y=1 这条直线上，即使我们使用非线性曲线对样本进行拟合，也无法保证样本点集中在拟合曲线的附近。因此，使用几何距离来衡量样本点与拟合曲线的关系将不再合适，需要提出一种新的拟合优度衡量指标。

诺贝尔经济学奖获得者 Daniel McFadden 提出了一种新的衡量拟合优度的思想。对于任何衡量模型优劣的定量指标 Q，我们可以将其转换为一个百分比的度量：

$$R^2_{\text{McFadden}} = \frac{Q_{\text{fit}} - Q_{\min}}{Q_{\max} - Q_{\min}} \tag{4.37}$$

其中，Q_{max}和 Q_{min}表示度量指标 Q 能够达到的最大值与最小值，而 Q_{fit}代表模型中指标 Q 的实际值。通过式（4.37）的变换，我们就能保证拟合优度的衡量指标在 0 到 1 之间了。这种衡量模型拟合优度的指标被称为 McFadden R^2，或者伪 R^2。需要注意的是，指标 Q 必须为正指标，也就是说 Q 越大说明模型越好。Q_{max}可以看作完美模型的 Q，也就是模型能够完美拟合数据时的 Q 值；Q_{min}可以认为是退化模型的 Q，也就是将回归模型中的解释变量统统去掉，只剩下截距的模型对应的 Q 值。

McFadden 为我们提供了一个衡量拟合优度的一般性框架，但对于不同的模型，需要选择适当的 Q 来计算模型的拟合优度。那么 Q 应该如何选择呢？我们可以从参数估计的方法中寻找线索。对于传统的线性回归模型，由于我们使用最小二乘估计参数，因此需要最小化残差平方和 RSS，也就是说 RSS 越小的模型越好。那么，我们就可以选择-RSS 作为 Q 来构造 McFadden R^2。此时，完美拟合的模型 RSS 为 0，因此 $Q_{max}=0$；退化模型的 RSS 为 TSS，因此 $Q_{min}=-TSS$；实际模型中，$Q_{fit}=-RSS$。将以上指标带入式（4.37），我们可以获得线性回归模型的 McFadden R^2。不难发现它就是传统的可决系数 R^2。

对于二项选择模型，我们使用极大似然估计来估计参数，因此，我们通常选择对数似然 lnL 作为 Q 的指标。对于完美的二项选择模型，当 $Y=1$ 时，我们可以得到 $P(Y=1 \mid X)=1$；同理，$Y=0$ 时，$P(Y=1 \mid X)=0$。此时，$\ln L=0$，也就是说 $Q_{\max}=0$。我们令 $\ln L_0$ 为退化模型的对数似然，$\ln L$ 为实际模型的对数似然，我们便可以得到二项选择模型 McFadden R^2 的表达式：

$$R^2_{\text{McFadden}} = 1 - \frac{\ln L}{\ln L_0} \tag{4.38}$$

我们可以将实际模型的对数似然和退化模型的对数似然结果带入式（4.38），最终得到

$$R^2_{\text{McFadden}} = 1 - \frac{\sum_{i=1}^{n}\left[Y_i \ln g(X'_i\hat{\beta}) + (1-Y_i)\ln(1-g(X'_i\hat{\beta}))\right]}{n\left[\bar{Y}\ln\bar{Y} + (1-\bar{Y})\ln(1-\bar{Y})\right]} \tag{4.39}$$

式（4.39）的证明过程读者可尝试自行完成。

需要注意的是，McFadden R^2 作为一个定量的检验指标，仅能反应解释变量联合起来对被解释变量的解释程度，并没有一个严格的分界点判断模型拟合是好是坏。而且，拟合优度并不是在任何时候都很重要。通常情况下，如果我们需要利用模型进行经济预测，那么拟合优度是一个非常重要的指标；但如果我们仅仅是利用模型进行经济结构分析，那么拟合优度就不太重要了，我们需要更关注显著性检验的结果。

2. 二项选择模型参数显著性检验

在我们对二项选择模型进行经济结构分析之前，需要保证分析的经济结构（变化）是显著的。也就是说在进行定量分析前，应该先进行定性分析，以保证我们分析的经济结构（变化）是客观存在的因果依存关系，而不是由数据的随机性误差造成的。例如，在我们分析家庭可支配收入如何定量地影响人们购买房产的概率之前，必须先确定家庭可支配收入确实在影响人们购买房产的行为，否则定量的分析将毫无意义。虽然我们通过极大似然估计可以得到二项选择模型参数的最优估计，但毕竟参数估计不完全等于真实参数，因此我们必须使用假设检验的方法来对于回归系数进行显著性检验。

对于传统的线性回归模型，通常使用 t 检验和 F 检验对回归系数和模型进行显著性检验。但是这两种检验都是基于模型的线性性质和正态分布假设的，而这两个条件二项选择模型均不满足。因此，我们需要使用其他的方法进行检验。

对于回归系数的显著性检验，可以利用参数估计的渐近正态性在大样本情况下构造 z 统计量进行检验。具体来说，

$$H_0:\ \beta_j = 0 \qquad H_1:\ \beta_j \neq 0$$

由式（4.33），当原假设成立时：

$$\frac{\hat{\beta}_j}{\text{SE}(\hat{\beta}_j)} \to N(0,\ 1) \tag{4.40}$$

利用 $\widehat{\mathrm{SE}}(\hat{\beta}_j)$ 对 $\mathrm{SE}(\hat{\beta}_j)$ 进行估计，带入式（4.40）构造 z 统计量：

$$z=\frac{\hat{\beta}_j}{\widehat{\mathrm{SE}}(\hat{\beta}_j)}\rightarrow N(0,\ 1) \tag{4.41}$$

我们可以利用检验统计量的临界值来下结论。具体来说，当 $|z|>z_{1-\alpha/2}$ 时，拒绝原假设，认为回归系数是显著的；当 $|z|\leqslant z_{1-\alpha/2}$ 时，不拒绝原假设，认为回归系数不显著。当然也可以通过计算 p 值的方法来下结论。以上的检验方法我们称为 z 检验。

当需要对回归模型的显著性或者回归系数的某个结构约束进行检验时，我们可以在大样本情况下使用“三大检验”。“三大检验”的具体方法参见本书第三章。需要注意的是，我们可以证明 z 检验等价于 Wald 检验。因此某些软件也会使用 Wald 检验对回归系数的显著性进行检验。

至此，本小节介绍了二项选择模型的拟合优度检验和显著性检验。其中，使用 McFadden R^2 对二项选择模型进行拟合优度检验；使用 z 检验对回归系数进行显著性检验；使用“三大检验”对回归模型以及回归系数的结构约束进行检验。

四、二项选择模型的应用

建立二项选择模型主要是为了进行经济结构分析或经济预测。经济结构分析主要是为了定量地分析解释变量对被解释变量影响的效应；经济预测是利用回归模型预测未知的个体的经济行为。本节我们将从经济结构分析和经济预测两方面介绍二项选择模型的应用。

1. 二项选择模型的经济结构分析

边际效应（marginal effect）是回归模型中最常见的用于解释经济结构的指标。它主要反映了解释变量的变化量对被解释变量变化量的影响。具体来说，当某个解释变量增加一个单位时，被解释变量的变化量即为边际效应。例如，可支配收入对居民消费的边际效应被称为边际消费倾向，也就是当可支配收入增加一元时，平均来说消费额的增加量。

边际效应可以通过回归模型的条件期望对解释变量求导获得。具体来说，

$$\mathrm{marginal}(X_j)=\frac{\partial\ E(Y_i\mid X_i)}{\partial\ X_j} \tag{4.42}$$

对于线性回归模型，解释变量的边际效应是常数，也就是回归系数。因此，我们通常使用边际效应来解释线性回归模型的经济结构。

对于二项选择模型来说，边际效应反映了解释变量对于被解释变量取 1 的概率的影响，也就是说解释变量每增加一个单位，平均来说选择 1 的概率会增加的单位量。但由于二项选择模型是非线性模型，因此边际效应并不是常数。具体来说，

$$\mathrm{marginal}(X_j)=\frac{\partial\ P(Y_i=1\mid X_i)}{\partial\ X_j}=g'(X'_i\beta)\beta_j \tag{4.43}$$

由式（4.43）可以发现，解释变量的边际效应并非常数，它与解释变量的取值

有关。但由于 g 是单调递增函数，因此其导数大于零。所以，解释变量的边际效应符号与它对应的回归系数一致。也就是说，如果回归系数显著为正，说明解释变量对被解释变量选择 1 的概率是正影响，反之亦然。

当需要报告二项选择模型的边际效应时，一般报告其平均边际效应。通常有两种反映平均边际效应的方式：平均偏效应（Average Partial Effect，APE）；以及平均值偏效应（Partial Effect at Average，PEA）。具体来说，

$$\mathrm{APE}(X_j) = \frac{1}{n}\sum_{i=1}^{n} g'(X'_i\hat{\beta})\hat{\beta}_j \tag{4.44}$$

$$\mathrm{PEA}(X_j) = g'(\bar{X}'\hat{\beta})\hat{\beta}_j \tag{4.45}$$

对于 Logit 模型和 Probit 模型而言，计算边际效应的方法是类似的，只需要根据不同的连接函数带入式（4.44）和式（4.45）即可。但是 Logit 模型和 Probit 模型的回归系数具有截然不同的经济意义。下面我们分别来分析一下 Logit 模型和 Probit 模型系数的经济意义。

首先，对于 Logit 模型而言，我们假设 Y_i 取 1 的条件概率为 p_i，那么由式（4.7）可得

$$p_i = \frac{e^{X'_i}\beta}{1 + e^{X'_i}\beta} \tag{4.46}$$

将 Logit 模型的函数 g 求逆，便可得到

$$\ln\frac{p_i}{1 - p_i} = X'_i\beta \tag{4.47}$$

其中，$p/(1-p)$ 被称为机会比（odds ratio，OR）。在经济学中，机会比反映的是某个经济行为成功与失败的概率之比。例如，投资获利相比于投资亏损的概率比称为投资收益机会比。在二项选择模型中，机会比就是 Y=1 的概率比上 Y=0 的概率。

对于 Logit 模型来说，回归系数反映的是解释变量对于 Y 的机会比的半弹性（semi-elasticity）。具体来说，

$$\frac{\partial\ \ln\mathrm{OR}}{\partial\ X_j} = \beta_j$$

对以上微分进行变换可得：$\partial\ \mathrm{OR} = \beta_j \mathrm{OR}\partial\ X_j$ （4.48）

也就是说：解释变量每增加一个单位，Y 的机会比增加原来的 β_j 倍。例如，居民可支配收入（万元）对居民购买房产建立 Logit 模型，如果回归系数估计为 0.2，意味着居民可支配收入每增加一万元，购买房产的机会在原有基础上增加 20%。

需要注意的是，使用半弹性解释 Logit 模型的回归系数前提是解释变量必须是连续的定量变量，当解释变量为虚拟变量时，我们无法对其进行微分。此时我们需要换种方式解释虚拟变量的影响。假设虚拟变量 D 为 0，1 变量，其回归系数为 β_D，那么

$$\beta_D = \ln(\mathrm{OR} \mid D = 1) - \ln(\mathrm{OR} \mid D = 0) = \ln\frac{\mathrm{OR} \mid D = 1}{\mathrm{OR} \mid D = 0}$$

也就是 $\mathrm{OR} \mid D = 1 = e^{\beta_D}(\mathrm{OR} \mid D = 0)$

具体来说，D 取 1 时，Y 的机会比是 D 取 0 时的 e^{β_D} 倍。例如，我们分析男女购买房产行为的区别，使用 Logit 模型获得回归系数估计为 1.2，意味着男性购买房产的机会比是女性的 3.32 倍。

下面我们来分析 Probit 模型系数的经济意义。在经济模型中，Probit 模型主要来源于倾向值得分模型和可加随机效用模型。因此我们将从这两个模型的角度解释 Probit 模型回归系数的经济意义。

对于倾向值得分模型

$$\frac{\partial\ E(Y^*\mid X)}{\partial\ X_j}=\beta_j \tag{4.49}$$

也就说 Probit 模型回归系数在倾向值得分模型中表示解释变量对 Y 选 1 倾向值的边际效应。但需要注意的是，Probit 模型的回归系数是在倾向值得分模型中标准差为 1 的识别条件下获得的，也就是说，解释变量对 Y 选 1 倾向值的边际效应其实是 β_j 倍的标准差。例如，居民可支配收入（万元）对居民购买房产建立 Probit 模型，如果回归系数估计为 0.3，意味着居民可支配收入每增加一万元，居民购买房产的倾向值增加 0.3 倍标准差。

对于可加随机效用模型

$$\beta_j=\frac{\beta_{1j}-\beta_{0j}}{\sqrt{\sigma_0^2+\sigma_1^2}} \tag{4.50}$$

其中，β_{1j} 和 β_{0j} 分别为 Y 取 1 和取 0 的效用的边际效应。我们令 $\sigma=\sqrt{\sigma_1^2+\sigma_0^2}$，则 Probit 模型的回归系数可以解释为选择效用的边际效应之差。具体来说，解释变量每增加一个单位，平均来说 Y 取 1 的效用比 Y 取 0 的效用多增加 β_j 倍标准差（σ）。例如，居民可支配收入（万元）对居民购买房产建立 Probit 模型，如果回归系数估计为 0.3，意味着居民可支配收入每增加一万元，居民买房的效用比不买房的效用多增加 0.3 倍标准差。

2. 二项选择模型的经济预测

与经济结构分析主要解释经济变量的定量效应不同，经济预测的目的主要是对未知个体的经济行为进行预测。例如，建立一个社会经济特征与信用卡是否违约的二项选择模型。可以通过信用卡申请者的社会经济特征利用该模型预测他是否会违约，进而对申请者进行评估。

需要注意的是，二项选择模型并没有对 Y 取 1 或 0 进行建模，而是对 Y 取 1 的概率建模。因此，我们仅能用二项选择模型对 Y 取 1 的概率进行测验，例如，对信用卡申请人违约的概率进行预测。具体方法如下：

$$p_F=\hat{P}(Y=1\mid X_F)=g(X'_F\hat{\beta}) \tag{4.51}$$

如果需要对未知个体的具体选择行为进行预测，则需要选择适当的阈值，也就是说

$$\hat{Y}_F=I(\hat{p}_F>p_0) \tag{4.52}$$

那么，我们如何选择阈值 p_0 呢？直观来讲，我们会认为当预测概率超过 50%，也就是预测 Y 取 1 的概率大于 Y 取 0 的概率时，我们应该预测 Y 取 1。但现实中并

不尽然。阈值的选择与错判的损失有关。我们可以将错判分为第一类错误和第二类错误。其中，第一类错误表示实际 $Y=1$ 但预测 $Y=0$；第二类错误表示实际 $Y=0$ 但预测 $Y=1$。当犯两类错误带来的损失相同时，我们一般将阈值 p_0 设置为 0.5。但如果两类错误的损失有所差异，一般我们会调整对应的阈值。例如，对于信用卡违约模型来说，如果将一个优质客户预测为高风险客户，我们的损失为损失掉一个优质客户；而如果将一个高分风险客户预测为优质客户，我们的损失为造成实际的信用卡违约损失。如果我们认为造成实际信用卡违约的损失大于丢失优质客户，那么我们预测违约的阈值将设置为小于 0.5。具体阈值需要通过交叉验证等方法进行最优的选择。

本小节介绍了二项选择模型的两种主要应用场景，包括了经济结构分析和经济预测。在经济结构分析中，我们可以利用传统的边际效应分析来解释变量之间的定量关系，也可以利用 Logit 模型和 Probit 模型回归系数的不同含义来解释。对于经济预测来说，我们可以利用二项选择模型直接预测经济行为发生的概率。但如果需要对实际的经济行为进行预测，则需要根据实际情况选择合适的阈值。

五、案例分析

本小节通过两个案例来展示二项选择模型的建模和分析过程。同时为大家介绍使用 Stata 软件实现二项选择模型的具体操作和结果解读。其中，例 4.1 侧重于经济结构分析，例 4.2 侧重于经济预测。本章案例涉及的数据文件，登陆网址 http://cbs.swufe.edu.cn/download_content.aspx? id=325 即可下载。

【例 4.1】已婚女性参与就业的影响因素分析

过去几十年，我国女性在劳动就业方面取得长足的进步。如今，参加劳动力市场的女性比以前任何时候都要多。由于参与生育、抚养小孩等特殊原因，再加上全面放开二孩政策，已婚女性就业参与问题一直备受关注，也是现今劳动经济学中研究的热门问题。

我们通过调查，获得 753 位已婚女性的相关数据。其中，包括 428 名参与工作以及 325 名未工作的已婚女性，是否参与就业用'inlf'表示，inlf=1 表示参与就业，inlf=0 表示未参与就业。包括年龄（age）、受教育年限（edu）、配偶薪资（huswage）、6 岁以下子女个数（kidslt6）和 6 岁以上子女个数（kidsge6）在内的 5 个社会经济特征被选为影响因素（数据来源：MROZ. RAW）。我们试图通过建模研究已婚女性参与工作的行为，并进一步提出促进已婚女性参与就业的建议。

由于数据量达到大样本的条件，我们可以利用 Stata 的 Logit 函数建立 Logit 模型，代码及结果截图见图 4.4。Logit 函数后依次输入被解释变量和解释变量即可。其中，r 表示使用稳健的标准差估计［见式（4.30）］，默认使用普通的标准差估计［见式（4.29）］；nolog 表示不输出极大似然估计数值算法的迭代过程。

Stata 输出结果中包含了回归系数的极大似然估计值'Coef.'，系数估计的稳健标准差估计'Robust Std. Err.'，回归系数的显著性 z 检验统计量'z'，z 检验 p 值'p>|z|'，回归系数 95%置信区间'95% Conf. Interval'，回归模型显著性 Wald

检验统计量‘Wald chi2（5）’，其对应 p 值‘Prob > chi2’，以及 McFadden R^2 ‘Pseduo R2’等主要指标。

```
. logit inlf age edu huswage kidslt6 kidsge6, r nolog

Logistic regression                             Number of obs     =        753
                                                Wald chi2(5)      =      84.93
                                                Prob > chi2       =     0.0000
Log pseudolikelihood =     -459.23              Pseudo R2         =     0.1081
```

inlf	Coef.	Robust Std. Err.	z	P>|z|	[95% Conf.	Interval]
age	-.0614142	.0125533	-4.89	0.000	-.0860182	-.0368102
edu	.2387472	.0405917	5.88	0.000	.1591889	.3183055
huswage	-.0672306	.0195091	-3.45	0.001	-.1054678	-.0289934
kidslt6	-1.473958	.2014784	-7.32	0.000	-1.868849	-1.079068
kidsge6	-.0895419	.0695487	-1.29	0.198	-.2258549	.0467711
_cons	.9543978	.7725721	1.24	0.217	-.5598157	2.468611

图 4.4　Logit 模型估计结果

类似地，我们也可以使用 Stata 中的 Probit 函数建立 Probit 模型，具体代码和结果截图见图 4.5。需要注意的是，如果 Probit 模型可能出现异方差，需要使用 hetprob 函数建立异方差 Probit 模型，具体代码和结果截图见图 4.6。其中，输出结果的最后一行利用 Wald 检验对模型的异方差进行了检验。可以看到其 p 值为 0.4586，也就是说本案例中异方差是不显著的。对比图 4.5 和图 4.6 可以发现，由于使用异方差 Probit 模型时，待估参数的数量是普通 Probit 模型的两倍，导致回归系数均不显著。因此使用异方差 Probit 模型需要异方差检验显著，否则使用普通 Probit 模型即可。

对比图 4.4 和图 4.5 的结果，我们发现 Logit 模型和 Probit 模型的对数似然值，McFadden R^2 和回归系数的 p 值等都非常接近，说明这两种模型的拟合效果差别非常微小。因此在建模过程中不需要根据拟合效果选择 Logit 模型或 Probit 模型。但是当发现 Logit 和 Probit 模型回归系数估计值差别较大时，原因可能是它们的经济意义不同，因此不具有可比性。选择使用 Logit 模型还是 Probit 模型主要取决于需要解释何种经济结构。

通过 Logit 模型和 Probit 模型估计发现，已婚女性参与就业的行为中 10.81% 由模型中的解释变量决定。其中，年龄、受教育年限、配偶薪资以及 6 岁以下子女个数对女性参与就业均有显著影响，而 6 岁以上子女个数对女性是否就业没有显著影响。究其原因，我们发现 6 岁以下的子女由于未到上学年龄，因此需要占用已婚女性更多时间和精力，因此其参与就业会受到较大影响；而 6 岁以上子女已到上学年龄，占用已婚女性时间和精力相对较少，因此对其参与就业的影响相对较小。我们可以利用 Wald 检验判断 6 岁以下和 6 岁以上子女个数对已婚女性参与就业的影响是否相同：

$$H_0: \beta_{kidslt6} = \beta_{kidsge6} \qquad H_1: \beta_{kidslt6} \neq \beta_{kidsge6}$$

```
. probit inlf age edu huswage kidslt6 kidsge6, r nolog

Probit regression                               Number of obs     =        753
                                                Wald chi2(5)      =      95.65
                                                Prob > chi2       =     0.0000
Log pseudolikelihood = -459.20188               Pseudo R2         =     0.1081
```

inlf	Coef.	Robust Std. Err.	z	P>|z|	[95% Conf.	Interval]
age	-.0370696	.0074766	-4.96	0.000	-.0517235	-.0224156
edu	.1444915	.0236817	6.10	0.000	.0980762	.1909069
huswage	-.0414685	.0118058	-3.51	0.000	-.0646075	-.0183295
kidslt6	-.890015	.1162631	-7.66	0.000	-1.117887	-.6621434
kidsge6	-.053683	.0414179	-1.30	0.195	-.1348605	.0274945
_cons	.582748	.4642938	1.26	0.209	-.3272511	1.492747

图 4.5　Probit 模型估计

```
. hetprob inlf age edu huswage kidslt6 kidsge6, het(age edu huswage kidslt6 kidsge6) r nolog

Heteroskedastic probit model                    Number of obs     =        753
                                                Zero outcomes     =        325
                                                Nonzero outcomes  =        428

                                                Wald chi2(5)      =       1.36
Log pseudolikelihood = -456.2391                Prob > chi2       =     0.9286
```

inlf	Coef.	Robust Std. Err.	z	P>|z|	[95% Conf.	Interval]
inlf						
age	-.0623349	.0613649	-1.02	0.310	-.1826079	.0579381
edu	.3135143	.40998	0.76	0.444	-.4900317	1.11706
huswage	-.0977923	.1374294	-0.71	0.477	-.367149	.1715645
kidslt6	-1.792155	2.098386	-0.85	0.393	-5.904917	2.320607
kidsge6	-.0628428	.1092745	-0.58	0.565	-.277017	.1513313
_cons	.4147974	1.2413	0.33	0.738	-2.018107	2.847702
lnsigma						
age	.0214232	.024081	0.89	0.374	-.0257747	.0686211
edu	-.0135551	.0391416	-0.35	0.729	-.0902713	.0631611
huswage	-.0234381	.0224027	-1.05	0.295	-.0673467	.0204704
kidslt6	.0383819	.217126	0.18	0.860	-.3871773	.4639412
kidsge6	.1343094	.0799739	1.68	0.093	-.0224365	.2910553

```
Wald test of lnsigma=0: chi2(5) = 4.66                 Prob > chi2 = 0.4586
```

图 4.6　异方差 Probit 模型结果

Stata 软件可以帮我们实现以上检验，具体代码和结果截图见图 4.7。我们可以看到检验的 p 值非常小，因此我们可以认为 6 岁以下和 6 岁以上子女个数对已婚女性就业行为的影响是不同的。

```
. quietly logit inlf age edu huswage kidslt6 kidsge6, r

. testnl _b[kidslt6]=_b[kidsge6]

  (1)  _b[kidslt6] = _b[kidsge6]

               chi2(1) =       47.54
           Prob > chi2 =       0.0000
```

图 4.7　Wald 检验结果

如果需要进一步分析各解释变量对已婚女性参与就业影响的边际效应，可以利用 Stata 中的 margins 函数来实现。例如，我们需要计算各解释变量的平均偏效应 APE，利用 Stata 操作的代码和结果截图见图 4.8。其中‘quietly’表示不输出回归结果。如果我们需要计算平均值偏效应 PEA，只需在 margins 函数代码最后加入‘atmeans’即可。

```
. quietly logit inlf age edu huswage kidslt6 kidsge6, r

. margins, dydx (*)

Average marginal effects                    Number of obs     =        753
Model VCE    : Robust

Expression   : Pr(inlf), predict()
dy/dx w.r.t. : age edu huswage kidslt6 kidsge6
```

	dy/dx	Delta-method Std. Err.	z	P>|z|	[95% Conf.	Interval]
age	-.0129734	.0024958	-5.20	0.000	-.017865	-.0080818
edu	.050434	.0078356	6.44	0.000	.0350766	.0657914
huswage	-.0142021	.0040185	-3.53	0.000	-.0220782	-.0063259
kidslt6	-.3113652	.0365529	-8.52	0.000	-.3830075	-.2397229
kidsge6	-.0189152	.0146422	-1.29	0.196	-.0476134	.009783

图 4.8　各解释变量的平均偏效应输出结果

当然，也可以直接通过 Logit 模型和 Probit 模型的回归系数解释其经济意义。例如，Logit 模型受教育年限 edu 的系数估计值为 0.238 7，这意味着：固定其他因素不变，已婚女性受教育程度每增加一年，其参与工作的机会比将增加 23.87%；Probit 模型受教育年限 edu 的回归系数估计值为 0.144 5，也就是说：固定其他因素不变，已婚女性受教育年限每增加一年，其参与工作的倾向值会增加 0.144 5 个标准差，或者其参与工作的效用比不参与工作的效用多增加 0.144 5 个标准差。据此可以建议为已婚女性接受更多教育创造条件，从而改善其参与工作的状态。需要注意的是，解释每个回归系数的经济意义前需要保证它是显著的，否则回归系数的估计值没有任何经济意义。

【例 4.2】ST 公司识别与预测研究

“特别处理”（Special Treatment，ST）是我国股市特有的一项旨在保护投资者利益的政策。具体地说，当上市公司出现财务状况或其他状况异常，导致投资者难于判断公司前景，投资者利益可能受到损害时，交易所要对该公司股票交易实行特别处理。那么特别处理的后果是什么呢？首先被特别处理的股票其每日涨跌幅度是受到限制的。正常情况下，证监会规定一只股票的最高涨跌幅为 10%。但是，如果该股票被特别处理，那么其涨跌幅将被限制在 5%以内。这样就通过政策性的限制约束了该股票的日内波动程度。

如果我们把一只股票收益率的波动程度看作是其风险的一个重要含义的话，限制股票的每日涨跌幅度似乎可以在一定程度上控制风险。除了涨跌幅度限制以外，对被特别处理的股票，证监会要求在股票名称之前加上提醒性注释“ST”。还有，该上市公司的中期报告必须审计。如果一个 ST 企业仍然持续亏损，那么它将有被退市的风险。所以，投资者有必要关心什么样的企业更有可能被 ST，它们有什么共同特征，能否通过正常的财务报表分析有所察觉，如何根据其财务状况提前预测是否可能被 ST，这就是本研究要解决的问题。

这里一共收集了 684 家上市公司的财务数据，其中包括了 36 家被 ST 公司和 648 家未被 ST 公司，是否被 ST 用变量 st 表示。财务数据包括：盈利质量（ara）= 应收账款/总资产，公司规模（asset）= log（资产规模），资产周转率（ato），资产收益率（roa），销售收入增长率（growth），债务资产比率（杠杆比率 lev），以及第一大股东持股利率（股权结构 share）。数据来源于狗熊会网站。

由于数据量达到大样本的条件，可以利用 Stata 的 Logit 函数建立 Logit 模型，代码及结果截图见图 4.9。我们可以发现盈利质量和债务资产比率的高低是影响一个公司是否被 ST 的显著因素。因此需要特别关注这两个指标。如果上市公司的盈利质量 ara 和杠杆比率 lev 两个指标双高，则被 ST 的风险较大。

除此之外，我们可以利用模型预测上市公司被 ST 的概率。利用 predict 函数对样本数据被 ST 的概率进行预测，其中 pr 表示预测对象为 ST = 1 的概率。进一步的通过绘制预测概率的直方图可以发现绝大部分上市公司被 ST 的概率在 10%以下（见图 4.10）。

另外，如果错误将会被 ST 的公司预测为不会被 ST，将造成投资亏损风险增加，因此我们可以将 0.1 作为阈值来预测上市公司是否被 ST。进一步，可以使用 tabulate 函数展示预测效果（见图 4.11）。可以看到，684 家上市公司中有 58 家被预测为可能被 ST，其中，12 家被正确预测。由于模型的 McFadden R^2 仅为 0.108 4，因此可以预见模型预测效果较差。在现实中，我们可以进一步挖掘其他有价值的影响因素，以及对现有的影响因素进行变换来提高预测准确性。

```
. logit st ara asset ato roa growth lev share, r nolog

Logistic regression                             Number of obs     =        684
                                                Wald chi2(7)      =      36.41
                                                Prob > chi2       =     0.0000
Log pseudolikelihood = -125.75284               Pseudo R2         =     0.1084
```

st	Coef.	Robust Std. Err.	z	P>|z|	[95% Conf.	Interval]
ara	4.879738	1.785396	2.73	0.006	1.380427	8.37905
asset	.2465985	.2365121	1.04	0.297	-.2169567	.7101536
ato	-.5073806	.5376139	-0.94	0.345	-1.561084	.5463234
roa	-.6366116	10.48295	-0.06	0.952	-21.18282	19.9096
growth	-.8333471	.676266	-1.23	0.218	-2.158804	.4921098
lev	2.354152	1.163543	2.02	0.043	.07365	4.634654
share	-.0111109	.0116773	-0.95	0.341	-.033998	.0117762
_cons	-8.869238	5.030903	-1.76	0.078	-18.72963	.9911506

图 4.9 Logit 模型估计

```
. predict p,pr

. hist p
(bin=26, start=.02452089, width=.0214808)
```

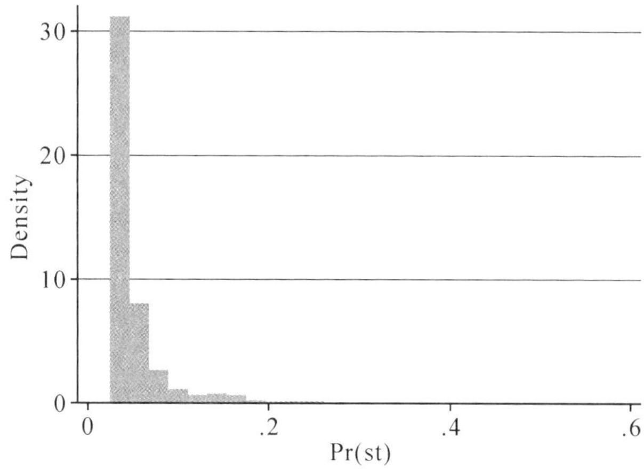

图 4.10 对样本数据被 ST 的概率进行预测

```
. g st_hat=p>0.1

. tabulate st st_hat
```

ST	st_hat 0	1	Total
0	602	46	648
1	24	12	36
Total	626	58	684

图 4.11　展示预测效果

第二节　多项选择模型

二项选择模型是所有离散选择模型中最基础的模型，它仅允许存在两个可选择的选项。在现实经济问题中，我们常遇到超过两个选项的情况。例如：我们对于投资方案的选择，以及对于商品或服务的评价等，均是在多个选项当中进行选择。

这一节将介绍有序多项选择模型和无序多项选择模型这两种常见的多项选择模型。它们的区别在于有序多项选择模型中选项存在自然的排序，而无序多项选择模型则不存在自然的排序。需要注意的是，无论哪种模型，都要求选择是非此即彼的，也就是说我们不能同时选择两个或两个以上的选项。

一、有序多项选择模型

在多项选择模型中，当我们的选项存在自然的先后顺序时，这种模型被称为有序多项选择模型。这种有序的离散变量在经济学中主要包括以下几种应用场景：消费者对某种商品或服务的满意程度；民众对某个事件或政策的主观态度，比如支持、中立、反对等；某些层级量化的指标，比如一级响应、二级响应、三级响应等；以及其他很难直接量化的定量指标。

对于这些有序的离散变量，数据通常会根据其顺序按照 1，2，3…进行赋值。那么我们是否可以直接使用这些赋值建立普通的回归模型呢？通常情况下是不行的。因为如果按照数据的赋值直接建立回归模型，则意味着我们默认了类别之间的差距是相同的。例如，将满意赋值为 2，一般赋值为 1，不满意赋值为 0，这就意味着我们认为满意与一般的差距是等于一般与不满意的差距。但在实际的经济问题中这种约束一般是不成立的。

当然，某些情况我们也是可以直接利用其赋值的，这种变量被称为得分变量。例如，在对商品的满意度打分时，如果认为 5 分和 4 分的差距等于 4 分与 3 分的差距，那么我们就可以直接利用得分建立普通的定量回归模型。

1. 有序多项选择模型的设定

当选项个数变为多个时，一般很难直接通过建立广义线性模型的方式来设定模型。但是，在二项选择模型的建立时使用的倾向值得分模型（PSM）的思想可以应用在有序多项选择模型中。假设，我们的选择是取决于一个潜在的选择倾向值 Y^* 的，比如，对于商品的满意度取决于对于商品满意度的倾向值。当假设这个倾向值是一个连续的随机变量时，则可以使用普通的线性回归模型进行建模，得到

$$Y_i^* = X'_i\beta + u_i \tag{4.53}$$

其中，$u_i \overset{iid}{\sim} N(0,\ \sigma^2)$。

当然由于 Y^* 是不可观测的潜变量，因此需要设定它与可观测的有序离散变量之间的关系。假设每个个体有 m 个非此即彼的有序选项：

$$Y_i = \begin{cases} 1 \\ 2 \\ \vdots \\ m \end{cases}$$

那么可以定义 $m-1$ 个临界值 C_1，C_2，…，C_{m-1}，使得

$$Y_i = \begin{cases} 1 & Y_i^* < C_1 \\ 2 & C_1 < Y_i^* \leqslant C_2 \\ \vdots & \vdots \\ m & C_{m-1} < Y_i^* \end{cases} \tag{4.54}$$

与二项选择的倾向值得分模型类似，由于临界值 $C_i(i=1,\ \cdots,\ m-1)$ 与回归模型的截距和扰动项的方差不能同时识别，因此我们设回归模型的截距为 0，扰动项的方差为 1。这种设定与二项选择模型有一定的区别。由于二项选择模型中临界值 C 只有一个，因此我们设其为 0。而在有序多项选择模型中，由于临界值不止一个，因此，我们设模型截距项为 0 更为方便一些。

这样便可以找到有序离散变量取每个值的概率。假设 $C_0=-\infty$，$C_m=+\infty$

$$\begin{aligned} P(Y_i=j \mid X_i,\ \beta,\ C_{j-1},\ C_j) &= P(C_{j-1} \leqslant Y_i^* < C_j \mid X_i,\ \beta) \\ &= P(X'_i\beta + u_i < C_j \mid X_i,\ \beta) - P(X'_i\beta + u_i < C_{j-1} \mid X_i,\ \beta) \\ &= \Phi(C_j - X'_i\beta) - \Phi(C_{j-1} - X'_i\beta) \end{aligned} \tag{4.55}$$

此模型被称为有序 Probit 模型。

2. 有序多项选择模型的估计与检验

与二项选择模型类似，我们可以使用极大似然估计对有序多项选择模型中的参数进行估计。需要注意的是，模型中的待估参数包括回归系数以及临界值 C_1，…，C_{m-1}。

假设：$Y_{ij}=I(Y_i=j)$，$i=1$，…，n，$j=1$，…，m

那么，$f(Y_i \mid X_i,\ \beta,\ C_1,\ \cdots,\ C_{m-1}) = \prod_{j=1}^{m} P(Y_i=j \mid X_i,\ \beta,\ C_{j-1},\ C_j)^{Y_{ij}}$

假设样本之间相互独立，模型的对数似然可以表示为

$$\begin{aligned}\ln L(\beta, C_1, \cdots, C_{m-1}) &= \sum_{i=1}^{n} \ln f(Y_i \mid X_i, \beta, C_1, \cdots, C_{m-1}) \\ &= \sum_{i=1}^{n}\sum_{j=1}^{m} Y_{ij}\ln P(Y_i = j \mid X_i, \beta, C_{j-1}, C_j) \\ &= \sum_{i=1}^{n}\sum_{j=1}^{m} Y_{ij}\ln(\Phi(C_j - X'_i\beta) - \Phi(C_{j-1} - X'_i\beta)) \quad (4.56)\end{aligned}$$

通过式（4.56）对待估参数求导令其为 0，可以得到回归系数和临界值的极大似然估计。

与二项选择模型类似，我们可以利用极大似然估计量的统计性质证明以下定理。

定理 4.4：当模型设定正确时，有序多项选择模型参数的极大似然估计为一致、渐近有效估计，并且渐近服从正态分布。

定理 4.4 的证明过程与定理 4.2、定理 4.3 一致，这里不再赘述。

有序多项选择模型参数的区间估计，拟合优度检验以及显著性检验与二项选择模型完全一致，在此不再重复介绍。

3. 有序多项选择模型的应用

与二项选择模型类似，我们可以利用有序多项选择模型进行经济结构分析和经济预测。

首先，可以通过边际效应分析有序多项选择模型的经济意义。具体来说我们可以通过对式（4.55）求导，得到解释变量 X_j 对 $Y=k$ 概率的边际效应：

$$\text{marginal}_{P(Y_i=k|X_i)}(X_j) = \frac{\partial\ P(Y_i = k \mid X_i)}{\partial\ X_j} = \varphi(C_{k-1} - X'_i\beta)\beta_j - \varphi(C_k - X'_i\beta)\beta_j \quad (4.57)$$

其中 φ 表示标准正态分布的密度函数。

由于边际效应与解释变量的取值有关，因此通常计算解释变量 X_k 对 Y 选择 j 的概率的平均边际效应 APE 和 PEA：

$$\text{PEA}_j^k = \varphi(\hat{C}_{k-1} - \bar{X}'\hat{\beta})\hat{\beta}_j - \varphi(\hat{C}_k - \bar{X}'\hat{\beta})\hat{\beta}_j \quad (4.58)$$

$$\text{APE}_j^k = \frac{1}{n}\sum_{i=1}^{n}\varphi(\hat{C}_{k-1} - \bar{X}'_i\hat{\beta})\hat{\beta}_j - \varphi(\hat{C}_k - \bar{X}'_i\hat{\beta})\hat{\beta}_j \quad (4.59)$$

我们也可以利用倾向值得分模型来分析解释变量对倾向值得分的影响。具体来说，

$$\frac{\partial\ E(Y^* \mid X)}{\partial\ X_j} = \beta_j \quad (4.60)$$

因此，有序多项选择模型的回归系数也可以表示解释变量对倾向值得分的边际效应。需要注意的是，由于倾向值得分模型扰动项的方差不可识别，我们将其设定为 1，因此回归系数需要解释为：固定其他因素不变，解释变量每增加一个单位，平均来说选择的倾向增加 β_j 个标准差。这与二项选择的倾向值得分模型 完全一致。

同样可以利用有序 Probit 模型对未知个体的选择概率进行预测。给定未知个体的 X，可以将其代入式（4.55）获得未知个体选择每个选项的概率。如果需要预测其具体的选择行为，这里有两种方式：可以将选择概率最大的那个选项作为其预测，

也可以利用式（4.53）首先获得其倾向值的预测，如果其倾向值预测落在区间 $[\hat{C}_{j-1}, \hat{C}_j]$ 内，则预测其选择第 j 个选项。

【例 4.3】攻读研究生意向的影响因素分析

随着我国高等教育的逐渐普及，大学生就业竞争也愈演愈烈。越来越多的大学毕业生有意愿选择继续攻读研究生。为了更好地了解大学毕业生攻读研究生的意愿情况，我们调查了 400 名本科毕业生攻读研究生的意愿，选项包括“不愿意”，“比较愿意”和“非常愿意”，用变量 apply 表示。考虑的影响因素包括：父母是否读研究生（pared），本科是否就读公立学校（public），以及本科绩点（GPA）。我们希望通过分析，了解哪些因素会影响本科毕业生选择攻读研究生的意愿。

利用 Stata 的 oprobit 函数对以上数据建立有序 Probit 模型，代码和结果如图 4.12 所示。

```
. oprobit apply pared public gpa, r nolog

Ordered probit regression                       Number of obs     =        400
                                                Wald chi2(3)      =      22.05
                                                Prob > chi2       =     0.0001
Log pseudolikelihood = -358.74756               Pseudo R2         =     0.0320
```

apply	Coef.	Robust Std. Err.	z	P>|z|	[95% Conf.	Interval]
pared	.5981074	.1501657	3.98	0.000	.3037881	.8924267
public	.0101639	.1906275	0.05	0.957	-.3634591	.3837868
gpa	.3581584	.1479048	2.42	0.015	.0682704	.6480465
/cut1	1.296837	.4433592			.4278687	2.165805
/cut2	2.502851	.4559835			1.60914	3.396562

图 4.12　有序 Probit 模型

与普通的二项选择不同的是，有序 Probit 模型中不包含截距项，但除了回归系数以外，报告了两个临界值 C_1、C_2 的估计，分别用/cut1 和/cut2 表示。

通过以上结果我们可以发现，本科毕业生攻读研究的意愿与父母是否读研究生和学生绩点有显著关系。具体来说，父母读过研究生的本科毕业生更愿意攻读研究生，并且成绩越优异的学生攻读研究生的意愿越强。公立学校和私立学校毕业生攻读研究生的意愿并没有显著差异。由于 McFadden R^2 仅为 0.032，因此所选的影响因素对于毕业生攻读研究生意愿的影响仅占 3.2%。

如果需要进一步分析每个解释变量对攻读研究生意愿选择概率的边际效应，我们可以利用 Stata 中的 margins 函数来实现，具体如图 4.13 所示。其中，‘dy/dx’表示解释变量对 Y 选择不同值概率的平均边际效应。

二、无序多项选择模型

在经济数据中，另外一类离散变量，它的取值不存在任何的自然顺序，此类变量被称为无序离散变量（Unordered Variable），包括某种产品或服务不同类别或品牌的选择，以及对某种经济行为不同策略的选择等。例如：上班通勤方式的选择（步行、开车、公交）；工作性质（企业员工、公务员、创业者）；汽车品牌的选择（德系、日系、美系、自主品牌）。相比于有序离散变量，无序离散变量包含结构信息更少，因此建模更加复杂。这类模型被称为无序多项选择模型。

```
. margins, dydx(*)

Average marginal effects                        Number of obs     =        400
Model VCE    : OIM

dy/dx w.r.t. : pared public gpa
1._predict   : Pr(apply==0), predict(pr outcome(0))
2._predict   : Pr(apply==1), predict(pr outcome(1))
3._predict   : Pr(apply==2), predict(pr outcome(2))

------------------------------------------------------------------------------
             |            Delta-method
             |      dy/dx   Std. Err.      z    P>|z|     [95% Conf. Interval]
-------------+----------------------------------------------------------------
pared        |
    _predict |
          1  |  -.2277032   .0575274    -3.96   0.000    -.3404548   -.1149516
          2  |   .1276762   .0336615     3.79   0.000     .0617008    .1936516
          3  |    .100027   .0276159     3.62   0.000     .0459008    .1541532
-------------+----------------------------------------------------------------
public       |
    _predict |
          1  |  -.0038695   .0657956    -0.06   0.953    -.1328265    .1250876
          2  |   .0021697   .0368947     0.06   0.953    -.0701426    .0744819
          3  |   .0016998   .0289019     0.06   0.953     -.054947    .0583466
-------------+----------------------------------------------------------------
gpa          |
    _predict |
          1  |  -.1363531   .0586241    -2.33   0.020    -.2512543    -.021452
          2  |    .076455   .0330823     2.31   0.021     .0116149    .1412951
          3  |   .0598981   .0268849     2.23   0.026     .0072047    .1125915
------------------------------------------------------------------------------
```

图 4.13　选择概率的边际效应

1. 无序多项选择模型的设定

由于无序离散变量不存在自然的顺序，因此我们无法利用倾向值的思想来建立模型。此时，利用可加随机效用模型的思想更为合理。如果每个个体有 m 个非此即彼的无序选项：

$$Y_i = \begin{cases} 1 \\ 2 \\ \vdots \\ m \end{cases}$$

那么我们将 Y_i 选择 j 的效用被设定为可加随机效用模型的形式：

$$U_{ij} = V_{ij}(X_i,\ \beta) + \varepsilon_{ij} \tag{4.61}$$

其中 $\varepsilon_{ij} \overset{\text{iid}}{\sim} \text{Gumbel}(0,\ 1)$；$V_{ij}(X_i,\ \beta)$ 为 U_{ij} 的条件期望，被称为固定效用（fixed utility）。

Gumbel（0，1）被称为标准的 Gumbel 分布，以德国数学家 Emil Julius Gumbel

的名字命名，也被称为第一类极值分布（Type I extreme value distribution），其密度函数为

$$f(\varepsilon_{ij}) = e^{-\varepsilon_{ij}+e^{-\varepsilon_{ij}}} \tag{4.62}$$

由于效用 U_{ij} 不可观测，因此我们需要设定其与可观测的变量 Y_i 之间的关系。很明显，我们会选择效用最大的选项。因此：

$$P(Y_i = j \mid X_i) = P(U_{ij} \geqslant U_{ik} \mid X_i,\ k \neq j) \tag{4.63}$$

定理 4.5：假设无序多项选择模型满足 4.61 的设定，其中扰动项服从 Gumbel（0，1）分布，那么

$$P(Y_i = j \mid X_i) = \frac{e^{V_{ij}(X_i,\ \beta)}}{\sum_{k=1}^{m} e^{V_{ik}(X_i,\ \beta)}} \tag{4.64}$$

扫码查看定理 4.5 证明过程

我们可以发现，当 $m = 2$ 时，令 $V_{i2}(X_i,\ \beta) - V_{i1}(X_i,\ \beta) = X'\beta_i$。那么，式（4.64）等价于二项选择 Logit 模型。因此，Logit 模型是 4.64 式的特殊情况。我们也可以将式（4.64）看作 Logit 模型在无序多项选择模型中的推广。

下面，我们需要进一步对固定效用 $V_{ij}(X_i,\ \beta)$ 进行设定。在无序多项选择模型中，解释变量通常分为两类：一类叫作主体特征变量，另一类叫作客体特征变量。主体特征变量是指描述选择主体特征的变量，它的值不随选项的变化而变化（altcrnative invariant）；客体特征变量是指描述选项特征的变量，它的值会随着选择的选项不同而发生变化（alternative varying）。例如，当我们分析消费者选择不同手机型号的影响因素时，描述消费者特征的变量就是主体特征变量，例如消费者性别，年龄，收入等，这些特征不随消费者选择手机型号的不同而发生变化，用 X_i 表示；描述手机型号特征的变量为客体特征变量，例如价格，手机参数等，这些特征随着收集型号的不同而不同，用 Z_{ij} 表示。

如果无序多项选择模型的解释变量均为客体特征变量，我们通常假设客体特征变量的系数为常数，与选项无关，也就是说

$$V_{ij}(Z_{ij},\ \beta) = Z'_{ij}\beta \tag{4.65}$$

此设定意味着在经济学中，一般认为对于不同选项，一个单位的客体特征变量的值带来的效用是一致的。例如，无论我们选择购买哪个型号的手机，价格的边际效应相同，也就是说支付的每一元钱给我们带来的效用是相同的。

将式（4.65）带入式（4.64），得到

$$P(Y_i = j \mid Z_{ij},\ \beta) = \frac{e^{Z'_{ij}\beta}}{\sum_{k=1}^{m} e^{Z'_{ik}\beta}} \tag{4.66}$$

此模型被称为条件 Logit 模型（Conditional Logit Model）。

可以看到，在条件 Logit 模型中，由于系数与选项无关，因此如果出现截距项，将被分子分母消掉。因此条件 Logit 模型的截距是不可识别的。

如果无序多项选择模型的解释变量均为主体特征变量，我们通常认为客体特征变量的系数与选项有关，也就是说

$$V_{ij}(X_i, \beta) = X'_i\beta_j \tag{4.67}$$

此设定意味着在经济学中，一般认为一个单位的主体特征变量对不同选项带来的效用是不同的。例如，对于不同型号的手机，收入的边际效应是不同的，也就是说收入的每一元钱当购买不同型号的手机时带来的效用是不同的。

将式（4.67）带入式（4.64），得到

$$P(Y_i = j \mid X_i, \beta_j) = \frac{e^{X'_i\beta_j}}{\sum_{k=1}^{m} e^{X'_i\beta_k}} \tag{4.68}$$

此模型被称为多项 Logit 模型（Multinomial Logit Model）。

与条件 Logit 模型不同，在多项 Logit 模型中，由于系数与选项有关，因此截距不会被分子分母抵消掉，也就是说多项 Logit 模型的截距是可以识别的。但是，每个主体特征变量的 m 个系数中不是每个系数都是可以识别的。因为如果将每个系数增加一个常数，那么式（4.68）的结果是不会发生变化的。这也就意味着我们必须固定 m 个系数中的某一个，其他 $m-1$ 个系数才可以识别。所以通常情况我们会将每个主体特征变量的第一个系数设为零，也就是 $\beta_1 = 0$。此时，第一个选项被认为是基础类型。

当对比条件 Logit 模型和多项 Logit 模型的参数设定时，会发现一个有意思的现象。以选择购买不同手机型号为例，收入作为主体特征变量，一元钱的收入对选择不同型号手机效用设为不同，那为什么价格作为客体特征变量，一元钱的消费对选择不同型号手机效用却设为相同呢？我们可以这样理解：收入的一元钱还未进行消费，由于消费主体的偏好不同，同一消费主体购买不同商品时，这一块钱的效用是不同的，而消费主体只会将这一元钱花在偏好的商品中。对于偏好的商品，这一元钱效用自然大于其它不偏好的商品；而价格是建立在已消费的基础上的，因此对于不同商品，如果选择消费了即认为是偏好的商品，那么一元钱的消费带来的效用是相同的，如果不偏好则不会将这一元钱消费在这个商品中。由此可见，对于主体特征变量和客体特征变量，模型设定的结构是不尽相同的。

如果无序多项选择模型中既包含主体特征变量，也包含客体特征变量，则我们将条件 Logit 模型和多项 Logit 模型的设定混合起来，也就是

$$V_{ij}(X_i, Z_{ij}, \beta, \gamma) = X'_i\beta_j + Z'_{ij}\gamma \tag{4.69}$$

将式（4.69）带入式（4.64），我们得到

$$P(Y_i = j \mid X_i, Z_{ij}, \beta_j, \gamma) = \frac{e^{X'_i\beta_j} + Z'_{ij}\gamma}{\sum_{k=1}^{m} e^{X'_i\beta_k + Z'_{ik}\gamma}} \tag{4.70}$$

此模型被称为混合 Logit 模型（Mixed Logit Model）。混合 Logit 模型的参数识别条件与条件 Logit 模型和多项 Logit 模型对应部分相同。

对于无序多项选择模型，其参数估计、模型检验以及经济预测的方法与有序多项选择模型相似，此处就不再重复介绍了。

2. 无序多项选择模型的经济结构分析

本小节将介绍条件 Logit 模型和多项 Logit 模型如何进行经济结构分析，包括边际效应分析以及通过半弹性解释其参数的含义。由于混合 Logit 模型实质上是条件 Logit 模型和多项 Logit 模型结构的混合，因此其经济结构分析的方法与以上两种模型类似，因此不再单独分析。方便起见，我们均假设 $p_{ij}=P(Y_i=j)$。

对于条件 Logit 模型，我们可以通过 p_{ij} 对客体特征变量 Z_{ij} 求导获得第 j 个选项的特征对选择第 j 个选项的概率的边际效应：

$$\frac{\partial\ p_{ij}}{\partial\ Z_{ij}}=\frac{e^{Z'_{ij}\beta}}{\sum\limits_{k=1}^{m}e^{Z'_{ik}\beta}}\beta_z-\frac{e^{Z'_{ij}\beta}}{\left(\sum\limits_{k=1}^{m}e^{Z'_{ik}\beta}\right)^2}e^{Z'_{ij}\beta}\beta_z=p_{ij}(1-p_{ij})\beta_z \tag{4.71}$$

类似的，第 k 个选项的特征对选择第 j 个选项的概率的边际效应为：

$$\frac{\partial\ p_{ij}}{\partial\ Z_{ik}}=-\frac{e^{Z'_{ij}\beta}}{\left(\sum\limits_{l=1}^{m}e^{Z'_{il}\beta}\right)^2}e^{Z'_{ik}\beta}\beta_z=-p_{ij}p_{ik}\beta_z\qquad(j\neq k) \tag{4.72}$$

综合式（4.71）、式（4.72），

$$\frac{\partial\ p_{ij}}{\partial\ Z_{ik}}=p_{ij}(I(j=k)-p_{ik})\beta_z \tag{4.73}$$

我们可以发现，当 $j=k$ 时，客体解释变量的边际效应与系数 β 同号；当 $j\neq k$ 时，边际效应与系数 β 反号。这是与经济学中的挤出效应一致的。例如：某个商品的价格对消费者选择此商品的概率是负影响，那么它必定对选择其他竞争商品的概率是正影响。

类似的，对于多项 Logit 模型，我们也可以获得相应的边际效应：

$$\frac{\partial\ p_{ij}}{\partial\ X_i}=\frac{e^{X'_i\beta_j}}{\sum\limits_{k=1}^{m}e^{X'_i\beta_k}}\beta_j-\frac{e^{X'_i\beta_j}}{\left(\sum\limits_{k=1}^{m}e^{X'_i\beta_k}\right)^2}\sum_{k=1}^{m}e^{X'_i\beta_k}\beta_k=p_{ij}\left(\beta_j-\sum_{k=1}^{m}p_{ik}\beta_k\right) \tag{4.74}$$

需要注意的是，解释变量对选择某个选项概率的边际效应符号不一定与其系数 β_j 的符号一致。因为 $m-1$ 个 β_j 的识别是建立在 $\beta_1=0$ 的基础上的，因此，β_j 的符号没有直观经济意义。我们需要对式（4.74）进行计算方可得到其影响的符号。

与有序多项选择模型类似，由于以上的边际效应均与样本有关，因此我们通常需要计算其平均边际效应或平均值边际效应。

由于条件 Logit 模型和多项 Logit 模型的结构与二项选择模型中的 Logit 模型类似，因此我们也可以通过分析机会比的半弹性来解释其系数的经济意义。需要注意的是，二项选择模型中，机会比表示选择 1 的概率与选择 0 的概率之比。但在多项选择模型中，由于选项不止两个，因此对于任何两个选项，其机会比表示选择这两个选项的概率之比。

具体来说，对于条件 Logit 模型：

$$\frac{P(Y_i = j \mid Z_{ij})}{P(Y_i = k \mid Z_{ik})} = e^{V_{ij}-V_{ik}} = e^{(Z_{ij}-Z_{ik})'\beta} \tag{4.75}$$

因此，

$$\ln \mathrm{OR}_{jk} = \ln \frac{P(Y_i = j \mid Z_{ij})}{P(Y_i = k \mid Z_{ik})} = (Z_{ij} - Z_{ik})'\beta \tag{4.76}$$

也就是说，条件 Logit 模型的回归系数表示两个选项客体特征变量之差对选择这两个选项的机会比的半弹性。具体来说，以价格为例，其回归系数表示固定其他因素不便，两种商品的价格之差每增加一个单位，那么选择这两种商品的机会比将增加原来的 β 倍。

对于多项 Logit 模型，由于我们设定基础类的回归系数为零，因此我们将其他类型与基础类型进行对比。假设第 1 个选项为基础类型，那么

$$\frac{P(Y_i = j \mid X_j)}{P(Y_i = 1 \mid X_i)} = e^{V_{ij}-V_{i1}} = e^{X'_i\beta_j} \tag{4.77}$$

那么，

$$\ln \mathrm{OR}_j = \ln \frac{P(Y_i = j \mid X_i)}{P(Y_i = 1 \mid X_i)} = X'_i\beta_j \tag{4.78}$$

也就是说，多项 Logit 模型的回归系数 β_j 表示主体特征变量对选择第 j 个选项与基础类型选项的机会比的半弹性。具体来说，以收入为例，其回归系数表示固定其他因素不便，收入每增加一个单位，那么选择第 j 个选项与基础类型选项的机会比将增加原来的 β_j 倍。

【例 4.4】钓鱼方式选择的影响因素分析

钓鱼是常见的一种娱乐运动方式，深受广大人民群众的喜爱。不同的钓鱼方式由于其成本以及钓鱼难度各异，因此其受众也各不相同。那么人们选择不同钓鱼的方式会受到哪些因素影响呢？我们调查了 1 182 名钓鱼爱好者，获得他们钓鱼方式［湖滨（beach），湖堤（pier），私人船钓（private），租船船钓（charter）］，年收入（income），不同钓鱼方式的价格（price）及上鱼率（catch rate）的数据。示例数据如图 4. 14 所示：

	mode	price	crate	dbeach	dpier	dprivate	dcharter	pbeach	ppier	pprivate	pcharter	qbeach	qpier	qprivate	qcharter	income
1	4	182.93	.5391	0	0	0	1	157.93	157.93	157.93	182.93	.0678	.0503	.2601	.5391	7.083332
2	4	34.534	.4671	0	0	0	1	15.114	15.114	10.534	34.534	.1049	.0451	.1574	.4671	1.25
3	3	24.334	.2413	0	0	1	0	161.874	161.874	24.334	59.334	.5333	.4522	.2413	1.0266	3.75
4	2	15.134	.0789	0	1	0	0	15.134	15.134	55.93	84.93	.0678	.0789	.1643	.5391	2.083333
5	3	41.514	.1082	0	0	1	0	106.93	106.93	41.514	71.014	.0678	.0503	.1082	.324	4.583332
6	4	63.934	.3975	0	0	0	1	192.474	192.474	28.934	63.934	.5333	.4522	.1665	.3975	4.583332
7	1	51.934	.0678	1	0	0	0	51.934	51.934	191.93	220.93	.0678	.0789	.1643	.5391	8.750001

图 4. 14　示例数据

其中，mode 表示钓鱼方式（分别用 1、2、3、4 表示湖滨、湖堤、私人船钓和租船船钓四种钓鱼方式）；dbeach、dpier、dprivate、dcharter 分别为是否选择这种钓鱼方式的虚拟变量；pbeach、ppier、pprivate、pcharter 分别表示四种钓鱼方式的价格；qbeach、qpier、qprivate、qcharter 分别表示四种钓鱼方式的上鱼率，income 表示受调查者的收入（1 000 美元/月）。数据来源于 Thomson 和 Crooke（1991）。

在建模之前，需要对解释变量进行分类。收入为主体特征变量，它不随选择钓

鱼方式的不同而不同；价格和上鱼率是客体特征变量，不同的钓鱼方式，价格与上鱼率是不同的。我们将分别利用多项 Logit 模型、条件 Logit 模型和混合 Logit 模型来拟合以上数据。数据的简单描述性统计结果如表 4.1 所示。

表 4.1　钓鱼方式数据描述性统计

解释变量	钓鱼方式				共计
	湖滨	湖堤	私人船钓	租船船钓	
收入	4.052	3.387	4.654	3.881	4.099
湖滨价格	36	31	138	121	103
湖堤价格	36	31	138	121	103
私人船钓价格	98	82	42	45	55
租船船钓价格	125	110	71	75	84
湖滨上鱼率	0.28	0.26	0.21	0.25	0.24
湖堤上鱼率	0.22	0.20	0.13	0.16	0.16
私人船钓上鱼率	0.16	0.15	0.18	0.18	0.17
租船船钓上鱼率	0.52	0.50	0.65	0.69	0.63
样本比例	0.113	0.151	0.354	0.382	1.00
样本数	134	178	418	452	1 182

通过表 4.1 可以发现，选择在船上钓鱼的人相较于在岸上钓鱼的人更多；收入方面，私人船钓者的收入最高，而湖堤钓鱼者的收入最低；价格方面，选择在岸上钓鱼的人，其在岸上钓鱼的价格相对较低，而选择船上钓鱼的人在船上钓鱼的价格较低，因此，钓鱼方式的选择与价格有着密切的关系；同样的，人们更加倾向于选择上鱼率较高的钓鱼方式。

首先，建立多项 Logit 模型拟合钓鱼方式与收入之间的关系，其中

$$V_{ij}(\text{Income}_i) = \alpha_j + \beta_j \text{Income}_i \tag{4.79}$$

选择 mode=1 也就是湖滨钓鱼方式为基础类型。在 Stata 中，我们使用 mlogit 函数拟合多项 Logit 模型，代码和结果如图 4.15 所示。由于 mode=1 为基础类型，因此其回归系数全部为零。

可以看到，除了第一种钓鱼方式的系数不可识别外，其他选项的系数有正有负。我们可以将其解释为与基础类型选项机会比的半弹性。例如，选择湖堤钓鱼的系数为−0.143 4，也就是说固定其他因素不变，钓鱼者的月收入每增加 1 000 美金，其选择在湖堤钓鱼的相比在湖滨钓鱼的机会比会下降 14.34%。也就意味着收入增加后，一部分钓鱼者会从湖堤钓鱼转为湖滨钓鱼，这与描述性统计结果是一致的。那么，如果要知道具体转变的比例，我们需要利用式（4.74）计算收入对于各选项概率的边际效应。Stata 软件中我们可以利用 margins 函数来实现。具体代码和结果见图 4.16。我们可以发现，如果选择 0.05 作为显著性水平，那么固定其他因素不变，钓鱼者收入每增加 1 000 美金，平均来说选择湖滨和租船钓鱼的概率没有显著影响，而选择湖堤钓鱼的概率会下降 2.08%左右，选择私人船钓的概率会增加 3.18%左右。

```
. mlogit mode income, baseoutcome(1) r nolog

Multinomial logistic regression                 Number of obs     =      1,182
                                                Wald chi2(3)      =      34.13
                                                Prob > chi2       =     0.0000
Log pseudolikelihood = -1477.1506               Pseudo R2         =     0.0137

------------------------------------------------------------------------------
             |               Robust
        mode |      Coef.   Std. Err.      z    P>|z|     [95% Conf. Interval]
-------------+----------------------------------------------------------------
1            |  (base outcome)
-------------+----------------------------------------------------------------
2            |
      income |  -.1434029   .0608337    -2.36   0.018    -.2626348    -.024171
       _cons |   .8141503   .2506076     3.25   0.001     .3229684    1.305332
-------------+----------------------------------------------------------------
3            |
      income |   .0919064   .0421603     2.18   0.029     .0092737     .174539
       _cons |   .7389208   .2017495     3.66   0.000      .343499    1.134343
-------------+----------------------------------------------------------------
4            |
      income |  -.0316399   .0424705    -0.74   0.456    -.1148805    .0516008
       _cons |   1.341291   .1971834     6.80   0.000     .9548192    1.727764
------------------------------------------------------------------------------
```

图 4.15 使用 mlogit 函数拟合多项 Logit 模型

```
. margins, dydx(*)

Average marginal effects                        Number of obs     =      1,182
Model VCE    : Robust

dy/dx w.r.t. : income
1._predict   : Pr(mode==1), predict(pr outcome(1))
2._predict   : Pr(mode==2), predict(pr outcome(2))
3._predict   : Pr(mode==3), predict(pr outcome(3))
4._predict   : Pr(mode==4), predict(pr outcome(4))

------------------------------------------------------------------------------
             |            Delta-method
             |      dy/dx   Std. Err.      z    P>|z|     [95% Conf. Interval]
-------------+----------------------------------------------------------------
income       |
    _predict |
          1  |   .0001647   .0039332     0.04   0.967    -.0075443    .0078736
          2  |   -.020769   .0060546    -3.43   0.001    -.0326358   -.0089022
          3  |   .0317562   .0052485     6.05   0.000     .0214694    .0420429
          4  |  -.0111519   .0057046    -1.95   0.051    -.0223327     .000029
------------------------------------------------------------------------------
```

图 4.16 各选项概率的边际效应

接下来，可利用条件 Logit 模型建立钓鱼选择方式与客体特征变量价格，上鱼率的多项选择模型。需要注意的是，使用 Stata 建立条件 Logit 模型前，我们需要利用如下代码（见图 4.17）将数据拆分成图 4.18 的形式。拆分后，每个个体（id）将变成四个样本，分别表示四种不同钓鱼方式（*alterntv*）的数据，其中变量 select 表示是否选择了此种钓鱼方式，*fprice*，*catch* 和 *income* 分别表示价格。上鱼率和钓鱼者收入。

```
. g id=_n

. g select1=dbeach

. g select2=dpier

. g select3=dprivate

. g select4=dcharter

. g fprice1=pbeach

. g fprice2=ppier

. g fprice3=pprivate

. g fprice4=pcharter

. g catch1=qbeach

. g catch2=qpier

. g catch3=qprivate

. g catch4=qcharter

. reshape long select fprice catch, i(id) j(alterntv)
(note: j = 1 2 3 4)

Data                               wide   ->   long
-----------------------------------------------------------
Number of obs.                     1182   ->   4728
Number of variables                  29   ->     21
j variable (4 values)                     ->   alterntv
xij variables:
            select1 select2 ... select4   ->   select
            fprice1 fprice2 ... fprice4   ->   fprice
               catch1 catch2 ... catch4   ->   catch
-----------------------------------------------------------

.
. keep id alterntv select fprice catch income
```

图 4.17　代码截图

	id	alterntv	income	select	fprice	catch
1	1	1	7.083332	0	157.93	.0678
2	1	2	7.083332	0	157.93	.0503
3	1	3	7.083332	0	157.93	.2601
4	1	4	7.083332	1	182.93	.5391
5	2	1	1.25	0	15.114	.1049
6	2	2	1.25	0	15.114	.0451
7	2	3	1.25	0	10.534	.1574
8	2	4	1.25	1	34.534	.4671
9	3	1	3.75	0	161.874	.5333
10	3	2	3.75	0	161.874	.4522
11	3	3	3.75	1	24.334	.2413
12	3	4	3.75	0	59.334	1.0266
13	4	1	2.083333	0	15.134	.0678
14	4	2	2.083333	1	15.134	.0789
15	4	3	2.083333	0	55.93	.1643
16	4	4	2.083333	0	84.93	.5391

图 4.18 数据拆分

在 Stata 中，使用 clogit 函数拟合条件 Logit 模型：

$$V_{ij}(\text{Price}_{ij},\ \text{Catch}_{ij}) = \beta_P \text{Price}_{ij} + \beta_C \text{Catch}_{ij} \tag{4.80}$$

具体代码和结果如图 4.19 所示。可以看到，条件 Logit 模型中是不包含截距项的，并且每个解释变量只有一个回归系数，其经济意义为不同选项解释变量只差对机会比的半弹性。例如，价格的回归系数估计为-0.02，其含义是固定上鱼率不变，任意两种钓鱼方式的价格之差每增加 1 美元，选择两种钓鱼方式的机会比会下降原来的 2%。

```
. clogit select fprice catch, group(id) r nolog

Conditional (fixed-effects) logistic regression

                                                Number of obs     =      4,728
                                                Wald chi2(2)      =     302.97
                                                Prob > chi2       =     0.0000
Log pseudolikelihood = -1311.9796               Pseudo R2         =     0.1993

                                     (Std. Err. adjusted for clustering on id)
------------------------------------------------------------------------------
             |               Robust
      select |      Coef.   Std. Err.      z    P>|z|     [95% Conf. Interval]
-------------+----------------------------------------------------------------
      fprice |  -.0204765    .001353   -15.13   0.000    -.0231283   -.0178247
       catch |   .9530985   .0938891    10.15   0.000     .7690792    1.137118
------------------------------------------------------------------------------
```

图 4.19 使用 clogit 函数拟合条件 Logit 模型

Stata 软件中，无法通过 margins 函数计算条件 Logit 模型的边际效应。我们可以利用式（4.73）计算平均边际效应，或通过调整客体特征变量的值来比较调整前后选项概率的变化情况进而计算其边际效应。例如，我们想知道湖滨钓鱼（alterntv = 1）价格（fprice）增加 1 美元，四种钓鱼方式的概率会如何变化。可以在建立条件 Logit 模型的基础上利用以下代码来实现，如图 4.20 所示。

```
. predict phat_before
(option pc1 assumed; probability of success given one success within group)

. replace fprice=fprice+1 if alterntv==1
(1,182 real changes made)

. predict phat_after
(option pc1 assumed; probability of success given one success within group)

. g margins1=phat_after-phat_before

. sort alterntv


. by alterntv: sum margins1

------------------------------------------------------------------------------
-> alterntv = 1

    Variable |        Obs        Mean    Std. Dev.       Min        Max
-------------+---------------------------------------------------------
    margins1 |      1,182   -.0027038    .0017532  -.0051191  -1.26e-09

------------------------------------------------------------------------------
-> alterntv = 2

    Variable |        Obs        Mean    Std. Dev.       Min        Max
-------------+---------------------------------------------------------
    margins1 |      1,182    .0011841     .001426          0   .0051118

------------------------------------------------------------------------------
-> alterntv = 3

    Variable |        Obs        Mean    Std. Dev.       Min        Max
-------------+---------------------------------------------------------
    margins1 |      1,182    .0008451    .0005613          0   .0018156

------------------------------------------------------------------------------
-> alterntv = 4

    Variable |        Obs        Mean    Std. Dev.       Min        Max
-------------+---------------------------------------------------------
    margins1 |      1,182    .0006746    .0003987          0    .001958

. replace fprice=fprice-1 if alterntv==1
(1,182 real changes made)
```

图 4.20　边际效应计算

使用类似的方式，可以获得每个选项价格变化对四种钓鱼方式概率的边际效应表，如表 4.2 所示。

表 4.2　价格对钓鱼方式选择的边际效应

边际效应 （标准差）	价格增加 1 美元			
	湖滨	湖堤	私人船钓	租船船钓
湖滨概率	-0.002 70 (0.001 75)	0.001 18 (0.001 43)	0.000 85 (0.000 56)	0.000 67 (0.000 40)
湖堤概率	0.001 18 (0.001 42)	-0.002 60 (0.017 38)	0.000 79 (0.000 54)	0.000 64 (0.000 38)
私人船钓概率	0.000 85 (0.000 56)	0.000 79 (0.000 54)	-0.003 90 (0.001 36)	0.002 25 (0.001 61)
租船船钓概率	0.000 67 (0.000 40)	0.000 64 (0.000 38)	0.002 25 (0.001 61)	-0.003 56 (0.001 37)

从表 4.2 可以发现，当某种钓鱼方式的价格增加时，选择此种钓鱼方式的概率会下降，同时，选择其他钓鱼方式的概率会增加。其增加或减少的概率也可以理解为选择此种钓鱼方式的人群流动的比例。例如，湖滨钓鱼价格每增加 1 美元，将会流失 0.27%的钓鱼爱好者，这些人将分别有 0.118%、0.085%和 0.067%的概率流动到湖堤、私人船钓和租船船钓方式上。

类似地，也可以将以上的多项 Logit 模型和条件 Logit 模型进行混合，建立同时包含主体特征变量和客体特征变量的混合 Logit 模型：

$$V_{ij}(\text{Income}_i,\ \text{Price}_{ij},\ \text{Catch}_{ij}) = \alpha_j + \beta_j\text{Income}_i + \beta_P\text{Price}_{ij} + \beta_C\text{Catch}_{ij} \quad (4.81)$$

在 Stata 中，混合 Logit 模型只需在条件 Logit 模型的基础上加上选项的虚拟变量以及它们与主体特征变量的交互项。具体代码和结果如图 4.21 所示，其中 d2 ~ d4 的系数表示模型截距的估计，income2 ~ income4 表示收入的系数估计（第一类为基础类型）。

混合 Logit 模型的经济结构分析可以分别由其中的主体特征变量和客体特征变量分析，分析方法与多项 Logit 模型与条件 Logit 模型一致。这里不再重复介绍。

```
. g d1=alterntv==1

. g d2=alterntv==2

. g d3=alterntv==3

. g d4=alterntv==4

. g income1=income*d1

. g income2=income*d2

. g income3=income*d3

. g income4=income*d4
```

```
. clogit select fprice catch d2-d4 income2-income4, group(id) r nolog

Conditional (fixed-effects) logistic regression

                                                Number of obs     =      4,728
                                                Wald chi2(8)      =     332.38
                                                Prob > chi2       =     0.0000
Log pseudolikelihood = -1215.1376               Pseudo R2         =     0.2584

                                        (Std. Err. adjusted for clustering on id)
```

select	Coef.	Robust Std. Err.	z	P>|z|	[95% Conf.	Interval]
fprice	-.0251166	.0023261	-10.80	0.000	-.0296757	-.0205575
catch	.357782	.1173829	3.05	0.002	.1277157	.5878482
d2	.7779593	.2311108	3.37	0.001	.3249905	1.230928
d3	.5272788	.2106221	2.50	0.012	.1144671	.9400905
d4	1.694366	.2206146	7.68	0.000	1.261969	2.126762
income2	-.1275771	.0547194	-2.33	0.020	-.2348252	-.020329
income3	.0894398	.047773	1.87	0.061	-.0041936	.1830732
income4	-.0332917	.0493558	-0.67	0.500	-.1300273	.0634438

图 4.21　混合 Logit 模型

习题

1. 对于倾向值得分模型 $Y_i^* = X'_i\beta + u_i$，其潜变量的选择机制可能随样本不同而发生变化。假设一组协变量 Z 决定了潜变量的临界值，也就是说：

$$Y_i = \begin{cases} 1 & Y_i^* > Z'_i\gamma \\ 0 & Y_i^* \leqslant Z'_i\gamma \end{cases}$$

（1）写出模型关于参数的似然函数。

（2）X 和 Z 对 $Y=1$ 的概率的边际效应分别是多少？

（3）如果 X 和 Z 存在某些变量重合，那么模型的可识别性条件将发生什么变化？

2. 对于三分类的有序多项选择模型：

（1）写出解释变量对于选择三个类别概率的边际效应。

（2）假设某个解释变量 X 的系数显著为正，那么 X 的变化对于选择三个类别的影响方向分别是什么？为什么？

3. 对于三分类的无序多项选择模型，假设其选择不是非此即彼，而是对于三个分类进行优先级排序。例如：对于某个样本，对于 A，B，C 三个选项的优先级排序为“B>C>A”。那么我们如何设定模型？

（提示：B>C>A 即为优先选 B；如果没有 B 可选则选择 C）

4. 使用例 4.1 的数据，建立适当的模型，分析已婚女性是否选择生育小孩受到哪些因素的影响，其影响效应分别是什么。

5. 使用例 4.1 的数据，建立适当的模型，分析已婚女性生育小孩的选择受到哪些因素的影响，其影响效应分别是什么。其中生育小孩的选择分为 $Y=0$（不生育小孩），$Y=1$（生育一个小孩），$Y=2$（生育超过一个小孩）。

6. 使用例 4.4 的数据，建立同时包含价格、上鱼率、收入三个变量的混合 Logit 模型，并对每个变量进行边际效应分析。

第五章
时间序列计量经济分析

时间序列的分析与研究始终是计量经济学和统计学的一个热点，对于诸如定价分析、预测决策等是有力的工具。近代计量经济学和金融市场的许多研究成果和市场决策理论愈来愈多是建立在时间序列分析的基础上。Engle 和 Grange 因为他们的时间序列模型在经济金融中被广泛应用而获得 2003 年的诺贝尔经济学奖，这就是时间序列分析方法的重要性在世界上被广泛认可的有力证明。近代计量经济和金融市场的许多研究成果都建立在时间序列分析的基础之上。传统应用较广的是 Box 和 Jenkins（1970）提出的 ARMA（自回归移动平均）模型；而 Engle（1982）提出了 ARCH 模型（一阶自回归条件异方差），用以研究非线性金融时间序列模型，由此开创了金融时序独树一帜的研究思路和方法。随着时间序列分析理论和方法的发展，非线性时间序列模型被广泛应用在金融时间序列分析中。就数学方法而言，平稳时间序列的统计分析，在理论上的发展比较成熟，从而构成时间序列分析的基础。因此，本章从基本的平稳时间序列讲起，再介绍非平稳时间序列建模分析、向量自回归模型（VAR 模型）及自回归条件异方差模型（GARH 模型）初步。

第一节　平稳时间序列模型

一、基本概念

1. 随机过程

在概率论和数理统计中，随机变量是分析随机现象的有力工具。对于一些简单的随机现象，一个随机变量就够了；对于一些复杂的随机现象，需要用若干个随机变量来加以刻画。例如，平面上的随机点，某企业一天的工作情况（产量、次品率、耗电量、出勤人数等）都需要用多个随机变量来刻画。

还有些随机现象，要认识它必须研究其发展变化过程，这一类随机现象不能只用一个或多个随机变量来描述，而必须考察其动态变化过程，随机现象的这种动态变化过程就是随机过程。例如，某一天电话的呼叫次数 ξ，它是一个随机变量。若考察它随时间 t 变动的情况，则需要考察依赖于时间 t 的随机变量 ξ_t，$\{\xi_t\}$ 就是一个随机过程。又例如，某国某年的 GDP 总量，是一个随机变量，但若考查它随时间变化的情形，则 $\{GDP_t\}$ 就是一个随机过程。

一般地，若对于每一特定的 $t\ (t \in T)$，y_t 为一随机变量，则称这一族随机变量 $\{y_t\}$ 为一个随机过程。随机过程的分类一般有两种方法：一是以参数集 T 和 y_t 的取值的特征来分类；二是以统计特征或概率特征来分类。为了简便，我们以参数集 T 和 y_t 的取值的特征来分类。以参数集 T 的性质，随机过程可分为两大类：T 为可数集合与不可数集合。以 y_t 所取的值的特征，随机过程也可以分为两大类：离散状态，即 Y_t 所取的值是离散的点；连续状态，即 y_t 所取的值是连续的。由此可将随机过程分为以下四类：离散参数离散型随机过程；连续参数离散型随机过程；连续参数连续型随机过程；离散参数连续型随机过程。

2. 时间序列

离散型时间指标集的随机过程通常称为随机型时间序列，简称为时间序列。经济分析中常用的时间序列数据都是经济变量随机序列的一个实现。时间序列分析是一种根据动态数据揭示系统动态结构和规律的统计方法。

时间序列的特点是：序列中的数据依赖于时间顺序；序列中每个数据的取值具有一定的随机性；序列中前后的数值有一定的相关性——系统的动态规律；序列整体上呈现某种趋势性或周期性。时间序列的统计特征通常用其分布及数字特征来刻画。例如期望 $E(y_t)$ 、方差 $\mathrm{Var}(y_t)$ 和协方差 $\mathrm{Cov}(y_t,\ y_s)$ 。

研究时间序列具有重要的现实意义，通过对时间序列的分析和研究，认识系统的结构特征（如趋势的类型，周期波动的周期、振幅，等等），揭示系统的运行规律，进而预测或控制系统的未来行为，或修正和重新设计系统（如改变参数、周期等）按照新的结构运行。

3. 时间序列的平稳性

所谓时间序列的平稳性，是指时间序列的统计规律不会随着时间的推移而发生变化。也就是说，生成变量时间序列数据的随机过程的特征不随时间变化而变化。以平稳时间序列数据作为计量经济模型变量的观测值时，其估计方法、检验过程才可能采用前面所介绍的方法。

直观上，一个平稳的时间序列可以看作是一条围绕其均值上下波动的曲线。从理论上，有两种意义的平稳性，一种是严格平稳，另一种是弱平稳。严格平稳是指随机过程 $\{y_t\}$ 的联合分布函数与时间的位移无关。设 $\{y_t\}$ 为一随机过程，n 为任意正整数，h 为任意实数，若联合分布函数满足：

$$F_{y_{t_1},\ y_{t_2},\ \cdots,\ y_{t_n}}(y_1,\ \cdots,\ y_n) = F_{y_{t_1+h},\ \cdots,\ y_{t_n+h}}(y_1,\ \cdots,\ y_n) \tag{5.1}$$

则称 $\{y_t\}$ 为严格平稳过程，它的分布结构不随时间推移而变化。

弱平稳是指随机过程 $\{y_t\}$ 的期望、方差和协方差不随时间推移而变化。若 $\{y_t\}$ 满足以下三条件：

$$E(y_t) = u\ ,\ \mathrm{Var}(y_t) = \sigma^2\ ,\ \mathrm{Cov}(y_t,\ y_s) = f(t - s) \tag{5.2}$$

则称 $\{y_t\}$ 为弱平稳随机过程。在以后的讨论中，关于平稳性的概念通常是指弱平稳，弱平稳通常也被称作宽平稳。

需要注意的是严格平稳和弱平稳之间的关系：具有有限二阶矩的严格平稳过程，一定是弱平稳过程。弱平稳过程只限定一阶矩和二阶矩，即它并没有规定分布函数的性质，所以弱平稳并不一定属于严格平稳。

时间序列分析中常用到的平稳随机过程是——白噪声过程（序列）。

对于一个随机过程 $\{y_t,\ t \in T\}$ ，如果 $E(y_t) = 0$；$Var(y_t) = \sigma^2 < \infty$ ；$Cov(y_t, y_s) = 0, t \neq s$ ，则称 $\{y_t,\ t \in T\}$ 为白噪声过程（序列）。

白噪声序列因其均值为零，方差不变，随机变量之间不相关，显然白噪声是二阶弱平稳随机过程。如果 $\{y_t\}$ 同时还服从正态分布，则它就是一个严格平稳的随机过程。白噪声源于物理学与电学，原指音频和电信号在一定频带中的一种强度不变的干扰声。图 5.1 是由白噪声过程产生的时间序列，而图 5.2 是日元兑美元汇率收益率序列的图示。

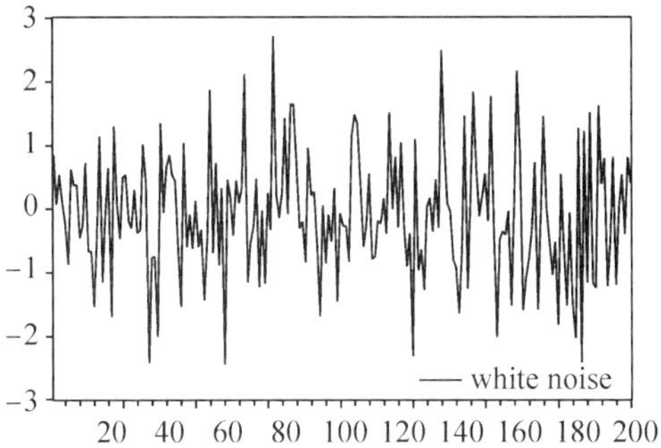

图 5.1　由白噪声过程产生的时间序列

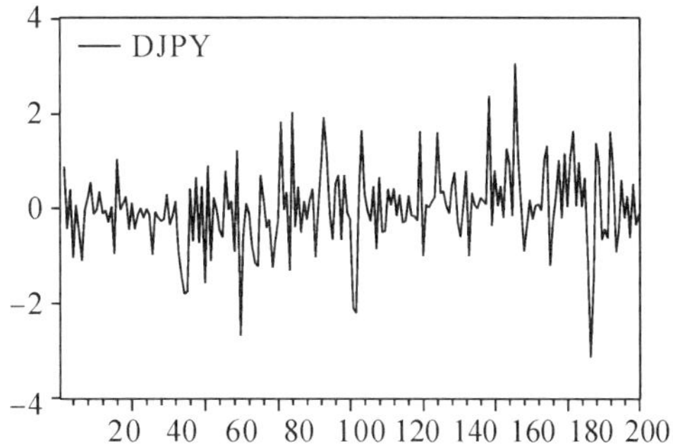

图 5.2　日元对美元汇率的收益率序列

在时间序列分析中，我们经常要用到滞后算子 L ，它的定义为

$$Ly_t = y_{t-1}$$

这个滞后算子 L 是把一个时间序列转换成另一新的时间序列的映射。如果应用两次滞后算子，有

$$L(Ly_t) = Ly_{t-1} = y_{t-2}$$

记两个滞后算子的乘积为 L^2，有 $L^2 y_t = y_{t-2}$ 。规定 $L^0 y_t = y_t$ ，即它是一个恒等映射。滞后算子 L 的逆算子 L^{-1} 满足 $L^{-1} y_t = y_{t+1}$ 。一般地，对于任意的整数，我们有

$$L^k y_t = y_{t-k}$$

滞后算子 L 对于数量乘法和加法满足交换律和分配律，即对于任意的常数 β 和时间序列 $\{y_t\}_{t=-\infty}^{+\infty}$ ，$\{x_t\}_{t=-\infty}^{+\infty}$ ，$\{w_t\}_{t=-\infty}^{+\infty}$ ，有

$$L(\beta y_t) = \beta L y_t\ , \qquad L(x_t + w_t) = Lx_t + Lw_t$$

如果 $y_t = (a + bL)Lx_t$ ，那么有　$y_t = (aL + bL^2)x_t = ax_{t-1} + bx_{t-2}$

另一个例子

$$\begin{aligned}(1 - \lambda_1 L)(1 - \lambda_2 L)x_t &= (1 - \lambda_1 L - \lambda_2 L + \lambda_1\lambda_2 L^2)x_t \\ &= x_t - (\lambda_1 + \lambda_2)x_{t-1} + \lambda_1\lambda_2 x_{t-2}\end{aligned}$$

像 $(aL + bL^2)$ 这样的表达式我们称之为滞后算子多项式。

二、移动平均（MA）过程

在金融收益率序列的建模中有一类简单模型是移动平均模型（Moving Average

Model, MA)。它可以看作是白噪声序列的简单推广。

1. 一阶移动平均过程 MA(1)

如果 $\{u_t\}$ 是白噪声过程，定义

$$y_t = \mu + u_t + \theta u_{t-1} \tag{5.3}$$

其中 μ 和 θ 为常数，这个序列称为一阶移动平均过程 MA(1)。

期望为 $E(y_t) = \mu + E(u_t) + \theta E(u_{t-1}) = \mu$

方差为 $E(y_t - \mu)^2 = E(u_t + \theta u_{t-1})^2 = (1 + \theta^2)\sigma^2$

一阶自协方差为 $\operatorname{cov}(y_t, y_{t-1}) = E(u_t + \theta u_{t-1})(u_{t-1} + \theta u_{t-2}) = \theta\sigma^2$

高阶自协方差为 $\operatorname{cov}(y_t, y_{t-j}) = E(u_t + \theta u_{t-1})(u_{t-j} + \theta u_{t-j-1}) = 0\ (j > 1)$

上述均值和协方差都不是时间的函数，因此不管 θ 为何，MA(1) 过程都是平稳的。

而一阶自相关系数 $\rho_1 = \dfrac{\theta\sigma^2}{(1 + \theta^2)\sigma^2} = \dfrac{\theta}{1 + \theta^2}$

高阶自相关系数均为 0。此时自相关函数在一阶后截尾。

2. q 阶移动平均过程 MA(q)

q 阶移动平均过程的表达式为：

$$y_t = \mu + u_t + \theta_1 u_{t-1} + \theta_2 u_{t-2} + \cdots + \theta_q u_{t-q} \tag{5.4}$$

其中 $\{u_t\}$ 为白噪声过程，$(\theta_1, \theta_2, \cdots, \theta_q)$ 为任何实数。其均值、方差、自协方差和自相关函数分别为：

$$E(y_t) = \mu$$

$$\begin{aligned}\gamma_0 &= \operatorname{Var}(y_t) = E(u_t + \theta_1 u_{t-1} + \theta_2 u_{t-2} + \cdots + \theta_q u_{t-q})^2 \\ &= (1 + \theta_1^2 + \theta_2^2 + \cdots + \theta_q^2)\sigma^2\end{aligned}$$

$$\begin{aligned}\gamma_j &= \operatorname{cov}(y_t, y_{t-j}) \\ &= E(u_t + \theta_1 u_{t-1} + \cdots + \theta_q u_{t-q})(u_{t-j} + \theta_1 u_{t-j-1} + \cdots + \theta_q u_{t-j-q}) \\ &= \begin{cases}(\theta_j + \theta_{j+1}\theta_1 + \theta_{j+2}\theta_2 + \cdots + \theta_q\theta_{q-j})\sigma^2 & j = 1, 2, \cdots, q \\ 0 & j > q\end{cases}\end{aligned}$$

q 阶移动平均过程的自相关函数为

$$\rho_k = \begin{cases}\dfrac{\theta_k + \theta_{k+1}\theta_1 + \theta_{k+2}\theta_2 + \cdots + \theta_q\theta_{q-k}}{1 + \theta_1^2 + \theta_2^2 + \cdots + \theta_q^2} & k = 1, 2, \cdots, q \\ 0 & k > q\end{cases} \tag{5.5}$$

式（5.5）告诉我们，当移动平均过程的阶为 q 时，间隔期大于 q 的自相关函数值为零。这个性质称为 MA(q) 的自相关函数的截尾性，意思是说，自相关函数的图形随着自变量 k 到达 $(q + 1)$ 时突然被截去。MA(q) 的截尾性给我们一个重要启示：如果某时间序列是来自一个移动平均过程，则当该时间序列的样本自相关函数，从某个间隔期 $(\hat{q} + 1)$ 开始，其值均为零时，我们就可以推测，原时间序列的阶数为 $\hat{q}$。

【例 5.1】MA(2) 过程 $y_t = u_t + \theta_1 u_{t-1} + \theta_2 u_{t-2}$

容易算得 $\gamma_0=(1+\theta_1^2+\theta_2^2)\sigma^2$，$\gamma_1=(\theta_1+\theta_1\theta_2)\sigma^2$，$\gamma_2=\theta_2\sigma^2$，$\gamma_j=0, j>2$；

$$\rho_1=\frac{\theta_1+\theta_2\theta_1}{1+\theta_1^2+\theta_2^2}, \rho_2=\frac{\theta_2}{1+\theta_1^2+\theta_2^2}, \rho_j=0, j>2 。$$

【例5.2】设一个一阶移动平均过程

$$y_t=1.6+u_t+0.3u_{t-1}$$

其中 u_t 是 $\sigma^2=2$ 高斯白噪声过程，表5.1是它容量为100的一个样本。

表5.1　一阶自回归过程 $y_t=1.6+u_t+0.3u_{t-1}$ 的一个样本实现

t	y_t	t	y_t	t	y_t	t	y_t
1	0.885 5	26	2.233	51	-0.195 4	76	1.370 7
2	4.293 4	27	1.225 8	52	0.262 3	77	3.274 8
3	-0.107 1	28	1.091 4	53	2.697 3	78	4.642
4	0.079 6	29	3.866 2	54	1.505 5	79	4.514
5	2.852 3	30	3.658 4	55	1.834 6	80	6.337 2
6	2.480 1	31	-1.205 5	56	2.371	81	3.002 5
7	2.300 3	32	-0.573 2	57	1.493 7	82	1.987 7
8	1.017 5	33	1.219 7	58	1.286 3	83	1.874 3
9	3.232 3	34	1.409 1	59	2.014 4	84	2.131 9
10	2.499 9	35	-0.844	60	1.740 1	85	0.416 5
11	2.300 7	36	-1.031 6	61	-0.299 3	86	-1.164 5
12	3.103 2	37	1.188 7	62	1.393 3	87	1.300 4
13	3.136 7	38	1.746 8	63	0.366	88	1.047 1
14	2.424 8	39	0.527 9	64	2.534 1	89	1.362 8
15	2.557 4	40	0.139 2	65	3.257 6	90	0.771 4
16	2.594 6	41	0.992	66	1.023 1	91	3.251 6
17	1.181 3	42	2.819 8	67	2.648 9	92	3.161 6
18	0.230 5	43	-0.603	68	2.1	93	1.607 4
19	2.311 5	44	-0.425 2	69	2.183	94	2.589 3
20	-0.081 8	45	0.153 5	70	1.698 1	95	2.321 8
21	-3.168 8	46	-1.103 8	71	2.343 2	96	0.863 8
22	0.512 8	47	1.063 5	72	3.758 9	97	2.582
23	2.450 7	48	2.052 6	73	3.967 7	98	2.410 9
24	0.834 1	49	1.706 8	74	3.058 8	99	0.872 3
25	1.259 5	50	-0.845 2	75	1.630 4	100	3.471 3

(1) 画出 y_t 的线图；

(2) 求 y_t 的自相关函数；

(3) 根据表 5.1 数据求样本自相关函数。

解：(1) 在 Stata 中输入命令 twoway line y t，可得该样本的线图，如图 5.3 所示。

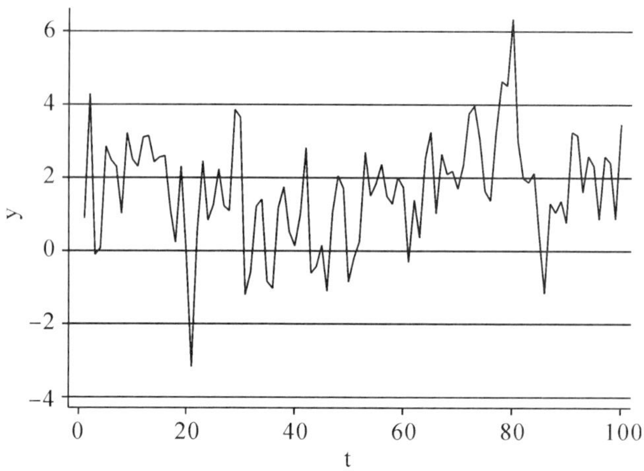

图 5.3　过程 $y_t = 1.6 + u_t + 0.3u_{t-1}$ 的线图

(2) 根据式 (5.5)，容易求得 y_t 的自相关函数为

$$\rho_k = \begin{cases} \dfrac{\theta_1}{1+\theta_1^2} = \dfrac{0.3}{1+0.3^2} \approx 0.2752, & k = 1 \\ 0, & k > 1 \end{cases}$$

(3) 在 Stata 中输入命令 corrgram y，lag (10) 可以计算得到自相关函数 ACF 与偏自相关函数 PACF 的值，检验自相关的 Q 统计量值，如图 5.4 所示。

LAG	AC	PAC	Q	Prob>Q	-1 0 1 [Autocor relation]	-1 0 1 [Partial Autocor]
1	0.4039	0.4102	16.809	0.0000		
2	0.1121	-0.0744	18.117	0.0001		
3	0.2569	0.3102	25.054	0.0000		
4	0.2368	0.0039	31.01	0.0000		
5	0.0725	-0.0512	31.573	0.0000		
6	0.0114	-0.0305	31.587	0.0000		
7	0.1219	0.0951	33.217	0.0000		
8	-0.0010	-0.1525	33.217	0.0001		
9	-0.0304	0.1005	33.32	0.0001		
10	0.0879	0.0556	34.195	0.0002		

图 5.4　过程 $y_t = 1.6 + u_t + 0.3u_{t-1}$ 的自相关与偏相关函数

从图 5.4 的样本自相关函数值可以看出：滞后 2 期的自相关函数值 $\hat{\rho}_2 = 0.1121$ 与 $\hat{\rho}_1 = 0.4039$ 相比，大幅度减少，$k > 2$ 的样本自相关函数值越来越小。

*3. 无限阶移动平均过程 MA(∞)

对于一个 MA(q) 过程，如果让 $q \to \infty$，可以得到如下过程：

$$y_t = \mu + \sum_{j=0}^{\infty} \theta_j \varepsilon_{t-j} = \mu + u_t + \theta_1 u_{t-1} + \theta_2 u_{t-2} + \cdots$$

我们称此过程为 MA(∞) 过程，这里 $\theta_0 = 1$。我们可以证明：如果 MA(∞) 过程的系数是平方可加的，即 $\sum_{j=0}^{\infty} \theta_j^2 < \infty$，那么 MA(∞) 是一个平稳的过程。

一般地，我们用一个更强的绝对可加条件 $\sum_{j=0}^{\infty} |\theta_j| < \infty$ 来代替平方可加条件，绝对可加蕴含平方可加。

*4. 移动平均过程的参数估计方法

移动平均过程的参数估计就是在已确定移动平均过程的阶以后，根据它的一个现实样本 $(Y_1, Y_2, \cdots, Y_n)'$，来估计移动平均过程的均值 $\mu = E(Y_t)$，及移动平均系数（或称权数）θ，以及被假定为白噪声过程的 u_t 的方差 σ_u^2。不失一般性，我们假定 MA(q) 的均值 $\mu = E(Y_t) = 0$，以便于对其他参数的估计。

$$Y_t = u_t + \theta_1 u_{t-1} + \theta_2 u_{t-2} + \cdots + \theta_q u_{t-q} \tag{5.6}$$

其中 $\{u_t\}$ 是一白噪声过程。

估计式（5.6）中的参数的一个方法是将它化成 AR（∞）的形式（因为它是可逆的，这种转换是可行的）：

$$(1 + \eta_1 L + \eta_2 L^2 + \eta_3 L^3 + \cdots) Y_t = u_t$$

即　$Y_t = -\eta_1 Y_{t-1} - \eta_2 Y_{t-2} - \eta_3 Y_{t-3} - \cdots + u_t$

求使上式所表示的计量经济学模型的残差平方和最小的诸 η，即求各 η，使

$$S(\eta_1, \eta_2, \eta_3, \cdots) = \sum_{t=1}^{\infty} (Y_t + \eta_1 Y_{t-1} + \eta_2 Y_{t-2} + \eta_3 Y_{t-3} + \cdots)^2$$

最小。

我们的估计问题首先就是要求各 η，使 $S(\eta_1, \eta_2, \eta_3, \cdots, \eta_n)$ 最小（$\eta_0 = 1$）。当我们估计出 η 以后，再根据 η 与 θ 的关系，求出各 θ 的估计值。

上述过程所用的方法是最小二乘估计法，但是由于各 η 与各 θ 的关系较复杂，上述估计属于非线性估计，往往要在一组初始值下进行迭代。有计量经济学软件 Stata 中有相应的程序对 MA(q) 过程进行参数估计。

例如，如要估计 MA（2）过程，则估计命令为：arima y，ma（1/2）

图 5.5 是某 MA（2）序列的 Stata 估计的输出结果。

若假设式（5.6）中 $\{u_t\}$ 是一高斯白噪声过程，则可用最大似然估计来估计模型中的参数。仍需要使用数值解法求参数估计量，过程在此略去。

```
ARIMA regression

Sample:  1 - 100                                Number of obs     =       100
                                                Wald chi2(2)      =     42.06
Log likelihood =  -170.831                      Prob > chi2       =    0.0000
```

y	Coef.	OPG Std. Err.	z	P>|z|	[95% Conf.	Interval]
y						
_cons	1.64164	.2052422	8.00	0.000	1.239373	2.043908
ARMA						
ma						
L1.	.5342556	.0968276	5.52	0.000	.344477	.7240342
L2.	-.0594984	.1146752	-0.52	0.604	-.2842577	.1652609
/sigma	1.332935	.0888669	15.00	0.000	1.158759	1.507111

Note: The test of the variance against zero is one sided, and the two-sided confidence interval is truncated at zero.

图 5.5　MA（2）过程的 Stata 估计结果

三、自回归（AR）过程

另一类常用的模型是自回归模型（Auto Regressive Model，AR）。

1. 一阶自回归过程 AR(1)

表达式为

$$y_t = c + \varphi y_{t-1} + u_t \tag{5.7}$$

u_t 为白噪声序列。

如果 $|\varphi| \geq 1$，式（5.7）中 u_t 对 y_t 的影响随着时间累增而不是消失，说明不是有限方差的平稳过程。这个过程一般称为爆炸性过程。当 $|\varphi| < 1$ 时，可直接利用差分方程 $y_t = c + \varphi y_{t-1} + u_t$ 计算各阶矩。对式（5.7）两边取期望：

$$E(y_t) = c + \varphi E(y_{t-1})$$

从而，

$$E(y_t) = \mu = \frac{c}{1 - \varphi}$$

对式（5.7）变形，得到

$$y_t = \mu(1 - \varphi) + \varphi y_{t-1} + u_t \quad 或 \ (y_t - \mu) = \varphi(y_{t-1} - \mu) + u_t$$

两边平方求期望：

$$E(y_t - \mu)^2 = \varphi^2 E(y_{t-1} - \mu)^2 + 2\varphi E[(y_{t-1} - \mu) u_t] + E(u_t^2)$$

将 $(y_{t-1} - \mu) = u_{t-1} + \varphi u_{t-2} + \varphi^2 u_{t-3} + \cdots$ 代入，可得

$$\gamma_0 = \varphi^2 \gamma_0 + \sigma^2$$

从而得到协方差平稳 AR(1) 过程的方差：

$$\gamma_0 = \frac{\sigma^2}{1-\varphi^2}$$

式（5.7）两侧同时乘以 $(y_{t-j}-\mu)$，再求期望

$$E[(y_t-\mu)(y_{t-j}-\mu)] = \varphi E[(y_{t-1}-\mu)(y_{t-j}-\mu)] + E[\varepsilon_t(y_{t-j}-\mu)]$$

可得自协方差函数

$$\gamma_j = \varphi\gamma_{j-1}$$
$$\gamma_j = \varphi^j\gamma_0$$

则自相关函数为

$$\rho_j = \frac{\gamma_j}{\gamma_0} = \varphi^j \tag{5.8}$$

2. p 阶自回归过程 AR(p)

表达式为

$$y_t = c + \varphi_1 y_{t-1} + \varphi_2 y_{t-2} + \cdots + \varphi_p y_{t-p} + u_t \tag{5.9}$$

其平稳性条件为特征方程 $1-\varphi_1 z-\varphi_2 z^2-\cdots-\varphi_p z^p=0$ 的根都在单位圆外。假设过程平稳，对式（5.9）两边求期望，得到

$$\mu = c + \varphi_1\mu + \varphi_2\mu + \cdots + \varphi_p\mu$$

从而可以得到均值：

$$\mu = c/(1-\varphi_1-\varphi_2-\cdots-\varphi_p)$$

式（5.9）可以写成：

$$y_t-\mu = \varphi_1(y_{t-1}-\mu) + \varphi_2(y_{t-2}-\mu) + \cdots + \varphi_p(y_{t-p}-\mu) + u_t$$

两侧同时乘以 $(y_{t-j}-\mu)$，再取期望可得自协方差：

$$\gamma_j = \begin{cases} \varphi_1\gamma_{j-1} + \varphi_2\gamma_{j-2} + \cdots + \varphi_p\gamma_{j-p} & j=1,\ 2,\ \cdots \\ \varphi_1\gamma_1 + \varphi_2\gamma_2 + \cdots + \varphi_p\gamma_p + \sigma^2 & j=0 \end{cases} \tag{5.10}$$

式（5.10）两侧同时除以 γ_0，可得到所谓的尤拉—沃克（Yule-Walker）方程：

$$\rho_j = \varphi_1\rho_{j-1} + \varphi_2\rho_{j-2} + \cdots + \varphi_p\rho_{j-p} \quad j=1,\ 2,\ \cdots \tag{5.11}$$

式（5.10）和式（5.11）表明，p 阶自回归过程的自协方差函数和自相关函数具有相同形式的 p 阶差分方程，其自相关函数的具有拖尾特征。也就是说随着 k 的增大，ρ_k 的绝对值逐渐下降，但是不会到某一点以后被突然截断，而是一直拖下去，我们称自回归模型的自相关函数的这种特性为自相关函数的拖尾性。

显然自相关函数的拖尾性是 AR 模型的特征，而自相关函数的截尾性则是 MA 模型的特征。但是用自相关函数的拖尾性并不足以说明时间序列是来自自回归过程。下面引入偏自相关函数的概念。

在式（5.11）中令 $j=1,\ 2,\ \cdots,\ p$，得到如下的 Yule-Walker 方程组：

$$\begin{aligned} \rho_1 &= \varphi_1 + \varphi_2\rho_1 + \cdots + \varphi_p\rho_{p-1} \\ \rho_2 &= \varphi_1\rho_1 + \varphi_2\rho_0 + \cdots + \varphi_p\rho_{p-2} \\ &\cdots\cdots \\ \rho_p &= \varphi_1\rho_{p-1} + \varphi_2\rho_{p-2} + \cdots + \varphi_p \end{aligned} \tag{5.12}$$

其中运用了 $\rho_0 = 1$ 和 $\rho_{-k} = \rho_k$ 。

当 ρ_1，ρ_2，…，ρ_p 为已知时，可从 Yule-Walker 方程组中解出诸 φ_i 。但用方程（5.8）求解诸 φ_i 需要先知道自回归过程的阶数 p，但是我们并不知道。因此，我们可以先预估 p 的取值，再来求解模型系数。

当 $p = 1$ 时，求解方程组（5.12），并利用样本自相关函数，得 φ_1 的估计值 $\hat{\varphi}_1 = \hat{\rho}_1$。如果 φ_1 显著地不为零，则自回归过程的阶数至少为 1。记 $\hat{\varphi}_1$ 为 φ_{11} 。

当 $p = 2$ 时，求解方程组（5.12），并利用样本自相关函数，得 φ_1 和 φ_2 的估计值，设 φ_2 的估计值为 $\hat{\varphi}_2$。如果 φ_2 显著地不为零，则自回归过程的阶数至少为 2。记 $\hat{\varphi}_2$ 为 φ_{22} 。

对 p 连续取值 3，4，…，重复上述过程。如对 $p = 3$，得到 φ_3 的估计值 $\hat{\varphi}_3$，记为 φ_{33} ，等等。我们称序列 φ_{11} ，φ_{22} ，φ_{33} ，…为偏相关函数。

3. 有限阶自回归过程的估计方法

可以利用最小二乘法来估计 $AR(p)$ 过程中的未知参数。把观察值代入式（5.9）中可得

$$
\begin{aligned}
y_{p+1} &= c + \varphi_1 y_p + \varphi_2 y_{p-1} + \cdots + \varphi_p y_1 + u_{p+1} \\
y_{p+2} &= c + \varphi_1 y_{p+1} + \varphi_2 y_p + \cdots + \varphi_p y_2 + u_{p+2} \\
&\vdots \\
y_T &= c + \varphi_1 y_{T-1} + \varphi_2 y_{T-2} + \cdots + \varphi_p y_{T-p} + u_T
\end{aligned}
$$

把它写成矩阵的形式为

$$y = X\varphi + u$$

其中 $y = (y_{p+1}, y_{p+2}, \cdots, y_T)'$, $u = (u_{p+1}, u_{p+2}, \cdots, u_T)'$, $\varphi = (c, \varphi_1, \cdots, \varphi_p)'$

$$X = \begin{bmatrix} 1 & y_p & \cdots & y_1 \\ 1 & y_{p+1} & \cdots & y_2 \\ \vdots & \vdots & \vdots & \vdots \\ 1 & y_{T-1} & \cdots & y_{T-p} \end{bmatrix}$$

参数向量 φ 的最小二乘估计量为

$$\hat{\varphi} = (X'X)^{-1}X'y$$

如果 u_t 服从正态分布，那么最小二乘法估计量 $\hat{\varphi}$ 是一致的和渐近正态的。

同样，我们也可以运用极大似然估计：

$$y_t = c + \varphi_1 y_{t-1} + \varphi_2 y_{t-2} + \cdots + \varphi_p y_{t-p} + u_t ,$$

其中 $u_t \sim N(0, \sigma^2)$ 且相互独立。

给定样本观测值，写出相应对数似然函数

$$l(\theta) = \log f(y_1, y_2, \cdots, y_p) + \sum_{t=p+1}^{T} \log f(y_t \mid y_{t-1}, y_{t-2}, \cdots, y_{t-p})$$

其中 $\log f(y_1, y_2, \cdots, y_p)$ 是初始观测值 $(y_1, y_2, \cdots, y_p)$ 的对数密度函数，我们关注的未知参数向量为 $\theta = (\varphi_1, \cdots, \varphi_p, \sigma^2)'$ 。由于 u_t 独立同分布，可得

$$\sum_{t=p+1}^{T}\log f(y_t \mid y_{t-1},\ y_{t-2},\ \cdots,\ y_{t-p}) = -\frac{(T-p)}{2}\log(2\pi\sigma^2) - \frac{1}{2\sigma^2}\sum_{t=p+1}^{T}(y_t - c - \sum_{i=1}^{p}\varphi_i y_{t-i})$$

软件中有相应的程序对 AR（p）过程进行参数估计。例如：如要估计 AR（2）过程，则估计命令为 arima y，ar（1/2）。

四、自回归移动平均过程 ARMA(p，q)

如果自回归移动平均过程中自回归部分的阶数为零，则它就成为一个纯移动平均过程；如果自回归移动平均过程中移动平均部分的阶数为零，则它就成为一个纯自回归过程。所以 AR 过程和 MA 过程均可看成是 ARMA 过程的特例。

1. ARMA(p，q) 过程的性质

ARMA(p，q) 表达式为

$$y_t = c + \varphi_1 y_{t-1} + \varphi_2 y_{t-2} + \cdots + \varphi_p y_{t-p} + u_t + \theta_1 u_{t-1} + \cdots + \theta_q u_{t-q} \tag{5.13}$$

写成滞后算子的形式为

$$(1 - \varphi_1 L - \varphi_2 L^2 - \cdots - \varphi_p L^p)\ y_t = c + (1 + \theta_1 L + \cdots + \theta_q L^q)\ u_t \tag{5.14}$$

可以发现，ARMA(p，q) 过程的平稳性完全取决于回归参数 (φ_1，φ_2，$\cdots$，φ_p)，而与移动平均参数无关，即 ARMA(p，q) 过程的平稳性条件为特征方程

$$1 - \varphi_1 z - \varphi_2 z^2 - \cdots - \varphi_p z^p = 0 \tag{5.15}$$

的根在单位圆外。

ARMA(p，q) 过程的自相关函数都具有拖尾特征。

2. ARMA(p，q) 过程的识别与估计

ARMA（p，q）过程既有自回归的某些性质又有移动平均的某些性质，从其自相关函数来看，它与自回归过程一样是拖尾的；从其偏自相关函数来看，它和移动平均过程一样也是拖尾的。所以，如果其自相关函数和偏自相关函数都是拖尾的，则我们就可以判定这个线性时间序列是一个 ARMA 过程。

ARMA 模型的阶的确定是困难的。通常可借助赤池信息准则 AIC 和施瓦兹准则 SC 帮助我们确定。也可从较低的阶开始拟合混合自回归移动平均过程，然后逐渐增加阶数，分别检验不同阶数的拟合状况，选用拟合状况最好的阶作为所要识别的 ARMA 模型的阶数。

【例 5.3】ARMA 模型的识别。表 5.2 是根据

$$y_t = 2 + 0.7y_{t-1} + 0.2y_{t-2} + u_t + 0.6u_{t-1}$$

并利用标准正态分布的随机数据发生器生成的一个样本容量为 100 的时间序列样本。根据这个样本拟合一个 ARMA 模型。

表 5.2　由 ARMA 过程生成的一个样本

t	y_t	t	y_t	t	y_t	t	y_t
1	19.699 77	26	16.867 71	51	15.816 69	76	20.889 92
2	18.332 02	27	18.998 76	52	17.016 7	77	20.513

表5.2(续)

t	y_t	t	y_t	t	y_t	t	y_t
3	18.376 11	28	20.959 56	53	17.834 83	78	17.901 57
4	20.525 36	29	22.599 76	54	16.167 57	79	18.780 84
5	22.057 94	30	22.181 98	55	17.613 61	80	20.590 98
6	23.432 35	31	22.214 19	56	18.912 45	81	22.646 9
7	21.014 04	32	21.360 79	57	19.676 27	82	24.384 7
8	18.980 25	33	20.347 68	58	20.389 44	83	24.765 83
9	21.152 62	34	22.218 92	59	18.770 11	84	24.237 26
10	20.533 59	35	24.050 14	60	16.922 96	85	23.268 09
11	18.83	36	23.902 12	61	18.129 33	86	23.386 07
12	17.508 18	37	22.052 8	62	19.447 39	87	23.256 2
13	15.580 84	38	22.383 47	63	18.335 19	88	21.695 78
14	15.115 26	39	22.332 89	64	17.700 48	89	19.386 95
15	15.315 32	40	22.417 83	65	18.400 35	90	20.119 49
16	13.793 97	41	21.248 58	66	19.271 04	91	21.774 24
17	13.322 35	42	19.371 38	67	19.616 86	92	22.015 38
18	14.321 99	43	18.295 42	68	18.508 22	93	22.063 86
19	15.074 97	44	17.934 39	69	20.092 2	94	20.636 1
20	15.370 14	45	18.703 68	70	21.750 25	95	21.316 27
21	15.219 65	46	19.023 08	71	20.925 85	96	21.886 01
22	15.298 68	47	18.808 23	72	21.440 52	97	20.16
23	17.054 7	48	20.963 34	73	22.464 65	98	19.146 25
24	17.913 06	49	20.142 37	74	21.536 83	99	18.902 82
25	17.193 27	50	17.627 39	75	19.801 97	100	18.796 13

用计量经济学 Stata 软件，使用代码 ac y，lags（20）和 pac y，lags（20）可得样本自相关函数和偏自相关函数如图 5.6 所示。

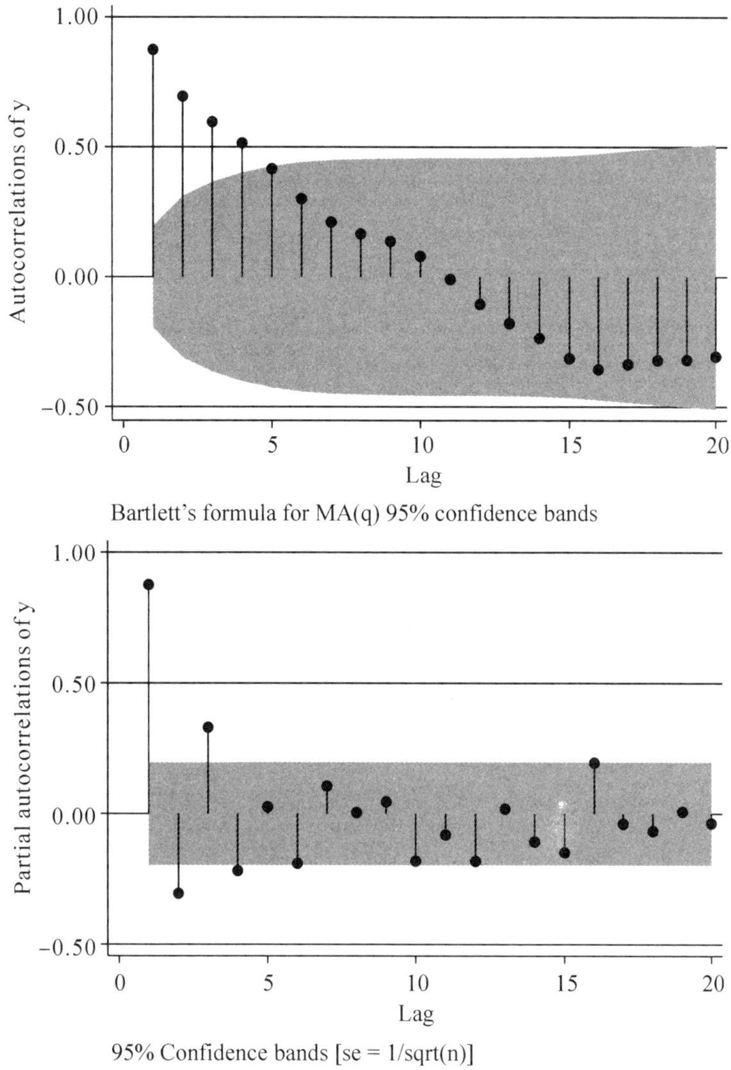

图 5.6　时间序列 y_t 的样本自相关函数 AC 与偏自相关函数 PAC

从图 5.6 可明显看出自样本自相关图具有拖尾特征，而偏自相关图也具有拖尾特征，所以表 5.2 所表示的时间序列是一个混合自回归移动平均过程。

下面我们用计量经济学软件 Stata 分别进行不同阶的拟合。

ARMA（1，1）拟合的结果如图 5.7 所示。

ARIMA regression

Sample: 1 - 100 | Number of obs = 100
Wald chi2(2) = 289.75
Log likelihood = -150.3207 | Prob > chi2 = 0.0000

y	Coef.	OPG Std. Err.	z	P>|z|	[95% Conf.	Interval]
y						
_cons	19.6565	.6766804	29.05	0.000	18.33023	20.98276
ARMA						
ar L1.	.7207534	.0759513	9.49	0.000	.5718917	.8696152
ma L1.	.7396361	.0731858	10.11	0.000	.5961947	.8830776
/sigma	1.075058	.1001379	10.74	0.000	.8787912	1.271325

Akaike's information criterion and Bayesian information criterion

Model	Obs	ll(null)	ll(model)	df	AIC	BIC
.	100	.	-150.3207	4	308.6414	319.062

Note: N=Obs used in calculating BIC; see [R] BIC note.

图 5.7　ARMA（1，1）拟合结果

根据 ARMA（2，1）拟合的结果则为如图 5.8 所示。

ARIMA regression

Sample: 1 - 100 | Number of obs = 100
Wald chi2(3) = 370.97
Log likelihood = -149.1419 | Prob > chi2 = 0.0000

y	Coef.	OPG Std. Err.	z	P>|z|	[95% Conf.	Interval]
y						
_cons	19.64369	.7751049	25.34	0.000	18.12451	21.16287
ARMA						
ar L1.	.5385102	.1273069	4.23	0.000	.2889932	.7880271
L2.	.2066855	.145631	1.42	0.156	-.0787459	.4921169
ma L1.	.8429254	.0705823	11.94	0.000	.7045866	.9812641
/sigma	1.061953	.1009448	10.52	0.000	.8641051	1.259801

Akaike's information criterion and Bayesian information criterion

Model	Obs	ll(null)	ll(model)	df	AIC	BIC
.	100	.	-149.1419	5	308.2837	321.3096

Note: N=Obs used in calculating BIC; see [R] BIC note.

图 5.8　ARMA（2，1）拟合结果

ARMA（2，2）拟合的结果如图 5.9 所示。

```
ARIMA regression

Sample:  1 - 100                              Number of obs     =        100
                                              Wald chi2(4)      =     187.71
Log likelihood = -148.5174                    Prob > chi2       =     0.0000

------------------------------------------------------------------------------
             |                 OPG
           y |      Coef.   Std. Err.      z    P>|z|     [95% Conf. Interval]
-------------+----------------------------------------------------------------
y            |
       _cons |   19.65949   .7064275    27.83   0.000     18.27492    21.04407
-------------+----------------------------------------------------------------
ARMA         |
          ar |
         L1. |  -.0802404   .2182288    -0.37   0.713     -.507961    .3474802
         L2. |   .6191479   .1215057     5.10   0.000     .3810012    .8572946
             |
          ma |
         L1. |   1.550469   564.0324     0.00   0.998    -1103.933    1107.034
         L2. |   .5504672   310.4428     0.00   0.999    -607.9062    609.0071
-------------+----------------------------------------------------------------
      /sigma |   1.043572   294.3578     0.00   0.499            0    577.9743
------------------------------------------------------------------------------

Akaike's information criterion and Bayesian information criterion

-----------------------------------------------------------------------------
       Model |    Obs    ll(null)   ll(model)     df          AIC         BIC
-------------+---------------------------------------------------------------
           . |    100           .   -148.5174      6     309.0348    324.6658
-----------------------------------------------------------------------------
               Note:  N=Obs used in calculating BIC; see [R] BIC note.
```

图 5.9　ARMA（2，2）拟合结果

上述三个结果中，以 ARMA（1，1）的 BIC 最小，而 ARMA（2，1）的 AIC 最小，因此可根据研究目的进行模型选择，如果需要一个较为精简的模型，则选择 ARMA（1，1），若不希望遗漏变量，则选择 ARMA（2，1）。

ARMA 模型的估计和 MA 模型的估计一样，也涉及迭代技术，一般计量经济学软件或统计学软件都有对它的估计程序。实际上，我们已经在上述 ARMA 模型的拟合中运用过。例如，在 Stata 中 ARMA（2，1）的估计命令是：arima y，ar（1/2）ma（1/1）；计算信息准则的命令是：estat ic。

关于 ARMA 模型估计方法的具体理论过程就不在此介绍了。最后我们用表 5.3 总结一下平稳时间序列的简要特征。

表 5.3　平稳时间序列模型特征表

性质	模型		
	AR（p）	MA（q）	ARMA（p，q）
模型方程	$\varphi_p(L)\ y_t = u_t$	$y_t = \theta_q(L)\ u_t$	$\varphi_p(L)\ y_t = \theta_q(L)\ u_t$
平稳条件	$\varphi_p(z) = 0$ 的根在单位圆外	无条件平稳	$\varphi_p(z) = 0$ 的根在单位圆外

表5.3(续)

性质	模型		
	AR (p)	MA (q)	ARMA (p, q)
可逆条件	无条件可逆	$\theta_q(z)=0$ 的根在单位圆外	$\theta_q(z)=0$ 的根在单位圆外
ACF 自相关	拖尾	在 q 阶后截尾	拖尾
PACF 偏自相关	在 p 阶后截尾	拖尾	拖尾

第二节　非平稳时间序列模型

时间序列数据被广泛地运用于计量经济研究。经典时间序列分析和回归分析有许多假定前提，如序列的平稳性、正态性等。如果直接将经济变量的时间序列数据用于建模分析，实际上隐含了这些假定。在这些假定成立的条件下，进行的 t 检验、F 检验与 χ^2 等检验才具有较高的可靠度。但是，越来越多的经验证据表明，经济分析中所涉及的大多数时间序列是非平稳的。如果直接将非平稳时间序列当作平稳时间序列来进行分析，会造成什么不良后果？如何判断一个时间序列是否为平稳序列？当我们在计量经济分析中涉及非平稳时间序列时，应做如何处理呢？这是本节讨论的内容。

一、伪回归问题

经典计量经济学建模过程中，通常假定经济时间序列是平稳的，而且主要以某种经济理论或对某种经济行为的认识来确立计量经济模型的理论关系形式，借此形式进行数据收集、参数估计以及模型检验，这是 20 世纪 70 年代以前计量经济学的主导方法。然而，这种方法所构建的计量经济模型在 20 世纪 70 年代出现石油危机后引起的经济动荡面前却失灵了。这里的失灵不是指这些模型没能预见石油危机的出现，而是指这些模型无法预计石油危机的振荡对许多基本经济变量的动态影响。因此引起了计量经济学界对经典计量经济学方法论的反思，并将研究的注意力转向宏观经济变量非平稳性对建模的影响。人们发现，由于经济分析中所涉及的经济变量数据基本上是时间序列数据，而大多数经济时间序列是非平稳的，如果直接将非平稳时间序列当作平稳时间序列进行回归分析，可能会带来不良后果，如伪回归问题。

所谓伪回归，是指变量间本来不存在有意义的关系，但回归结果却得出存在有意义关系的错误结论。经济学家早就发现经济变量之间可能会存在伪回归现象，但在什么条件下会产生伪回归现象，长期以来无统一认识。直到 20 世纪 70 年代，Granger、Newbold 研究发现，造成“伪回归”的根本原因在于时间序列变量的非平稳性。他们用 Monte Carlo 模拟方法研究表明，如果用传统回归分析方法对彼此不相关联的非平稳变量进行回归，t 检验值和 F 检验值往往会倾向于显著，从而得出“变量相依”的“伪回归结果”。

因此，在利用回归分析方法讨论经济变量有意义的经济关系之前，必须对经济变量时间序列的平稳性与非平稳性进行判断。如果经济变量时间序列是非平稳的，则需要寻找新的处理方法。20 世纪 80 年代发展起来的协整理论就是处理非平稳经济变量关系的行之有效的方法。该理论自从诞生以来，受到众多经济学家的重视，并广泛运用于对实际经济问题的研究。

所谓时间序列的非平稳性，是指时间序列的统计规律随着时间的位移而发生变化，即生成变量时间序列数据的随机过程的特征随时间而变化。当生成序列的随机过程是非平稳的时候，其均值函数、方差函数不再是常数，自协方差函数也不仅仅是时间间隔 t-s 的函数，高斯—马尔可夫定理不再成立，一个变量对其他变量的回归可能会导致伪回归结果。

在经济领域中，我们所得到的许多时间序列观测值大都不是由平稳过程产生的。例如，国内生产总值 GDP 大多数情况下随时间的位移而持续增长；货币供给量 M2 在正常状态下会随时间的位移而扩大。也就是说，2019 年 GDP 或 M2 观测值的随机性质与 2009 年的 GDP 和 M2 的随机性质有相当的区别。由于在实际中遇到的时间序列数据很可能是非平稳序列，而平稳性在计量经济建模中又具有重要地位，因此有必要对观测值的时间序列数据进行平稳性检验。

二、单位根过程与检验

从前面平稳过程的定义可以看出，一个平稳过程的数据图形特征为：数据围绕长期均值 $E(x_t)=\mu$ 波动，偏离均值之后，有复归均值的调整；方差有限且不随时间改变；其自相关函数随时间衰减。与之相对应的概念是非平稳过程，定义为对平稳过程的条件之一不能满足的过程即为非平稳过程，其数据图形特征为：不存在长期均值；或方差具有时变性且趋于无穷大；或自相关不随时间衰减。但对于有限样本，样本自相关亦可能较慢速的衰减。所以可以根据平稳过程的数字特征对它进行平稳性检验，这是时间序列平稳性检验的传统方法。

这里我们介绍平稳性检验的现代方法之一：单位根检验法。

1. 单位根过程

一般来讲，由于经济系统惯性的作用，经济时间序列往往存在着前后依存关系，这种前后依存关系是时间序列预测的基础。假定 $\{y_t\}$ 为一时间序列，最简单的一种前后依存关系就是变量当前的取值主要与其前一时期的取值状况有关，而与其前一时期以前的取值状况无直接关系，也就是说 y_t 主要与 y_{t-1} 相关，与 y_{t-2}，y_{t-3}，…无关。可用如下的一阶自回归模型 AR（1）来描述这种关系：

$$y_t = \gamma y_{t-1} + u_t \tag{5.16}$$

如果 y_t 不仅与前一期 y_{t-1} 有关，而且与 y_{t-2} 相关，显然，在这种情况下用 AR（1）来刻画 y_t 的动态依存关系就不恰当了，而需要在模型中引入 y_{t-2}。一般地，如果 y_t 与过去时期直到 y_{t-p} 的取值相关，则 $\{y_t\}$ 的动态关系就需要使用包含 y_{t-1}，

$\cdots$, y_{t-p} 在内的 p 阶自回归模型来加以刻画。p 阶自回归模型的一般形式为

$$y_t = \gamma_1 y_{t-1} + \gamma_2 y_{t-2} + \cdots + \gamma_p y_{t-p} + u_t \tag{5.17}$$

为了说明单位根过程的概念，这里侧重以 AR（1）模型 $y_t = \gamma y_{t-1} + u_t$ 进行分析。根据平稳时间序列分析的理论可知，当 $|\gamma| < 1$ 时，该序列 $\{y_t\}$ 是平稳的，此模型是经典的 Box-Jenkins 时间序列 AR（1）模型。但是，如果 $\gamma = 1$，则序列的生成过程变为随机游走过程：

$$y_t = y_{t-1} + u_t \tag{5.18}$$

其中，$\{u_t\}$ 独立同分布且均值为零、方差恒定为 σ^2。随机游走过程的方差为

$$\begin{aligned} \mathrm{Var}(y_t) &= \mathrm{Var}(y_{t-1} + u_t) = \mathrm{Var}(y_{t-2} + u_{t-1} + u_t) \\ &= \mathrm{Var}(u_1 + u_2 + \cdots + u_{t-1} + u_t) = t\sigma^2 \end{aligned}$$

当 $t \to \infty$ 时，序列的方差趋于无穷大，这说明随机游走过程是非平稳的，同时也说明随机游走过程具有“记忆性”。下面通过表 5.4 来对比一下随机游走过程和平稳一阶自回归过程的统计特征。

表 5.4　随机游走过程和平稳的一阶自回归过程统计特征比较

指标	对象	
	随机游走过程 $y_t = y_{t-1} + u_t$	平稳一阶自回归过程 $y_t = \gamma y_{t-1} + u_t\ (\lvert\gamma\rvert < 1)$
方差	$t\sigma^2$（无限的）	$\sigma^2/(1-\gamma^2)$（有限的）
自相关系数	$\rho_k = \sqrt{1-(k/T)} \xrightarrow{T \to \infty} 1$	$\rho_k = \gamma^k$
穿越零均值点的期望时间	无限的	有限的
记忆性	永久的	暂时的

有时我们也称一个随机游走过程是一个单位根过程。过程 $y_t = y_{t-1} + u_t$ 之所以被称为单位根过程是因为如下事实：

如果我们用滞后算子 L 来表示过程 $\{y_t\}$，则有

$$(1 - \gamma L) y_t = u_t \tag{5.19}$$

而式（5.19）所对应的特征方程为

$$1 - \gamma L = 0 \tag{5.20}$$

当式（5.20）有一个根位于单位圆上即“$|L| = 1$”（或 $|\gamma| = 1$）时，称式（5.16）为单位根过程。比如

$$y_t = \gamma y_{t-1} + u_t$$

当 $\gamma = 1$ 时，$\{u_t\}$ 为一平稳过程，则称序列 $\{y_t\}$ 为（不带漂移的）单位根过程。而带漂移和时间趋势的单位根过程服从如下模型：

$$y_t = \alpha + \beta t + y_{t-1} + u_t \tag{5.21}$$

显然，随机游走过程是单位根过程的一个特例。

从单位根过程的定义可以看出，含一个单位根的过程 $\{y_t\}$，其一阶差分：

$$\Delta y_t = y_t - y_{t-1} = u_t$$

是一平稳过程，像这种经过一次差分后变为平稳的序列称为一阶单整序列（Integrated Process），记为 $\{y_t\} \sim I(1)$ 。有时一个序列经一次差分后可能还是非平稳的，如果序列经过二阶差分后才变成平稳过程，则称序列为二阶单整序列，记为 $\{y_t\} \sim I(2)$ 。一般地，如果序列 $\{y_t\}$ 经过 d 次差分后平稳，而 $d-1$ 次差分却不平稳，那么称 $\{y_t\}$ 为 d 阶单整序列，记为 $\{y_t\} \sim I(d)$ ，d 称为整形阶数。特别地，若序列 $\{y_t\}$ 本身是平稳的，则称序列为零阶单整序列，记为 $\{y_t\} \sim I(0)$。

2. Dickey-Fuller 检验（DF 检验）

我们知道大多数的经济变量，如 GDP、总消费、价格水平以及货币供给虽 M2 等都会呈现出强烈的趋势特征。这些具有趋势特征的经济变量，当发生经济振荡或冲击后，一般会出现两种情形：一是受到振荡或冲击后，经济变量逐渐又回到它们的长期趋势轨迹；二是这些经济变量没有回到原有轨迹，而呈现出随机游走的状态。若我们研究的经济变量遵从一个非平稳过程（比如随机游走过程），当运用最小二乘法时，前面所介绍的高斯-马尔可夫定理不再成立，一个变量对其他变量的回归可能会导致伪回归结果。同时，如果我们所研究的经济变量（如 GDP）是非平稳的，则经济出现突发性振荡（如石油价格猛增，金融危机或政府开支骤减等）所造成的影响不会在短期内消失，其影响将是持久性的。这也是研究单位根检验的意义所在。

假设数据序列是由下列自回归模型生成的：

$$Y_t = \gamma Y_{t-1} + \varepsilon_t$$

式中 ε_t 独立同分布，期望为零，方差为 σ^2，我们要检验 Y 序列是否有单位根。

检验的零假设为：H_0：$\gamma = 1$ ，对于上述无截距项的回归式，回归系数 γ 的 OLS 估计为

$$\hat{\gamma} = \frac{\sum Y_{t-1} Y_t}{\sum Y_{t-1}^2}$$

检验用的统计量是

$$t = \frac{\hat{\gamma} - \gamma}{\hat{\sigma}_{\hat{\gamma}}}$$

在 H_0：$\gamma = 1$ 成立的条件下，统计量为

$$t = \frac{\hat{\gamma} - 1}{\hat{\sigma}_{\hat{\gamma}}} \tag{5.22}$$

但是，Dickey、Fuller 通过研究发现，在原假设成立的情况下，该统计量不服从 t 分布，传统的 t 检验方法失效。但可以证明，上述统计量的极限分布存在，一般称其为 Dickey—Fuller 分布。根据这一分布所做的检验称为 DF 检验。

而实际应用中，检验方程通常可设为以下三种模式。

模型①：$y_t = \gamma y_{t-1} + u_t$

模型②：$y_t = \alpha + \gamma y_{t-1} + u_t$

模型③：$y_t = \alpha + \beta t + \gamma y_{t-1} + u_t$

图 5.10 为上述检验统计量的分布的蒙特卡罗方法模拟，样本容量 T=100，图中分别用三种模型式各模拟 10 000 次得到 DF 的分布图。①、②、③直方图分别代表三种模型式中 DF 统计量的分布。随着确定项的增加，分布越来越向左移。DF 分布不同于 t 分布，整体向左移动了。

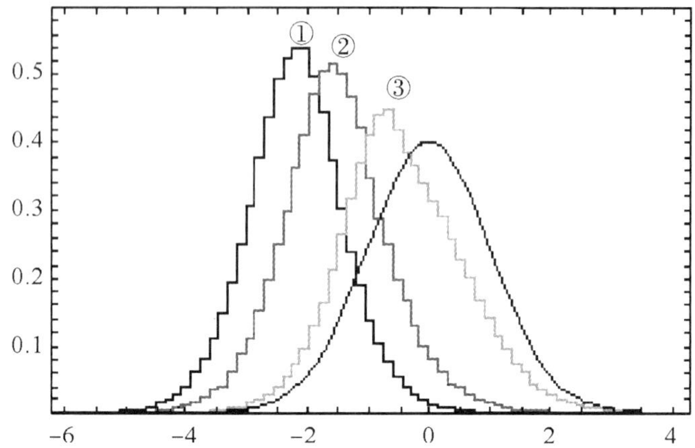

图 5.10　情形①、②、③的 DF 统计量分布的蒙特卡罗模拟（T=100）

Dickey、Fuller 得到并编制了 DF 检验临界值表。在进行 DF 检验时，比较 t 统计量值与 DF 检验临界值，就可在某个显著性水平上拒绝或接受原假设。在实际应用中，可按如下检验步骤进行。

（1）根据所观察的数据序列，用 OLS 法估计三种一阶自回归模型之一，比如，

$$Y_t = \gamma Y_{t-1} + \varepsilon_t$$

得到回归系数 γ 的 OLS 估计

$$\hat{\gamma} = \frac{\sum Y_{t-1}Y_t}{\sum Y_{t-1}^2}$$

（2）提出假设：H_0：$\gamma = 1$，检验用统计量为

$$t = \frac{\hat{\gamma} - 1}{\hat{\sigma}_{\hat{\gamma}}}$$

（3）计算在原假设成立的条件下 t 值，查 DF 检验临界值表得临界值，若 t 值小于 DF 检验临界值，则拒绝原假设 H_0：$\gamma = 1$，说明序列不存在单位根；若 t 值大于或等于 DF 检验临界值，则接受原假设 H_0：$\gamma = 1$，说明序列存在单位根。

为了区别，t 值有时也称为 τ 值。

因为不同情况，DF 统计量分布有区别，所以 Fuller 针对如下三种方程编制了临界值表。Fuller 使用蒙特卡罗模拟方法得到的 DF 统计量的百分位数表如表 5.5 所示。

表 5.5　*DF* 分布百分位数表

模型	T	a							
		0.01	0.025	0.05	0.10	0.90	0.95	0.975	0.99
模型 1	25	−2.66	−2.26	−1.95	−1.60	0.92	1.33	1.70	2.16
	50	−2.62	−2.25	−1.95	−1.61	0.91	1.31	1.66	2.08
	100	−2.60	−2.24	−1.95	−1.61	0.90	1.29	1.64	2.03
	250	−2.58	−2.23	−1.95	−1.62	0.89	1.29	1.63	2.01
	500	−2.58	−2.23	−1.95	−1.62	0.89	1.28	1.62	2.00
	∞	−2.58	−2.23	−1.95	−1.62	0.89	1.28	1.62	2.00
模型 2	25	−3.75	−3.33	−3.00	−2.63	−0.37	0.00	0.34	0.72
	50	−3.58	−3.22	−2.93	−2.60	−0.40	−0.03	0.29	0.66
	100	−3.51	−3.17	−2.89	−2.58	−0.42	−0.05	0.26	0.63
	250	−3.46	−3.14	−2.88	−2.57	−0.42	−0.06	0.24	0.62
	500	−3.44	−3.13	−2.87	−2.57	−0.43	−0.07	0.24	0.61
	∞	−3.43	−3.12	−2.86	−2.57	−0.44	−0.07	0.23	0.60
模型 3	25	−4.38	−3.95	−3.60	−3.24	−1.14	−0.80	−0.50	−0.15
	50	−4.15	−3.80	−3.50	−3.18	−1.19	−0.87	−0.58	−0.24
	100	−4.04	−3.73	−3.45	−3.15	−1.22	−0.90	−0.62	−0.28
	250	−3.99	−3.69	−3.43	−3.13	−1.23	−0.92	−0.64	−0.31
	500	−3.98	−3.68	−3.42	−3.13	−1.24	−0.93	−0.65	−0.32
	∞	−3.96	−3.66	−3.41	−3.12	−1.25	−0.94	−0.66	−0.33
t（∞）	N（0，1）	−2.33	−1.96	−1.65	−1.28	1.28	1.65	1.96	2.33

注：T 为样本容量，α为检验水平。

后来，Mackinnon 对临界值表加以扩充，形成了目前使用广泛的临界值表，在 Stata 软件中使用的是 Mackinnon 临界值表。

3. Augmented Dickey-Fuller 检验（ADF 检验）

以上三个自回归模型对于研究实际经济变量太严格，只允许数据生成过程是一阶自回归，还应该进一步讨论在 AR（p）模型条件下，以及随机误差项非白噪声条件下，检验用统计量的分布特征。

当随机扰动项存在自相关时，直接使用 DF 检验法会出现偏误，为了保证单位根检验的有效性，人们对 DF 检验进行拓展，从而形成了扩展的 DF 检验，简称为 ADF 检验。根据我们的讨论，要使扰动项无自相关，只需要在原模型加入差分项即可，具体做法如下。

假设基本模型为如下三种类型。

模型①：$Y_t = \gamma Y_{t-1} + u_t$

模型②：$Y_t = \alpha + \gamma Y_{t-1} + u_t$

模型③：$Y_t = \alpha + \beta t + \gamma Y_{t-1} + u_t$

其中 u_t 为随机扰动项，它是一个平稳过程。为了使用 ADF 检验的方法，将模型变为如下形式。

模型①：$y_t = \gamma y_{t-1} + \sum_{i=1}^{p} \alpha_i \Delta y_{t-i} + v_t$

模型②：$y_t = \alpha + \gamma y_{t-1} + \sum_{i=1}^{p} \alpha_i \Delta y_{t-i} + v_t$

模型③：$y_t = \alpha + \beta\ t + \gamma y_{t-1} + \sum_{i=1}^{p} \alpha_i \Delta y_{t-i} + v_t$

由于在上述模型中检验原假设 H_0：$\gamma = 1$ 的 t 统计量的极限分布，同 DF 检验的极限分布相同，从而可以使用相同的临界值表。

由于实际数据绝大多数具有不同程度的相关性，因而 ADF 是实证研究的主要工具。但是，如何保证实证结论的准确性还需要考虑一个问题：滞后阶的确定。

Δy_t 的滞后项加入检验方程是为校正自相关性，因此滞后阶的选取既要截获相关性，同时又要尽量减少信息损失（滞后阶越大，用于估计的有效样本就越少，从而使信息损失越大），基于这一思想，实证中常用的方法有，基于最小信息准则来选取滞后阶 p，即定义

$$I_k = \log\hat{\sigma}_{\varepsilon}^2 + p \cdot C_T/T$$

令 $C_T = 2$，称 I_k 为赤池信息准则（Akaike information criterion，AIC），令 $C_T = \log T$，称 I_k 为贝叶斯信息准则（Bayesian information criterion，BIC），即

$$\text{AIC} = \log\hat{\sigma}_{\varepsilon}^2 + 2p/T$$

$$\text{BIC} = \log\hat{\sigma}_{\varepsilon}^2 + p\log T/T$$

选取较大的滞后阶 p，计算对应的 AIC（或 BIC），然后减少 p，直至 AIC（BIC）最小并基于此确定最终滞后阶。由于 AIC 和 BIC 渐近一致，故使用 AIC 或 BIC 均是可行的。

怎样做单位根检验呢？在 Stata 中可以使用如下命令。

dfullervariable：不带趋势项的 DF 检验。

dfullervariable，lags（#）：滞后#期的 ADF 检验。

dfullervariable，lags（#）trend：滞后#期带趋势项的 ADF 检验。

pperronvariable：PP 检验。

dfglsvariable：DF-GLS 检验（已知功效最大的检验）。

【例 5.4】根据某地 1991—2016 年的 GDP 序列，检验其是否为平稳序列。

在 Stata 中录入数据，如表 5.6 所示。

表 5.6　某地 1991—2016 年度 GDP 序列

年度	GDP	年度	GDP	年度	GDP
1991	3 624.1	2000	11 962.5	2009	67 884.6
1992	4 038.2	2001	14 928.3	2010	74 462.6
1993	4 517.8	2002	16 909.2	2011	79 395.7
1994	4 862.4	2003	18 547.9	2012	82 067.5
1995	5 294.7	2004	21 617.8	2013	89 468.1
1996	5 934.5	2005	26 638.1	2014	97 314.8
1997	7 171	2006	34 634.4	2015	105 172.3
1998	8 964.4	2007	46 759.4	2016	116 898.4
1999	10 202.2	2008	58 478.1		

输入命令 dfuller GDP，进行单位根检验，结果如图 5.11 所示。

```
Dickey-Fuller test for unit root                   Number of obs   =        25

                               ---------- Interpolated Dickey-Fuller ----------
                  Test         1% Critical       5% Critical      10% Critical
               Statistic           Value             Value             Value
-------------------------------------------------------------------------------
 Z(t)              4.738            -3.750            -3.000            -2.630
-------------------------------------------------------------------------------
MacKinnon approximate p-value for Z(t) = 1.0000
```

图 5.11　DF 检验

DF 检验结果显示 MacKinnon p 值为 1，因此不能拒绝原假设：存在单位根。当然由 GDP 时间序列图可以看出，该序列可能存在趋势项，因此选择 ADF 检验的第三种模型进行检验，使用 5 阶滞后阶数，检验结果如图 5.12 所示。

```
. dfuller GDP, lags(5) trend

Augmented Dickey-Fuller test for unit root         Number of obs   =        20

                               ---------- Interpolated Dickey-Fuller ----------
                  Test         1% Critical       5% Critical      10% Critical
               Statistic           Value             Value             Value
-------------------------------------------------------------------------------
 Z(t)             -1.300            -4.380            -3.600            -3.240
-------------------------------------------------------------------------------
MacKinnon approximate p-value for Z(t) = 0.8879
```

图 5.12　ADF 检验

从图 5.12 中可以看出，ADF 统计量的值为-1.300。在 1%、5%、10%三个显著性水平下，单位根检验的 Mackinnon 临界值分别为-4.380、-3.600、-3.240，显然，上述 t 检验统计量值大于相应临界值，从而不能拒绝 H_0，表明该地区 1991—2016 年的 GDP 序列存在单位根，是非平稳序列。

三、两变量协整分析

1. 协整的概念

在给出协整（Cointegration）的概念之前，我们先看一个货币需求分析的例子。经典的理论分析告诉我们，一个国或地区的货币需求量主要取决于规模变量和机会成本变量，即实际收入、价格水平以及利率。如果以对数形式的计量经济模型将货币需求函数描述出来，其形式为

$$\ln M_t = \beta_0 + \beta_1 \ln P_t + \beta_2 \ln Y_t + \beta_3 r_t + u_t$$

其中，M 为货币需求，P 为价格水平，Y 为实际收入总额，r 为利率，u 为扰动项，β_i 为模型参数。

人们关心的问题是如何估计出上述回归模型，检验模型参数是否满足条件：$\beta_1 = 1$，$\beta_2 > 0$，$\beta_3 < 0$，并回答估计出来的货币需求函数是否揭示了货币需求的长期均衡关系。如果上述货币需求函数是适当的，那么货币需求对长期均衡关系的偏离将是暂时的，扰动项序列是平稳序列，估计出来的货币需求函数就揭示了货币需求的长期均衡关系。相反，如果扰动项序列有随机趋势而呈现非平稳现象，那么模型中的误差会逐步积累，使得货币需求对长期均衡关系的偏离在长时期内不会消失。因此，上述货币需求模型是否具有实际价值，关键在于扰动项序列是否平稳。

但面临的问题是，货币供给量、实际收入、价格水平以及利率可能是非平稳的 $I(1)$ 序列。一般情况下，多个非平稳序列的线性组合也是非平稳序列。如果货币供给量、实际收入、价格水平以及利率的任何线性组合都是非平稳的，那么上述货币需求模型的扰动项序列就不可能是平稳的，从而模型并没有揭示出货币需求的长期稳定关系。反过来说，如果上述货币需求模型描述了货币需求的长期均衡关系，那么扰动项序列必定是平稳序列，也就是说，非平稳的货币供给量、实际收入、价格水平以及利率四变量之间存在平稳的线性组合。

上述例子揭示了这样一个事实：包含非平稳变量的均衡系统，必然意味着这些非平稳变量的某种组合是平稳的。这正是协整理论的思想。

所谓协整，是指多个非平稳经济变量的某种线性组合是平稳的。例如，收入与消费、工资与价格、政府支出与税收、出口与进口等，这些经济时间序列一般是非平稳序列，但它们之间往往存在长期均衡关系。下面给出协整的严格定义：

对于两个序列 $\{x_t\}$ 与 $\{y_t\}$，如果 $y_t \sim I(1)$，$x_t \sim I(1)$，而且存在一组非零常数 α_1、α_2，使得 $\alpha_1 x_t + \alpha_2 y_t \sim I(0)$，则称 x_t 和 y_t 之间是协整的。

一般的，设有 $k(\geq 2)$ 个序列 $\{y_{1t}\}$，$\{y_{2t}\}$，…，$\{y_{kt}\}$，用 $Y_t = (y_{1t}, y_{2t}, \cdots, y_{kt})'$ 表示由此 k 个序列构成的 k 维向量序列，如果：

（1）每一个序列 $\{y_{1t}\}$，$\{y_{2t}\}$，…，$\{y_{kt}\}$ 都是 d 阶单整序列，即 $y_{jt} \sim I(d)$；

（2）存在非零向量 $\alpha = (a_1, a_2, \cdots, a_k)'$，使得 $\alpha' Y_t = a_1 y_{1t} + a_2 y_{2t} + \cdots + a_k y_{kt}$ 为（$d - b$）阶单整序列，即 $\alpha' Y_t \sim I(d-b)$，$0 < b \leq d$。

则称向量序列 $Y_t=(y_{1t},\ y_{2t},\ \cdots,\ y_{kt})'$ 的分量间是 d、b 阶协整的，记为 $Y_t \sim CI(d,\ b)$，向量 $\alpha=(a_1,\ a_2,\ \cdots,\ a_k)'$ 称为协整向量。

特别地，若 $d=b=1$，则 $Y_t \sim CI(1,\ 1)$，说明尽管各个分量序列是非平稳的一阶单整序列，但它们的某种线性组合却是平稳的。这种（1，1）阶协整关系在经济计量分析中较为常见。例如，假设变量 y_{1t} 与变量 $y_{it}(i=2,\ \cdots,\ m)$ 之间存在（1，1）阶协整关系，协整向量为 $\alpha=(1,\ -\beta_2,\ \cdots,\ -\beta_m)'$，则这种协整关系可表示为

$$y_{1t}=\alpha+\beta_2 y_{2t}+\cdots+\beta_m y_{mt}+u_t \tag{5.23}$$

组合变量 u_t 就为 $I(0)$ 过程。

协整概念的提出对于用非平稳变量建立经济计量模型，以及检验这些变量之间的长期均衡关系非常重要。

（1）如果多个非平稳变量具有协整性，则这些变量可以合成一个平稳序列。这个平稳序列就可以用来描述原变量之间的均衡关系。

（2）当且仅当多个非平稳变量之间具有协整性时，由这些变量建立的回归模型才有意义。所以协整性检验也是区别真实回归与伪回归的有效方法。

（3）具有协整关系的非平稳变量可以用来建立误差修正模型。误差修正模型把长期关系和短期动态特征结合在一个模型中，既可以克服传统计量经济模型忽视伪回归的问题，又可以克服建立差分模型忽视水平变量信息的弱点。

2. 协整检验

协整性的检验有多种方法，这里我们考虑基于回归残差的单一方程的协整检验，主要介绍两变量协整关系的 EG 两步法检验。

第一步，若 X_t 与 Y_t 是一阶单整$[I(1)]$序列，即 ΔX_t 和 ΔY_t 是平稳的，用 OLS 法对回归方程（也称为协整回归方程）$X_t=\alpha+\beta Y_t+u_t$ 进行估计，得到残差序列 $e_t=X_t-(\hat{\alpha}+\hat{\beta}Y_t)$。

第二步，检验 e_t 的平稳性。若 e_t 为平稳的，则 X_t 与 Y_t 是协整的，反之则不是协整的。因为若 X_t 与 Y_t 不是协整的，则它们的任一线性组合都是非平稳的. 因此残差 e_t 将是非平稳。换言之，对残差序列 e_t 是否具有平稳性的检验，也就是对 X_t 与 Y_t 是否存在协整的检验。

检验 e_t 为非平稳的假设可用两种方法。一种方法是对残差序列进行 DF 检验或者 ADF 检验，即对 e_t 进行单位根检验，其检验方法在前面已介绍。需要注意的问题是，这里的 DF 检验或 ADF 检验是针对协整回归计算出的误差项 e_t 而非真正的非均衡误差 u_t 进行的。而 OLS 法采用了残差最小平方和原理，因此估计量 γ 是向下偏倚的，这样将导致拒绝零假设的机会比实际情形大。于是对 e_t 平稳性检验的 DF 与 ADF 临界值应该比正常的 DF 与 ADF 临界值还要小。MacKinnon（1991）通过模拟试验给出了协整检验的临界值，表 5.7 是双变量情形下不同样本容量的临界值。

表 5.7　双变量协整 ADF 检验临界值

样本容量	显著性水平		
	0.01	0.05	0.10
25	-4.37	-3.59	-3.22
50	-4.12	-3.46	-3.13
100	-4.01	-3.39	-3.09
∝	-3.90	-3.33	-3.05

另一种方法是协整回归 DW 检验。具体做法为，用协整回归所得的残差构造 DW 统计量：

$$\mathrm{CRDW}=\frac{\sum (e_t-e_{t-1})^2}{\sum e_t^2} \tag{5.24}$$

若 e_t 是随机游走的，则 e_t-e_{t-1} 的数学期望为 0，故 DW 也应接近于 0。因此，只需检验 H_0：DW = 0 是否成立，若 H_0 成立，e_t 为随机游走，X_t与 Y_t间不存在协整，反之则存在协整。Sargan 和 Bhargava 最早编制了用于检验协整的 DW 临界值表。表 5.8 是观察数为 100 时，该检验的临界值。例如，当 DW＝0.71 时，在 1%的显著性水平上我们能拒绝 H_0：DW = 0，即拒绝非协整假设。

表 5.8　检验 DW＝0 的临界值

显著性水平%	DW 临界值
1	0.511
5	0.386
10	0.322

3. 误差修正模型

误差修正模型（Error Correction Model，ECM）是一种具有特定形式的计量经济学模型。误差修正模型的基本思路是，若变量间存在协整关系，即表明这些变量间存在着长期稳定的关系，而这种长期稳定的关系是在短期动态过程的不断调整下得以维持。产生这种结果的原因在于，大多数的经济时间序列的一阶差分是平稳序列。同时，存在着某种联系方式（如线性组合）把相互协整过程和长期稳定均衡状态结合起来。之所以能够这样，是因为一种调节过程（误差修正机制）在起作用，防止了长期关系的偏差在规模或数量上的扩大。因此，任何一组相互协整的时间序列变量都存在误差修正机制，反映短期调节行为。

为了便于理解，我们通过一个具体的模型来介绍它的结构。假设两变量 X 与 Y 的长期均衡关系为

$$Y_t=\alpha_1+\alpha_2X_t+u_t \tag{5.25}$$

由于现实经济中 X 与 Y 很少处在均衡点上，因此我们实际观测到的只是 X 与 Y

间的短期的或非均衡的关系，假设具有如下分布滞后形式

$$Y_t = \beta_1 + \beta_2 X_t + \beta_3 X_{t-1} + \gamma Y_{t-1} + v_t \tag{5.26}$$

该模型显示出第 t 期的 Y 值，不仅与 X 的变化有关，而且与 $t-1$ 期 X 与 Y 的状态值有关。

由于变量可能是非平稳的，因此不宜直接运用 OLS 法。对上式适当变形，得

$$\Delta Y_t = \beta_1 + \beta_2 \Delta X_t + (\beta_2 + \beta_3) X_{t-1} - (1-\gamma) Y_{t-1} + v_t$$

$$= \beta_2 \Delta X_t - (1-\gamma)\left(Y_{t-1} - \frac{\beta_1}{1-\gamma} - \frac{\beta_2 + \beta_3}{1-\gamma} X_{t-1}\right) + v_t$$

或

$$\Delta Y_t = \beta_2 \Delta X_t - \lambda(Y_{t-1} - \alpha_1^* - \alpha_2^* X_{t-1}) + v_t \tag{5.27}$$

式中，$\lambda = 1-\gamma$，$\alpha_1^* = \beta_1/(1-\gamma)$，$\alpha_2^* = (\beta_2 + \beta_3)/(1-\gamma)$

如果将式（5.27）中的参数 α_1^*，α_2^* 与式（5.25）中的 α_1，α_2 相应参数视为相等，则（5.27）式中括号内的项就是 $t-1$ 期的非均衡误差项。于是式（5.27）表明 Y 的变化决定于 X 的变化以及前一时期的非均衡程度。同时，式（5.27）也弥补了简单差分式（5.26）的不足，因为该式含有用 X、Y 水平值表示的前期非均衡程度。因此，Y 的值已对前期的非均衡程度做出了修正。式（5.27）称为一阶误差修正模型（first-order error correction model）。

式（5.27）可以写成：

$$\Delta Y_t = \beta_2 \Delta X_t - \lambda \mathrm{ecm} + v_t \tag{5.28}$$

其中 ecm 表示误差修正项。由式（5.26）可知，一般情况下 $|\gamma| < 1$，所以有 $0 < \lambda < 1$。我们可以据此分析 ecm 的修正作用：若（$t-1$）时刻 Y 大于其长期均衡解 $\alpha_1 + \alpha_2 X$，ecm 为正，则（$-\lambda \times \mathrm{ecm}$）为负，使得 ΔY_t 减少；若（$t-1$）时刻 y 小于其长期均衡解 $\alpha_1 + \alpha_2 X$，ecm 为负，（$-\lambda \times \mathrm{ecm}$）为正，使得 ΔY_t 增大。这体现了长期非均衡误差对 Y_t 的控制。

需要注意的是，在实际分析中，变量常以对数的形式出现。其主要原因在于变量对数的差分近似地等于该变量的变化率，而经济变量的变化率常常是稳定序列，因此适合于包含在经典回归方程中。于是长期均衡模型（5.25）中的 α_2 可理解为 Y 关于 X 的长期弹性（long-run elasticity），而短期非均衡模型（5.26）中的 β_2 可理解为 Y 关于 X 的短期弹性（short-run elasticity）。

建立误差修正模型一般分为两步，即分别建立区分数据长期特征和短期特征的计量经济学模型。从理论上讲，第一步，建立长期关系模型，即通过水平变量和 OLS 法估计出时间序列变量间的关系。若估计结果形成平稳的残差序列时，那么这些变量间就存在相互协整的关系，长期关系模型的变量选择是合理的，回归系数具有经济意义。第二步，建立短期动态关系，即误差修正方程。将长期关系模型中各变量以一阶差分形式重新加以构造，并将长期关系模型所产生的残差序列作为解释变量引入，在一个从一般到特殊的检验过程中，对短期动态关系进行逐项检验，不显著的项逐渐被剔除，直到找到最适当的表示方法为止。值得注意的是，作为解释变量引入的长期关系模型的残差，代表着在取得长期均衡的过程中各时点上出现“偏误”的程度，使得第二步可以对这种偏误的短期调整或误差修正机制加以估计。

下面以建立我国货币需求函数为例，说明误差修正模型的建模过程。

货币需求函数通常在局部调整的结构下加以设定。在这种模型中，当前实际货币需求余额是关于实际货币需求余额滞后值、实际国民收入（通常用 GDP 表示）和机会成本等变量的回归。那么这种依据交易方程设定的模型可作为长期关系模型，其一般形式为

$$\left(\frac{M}{P}\right)_t=\beta_0+\beta_1 Y_t+\beta_2\pi_t+\beta_3\left(\frac{M}{P}\right)_{t-1}+v_t$$

其中，M 为相应的名义货币余额，P 为物价指数（通常用 GDP 的平减指数表示），Y 为实际的国内生产总值（GDP），π 为季度通货膨胀率（根据综合物价指数衡量）。这里关于实际收入（产业规模）和机会成本变量的长期弹性分别由 $\beta_1/(1-\beta_3)$ 和 $\beta_2/(1-\beta_3)$ 给出。

第二阶段误差修正方程的一般形式是

$$\Delta\left(\frac{M}{P}\right)_t=\alpha_0+\sum_{i=0}^{l}\beta_i\Delta Y_{t-i}+\sum_{i=0}^{l}\gamma_i\Delta\pi_{t-i}+\sum_{i=0}^{l}\sigma_i\Delta\left(\frac{M}{P}\right)_{t-i-1}+\lambda EC_{t-1}+v_t$$

其中，EC 为长期关系模型中的残差。

在具体建模中，首先要对长期关系模型的设定是否合理进行单位根检验，以保证 EC 为平稳序列。其次，对短期动态关系中各变量的滞后项，进行从一般到特殊的检验，在这个检验过程中，不显著的滞后项逐渐被剔除，直到找出最佳形式为止。通常滞后期在 l=0，1，2，3 中进行试验。

第三节　向量自回归模型

在经济生活中，经常观察到的不是单个时间序列数据，而是相互影响的多个时间序列数据的同时变化。比如在金融市场中，随着经济全球化与信息与通信技术的飞速发展，各国金融市场间的依赖程度进一步加深，因此为了更好地理解全球多个金融市场之间的动态相依关系，有必要把单变量时间序列模型推广到多变量时间序列模型。近年来，实证经济学家已经广泛应用多变量时间序列模型来解决经济学与社会学问题，而众多计量经济学家也在不断钻研与扩展多变量时间序列模型技术，以使它们更能解释社会经济现象。本章介绍当前应用最广泛的多变量时间序列模型之一，向量自回归模型（vector autoregressive model，VAR），即 VAR 模型。1980 年，Sims 首先提出向量自回归模型，并详细说明了 VAR 模型分析多变量经济时间序列数据的灵活性与可操作性。在其出现之初，部分学者（Sims，1980；Litterman，1976，1986）就认为，因为它回避了哪些变量为外生变量的决策，所以 VAR 模型能比联立方程组模型更好地用于预测。除预测之外，VAR 模型还有两个应用：检验格兰杰因果性检验与通过冲击响应特性来研究政策影响。

一、VAR 模型及平稳性

VAR（p）模型采用多方程联立的形式，它不以经济理论为基础。在模型的每

一个方程中，内生变量对模型的全部内生变量的滞后项进行回归，从而估计全部内生变量的动态关系。类似于单变量时间序列的 AR（p）模型，多变量的 VAR（p）模型的定义为

$$y_t = v + A_1 y_{t-1} + \cdots + A_p y_{t-p} + u_t, \quad t = 0, \quad \pm 1, \quad \pm 2, \cdots \tag{5.29}$$

这里 $y_t = (y_{1t}, \cdots, y_{Kt})'$ 是一个 $K \times 1$ 维的随机向量，A_i 是的 $K \times K$ 维的系数矩阵，$v = (v_1, \cdots, v_K)'$ 是一个 $K \times 1$ 维的截距向量。$u_t = (u_{1t}, \cdots, u_{Kt})'$ 是一个 $K \times 1$ 维的白噪声过程，亦即 $E(u_t) = 0$，$E(u_t u'_t) = \Sigma_\varepsilon$ 且 $E(u_t u'_s) = 0$（当 $s \neq t$ 时）、$|\Sigma_u| \neq 0$。

认识事物应该从最简单的情形入手，所以我们首先讨论最简单的 VAR（1）过程，以弄清 VAR 模型的内在含义。以两个变量 y_{1t}，y_{2t} 滞后 1 期的 VAR 模型为例：

$$\begin{cases} y_{1t} = v_1 + a_{11} y_{1t-1} + a_{12} y_{2t-1} + u_{1t} \\ y_{2t} = v_2 + a_{21} y_{1t-1} + a_{22} y_{2t-1} + u_{2t} \end{cases}$$

其中 u_{1t}，$u_{2t} \sim \text{IID}(0, \sigma^2)$，$\text{Cov}(u_{1t}, u_{2t}) = 0$。可写成矩阵形式：

$$y_t = v + A_1 y_{t-1} + u_t, \ t = 1, 2, \cdots$$

于是一般的 VAR（1）过程如下（y_t 可以是包含两个及以上变量的高维向量）：

$$y_t = v + A_1 y_{t-1} + u_t, \ t = 1, 2, \cdots \tag{5.30}$$

容易推得

$$y_1 = v + A_1 y_0 + \varepsilon_1$$

$$y_2 = v + A_1 y_1 + u_2 = v + A_1(v + A_1 y_0 + u_1) + u_2 = (I_K + A_1)v + A_1^2 y_0 + A_1 u_1 + u_2$$

类似地，可得

$$y_t = (I_K + A_1 + \cdots + A_1^{t-1})v + A_1^t y_0 + \sum_{i=0}^{t-1} A_1^i u_{t-i} \tag{5.31}$$

因此，从上面各式可以看出，$y_1, \cdots, y_t$ 由 $y_0, u_1, \cdots, u_t$ 所唯一决定。也容易看出，$y_1, \cdots, y_t$ 的联合分布也由 $y_0, u_1, \cdots, u_t$ 的联合分布所决定。如果该过程不是从一个特定的初始时期出发，而是始于无限远，则可以容易地推导该过程的数学性质。

从式（5.31）可以得到

$$y_t = (I_K + A_1 + \cdots + A_1^j)v + A_1^{j+1} y_{t-j-1} + \sum_{i=0}^{j} A_1^i u_{t-i}$$

类似于一维情形，如果矩阵 A_1 的特征值都在单位圆外，则矩阵序列 A_1^i，$i = 0, 1, \cdots$ 是绝对可和的，所以无限和式 $\sum_{i=0}^{\infty} A_1^i u_{t-i}$ 存在均方极限。

也就是说 VAR（1）过程等价于如下随机过程：

$$y_t = \mu + \sum_{i=0}^{\infty} A_1^i u_{t-i}, \ t = 0, \quad \pm 1, \quad \pm 2, \cdots$$

类似于一维情形，如果矩阵 A_1 的所有的特征值都在单位圆之内，则 VAR（1）过程是平稳的。其等价的说法是对于任意的 $|z| \leqslant 1$，$|I_K - A_1 z| \neq 0$；或者特征方程 $|I_K - A_1 z| = 0$ 的根都要在单位圆之外。

VAR（1）过程很容易推广到 VAR（p）过程，这是因为任何 VAR（p）过程都可以改写为 VAR（1）过程。比如，y_t 是一个 VAR（p）过程，则可以把它改写为 Kp

×1 维 VAR（1）过程

$$Y_t = v + A Y_{t-1} + U_t \tag{5.32}$$

其中 $Y_t \equiv \begin{pmatrix} y_t \\ y_{t-1} \\ \vdots \\ y_{t-p+1} \end{pmatrix}_{Kp\times 1}$，$v \equiv \begin{pmatrix} v \\ 0 \\ \vdots \\ 0 \end{pmatrix}_{Kp\times 1}$，$A \equiv \begin{pmatrix} A_1 & A_2 & \cdots & A_{p-1} & A_p \\ I_K & 0 & \cdots & 0 & 0 \\ 0 & I_K & & 0 & 0 \\ \vdots & & \ddots & \vdots & \vdots \\ 0 & 0 & \cdots & I_K & 0 \end{pmatrix}_{Kp\times Kp}$，

$U_t \equiv \begin{pmatrix} u_t \\ 0 \\ \vdots \\ 0 \end{pmatrix}_{Kp\times 1}$

由于我们只讨论平稳的过程，所以我们假定 $|I_{Kp} - Az| \neq 0$，对于任意的 $|z| \leqslant 1$。经简单运算可得等价条件 $|I_{Kp} - Az| = |I_K - A_1 z - \cdots - A_p z^p| \neq 0$，对于任意的 $|z| \leqslant 1$。

【例 5.5】把 VAR（1）过程写成分量形式，并结合联立方程组模型阐述 VAR（1）模型的特点。

$$\begin{pmatrix} y_{1t} \\ y_{2t} \end{pmatrix} = \begin{pmatrix} 0.1 \\ 0.3 \end{pmatrix} + \begin{pmatrix} 0.2 & 0.1 \\ 0.5 & 0.7 \end{pmatrix} \begin{pmatrix} y_{1t-1} \\ y_{2t-1} \end{pmatrix} + \begin{pmatrix} u_{1t} \\ u_{2t} \end{pmatrix}, \ \mathrm{cov}(u_{1t}, u_{2t}) = 0$$

经简单运算可得分量形式：

$$\begin{cases} y_{1t} = 0.1 + 0.2 y_{1t-1} + 0.1 y_{2t-1} + u_{1t} \\ y_{2t} = 0.3 + 0.5 y_{1t-1} + 0.7 y_{2t-1} + u_{2t} \end{cases}$$

结合计量经济学的联立方程组模型，发现 VAR（1）过程有以下特点：

①每个分量都是内生变量；②每个方程的解释变量都相同，是所有内生变量的滞后变量；③ y_t 要求的动态结构由它的 p 阶滞后就可以刻画出来，p 时刻之前的变量对 y_t 的当期值无影响；(4) VAR 模型类似于联立方程的简化形式。

【例 5.6】试判断 VAR（2）过程是否平稳。

$$\begin{pmatrix} y_{1t} \\ y_{2t} \end{pmatrix} = \begin{pmatrix} 0.1 \\ 0.3 \end{pmatrix} + \begin{pmatrix} 0.5 & 0.1 \\ 0.4 & 0.5 \end{pmatrix} \begin{pmatrix} y_{1t-1} \\ y_{2t-1} \end{pmatrix} + \begin{pmatrix} 0 & 0 \\ 0.25 & 0 \end{pmatrix} \begin{pmatrix} y_{1t-2} \\ y_{2t-2} \end{pmatrix} + \begin{pmatrix} u_{1t} \\ u_{2t} \end{pmatrix}, \ \mathrm{cov}(u_{1t}, u_{2t}) = 0$$

显然其逆特征多项式是

$$\left| \begin{pmatrix} 1 & 0 \\ 0 & 1 \end{pmatrix} - \begin{pmatrix} 0.5 & 0.1 \\ 0.4 & 0.5 \end{pmatrix} z - \begin{pmatrix} 0 & 0 \\ 0.25 & 0 \end{pmatrix} z^2 \right| = 1 - z + 0.21 z^2 - 0.025 z^3$$

这个多项式的根是 $z_1 = 1.3$, $z_2 = 3.55 + 4.26i$, $z_3 = 3.55 - 4.26i$，其中 $i^2 = -1$。

所以 VAR（2）特征方程的根都在单位圆之外，满足平稳性条件，即此 VAR（2）模型是平稳的。

通常统计软件都会通过图形来判断平稳性，但是验证 VAR（p）特征方程 $|I_K - A_1 z - \cdots - A_p z^p| = 0$ 的所有根都在单位圆之外的区域太大，在 Stata 软件中是通过验证该特征方程根的倒数是否在单位圆之内来判断 VAR（p）过程的平稳性。

【例 5.7】由于人均消费与人均国内生产总值有明显的相互影响关系，我们用

VAR 模型来刻画。为此我们收集了中国 1978—2006 年的相关数据，建立 VAR（2）模型并得到估计结果如图 5. 13 所示。

Vector autoregression

Sample: 1980 - 2006			Number of obs	=	27
Log likelihood =	-310.2365		AIC	=	23.72122
FPE	=	6.93e+07	HQIC	=	23.86393
Det(Sigma_ml)	=	3.28e+07	SBIC	=	24.20116

Equation	Parms	RMSE	R-sq	chi2	P>chi2
y	5	186.086	0.9986	19391.6	0.0000
c	5	75.4046	0.9986	18657.15	0.0000

	Coef.	Std. Err.	z	P>|z|	[95% Conf.	Interval]
y						
y						
L1.	2.29744	.3530616	6.51	0.000	1.605452	2.989428
L2.	-1.197079	.4818067	-2.48	0.013	-2.141403	-.2527553
c						
L1.	-1.234353	.7256852	-1.70	0.089	-2.65667	.1879637
L2.	1.062059	.9579196	1.11	0.268	-.815429	2.939547
_cons	84.48924	61.78187	1.37	0.171	-36.601	205.5795
c						
y						
L1.	.3561593	.1430652	2.49	0.013	.0757566	.636562
L2.	-.3687389	.1952344	-1.89	0.059	-.7513914	.0139136
c						
L1.	1.094051	.2940573	3.72	0.000	.5177094	1.670393
L2.	-.0774976	.3881617	-0.20	0.842	-.8382806	.6832853
_cons	39.99977	25.03483	1.60	0.110	-9.067594	89.06714

图 5. 13　VAR（2）模型的估计输出结果

使用命令 varstable，graph 可得图 5. 14 和图 5. 15。

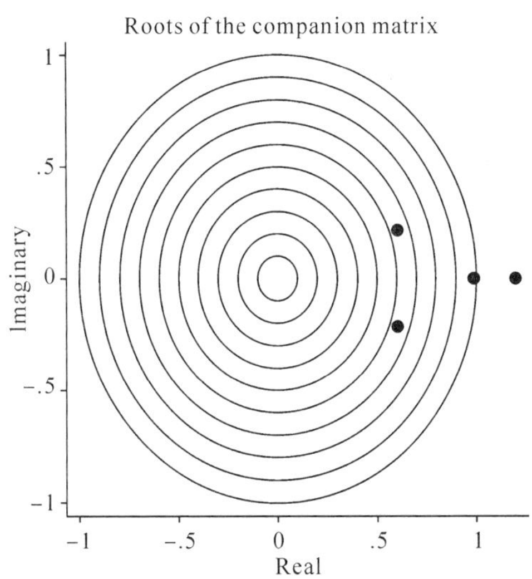

图 5. 14　特征方程根的倒数图

Eigenvalue stability condition

Eigenvalue	Modulus
1.199305	1.1993
.987575	.987575
.6023055 + .2149526*i*	.639513
.6023055 - .2149526*i*	.639513

At least one eigenvalue is at least 1.0.
VAR does not satisfy stability condition.

图 5.15　特征方程根的倒数表

根据图 5.14 中的结果，发现特征方程的根中有一个根的倒数在单位圆之外，所以我们建立的 VAR（2）模型是不平稳的。其实图 5.15 中最下面的警告语句“At least one eigenvalue is at least 1.0. VAR does not satisfy the stability condition.”，已经提示我们这个模型不平稳。所以也可以判定该 VAR（2）模型是不平稳的。

二、非限制性 VAR 模型估计

非限制性 VAR 模型是 VAR 模型中的一种重要类型，统计性质相对简单，所以我们只讨论这种模型。其基本特点是：①不以严格的经济理论为依据。在建模过程中只需明确两件事：第一，共有哪些变量是相互有关系的，把有关系的变量包括在 VAR 模型中；第二，确定滞后期 k，使模型能反映出变量间相互影响的绝大部分。②VAR 模型对参数不施加零约束。参数估计值有无显著性，都保留在模型中。③VAR模型的解释变量中不包括任何当期变量，所有与联立方程模型有关的问题在 VAR 模型中都不存在。④VAR 模型的另一特点是有相当多的参数需要估计。比如一个 VAR 模型含有三个变量，最大滞后期 $k = 3$，则有 $kT^2 = 3 \times 3^2 = 27$ 个参数需要估计。当样本容量较小时，多数参数的估计量误差较大。⑤无约束 VAR 模型的应用之一是预测。由于在 VAR 模型中每个方程的右侧都不含有当期变量，这种模型用于预测的优点是不必对解释变量在预测期内的取值做任何预测。Sims（1980）认为 VAR 模型中的全部变量都是内生变量。近年来也有学者认为具有单向因果关系的变量，也可以作为外生变量加入 VAR 模型。

非限制性 VAR 模型估计的理论方法包括广义最小二乘估计、极大似然估计等，因其理论性较强，这里不再介绍。

三、VAR（p）模型的滞后阶数选择

对于时间序列模型 VAR（p），模型选择问题相当关键，这就涉及滞后阶数 p 的选择问题。当然这可以运用统计检验的方法来判断，例如，基于似然比检验统计量的序贯检验，但是这涉及复杂计算与多个子检验，所以大家更喜欢使用简便的信息准则来判断。

构造 VAR（p）模型的主要目的在于预测，而不是做结构解释，所以关于滞后阶数的选择主要基于预测的误差，而不是拟合模型的误差，因此预测的均方误差是一个理想统计量。Akaike（1969）基于 VAR（p）模型的 1 步预测，给出了相应的预测误差为

$$\Sigma_{\hat{Y}}(1)=\frac{T+Km+1}{T}\Sigma_u$$

其中 m 表示拟合模型的滞后阶数，T 表示样本容量，K 是时间序列的维数。为了使这个判断准则有可操作性，需要把白噪声的协方差矩阵 Σ_u 替换为它的估计量。Akaike 建议使用自由度调整后最小二乘估计量 $\hat{\Sigma}_u(m)=\frac{T}{T-Km-1}\widetilde{\Sigma}_u(m)$，其中 $\widetilde{\Sigma}_u$ 为 Σ_u 的极大似然估计量。为了得到唯一的解（选择），人们习惯于标量形式的判断准则而不是矩阵判断准则，因此采用预测误差协方差矩阵的行列式

$$\begin{aligned}\mathrm{FPE}(m)&=\det\left[\frac{T+Km+1}{T}\frac{T}{T-Km-1}\widetilde{\Sigma}_u(m)\right]\\&=\left(\frac{T+Km+1}{T-Km-1}\right)^K\det[\widetilde{\Sigma}_u(m)]\end{aligned}$$

这里，我们把 FPE 准则写成协方差矩阵的极大似然估计量的原因是直观清楚。

在上述公式中，如果滞后阶数 m 上升，则预测误差 $\widetilde{\Sigma}_u(m)$ 为减少，但是前面的系数项 $(T+Km+1)/(T-Km-1)$ 会增大。因此 VAR（p）模型滞后阶数的选择是在这两方面权衡中选取一个最优值。基于以上基础，结合 K-L 信息统计量（Kullback-Leibler Information），Akaike（1973）提出了赤池信息准则（AIC）。对于 VAR（m）模型，相应的 AIC 准则定义为

$$\mathrm{AIC}(m)=\ln|\widetilde{\Sigma}_u(m)|+\frac{2mK^2}{T} \tag{5.33}$$

其中 mK^2 代表模型自由参数的个数，VAR（p）模型滞后阶数 p 的选择是使得 AIC（m）值最小的一个。值得注意的是，VAR（p）模型自由参数的个数不包含模型的常数项（漂移项），这是因为加减常数项并不改变 AIC（m）的最小值。虽然我们经常使用 AIC 与 FPE 信息准则，但是需要注意基于这两个准则选择的滞后阶数 $\hat{p}$ 不是真实参数 p 的一致估计量（Lütkepohl，2005）。此外，在 VAR（p）模型滞后阶数的选择准则中，还有两个常用的信息准则，一个是 Hannan 和 Quinn（1979）提出的 H-Q 准则：

$$\mathrm{HQ}(m)=\ln|\widetilde{\Sigma}_u(m)|+\frac{2\ln\ln T}{T}mK^2 \tag{5.34}$$

另一个是 Schwarz（1978）基于贝叶斯理论提出的 SC 准则：

$$\mathrm{SC}(m)=\ln|\widetilde{\Sigma}_u(m)|+\frac{\ln T}{T}mK^2 \tag{5.35}$$

和 AIC 与 FPE 准则一样，HQ（m）准则与 SC（m）准则选择使得各自取最小值时 m 作为 p 的估计量。可以证明，基于这两个准则选择的模型滞后阶数 $\hat{p}$ 是真实

参数 p 的一致估计量。关于这些准则的小样本与大样本性质，请参考 Helmut Lütkepohl（2005）撰写的专著，这里不再赘述。

四、Stata 软件中无约束 VAR 模型的建立、估计与滞后阶数选择

1. 建立 VAR 模型

为了创建一个 VAR 对象，应选择滞后阶数，根据 Stata 命令 varsoc y c，maxlag（#）可以计算最多滞后几阶的各种常用信息准则，注意在计算结果中带星号的是该信息准则推荐的滞后阶数。

VAR 模型的基本命令是：

varbasic y c，lags（1，2，3）irf fevd

这是估计 VAR 模型的基本命令，选择项“lags（ ）”表示滞后阶数，默认为滞后二阶；选择项“irf”表示画未正交化的脉冲响应图，选择项“fevd”表示画预测的方差分解图。

估计 VAR 模型的命令是：

var y c ，lags（1，2，3）dfk small exog（w1 w2）

这是估计 VAR 模型的正式命令，选择项“lags（ ）”表示滞后阶数，默认为滞后二阶；如果样本容量较小，可使用选择项“dfk”调整自由度；选择项“small”表示使用小样本情形下的 t 统计量和 f 统计量，而不是大样本条件下的渐进统计量；选择项“exog（w1 w2）”表示在模型中加入外生变量 w1 和 w2。

2. VAR 的估计输出结果及解读

【例 5.8】以例 5.7 中 1978—2006 年的人均消费支出与人均国内生产总值建立模型进行说明。续【例 5.7】在本示例中，使用命令 varbasic y c，lags（1，2），Stata 将会显示图 5.1 的估计结果。

图 5.16 中给出系数的估计结果是按块来看，例如，y 模块给出了被解释变量是 y_t，解释变量是 y_{t-1}、y_{t-2}、c_{t-1}、c_{t-2}、常数项及其估计值、估计系数的标准差和 t 统计量。那么，在 y 方程中 y L1（表示 y_{t-1}）的系数是 2.297 44，标准差是0.353 061 6，相应的 t 统计量是 6.51。输出的左上角显示的是 VAR 模型的对数似然函数，和未进行自由度调整的残差的协方差的行列式值 $|\hat{\Sigma}| \triangleq \left|\frac{1}{T-Kp-1}\sum_{t=1}^{T}\hat{u}_t\hat{u}'_t\right|$，这里 $Kp+1$ 是每一个分量方程的待估系数的个数；以及对数似然值，$l=-\frac{TK}{2}(1+\ln 2\pi)-\frac{T}{2}\ln|\hat{\Sigma}_u|$，该统计是假定服从多元正态分布下情况下算得的；同时表中右上角还给出了根据整个 VAR 模型算得的 AIC 准则和 SC 准则。

```
Vector autoregression

Sample:  1980 - 2006                          Number of obs     =        27
Log likelihood =  -310.2365                   AIC               =  23.72122
FPE            =   6.93e+07                   HQIC              =  23.86393
Det(Sigma_ml)  =   3.28e+07                   SBIC              =  24.20116

Equation           Parms      RMSE     R-sq      chi2     P>chi2
----------------------------------------------------------------
y                     5     186.086   0.9986   19391.6    0.0000
c                     5     75.4046   0.9986   18657.15   0.0000
----------------------------------------------------------------

------------------------------------------------------------------------------
             |      Coef.   Std. Err.      z    P>|z|     [95% Conf. Interval]
-------------+----------------------------------------------------------------
y            |
           y |
         L1. |    2.29744    .3530616     6.51   0.000     1.605452    2.989428
         L2. |  -1.197079    .4818067    -2.48   0.013    -2.141403   -.2527553
             |
           c |
         L1. |  -1.234353    .7256852    -1.70   0.089     -2.65667    .1879637
         L2. |   1.062059    .9579196     1.11   0.268     -.815429    2.939547
             |
       _cons |   84.48924    61.78187     1.37   0.171      -36.601    205.5795
-------------+----------------------------------------------------------------
c            |
           y |
         L1. |   .3561593    .1430652     2.49   0.013     .0757566     .636562
         L2. |  -.3687389    .1952344    -1.89   0.059    -.7513914    .0139136
             |
           c |
         L1. |   1.094051    .2940573     3.72   0.000     .5177094    1.670393
         L2. |  -.0774976    .3881617    -0.20   0.842    -.8382806    .6832853
             |
       _cons |   39.99977    25.03483     1.60   0.110    -9.067594    89.06714
------------------------------------------------------------------------------
```

图 5.16 VAR 模型的输出结果：系数估计

3. VAR 模型的滞后阶数选择

在例 5.8 的模型估计出来以后，Stata 提供了专业的工具来选择模型合适的滞后阶数。使用命令 varsoc y c，maxlag（8），得到图 5.17。

```
Selection-order criteria
Sample:  1986 - 2006                              Number of obs      =      21
```

lag	LL	LR	df	p	FPE	AIC	HQIC	SBIC
0	-346.393				8.8e+11	33.1803	33.2019	33.2798
1	-257.231	178.32	4	0.000	2.7e+08	25.0697	25.1344	25.3681
2	-245.927	22.608	4	0.000	1.3e+08	24.374	24.482	24.8714
3	-240.91	10.035	4	0.040	1.3e+08	24.2771	24.4282	24.9735
4	-228.596	24.627	4	0.000	6.1e+07	23.4854	23.6797	24.3807
5	-221.68	13.833	4	0.008	5.2e+07	23.2076	23.4451	24.3019
6	-218.43	6.5001	4	0.165	6.7e+07	23.279	23.5597	24.5723
7	-202.835	31.189*	4	0.000	3.0e+07*	22.1748*	22.4986*	23.667*
8	-200.334	5.0027	4	0.287	6.0e+07	22.3175	22.6846	24.0087

```
Endogenous:  y c
 Exogenous:  _cons
```

图 5.17 VAR 模型的滞后阶数选择准则

图 5.17 中，第一列 Lag 表示可能的滞后阶数 0~8；第二列表示采用相应滞后阶数 m 时，VAR（m）模型对应的对数似然函数值；第三列是似然比检验，该检验从最大的滞后阶数开始，检验的原假设是：在滞后阶数为 m 时，系数矩阵 A_m 的元素均为 0；备择假设是：系数矩阵 A_m 的元素至少有一具不为 0。第六至十列是我们前面介绍的滞后阶数选择的信息准则，它们分别是 FPE 准则、AIC 准则、HQIC 准则、SBIC 准则，这些准则要求他们的取值越小越好；在这些列中，带星号 * 的表示根据相应准则应选择的模型滞后阶数 p 的最优估计。应该注意的是，似然比检验与不同准则选择的最优的滞后阶数可能不一致，到底选择那一个最优滞后阶数，需要根据您的研究目的、样本容量、模型系数的经济学可解释性综合考虑来判断，通常的标准是选择星号 * 出现次数最多的那一个滞后阶数。在本例中，所有准则均选择滞后阶数 7，因此选择滞后阶数 7。

五、VAR 模型的应用

当模型进行并通过了各种检验，就可以进行应用了。预测、结构分析及脉冲响应分析是 VAR 模型常见的应用。

1. VAR（p）过程的预测

在自然科学、工程技术、社会经济分析中，经常会遇到根据时间序列的历史演变情况，寻求时间序列变化的客观规律，并以此推断未来发展规律的问题。

假设 $y_t=(y_{1t},\ \cdots,\ y_{Kt})'$ 是一个 K 维平衡的 VAR（p）过程：

$$y_t = v + A_1 y_{t-1} + \cdots + A_p y_{t-p} + u_t$$

其中 u_t 是独立的白噪声序列。

则在最小均方误差 MSE 准则下，y_t 的 h 步最优条件期望预测为

$$E_t(y_{t+h}) \triangleq E(y_{t+h} \mid y_s,\ s \leqslant t) = v + A_1 E_t(y_{t+h-1}) + \cdots + A_p E_t(y_{t+h-p}) \quad (5.36)$$

这里我们用到了结论 $E_t(u_{t+h})=0$，当 $h>0$ 时。这是因为 u_t 是独立的白噪声序列，所以有 $E_t(u_{t+h})=E(u_{t+h})=0$。

下面我们证明在均方误差准则下，式（5.36）是 y_t 的 h 步最优条件期望预测。假设 $\hat{y}_t(h)$ 任意一个 h 步预测估计量，则需要证明 $\mathrm{MSE}[\hat{y}_t(h)] \geqslant \mathrm{MSE}[E_t(y_{t+h})]$，与一维时间序列不同的是，这里的不等式符号"$\geqslant$"表示左边的矩阵和右边矩阵的差分是一个半正定矩阵。事实上，

$$\mathrm{MSE}[\hat{y}_t(h)] = E[(y_{t+h} - \hat{y}_t(h))(y_{t+h} - \hat{y}_t(h))']$$

$$= E\{[(y_{t+h} - E_t(y_{t+h}) + E_t(y_{t+h}) - \hat{y}_t(h))] \times [(y_{t+h} - E_t(y_{t+h}) + E_t(y_{t+h}) - \hat{y}_t(h))]'\}$$

$$= \mathrm{MSE}[E_t(y_{t+h})] + E\{[E_t(y_{t+h}) - \hat{y}_t(h)] \times [E_t(y_{t+h}) - \hat{y}_t(h)]'\} \geqslant \mathrm{MSE}[E_t(y_{t+h})]$$

利用式（5.36），我们可以迭代算出每一步的预测公式：

$$E_t(y_{t+1}) = v + A_1 y_t + \cdots + A_p y_{t-p+1}$$

$$E_t(y_{t+2}) = v + A_1 E_t(y_{t+1}) + \cdots + A_p E_t(y_{t-p+2})$$

……

如果是 VAR（1）过程，则其 h 步最优条件期望预测公式比较简单，如下式：

$$E_t(y_{t+h}) = (I_K + A_1 + \cdots + A_1^{h-1})v + A_1^h y_t \tag{5.37}$$

对于零均值的 VAR（p）过程 $y_t = A_1 y_{t-1} + \cdots + A_p y_{t-p} + u_t$ 的预测形式较复杂，为了利用式（5.37），我们把它转化为较简单的 VAR（1）过程 $Y_t = A Y_{t-1} + U_t$，这里符号 Y_t、A 和 U_t 的定义参考（5.32）的说明。

假设 $Y_t(h) \equiv \begin{pmatrix} y_t(h) \\ y_t(h-1) \\ ?\ \vdots \\ y_t(h-p+1) \end{pmatrix}$，$J \equiv [I_K:\ 0:\ \cdots:\ 0]_{K\times Kp}$，根据式（5.37）有

$$Y_t(h) = A^h Y_t = A^h Y_t(h-1)$$

$$y_t(h) = JA Y_t(h-1) = [A_1,\ \cdots,\ A_p] Y_t(h-1) = A_1 y_t(h-1) + \cdots + A_p y_t(h-p) \tag{5.38}$$

如果 VAR（p）过程具有非零均值

$$y_t = v + A_1 y_{t-1} + \cdots + A_p y_{t-p} + u_t$$

我们做如下转化，设 $\mu \equiv E(y_t) = (I - A_1 - \cdots - A_p)^{-1} v$，$x_t \equiv y_t - \mu$，则 VAR（$p$）过程 x_t 是零均值的，利用式（5.38）得该过程的 h 步最优预测：

$$x_t(h) = A_1 x_t(h-1) + \cdots + A_p x_t(h-p)$$

从而有

$$y_t(h) = x_t(h) + \mu = \mu + A_1[y_t(h-1) - \mu] + \cdots + A_p[y_t(h-p) - \mu]$$

$$= v + A_1 y_t(h-1) + \cdots + A_p y_t(h-p) \tag{5.39}$$

【例 5.9】假设 VAR（1）过程 y_t 的表达式如下：

$$y_t = v + \begin{pmatrix} 0.5 & 0 & 0 \\ 0.1 & 0.1 & 0.3 \\ 0 & 0.2 & 0.3 \end{pmatrix} y_{t-1} + u_t$$

试计算试求出此 VAR（1）过程的前两步预测。在这里如果假定初始时刻 $y_t=(6,3,5)'$，模型的截距为 $v=(0,2,1)'$，则有一步预测为

$$E_t(y_{t+1})=\begin{pmatrix}0\\2\\1\end{pmatrix}+\begin{pmatrix}0.5&0&0\\0.1&0.1&0.3\\0&0.2&0.3\end{pmatrix}\begin{pmatrix}6\\3\\5\end{pmatrix}=\begin{pmatrix}-3\\3.2\\3.1\end{pmatrix}$$

两步预测为

$$E_t(y_{t+2})=(I_3+A_1)v+A_1^2y_t=\begin{pmatrix}-1.5\\2.95\\2.57\end{pmatrix}$$

最优的条件期望预测具有如下统计性质：它是无偏估计量；如果 u_t 是独立的白噪声序列，则 $\text{MSE}[E_t(y_{t+h})]=\text{MSE}[E_t(y_{t+h})\mid y_t,y_{t-1},\cdots]$，也就是说均方误差等于条件均方误差。如果 $y_t=(y_{1t},\cdots,y_{Kt})'$ 是一个 K 维平衡的 VAR（p）过程，但 u_t 是不相关的白噪声序列，则在均方误差准则下，其最优线性预测表达式与 u_t 是独立白噪声时稍有不同。这是因为 u_t 不相关时，通常 $E_t(u_{t+h})\neq 0$。

2. 格兰杰因果关系检验

经济时间序列常常出现伪相关问题，即从定性分析看，经济意义表明几乎没有关系的序列，却显示出相当大的相关系数。所以分析变量之间的相关性，既要考虑定性分析，又要定量分析。相关系数能告诉我们两个变量有关系，但谁是前因、谁是后果却不能从相关系数中得到信息。

Granger 于 1969 年定义了因果关系概念，近年来非常流行，这个概念在 VAR 模型中处理起来非常方便，也比较有实用价值，因此下面详细展开讨论。格兰杰因果关系的基本思想是原因不可能发生在结果之后。也就是说，如果变量 x 影响变量 y，则 x 可以预测 y。亦即 y 对自身过去值进行回归，如果加上 x 的过去值，能显著增强回归的解释能力，则 x 是 y 的格兰杰原因。

格兰杰因果关系检验是运用格兰杰自回归表示，假定一个特定的自回归滞后模型且用 OLS 估计：

$$y_t=\alpha_0+\alpha_1x_{t-1}+\alpha_2x_{t-2}+\cdots+\alpha_px_{t-p}+\beta_1y_{t-1}+\beta_2y_{t-2}+\cdots+\beta_py_{t-p}+u_t$$

原假设：H_0：$\alpha_1=\alpha_2=\ldots=\alpha_p=0$。其含义为 x 不是 y 的格兰杰原因。

首先进行无约束回归：

$$y_t=\alpha_0+\alpha_1x_{t-1}+\alpha_2x_{t-2}+\cdots+\alpha_px_{t-p}+\beta_1y_{t-1}+\beta_2y_{t-2}+\cdots+\beta_py_{t-p}+u_t$$

此时得到无约束的残差平方和：

$$\text{RSS}_U=\sum_{t=1}^{T}\widehat{u}_t^2$$

再进行有约束最小二乘回归：

$$y_t=\gamma_0+\gamma_1y_{t-1}+\gamma_2y_{t-2}+\cdots+\gamma_py_{t-p}+v_t$$

得到有约束最小二乘回归的残差平方和

$$\text{RSS}_R=\sum_{t=1}^{T}\widehat{v}_t^2$$

构建统计量

$$F = \frac{(\mathrm{RSS}_R - \mathrm{RSS}_U)/p}{\mathrm{RSS}_U/(T - 2p - 1)} \sim F(p,\ T - 2p - 1) \tag{5.40}$$

利用 F 统计量，根据显著性检验或置信区间检验，判断无约束回归是否显著提高了模型的解释能力。如果得到统计量大于临界值，则该统计量是显著的，即增加 x 的滞后值能够显著提高模型的解释能力。拒绝原假设：x 不是 y 的格兰杰原因，即表明 x 是 y 的格兰杰原因。

需要说明的是，如果在确定回归量和高斯分布的假设下，检验统计量（5.40）具有精确的 F 分布。否则，仅当样本量 $T \gg p$（$T \to \infty$）时，选用渐进统计量渐进服从χ^2 分布，即

$$\frac{T(\mathrm{RSS}_R - \mathrm{RSS}_U)}{\mathrm{RSS}_U} \sim \chi_p^2 \tag{5.41}$$

而实际应用中，格兰杰因果关系检验应考虑从两个方向进行，即 x 不是 y 的格兰杰原因，以及 y 不是 x 的格兰杰原因。

值得注意的是，格兰杰因果关系的与经济学中的因果关系还是有一定区别。通常，反映前瞻行为的时间序列，如利率和股价，常可作为许多重要经济时间序列（如 GDP 或通货膨胀率）的优秀预测变量。但这并不意味着这些序列引起 GDP 或通货膨胀率的上升或下降，而是这些序列的值反映了据以判断 GDP 或通货膨胀率的市场最优信息。这些序列对于检验有效市场假设、调查市场是否与 GDP 或通货膨胀率有关，或者对这些序列进行预测或许有用，但不能用以推断真正的原因和结果关系。尤其是，格兰杰因果关系对于特定序列的可预测性假设是一个特别有用的工具。最好把格兰杰因果关系检验看作是 y 是否有助于预测 x ，而不是 y 是否引起 x 。但根据经济理论进行的假设，可以为推断真实的因果方向提供有用的论据。

格兰杰因果关系检验的操作步骤为：

（1）估计 VAR 模型；

（2）使用命令 vargranger 进行格兰杰因果关系检验。

图 5.18 是格兰杰因果关系检验的一个例子。

Granger causality Wald tests

Equation	Excluded	chi2	df	Prob > chi2
y	c	5.6852	2	0.058
y	ALL	5.6852	2	0.058
c	y	11.205	2	0.004
c	ALL	11.205	2	0.004

图 5.18　Granger 因果检验的结果

以图 5.18 的下半部分为例，在以 c 为被解释变量的方程中，使用原假设 y 不是 c 的格兰杰原因，则格兰杰检验的卡方统计量为 11.205，p 值为 0.004，显著拒绝原

假设，则可以认为 y 是 c 的格兰杰原因。

3. 脉冲响应函数

在实际应用中，由于VAR模型是一种非理论性的模型，因此在分析VAR模型时，往往可以不分析一个变量的变化对另一个变量的影响如何，而是分析当一个误差项发生变化，或者说模型受到某种冲击时对系统的动态影响，这种分析方法称为脉冲响应函数方法（impulse response function，IRF）。其基本思路是考虑扰动项的影响是如何传播到各变量的。由于VAR模型参数的OLS估计量只具有一致性，单个参数估计值的经济解释是很困难的。要想对一个VAR模型做出分析，通常是观察系统的脉冲响应函数。

脉冲响应函数描述一个内生变量对误差冲击的反应。具体地说，它描述的是在随机误差项上施加一个标准差大小的冲击后对内生变量的当期值和未来值所带来的影响。

对于如下VAR模型：

$$\begin{cases} y_{1t} = \mu_1 + a_{11}^{(1)} y_{1t-1} + a_{12}^{(1)} y_{2t-1} + u_{1t} \\ y_{2t} = \mu_2 + a_{21}^{(1)} y_{1t-1} + a_{22}^{(1)} y_{2t-1} + u_{2t} \end{cases} \tag{5.42}$$

其中，$y_{1,t}$ 表示GDP，$y_{2,t}$ 表示货币供应量。假设误差 u_{1t} 和 u_{2t} 不相关。u_{1t} 是 y_{1t} 的误差项；u_{2t} 是 y_{2t} 的误差项。u_{2t} 的脉冲响应函数衡量的是，当期一个标准差的货币冲击对GDP和货币存量的当前值和未来值的影响。

为了给出脉冲响应函数的定义，同时为了讨论简单直观，我们以零均值的两变量的VAR（2）模型来说明脉冲响应函数的基本思想。由于每一个VAR（p）过程都可以表示成为一个无限阶的向量MA（∞）过程，所以VAR（2）模型的MA（∞）形式为

$$\begin{pmatrix} y_{1t} \\ y_{2t} \end{pmatrix} = \begin{pmatrix} a_{11}^{(0)} & a_{12}^{(0)} \\ a_{21}^{(0)} & a_{22}^{(0)} \end{pmatrix} \begin{pmatrix} u_{1t} \\ u_{2t} \end{pmatrix} + \begin{pmatrix} a_{11}^{(1)} & a_{12}^{(1)} \\ a_{21}^{(1)} & a_{22}^{(1)} \end{pmatrix} \begin{pmatrix} u_{1t-1} \\ u_{2t-1} \end{pmatrix} + \begin{pmatrix} a_{11}^{(2)} & a_{12}^{(2)} \\ a_{21}^{(2)} & a_{22}^{(2)} \end{pmatrix} \begin{pmatrix} u_{1t-2} \\ u_{2t-2} \end{pmatrix} + \cdots$$

现在假定在基期给 y_{1t} 一个单位的脉冲，即

$$u_{1t} = \begin{cases} 1, & t = 0 \\ 0, & \text{其他} \end{cases}, \ u_{2t} = 0, \ t = 0, 1, 2, \cdots$$

则由 y_{1t} 的脉冲引起的 y_{2t} 的响应函数为

$$\begin{aligned} t &= 0, & y_{20} &= a_{21}^{(0)} \\ t &= 1, & y_{21} &= a_{21}^{(1)} \\ t &= 2, & y_{22} &= a_{21}^{(2)} \\ & & \cdots & \end{aligned}$$

因此，一般地，由 y_{jt} 的脉冲引起的 y_{it} 的响应函数表示如下：

$$a_{ij}^{(0)}, a_{ij}^{(1)}, a_{ij}^{(2)}, a_{ij}^{(3)}, a_{ij}^{(4)}, \cdots$$

由 y_{jt} 的脉冲引起的 y_{it} 的累积（accumulate）响应函数可表示为

$$\sum_{q=0}^{\infty} a_{ij}^{(q)} \tag{5.43}$$

其中，

$$a_{ij}^{(q)} = \frac{\partial\ y_{i,\ t+q}}{\partial\ u_{jt}} \tag{5.44}$$

作为 q 的函数，它描述了在时期 t，其他变量和早期变量不变的情况下 $y_{i,\ t+q}$ 对 y_{jt} 的一个冲击的反应（对应于经济学中的乘数效应），我们把它称作脉冲响应函数。

也可以用矩阵的形式表示为

$$A_q = \frac{\partial\ y_{t+q}}{\partial\ u'_t} \tag{5.45}$$

即 A_q 的第 i 行第 j 列元素等于时期 t 第 j 个变量的扰动项增加一个单位，而其他时期的扰动为常数时，对时期 $t+q$ 的第 i 个变量值的影响。

需要注意的是，这里脉冲响应函数的结果的解释存在一个问题：如果我们假设协方差矩阵 Σ_u 是非对角矩阵，这意味着扰动项向量 u_t 中的其他元素随着第 j 个元素 u_{jt} 的变化而变化，这与计算脉冲响应函数时假定 u_{jt} 变化，而 u_t 中其他元素不变化相矛盾。这就需要利用一个正交化的脉冲响应函数来解决这个问题。

脉冲响应函数在 Stata 软件中的实现介绍如下：

为了得到脉冲响应函数，先建立一个 VAR 模型，然后考察脉冲响应函数，相关命令为：

irf create irfname, set（filename）step（#）replace

这个命令会生成一个脉冲响应文件，将有关脉冲响应的结果存为“irfname”（可自行命名）。并将脉冲结果“irfname”存入脉冲文件“filename”中；选择项“step（#）”表示考察#期的脉冲响应函数，默认值为“step（8）”；选择项“replace”代表替代同名的脉冲响应结果（如果有）。一个脉冲文件可以存储多个脉冲响应结果。

irf graph irf, i（varname）r（varname）noci

这个命令会生成脉冲响应图（未正交化）。其中，选择项“i”用于指定脉冲变量，选择项“r”用于指定反应便利，默认画出所有变量的脉冲响应图。选择项“noci”表示不画置信区间，默认画置信区间。

irf graph cirf, i（varname）r（varname）

这个命令会生成累计脉冲响应图（未正交化）。

irf graph oirf, i（varname）r（varname）

这个命令会生成正交化的脉冲响应图。

irf graph coirf, i（varname）r（varname）

这个命令会生成正交化的累计脉冲响应图。

irf graph fevd, i（varname）r（varname）

这个命令会生成预测方差分解图

如果将上述命令中的“irf graph”改为“irf table”，则将相应信息列表而非画图。

六、案例分析

长期以来，外国直接投资（FDI）已经成为世界经济影响我国经济最为重要的渠道之一，但其最直接的影响客体便是对我国的经济增长和就业水平。宏观经济增长的一个很重要表现就是全社会就业岗位的保证及稳定增加，FDI 对东道国经济增长的促进作用在一定程度上也可以通过对当地就业的促进体现出来。本案例力图对 FDI 与经济增长和就业间作用关系进行实证分析，并结合当前外资形势对我国的外资政策进行研究。案例收集了 1985 年至 2015 年中国的国内生产总值 GDP（单位：亿元）、就业人数 POP（单位：万人）与外商直接投资 FDI（单位：亿美元）进行研究。[①] 由于我国外商直接投资在第一产业中所占的比重非常小，因此这里度量经济情况的指标 GDP 实际指的是第二产业与第三产业加总值，相应的就业人数 POP 也是第二产业与第三产业的就业总人数。由于这三个变量的绝对数值差异较大，我们对这三个指标首先分别取了对数 LNGDP、LNPOP、LNFDI。考虑到 LNGDP、LNPOP 是存量数据，而 LNFDI 是流量数据，因此我们最终选用的度量经济增长的指标是 GDP 的对数增量 DLNGDP，相应的就业人数对数增量为 DLNPOP。

首先我们建立对数变量和对数增量，使用命令

```
gen LNGDP = log (GDP)
gen LNPOP = log (POP)
gen LNFDI = log (FDI)
gen DLNGDP = d. LNGDP
gen DLNPOP = d. LNPOP
```

然后建立 VAR 模型，使用命令 varbasic LNFDI DLNGDP DLNPOP, lags (1 2)，可得估计输出结果图 5. 19。

在图 5. 19 中，Std. Err 项的数字表示参数估计的标准差，*z* 项中的数字表示参数估计值的 *t* 统计量值。在本例中，有三个内生变量——LNFDI、DLNGDP、DLNPOP，因此有三个方程。在 5%的显著水平下，模型的参数不显著个数较多，这是无约束 VAR 模型的通病。因为 VAR 模型的主要目的在于预测，而不是结构分析，因此对于模型参数的显著性关注度不高。可以写出 VAR 模型的表达式：

$$\begin{pmatrix} LNFDI_t \\ DLNGDP_t \\ DLNPOP_t \end{pmatrix} = \begin{pmatrix} 0.36 \\ 0.09 \\ 0.07 \end{pmatrix} + \begin{pmatrix} 1.57 & -0.38 & 0.91 \\ 0.08 & 0.58 & 0.78 \\ 0.00 & -0.77 & -0.33 \end{pmatrix} \begin{pmatrix} LNFDI_{t-1} \\ DLNGDP_{t-1} \\ DLNPOP_{t-1} \end{pmatrix}$$

$$+ \begin{pmatrix} -0.61 & -1.31 & 3.80 \\ -0.08 & 0.35 & 0.20 \\ -0.01 & 0.26 & -0.02 \end{pmatrix} \begin{pmatrix} LNFDI_{t-2} \\ DLNGDP_{t-2} \\ DLNPOP_{t-2} \end{pmatrix} + \begin{pmatrix} \hat{u}_{1t} \\ \hat{u}_{2t} \\ \hat{u}_{3t} \end{pmatrix}$$

① 数据来源于国家统计局网站 http://data.stats.gov.cn/index.htm。

Vector autoregression

Sample: 1988 - 2015		Number of obs	=	28
Log likelihood =	141.5919	AIC	=	-8.61371
FPE =	3.77e-08	HQIC	=	-8.308259
Det(Sigma_ml) =	8.13e-09	SBIC	=	-7.614557

Equation	Parms	RMSE	R-sq	chi2	P>chi2
LNFDI	7	.15993	0.9844	1770.348	0.0000
DLNGDP	7	.043173	0.6785	59.08549	0.0000
DLNPOP	7	.025659	0.3802	17.17588	0.0087

	Coef.	Std. Err.	z	P>|z|	[95% Conf.	Interval]
LNFDI						
LNFDI						
L1.	1.573988	.1811451	8.69	0.000	1.21895	1.929026
L2.	-.6102399	.1730512	-3.53	0.000	-.9494139	-.2710658
DLNGDP						
L1.	-.387188	.8376441	-0.46	0.644	-2.02894	1.254564
L2.	-1.3074	.5808595	-2.25	0.024	-2.445864	-.1689367
DLNPOP						
L1.	.9054814	1.043658	0.87	0.386	-1.140051	2.951014
L2.	3.80106	1.188052	3.20	0.001	1.472521	6.1296
_cons	.3618315	.1896691	1.91	0.056	-.0099131	.7335762
DLNGDP						
LNFDI						
L1.	.0800947	.0488999	1.64	0.101	-.0157474	.1759368
L2.	-.083931	.046715	-1.80	0.072	-.1754907	.0076286
DLNGDP						
L1.	.5755306	.2261211	2.55	0.011	.1323413	1.01872
L2.	-.3496379	.1568024	-2.23	0.026	-.656965	-.0423109
DLNPOP						
L1.	.7798535	.2817345	2.77	0.006	.2276641	1.332043
L2.	.2024789	.3207135	0.63	0.528	-.426108	.8310658
_cons	.0925141	.051201	1.81	0.071	-.007838	.1928662
DLNPOP						
LNFDI						
L1.	-.0009503	.0290632	-0.03	0.974	-.0579132	.0560126
L2.	-.0089849	.0277646	-0.32	0.746	-.0634025	.0454328
DLNGDP						
L1.	-.0772953	.134393	-0.58	0.565	-.3407007	.1861101
L2.	.260544	.0931941	2.80	0.005	.077887	.443201
DLNPOP						
L1.	-.326182	.1674463	-1.95	0.051	-.6543706	.0020067
L2.	-.0186237	.1906131	-0.10	0.922	-.3922184	.3549711
_cons	.0744397	.0304308	2.45	0.014	.0147964	.1340831

图 5.19　VAR（2）模型的参数估计结果

图 5.19 上方展示了 VAR（2）模型中每个方程的有关检验统计量和模型整体拟合信息统计量，它们是每个方程的标准 OLS 回归统计量，包括可决系数 R^2、聚方误差、卡方统计量、AIC 准则、SC 准则、被解释变量的均值 $\bar{Y}$ 和标准差 S. D。从上图可以看出，每一个分量模型的可决系数 R^2 都比较理想，模型残差的协方差的行列式值也很小，说明整体拟合度较高。AIC 准则、SC 准则要有比较才有意义，因此这里不做分析。

由于 VAR 模型，也是时间序列数据，因此要做平稳性分析，使用命令 varstable，graph 可得图 5.20 和图 5.21。

```
Eigenvalue stability condition
```

Eigenvalue	Modulus
.8712839	.871284
.7017742	.701774
.3877379 + .5486393i	.671823
.3877379 - .5486393i	.671823
-.2625986 + .3965139i	.475585
-.2625986 - .3965139i	.475585

```
All the eigenvalues lie inside the unit circle.
VAR satisfies stability condition.
```

图 5.20 特征方程根的倒数表

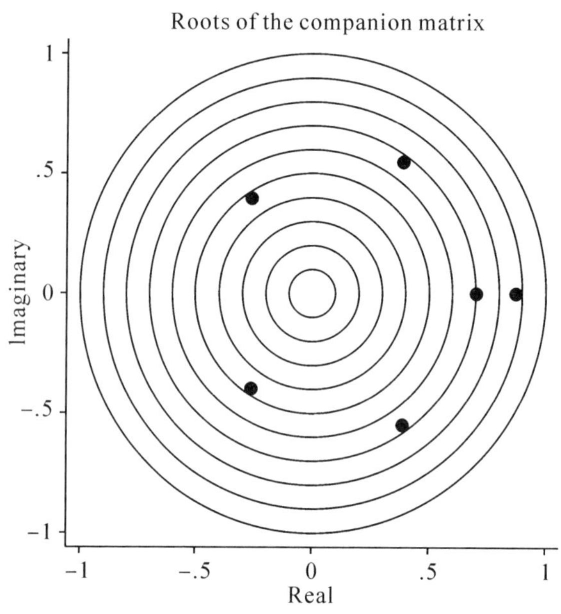

图 5.21 特征方程根的倒数图

从图 5.20 中可以看出模型有 6 个根，其中 4 个是复数根、2 个是实数根，它们的模均小于 1。从图 5.21 中，可以看出这些根的倒数均在单位圆之内，说明所估计的模型满足稳定性条件。

对于 VAR 模型来说，最重要的是选择恰当的滞后阶数 p 来描述经济现象，使用命令可得图 5.22。

```
Selection-order criteria
Sample:  1991 - 2015                         Number of obs      =       25
```

lag	LL	LR	df	p	FPE	AIC	HQIC	SBIC
0	88.9857				2.1e-07	-6.87886	-6.83829	-6.73259
1	148.856	119.74	9	0.000	3.6e-09	-10.9485	-10.7862	-10.3634*
2	156.415	15.117	9	0.088	4.1e-09	-10.8332	-10.5492	-9.80931
3	166.722	20.614	9	0.014	4.1e-09	-10.9377	-10.5321	-9.47508
4	183.435	33.426	9	0.000	2.7e-09*	-11.5548	-11.0274	-9.65334
5	195.968	25.067*	9	0.003	2.9e-09	-11.8375*	-11.1884*	-9.49722

```
Endogenous:  LNFDI DLNGDP DLNPOP
 Exogenous:  _cons
```

图 5.22　VAR 模型的滞后阶数选择准则

从图 5.22 可以看出，大多准则均选择滞后阶数 5 作为最优的滞后阶数，但这会导致需要估计的参数暴增，以于教学目的，我们在这里依然沿用滞后二阶模型。

确定了最终模型后，我们就可以分析每一个内生变量的一个扰动对其他经济变量及自身的影响了，这就是所谓的脉冲响应分析。在 Stata 中，使用命令 irf create iuf，set（macrovar）step（20），可建立脉冲文件。由于我们所估计的 VAR 模型有 3 个变量，因此全部输出的话，会包含 9 个脉冲响应函数。由于我们主要分析外国直接投资对经济增长与就业人数的影响，因此本案例只观察 FDI 受到一个冲击后对经济增长与就业人数的当期与后期的影响，因此使用命令 irf graph oirf，yline（0）i（LNFDI）r（DLNGDP）和 irf graph irf，yline（0）i（LNFD）r（DLNPOP）。分别得到图 5.23 和图 5.24。

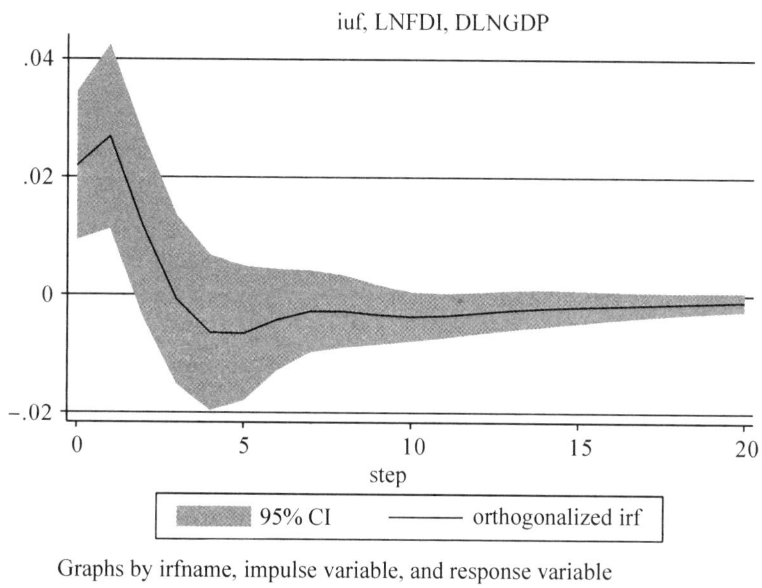

图 5.23　国内生产总值 DLNGDP 对外国直接投资 LNFDI 的响应

图 5.23 的横轴表示时期数，纵轴表示脉冲响应函数值大小，阴影表示正负两倍的标准差偏离带。从图 X 中，可以看出国内生产总值 DLNGDP 对外国直接投资扰动立即做出了响应，第一期的响应大约为 0.022 左右，第二期为 0.015 左右，到第三期响应变为 0，第四期以后的响应为负且逐渐向 0 靠近。这表明在短期内 FDI 对经济增长具有滞后效应，FDI 的增加会对经济增长带来明显的带动作用，但长期来看这种带动作用将会越来越弱。

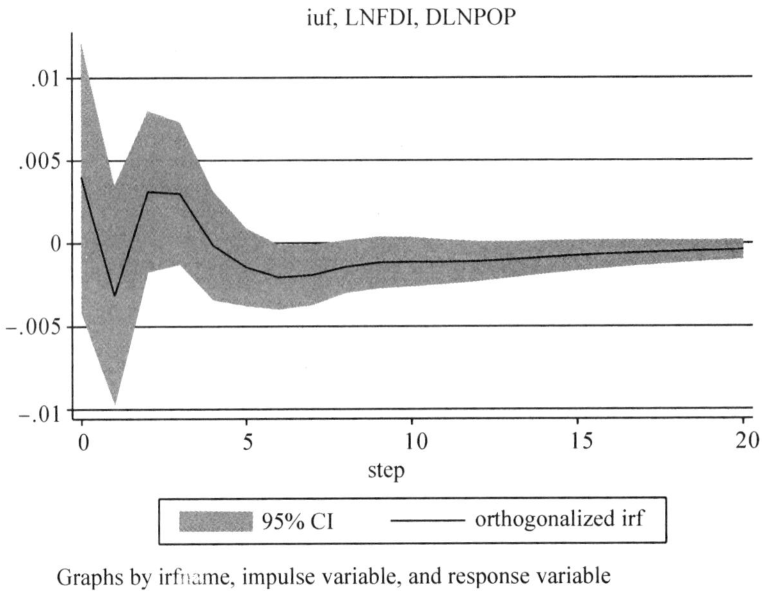

图 5.24　就业人数 DLNPOP 对外国直接投资 LNFDI 的响应

从图 5.24 中，可以看出就业人数 DLNPOP 对外国直接投资扰动立即做出了响应，第一期的响应大约为 0.004 5 左右，第二期为-0.035 左右，第三期与第四期的响应变与 0 很接近，第五期以后的响应为负且逐渐向 0 靠近。这表明 FDI 对就业人数短期影响明显，但是由于 FDI 进入的方式、目的、行业等方面的不同，在长期内可能会存在一些结构性的问题，对就业会产生负面影响。

通过上述案例分析，希望读者掌握 VAR 模型的建立、估计、检验和应用过程。包括变量指标选择、取对数运算、VAR 模型的估计、模型特征方程根的计算、最优滞后阶数的选择、脉冲响应分析等的软件实现。

*第四节　自回归条件异方差模型初步

在基础计量经济学中，扰动项有一个经典假定是干扰项的方差设为常数，而没有考虑其是否有时变方差。换句话说，我们以前更多地考虑均值方程，对变量的均值建立了模型；而变量的方差却不需要建立模型，只是假定它是常数。然而，在许多情况下，时间序列表现出相对平稳的时期过后，紧接着出现了异常大的方差时期。

在这种情况下，方差不变的假设是不恰当的。比如，作为一位资产的持有者，你不仅对回报率的预测感兴趣，而且对回报率方差的预测感兴趣，关心你承担的风险有多大，所以对方差的预测也是重要的。我们想要建模并预测收益率的变动性通常有如下几个原因：第一，我们可能要分析持有某项资产的风险；第二，预测置信区间可能是时变性的，所以通过建立方差模型可以得到更精确的区间；第三，如果误差的异方差是能适当控制的，我们就能得到更有效的估计。

一、ARCH 模型

自回归条件异方差模型（Autoregressive Conditional Heteroscedasticity Model），又称 ARCH 模型，是特别用来建立条件方差模型并对其进行预测的。ARCH 模型是 1982 年由 Engle R. 提出，并由 Bollerslev T（1986）发展成为 GARCH（Generalized ARCH）模型——广义自回归条件异方差。这些模型被广泛应用于经济学的各个领域，尤其在金融时间序列分析中。

按照通常的想法，自相关的问题是时间序列数据所特有，而异方差性是横截面数据的特点。但在时间序列数据中，会不会出现异方差呢？会是怎样出现的？Engle（1982）在分析宏观数据时，发现这样一些现象：时间序列模型中的扰动方差稳定性比通常假设的要差。Engle（1982）的结论说明在分析通货膨胀模型时，大的及小的预测误差会大量出现，表明存在一种异方差，其中预测误差的方差取决于后续扰动项的大小。

从事股票价格、通货膨胀率、外汇汇率等金融时间序列预测的研究工作者，曾发现他们对这些变量的预测能力随时期的不同而有相当大的变化。预测的误差在某一时期里相对地小，而在某一时期里则相对地大，然后，在另一时期又是较小的。这种变异很可能由于金融市场的波动性易受谣言、政局变动、政府货币与财政政策变化等的影响。从而说明预测误差的方差中有某种相关性。为了刻画这种相关性，Engle（1982）提出自回归条件异方差（ARCH）模型。ARCH 的主要思想是时刻 t 的 u_t 的方差 σ_t^2 依赖于时刻 $t-1$ 的残差平方的大小，即依赖于 u_{t-1}^2 。

ARCH 类模型一般由两个方程组成。

条件均值方程：$y_t = x_t\beta + \varepsilon_t$　　(5.46)

条件方差方程 $\sigma_t^2 \equiv \mathrm{var}(\varepsilon_t \mid \psi_{t-1}) = \omega + \alpha_1\varepsilon_{t-1}^2 + \cdots + \alpha_q\varepsilon_{t-q}^2$　　(5.47)

ε_t 的无条件方差是常数，但是其条件分布为 $\varepsilon_t \mid \psi_{t-1} \sim N(0,\ \sigma_t^2)$ ，其中 ψ_{t-1} 是信息集。

方程（5.46）是均值方程；σ_t^2 为条件方差，含义是基于过去信息的一期预测方差；

方程（5.47）是条件方差方程，由二项常数 ω 项与滞后的残差平方项 ε_{t-i}^2（ARCH 项）组成。方程（5.47）给出了 ε_t 的条件方差，容易算得 ε_t 的无条件方差，从而可证明无条件方差是常数。

利用方差分解公式

$$\mathrm{Var}(X) = \mathrm{Var}_Y[E(X \mid Y)] + E[\mathrm{Var}(X \mid Y)]$$

由于 $\varepsilon_t \mid \psi_{t-1} \sim N(0, \sigma_t^2)$，所以条件均值为0，条件方差为 σ_t^2。

从而可得
$$\sigma_t^2 = \mathrm{var}_{t-1}(\varepsilon_t)$$
$$\begin{aligned}\mathrm{var}(\varepsilon_t) &= E[\mathrm{var}_{t-1}(\varepsilon_t)] = E\sigma_t^2 \\ &= E(\omega + \alpha_1\varepsilon_{t-1}^2 + \cdots + \alpha_q\varepsilon_{t-q}^2) \\ &= \omega + \alpha_1 E\varepsilon_{t-1}^2 + \cdots + \alpha_q E\varepsilon_{t-q}^2\end{aligned}$$

推出 $\mathrm{var}(\varepsilon_t) = \dfrac{\omega}{1-\alpha_1-\cdots-\alpha_q}$，说明 $\varepsilon_t \sim N\left(0, \dfrac{\omega}{1-\alpha_1-\cdots-\alpha_q}\right)$

在 ARCH 模型中也涉及平稳性。我们以 ARCH（1）模型为例，说明 ARCH 模型服从平稳过程需要的条件。在 ARCH（1）模型中，观察参数 α 的含义：

当 $\alpha \to 1$ 时，$\mathrm{var}(\varepsilon_t) \to \infty$；

当 $\alpha \to 0$ 时，退化为传统情形，$\varepsilon_t \sim N(0, \omega)$。

所以直观地看来，ARCH 模型的平稳性条件：$\Sigma\alpha_i < 1$（这样才得到有限的方差）。

ARCH 模型的一个重要特征是：给出了计算时间序列条件方差的方法。在每一个时刻 t，ARCH 过程的条件方差是过去随机干扰项的函数，可以由公式推得。

现在的问题是，给定一个时间序列，如何判断它是不是 ARCH 过程呢？所以我们需要检验，这类检验通常称为 ARCH 效应检验。为此我们介绍一种检验方法——拉格朗日乘数检验（ARCH LM Test）。其基本做法如下：

第一步，算得原模型的残差。

第二步，建立辅助回归方程
$$e_t^2 = \alpha_0 + \alpha_1 e_{t-1}^2 + \cdots + \alpha_q e_{t-q}^2 + v_t$$

提出原假设 H_0：序列不存在 ARCH 效应

即　$H_0: \alpha_1 = \alpha_2 = \cdots = \alpha_q = 0$

可以证明：若 H_0 为真，则
$$\mathrm{LM} = mR^2 \sim \chi^2(q)$$

此处，m 为辅助回归方程的样本容量。R^2 为辅助回归方程的可决系数。在 Stata 中，它的实现比较简单，只需要两步：第一，先实施多元线性回归；第二，使用命令 estat archlm，lags（1/#）即可，其中#代表我们选择的 ARCH 检验阶数。

关于 ARCH 过程的参数估计较为复杂，因为它是 GARCH 过程的特例，所以在此不做介绍，参考 GARCH 模型的估计方法。

二、衍生 GARCH 模型

在 Engle（1982）提出 ARCH 模型后，受到应用者的关注，特别是金融界的应用者。稍后几年，也受到时间序列分析理论研究的重视。从前面对新息序列 $\{e_t\}$ 限制条件的放宽过程可见，提出 ARCH 模型，对时间序列分析理论和应用研究无疑是有开拓性意义。在对 ARCH 模型的理论研究和应用中，人们自然会发问：y_t 的条件方差只依赖于 p 个历史值，能否考虑依赖全部历史值的情况？Bollerslev（1986）给出了回答，他提出了如下应用更为广泛的模型 GARCH 模型。

1. Garch（p，q）模型

模型形式为

$$u_t = \varepsilon_t \sqrt{\sigma_t^2}$$

$$\sigma_t^2 = \alpha_0 + \sum_{i=1}^{q} \alpha_i u_{t-i}^2 + \sum_{i=1}^{p} \beta_i \sigma_{t-i}^2 \tag{5.48}$$

即当前的条件方差等于过去冲击的加权和加上自身的自回归。其中 $\sigma_\varepsilon^2 = 1$ 且 $\alpha_0 > 0$、$\alpha_i \geqslant 0$ 以及 $\beta_i \geqslant 0$，p，q 分别为条件方差中自回归项与滑动平均项的阶。由于 $\{\varepsilon_t\}$ 是白噪声过程且与 u_{t-i} 的过去值独立，因此 u_t 的条件和无条件均值均为零，并且 $E(u_t^2 | u_{t-1}, u_{t-2}, \dots) = h_t$。这一特性与 ARCH 模型相同。Garch 模型的条件方差不仅是滞后误差平方的线性函数，而且还是滞后条件方差的函数。

Garch 模型能体现条件异方差的长期传导过程，即 h_t 依赖于 h_t 过去的所有值。如果收益率序列服从一个 GARCH(p，q) 过程，那么在一定条件下，可以用具有合理滞后结构的 ARCH 过程来代替。对于一个高阶 ARCH 过程，可以写成比较简洁的 GARCH 模型来代替。

GARCH 模型的参数估计比较复杂，我们以 GARCH（1，1）为例介绍极大似然估计法。由 GARCH（1，1）模型

$$y_t = x_t \beta + \varepsilon_t$$

$$\varepsilon_t | \psi_{t-1} \sim N(0, \sigma_t^2)$$

$$\sigma_t^2 = \omega + \alpha_1 \varepsilon_{t-1}^2 + \beta_1 \sigma_{t-1}^2$$

可以得到 y_t 的分布为

$$y_t | \psi_{t-1} \sim N(x_t \beta, \sigma_t^2)$$

由正态分布的定义公式，得到 y_t 的 pdf（概率密度函数）为

$$f(y_t | \psi_{t-1}) = \frac{1}{\sigma_t \sqrt{2\pi}} e^{-\frac{1}{2}\frac{(y_t - E(y_t))^2}{\sigma_t^2}}$$

第 t 个观察样本的对数似然函数值为

$$\ln f(y_t | \psi_{t-1}) = -\frac{1}{2}\ln(\sigma_t^2) - \ln(\sqrt{2\pi}) - \frac{1}{2}\frac{(y_t - x_t\beta)^2}{\sigma_t^2}$$

其中 $\sigma_t^2 = \omega + \alpha_1 \varepsilon_{t-1}^2 + \beta_1 \sigma_{t-1}^2 = \omega + \alpha_1 (y_{t-1} - x_{t-1}\beta)^2 + \beta_1 \sigma_{t-1}^2$

注意 y_i 和 y_j 之间不相关，因而是独立的。似然函数为

$$L = \Pi_{t=1}^{n} f(y_t | \psi_{t-1})$$

取对数就得到了所有样本的对数似然函数。其中，条件方差项以非线性方式进入似然函数，所以不得不使用迭代算法求解。

2. 衍生 ARCH 模型

（1）ARCH-M 过程。

金融理论表明具有较高可观测到的风险的资产可以获得更高的平均收益，其原因在于人们一般认为金融资产的收益应当与其风险成正比，风险越大，预期的收益就越高。这种利用条件方差表示预期风险的模型被称为 ARCH 均值模型（ARCH-in

-mean）或 ARCH-M 回归模型。一个例子是：投资者投资时，投资者依据当前信息持有证券，当风险（条件方差）增大时，投资者需要的风险溢价增大。

在 ARCH-M 模型中我们把条件方差引进到均值方程中，ARCH-M 模型的一般形式为

$$\begin{cases} y_t = X'_t\beta + \gamma\sigma_t^2 + u_t \\ u_t = \varepsilon_t\sqrt{\sigma_t^2} \\ \sigma_t^2 = \alpha_0 + \sum_{i=1}^{q}\alpha_i u_{t-i}^2 = \alpha_0 + \alpha(B)\ u_{t-i}^2 \end{cases} \tag{5.49}$$

其中，$\sigma_\varepsilon^2 = 1$ 且 $\alpha_0 > 0$、$\alpha_i \geqslant 0$ 以及 $\beta_i \geqslant 0$。此模型称为 ARCH-M 模型。如果 $h_t = \alpha_0 + \sum_{i=1}^{q}\alpha_i u_{t-i}^2 + \sum_{i=1}^{p}\beta_i h_{t-i}$，则模型称为 GARCH-M 模型。ARCH-M 模型经常用在金融应用研究中，财产的期望收益与期望风险紧密相关。期望风险的估计参数是风险与收益互换的测度。

（2）EGARCH 模型。

GARCH 模型的缺陷主要有两点：①模型系数的非负约束；②外部冲击对条件方差的影响程度只取决于外部冲击的绝对值大小，而与冲击的影响无关。在现在的金融市场中，尤其是股票市场中，价格波动受负外部冲击的影响比同等幅度的正外部冲击要大，正负冲击具有非对称性，即所谓的杠杆效应。因此引入 EGARCH 模型，它的定义为

$$u_t = \varepsilon_t\sqrt{\sigma_t^2}$$

$$\ln\sigma_t^2 = \alpha_0 + \sum_{j=1}^{p}\theta_j\log(\sigma_{t-j}^2) + \sum_{i=1}^{q}\left(\alpha_i\left|\frac{\varepsilon_{t-i}}{\sqrt{\sigma_{t-i}^2}}\right| + \varphi_i\frac{\varepsilon_{t-i}}{\sqrt{\sigma_{t-i}^2}}\right) \tag{5.50}$$

在模型中引入了不对称因子 φ_i，$\varphi \neq 0$，表示信息非对称，$\varphi > 0$ 表示正的外部冲击影响大于负的外部冲击；$\varphi < 0$ 表示负的外部冲击的影响大于正的外部冲击。

（3）TGARCH 模型。

对于资产而言，在市场中我们经常可以看到向下运动通常伴随着比同等程度的向上运动更强烈的波动性。为了解释这一现象，Engle（1993）描述了如下形式的对好消息和坏消息的非对称信息曲线，如图 5.25 所示。

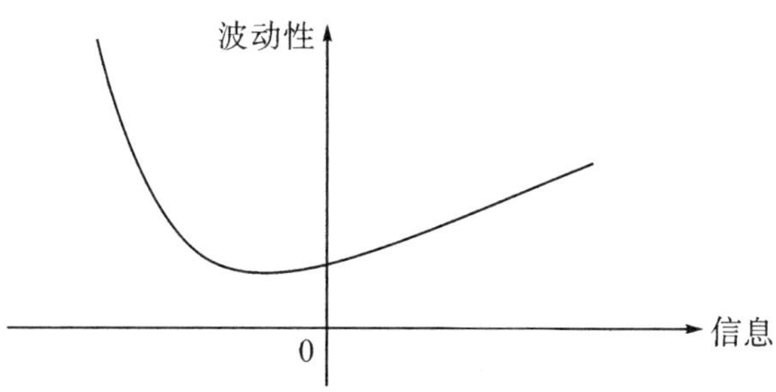

图 5.25　非对称信息曲线示意图

TARCH 模型，或者说门限（Threshold）ARCH 模型是由 Zakoian（1990）以及 Glosten、Jafanathan 和 Runkle（1993）独立引入。条件方差指定为

$$\sigma_t^2 = \alpha_0 + \sum_{i=1}^{q} \alpha_i \varepsilon_{t-i}^2 + \gamma \varepsilon_{t-1}^2 d_{t-1} + \sum_{j=1}^{p} \theta_j \sigma_{t-j}^2$$

其中 d_t 为虚拟变量，$d_t = \begin{cases} 1 & \varepsilon_t < 0 \\ 0 & \text{other} \end{cases}$；$\gamma$ 为不对称参数，当 $\varepsilon_t > 0$ 表示股票价格上涨时，此时股票价格的影响和下跌 $\varepsilon_t < 0$ 的影响不同。

为了说明 TGARCH 模型的直观含义，我们以 $p = q = 1$ 为例。在这个模型中，好消息（ε_t>0）和坏消息（ε_t<0）对条件方差有不同的影响：好消息有一个 α_1 的冲击；坏消息有一个对 $\alpha_1 + \gamma$ 的冲击。如果 $\gamma \neq 0$，则信息是非对称的，如果 $\gamma>0$，我们说存在杠杆效应，非对称效应的主要效果是使得波动加大；如果 $\gamma<0$，则非对称效应的作用是使得波动减小。许多研究人员发现了股票价格行为的非对称的实例 。负的冲击似乎比正的冲击更容易增加波动。因为较低的股价减少了相对公司债务的股东权益，股价的大幅下降增加了公司的杠杆作用，从而提高了持有股票的风险。

（4）成分 GARCH 模型。

以 GARCH（1，1）模型的条件方差为例：

$$\sigma_t^2 = \bar{\omega} + \alpha(\varepsilon_{t-1}^2 - \bar{\omega}) + \beta(\sigma_{t-1}^2 - \bar{\omega})$$

上式表明条件误差与常数 $\bar{\omega}$ 的平均值偏离程度。对比 ARCH 模型，条件方差对于 t 时刻的变数的平均偏离程度的模型为

$$\sigma_t^2 - q_t = \alpha(\varepsilon_{t-1}^2 - q_{t-1}) + \beta(\sigma_{t-1}^2 - q_{t-1})$$

$$q_t = \omega + \rho(\varepsilon_{t-1}^2 - q_{t-1}) + \varphi(\varepsilon_{t-1}^2 - \sigma_{t-1}^2)$$

σ_t 是一直是变化的，q_k 代替了 ω，并且是长时间变化的。第一个方程描述短期的成分 $\sigma_t^2 - q_t$，$\sigma_t^2 - q_t$ 以指数为 $\alpha + \beta$ 的幂函数的速度收敛到零；第二个方程描述长期成分 q_t，q_t 以指数为 ρ 的幂函数的速度收敛到 ω。尤其是当 ρ 在 0.99 到 1 之间取值时，q_t 接近 ω 的速度非常慢。如果将短期和长期的方程结合，其表达式为

$$\sigma_t^2 = (1 - \alpha - \beta)(1 - \rho)\omega + (\alpha + \varphi)\varepsilon_{t-1}^2 - (\alpha\rho + (\alpha + \beta)\varphi)\varepsilon_{t-2}^2 + (\beta - \varphi)\sigma_{t-1}^2 - (\beta\rho - (\alpha + \beta)\varphi)\sigma_{t-2}^2$$

可见，成分模型是有约束的 GRACH（2，2）模型。

三、在 Stata 中估计 GARCH（p，q）模型

在 Stata 中，常用的有关 ARCH 模型和 GARCH 模型的命令如表 5.9 所示。

表 5.9　常用的有关 ARCH 模型和 GARCH 模型的命令

常用命令	模型情况
arch y x1 x2，arch（1/#）	ARCH（#）
arch y x1 x2，arch（1）garch（1）	GARCH（1，1）
arch y x1 x2，ar（1）ma（1）arch（1）garch（1）	带有 ARMA（1，1）的 GARCH（1，1）

表5.9(续)

常用命令	模型情况
arch y x1 x2, arch (1) dist (t)	扰动项服从 t 分布的 ARCH (1)
arch y x1 x2, arch (1) het (z1 z2)	ARCH (1) 模型中加入外生变量 z1 和 z2
arch y x1 x2, arch (1) garch (1) tarch (1)	GARCH (1, 1) 加入 TARCH (1)
arch y x1 x2, earch (1) egarch (1)	EGARCH (1, 1)
arch y x1 x2, arch (1/3) archm	ARCH (3) 加入 ARCH in mean

以下我们是用 1953—1990 年美国道琼斯指数的日收盘价来展示如何进行 ARCH/GARCH 分析。这个数据集包含以下变量：ln_ dow（道琼斯每日收盘价取对数）和 t（日期, $1 \leqslant t \leqslant 9\,341$）。

首先，使用命令 gen r=d. ln_ dow 生成股指日收益率，然后使用命令 line r t 观察收益率的时间趋势图，如图，如图 5.26 所示。

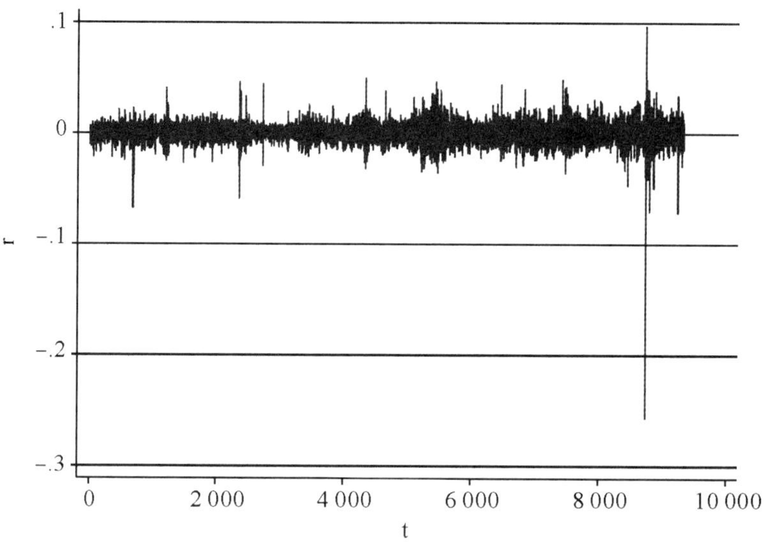

图 5.26 收益率的时间趋势图

由图 5.26 可以看出，股指收益率波动存在集聚，且波动率随着时间变化，下面进行 ARCH 检验，我们先用 OLS 进行一次 AR (5) 估计，命令为 reg r L (1/5). r，得到结果如图 5.27 所示。

图 5.27 显示，5 阶之后的系数依然显著地不为 0，下面使用命令 estat archlm, lags (1/5) 进行 LM 检验，得到结果如图 5.28 所示。

图 5.28 显示，对于 ARCH (1) ~ARCH (5) 的检验结果均表明存在显著的 ARCH 效应，这促使我们考虑使用更加简洁的 GARCH 模型，一般而言 GARCH (1, 1) 模型就可以达到很高阶的 ARCH 模型的效果，使用命令 arch r L (1/5). r, arch (1) garch (1)，得到结果如图 5.29 所示。

Source	SS	df	MS			
				Number of obs	=	9,335
				F(5, 9329)	=	25.65
Model	.010087089	5	.002017418	Prob > F	=	0.0000
Residual	.733864117	9,329	.000078665	R-squared	=	0.0136
				Adj R-squared	=	0.0130
Total	.743951206	9,334	.000079703	Root MSE	=	.00887

r	Coef.	Std. Err.	t	P>|t|	[95% Conf.	Interval]
r						
L1.	.1061149	.0103503	10.25	0.000	.085826	.1264039
L2.	-.0515474	.0104062	-4.95	0.000	-.0719458	-.031149
L3.	.0129834	.0104195	1.25	0.213	-.0074411	.0334078
L4.	-.0218401	.0104065	-2.10	0.036	-.0422392	-.001441
L5.	.0266935	.0103507	2.58	0.010	.006404	.0469831
_cons	.0002187	.0000919	2.38	0.017	.0000385	.0003989

图 5.27 AR (5) 估计

LM test for autoregressive conditional heteroskedasticity (ARCH)

lags(p)	chi2	df	Prob > chi2
1	201.095	1	0.0000
2	271.989	2	0.0000
3	291.759	3	0.0000
4	291.733	4	0.0000
5	365.572	5	0.0000

H0: no ARCH effects   *vs.*   H1: ARCH(p) disturbance

图 5.28 LM 检验

图 5.29 显示，ARCH（1）和 GARCH（1）项均很显著。此外，考虑到股票市场中利好消息和利空消息的效应可能不对称，下面在 GARCH（1，1）模型中加入一个 TARCH 项，命令为 arch r L（1/5）. r，arch（1）garch（1）tarch（1），得到结果如图 5.30 所示。

图 5.30 显示，TARCH 项很显著，所以存在不对称效应，不对称效应的规模（-0.069）大约为对称效应（0.098）的三分之二，而 TARCH 项的负号表明，利好消息对于资产价格波动性的影响小于利空消息。考虑到股票收益率中可能包含风险溢价，下面估计 ARCH-M 模型，使用相关命令（见表 5.9）得到结果如图 5.31 所示。

```
ARCH family regression

Sample: 7 - 9341                                Number of obs     =      9,335
Distribution: Gaussian                          Wald chi2(5)      =     171.59
Log likelihood =  32199.56                      Prob > chi2       =     0.0000

------------------------------------------------------------------------------
             |                 OPG
           r |      Coef.   Std. Err.      z    P>|z|     [95% Conf. Interval]
-------------+----------------------------------------------------------------
r            |
           r |
         L1. |   .1411072   .0109388    12.90   0.000     .1196677    .1625468
         L2. |  -.0432767   .0114767    -3.77   0.000    -.0657706   -.0207828
         L3. |   .0199737   .0112984     1.77   0.077    -.0021709    .0421183
         L4. |  -.0060829   .0108989    -0.56   0.577    -.0274444    .0152785
         L5. |   .0053596   .0105253     0.51   0.611    -.0152697    .0259888
             |
       _cons |   .0003266   .0000722     4.52   0.000     .0001851     .000468
-------------+----------------------------------------------------------------
ARCH         |
        arch |
         L1. |   .0735247   .0017296    42.51   0.000     .0701348    .0769146
             |
       garch |
         L1. |   .9151072   .0030855   296.58   0.000     .9090598    .9211547
             |
       _cons |   1.01e-06   1.01e-07     9.99   0.000     8.14e-07    1.21e-06
```

图 5.29 GARCH (1, 1) 模型


```
ARCH family regression

Sample: 7 - 9341                                Number of obs     =      9,335
Distribution: Gaussian                          Wald chi2(5)      =     186.09
Log likelihood =  32255.24                      Prob > chi2       =     0.0000

------------------------------------------------------------------------------
             |                 OPG
           r |      Coef.   Std. Err.      z    P>|z|     [95% Conf. Interval]
-------------+----------------------------------------------------------------
r            |
           r |
         L1. |   .1460333   .0108767    13.43   0.000     .1247154    .1673512
         L2. |  -.0357442   .0114587    -3.12   0.002    -.0582029   -.0132855
         L3. |   .0222646   .0108932     2.04   0.041     .0009144    .0436148
         L4. |   .0013104   .0108851     0.12   0.904    -.0200239    .0226448
         L5. |   .0062045   .0105629     0.59   0.557    -.0144984    .0269074
             |
       _cons |   .0001682   .0000724     2.32   0.020     .0000264      .00031
-------------+----------------------------------------------------------------
ARCH         |
        arch |
         L1. |   .0982339   .0023814    41.25   0.000     .0935664    .1029014
             |
       tarch |
         L1. |  -.0692519    .004211   -16.45   0.000    -.0775053   -.0609984
             |
       garch |
         L1. |   .9245161   .0032824   281.66   0.000     .9180828    .9309495
             |
       _cons |   9.90e-07   8.54e-08    11.60   0.000     8.23e-07    1.16e-06
------------------------------------------------------------------------------
```

图 5.30 GARCH (1, 1) 模型中加入一个 TARCH 项

ARCH family regression

Sample: 7 - 9341		Number of obs =	9,335
Distribution: Gaussian		Wald chi2(6) =	1123.14
Log likelihood =	31531.96	Prob > chi2 =	0.0000

r	Coef.	OPG Std. Err.	z	P>|z|	[95% Conf.	Interval]
r						
r						
L1.	.1579104	.0101206	15.60	0.000	.1380743	.1777465
L2.	-.0771977	.0070659	-10.93	0.000	-.0910466	-.0633489
L3.	-.011804	.0056202	-2.10	0.036	-.0228194	-.0007885
L4.	.0190854	.0057323	3.33	0.001	.0078504	.0303204
L5.	.0186221	.0062234	2.99	0.003	.0064243	.0308198
_cons	.0003042	.0001266	2.40	0.016	.000056	.0005524
ARCHM						
sigma2	.3274885	1.386425	0.24	0.813	-2.389855	3.044832
ARCH						
arch						
L1.	.2732868	.0063594	42.97	0.000	.2608225	.285751
_cons	.0000543	5.40e-07	100.53	0.000	.0000533	.0000554

图 5.31　估计 ARCH-in-Mean 模型

图 5.31 显示，ARCHM 项并不显著，之所以会出现这种情况，是因为我们考察的是股指，相对于个股而言，股票指数的风险更低，风险溢价自然也更低。最后，我们使用 GARCH（1，1）模型计算模型的条件方差，得到结果如图 5.32 所示。

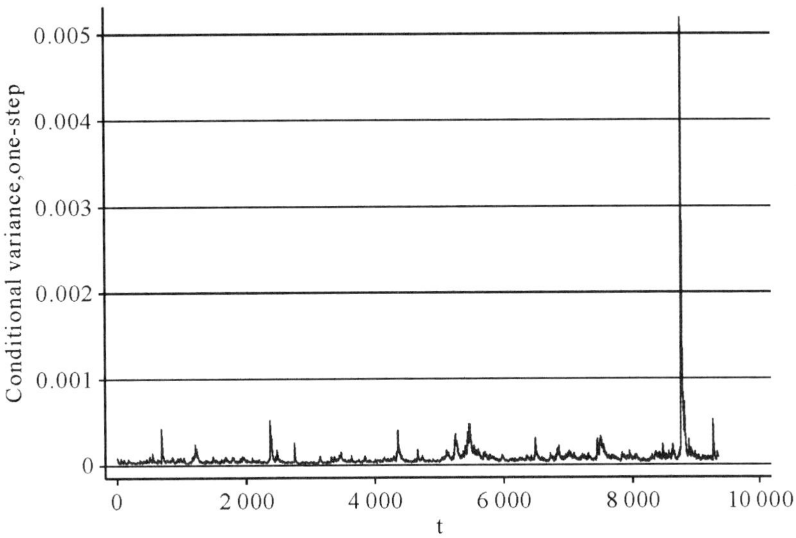

图 5.32　收益率的条件方差

根据图 5. 32 可以看出，日收益率的条件方差时有波动，有时甚至会急剧上升。由于传统的 OLS 估计将方差假定为常数，如果我们仅仅使用 OLS 估计，则无法从数据中捕捉这些信息。

习题

1. 简述平稳时间序列模型的类型及特点。

2. 简述非平稳时间序列单位根检验的方法和过程。

3. 什么是伪回归问题？如何避免伪回归问题？

4. 判断以下二维向量模型 y_t 的平稳性。

（1）$y_t = \begin{pmatrix} 0.8 & 0.3 \\ 0.1 & 0.6 \end{pmatrix} y_{t-1} + u_t$，$\Sigma_u = I$

（2）$y_t = u_t - \begin{pmatrix} 0.6 & 1.2 \\ 0.4 & 0.8 \end{pmatrix} u_{t-1}$，$\Sigma_u = I$

5. 假设某国的国民生产总值 GNP、货币供应量 M2 与利率 IR 相互关联，其相互联系可由如下 VAR（2）模型描述：

$$\begin{pmatrix} \mathrm{GNP}_t \\ M2_t \\ \mathrm{IR}_t \end{pmatrix} = \begin{pmatrix} 2 \\ 1 \\ 0 \end{pmatrix} + \begin{pmatrix} 0.7 & 0.1 & 0 \\ 0 & 0.4 & 0.1 \\ 0.9 & 0 & 0.8 \end{pmatrix} \begin{pmatrix} \mathrm{GNP}_{t-1} \\ M2_{t-1} \\ \mathrm{IR}_{t-1} \end{pmatrix} + \begin{pmatrix} -0.2 & 0 & 0 \\ 0 & 0.1 & 0.1 \\ 0 & 0 & 0 \end{pmatrix} \begin{pmatrix} \mathrm{GNP}_{t-2} \\ M2_{t-2} \\ \mathrm{IR}_{t-2} \end{pmatrix} + \begin{pmatrix} u_{1t} \\ u_{2t} \\ u_{3t} \end{pmatrix},$$

$$\Sigma_u = \begin{pmatrix} 0.26 & 0.03 & 0 \\ 0.03 & 0.09 & 0 \\ 0 & 0 & 0.81 \end{pmatrix}$$

（1）试证明该 VAR（2）模型是平稳的。

（2）试求出该 VAR（2）模型的均值。

（3）试把该 VAR（2）模型表示成 VAR（1）模型的形式。

6. 假设 x_t，y_t 均是一维变量，满足方程 $x_t = x_{t-1} + u_t + \theta u_{t-1}$，$y_t = \varphi x_t + v_t$ 其中，$|\varphi| < 1$，$|\theta| < 1$。

（1）试写出该过程的向量形式。

（2）判断向量过程 $\begin{pmatrix} x_t \\ y_t \end{pmatrix}$ 是否平稳。

7. 表 5. 10 给出了某地 1962—2018 年三次产业增加值的产出指数序列，即设定 1962 年的水平为 100，将各年产业增加值与 1962 年相比所得到的指数。其中 Y1、Y2、Y3 分别表示第一产业、第二产业、第三产业的产出指数序列。由于三个产业相互关联，请根据以下数据建立一个适当的 VAR 模型，并判断平稳性。如果平稳，请做相应的脉冲响应分析。

表 5.10　某地 1962—2018 年三次产业增加值的产出指数序列表

年份	Y1	Y2	Y3	年份	Y1	Y2	Y3	年份	Y1	Y2	Y3
1962	100	100	100	2000	1 476.2	5 442.5	3 030.6	1981	241	721.3	297.1
1963	110.2	135.8	130.5	2001	1 557.9	6 419	3 776.2	1982	241.3	764.6	312.1
1964	114.3	149.3	131.4	2002	1 710.9	8 250.7	4 816	1983	264.7	827.2	329.6
1965	122.8	156.7	137.3	2003	2 030.9	11 603.9	6 132.6	1984	275.6	840.6	335.9
1966	129.5	198	156.2	2004	2 791.7	15 828.9	8 327.2	1985	283.2	966.5	337.5
1967	125.4	223.6	165.2	2005	3 539.2	20 225.3	10 282.3	1986	282	943	329.1
1968	130	341	194.3	2006	4 087.3	23 861.1	12 005.2	1987	274.7	1 064.2	386.4
1969	111.9	434.1	226.3	2007	4 211.7	26 476	13 889.9	1988	299.7	1 230.7	449
1970	99.4	457.1	240.9	2008	4 321.3	27 506.3	15 738.8	1989	370.4	1 349.4	452.3
1971	128.6	274.3	200.7	2009	4 307.4	28 937.7	17 433.6	1990	400	1 545.8	505.4
1972	132.1	253.4	173.4	2010	4 358.3	32 126.9	19 924.9	1991	454.8	1 590.6	554.1
1973	145.1	287.4	168.9	2011	4 602.3	34 917	22 831.5	1992	518.3	1 680.5	598.6
1974	163	362.1	196.3	2012	4 822.7	38 009	25 681.4	1993	577	1 866.1	688.7
1975	189.9	424.7	238.2	2013	5 069	44 031.2	28 823.8	1994	675.4	2 190.2	919.4
1976	204.8	500.4	234.8	2014	6 244.6	52 118.7	33 227.6	1995	747.9	2 726.8	1 330.4
1977	208.3	425.1	235.2	2015	6 728	61 611.1	37 793.5	1996	813.3	3 168.3	1 540.8
1978	211.8	378.9	236.5	2016	7 214.1	72 751.8	42 703	1997	942.8	3 703.5	1 839.4
1979	214.7	486	263.8	2017	7 725.2	79 898	47 323.5	1998	1 127.3	4 645.4	2 362.5
1980	231.4	643.3	281.6	2018	8 256.8	90 580.5	53 088	1999	1 244.1	5 132.6	2 804.1

第六章
面板数据模型

第一节　基本概念

一、面板数据的概念

面板数据（panel data）指的是对一组个体（individual 或者 cross section）在一段时间内观测其某些指标的数据。

接下来，通过一个例子初步了解面板数据的结构或形式。以人均消费额为例，若将其标记为 Y，则面板数据变量表示为

$$Y_{it},\ i=1,\ 2,\ \cdots,\ n;\ t=1,\ 2,\ \cdots,\ T$$

面板数据变量包含个体和时点两个维度，其中，下标 i 代表个体，t 代表时点，i 从 1、2 到 n，t 从 1、2 到 T。例如，2000—2020 年全国 31 个省（区、市）的面板数据结构如表 6.1 所示。

表 6.1　面板数据的结构

province	*year*	*y*	*x*	*inc*		
ah	2000	$y_{ah,2000}$				
ah	2001	$y_{ah,2001}$				
…	…	…				
ah	2020	$y_{ah,2020}$				
bj	2000	$y_{bj,2000}$				
bj	2001	$y_{bj,2001}$				
…	…	…				
bj	2020	$y_{bj,2020}$				
⋮	⋮					

表6.1(续)

province	*year*	*y*	*x*	*inc*		
⋮	⋮					
zj	2000	$y_{zj,2000}$				
zj	2001	$y_{zj,2001}$				
…	…	…				
zj	2020	$y_{zj,2020}$				

表6.1中的第一行是变量名，可以根据研究问题的特点进行相应命名，由于Stata软件区分大小写，所以建议每一个变量名称都用小写（变量名可以含有数字或下划线）。第一列是个体变量，其中个体变量名是province，取值为ah，bj，……，zj。需要注意的是，个体不一定仅指个人，也可以是企业、学校、团体、省市、区域、国家，等等。个体变量的取值可以是1，2，3，4，5……的整数，也可以是字符型等。第二列是时点变量对应的取值情况，它的取值可以是1，2，3，4，5……的整数，也可以是年份数据2000，2001，2002……。第三列y是被解释变量。此处，将第一、二、三列分别设为个体变量、时点变量和被解释变量，后面全部是解释变量（或控制变量），主要是为了便于观察面板数据结构。然而在Stata软件里不要求变量按此顺序排列，仅需要在Stata软件中运行xtset命令即可，具体命令格式参见本章案例分析部分。

在表6.1中，对于第一个个体ah，时点从2000、2001到2020共有21期，是一组时间序列数据，通常将此情形称为组内，即每一个个体的时间序列数据是一个组；不同个体间数据被称为组间。

此处，假设第一个个体ah的解释变量X与inc之间存在严重的多重共线性，且满足$X_{1t}=0.2inc_{1t}+v_{1t}$，其中$v_{1t}$是零均值的随机扰动项，对于第2个个体，假设解释变量之间的多重共线性形式是$X_{2t}=0.5inc_{2t}+v_{2t}$，其中$v_{2t}$是零均值的随机扰动项，类似地，其他个体间的多重共线性形式可能不尽相同。此时，对于变量X_{it}和inc_{it}之间若要存在严重的多重共线性的可能性一般会比单个的时间序列数据要小。因此，当个体数n较大时，面板数据的多重共线性问题相对于单纯的横截面数据或者时间序列数据可能要轻一些。

从表6.1中可以看出，面板数据综合了横截面数据和时间序列数据，同时反映了空间和时间两个维度的经验信息，若以面板数据为样本构建计量经济学模型，其功能和质量可能会超过单纯的横截面样本和单纯的时间序列样本。

二、面板数据的分类

面板数据可以按数据分布特征、个体类型、n和T的大小关系以及数据观测值是否缺失等进行相应的分类。

例如，若按数据分布特征进行分类，面板数据可分为平稳面板数据和非平稳面板数据；若按个体类型进行分类，面板数据可分为宏观面板数据和微观面板数据；按个体数量 n 和时点长度 T 的大小关系分类，面板数据可分为短面板（$n \gg T$）和长面板（$n \ll T$）；按数据观测值缺失情况分类，面板数据可分为平衡面板数据（balanced panel data）和非平衡面板数据（unbalanced panel data）。其中，平衡面板数据（balanced panel data）指的是每个个体在相同的时期内都有记录观测值的面板数据。图 6.1 为典型的平衡面板数据的结构。

```
      state:  1, 2, ..., 48                                    n =         48
       year:  1970, 1971, ..., 1986                            T =         17
              Delta(year) = 1 unit
              Span(year)  = 17 periods
              (state*year uniquely identifies each observation)

Distribution of T_i:   min      5%     25%       50%       75%     95%     max
                        17      17      17        17        17      17      17

     Freq.  Percent    Cum. |  Pattern
 ---------------------------+-------------------
       48    100.00  100.00 |  11111111111111111
 ---------------------------+-------------------
       48    100.00         |  XXXXXXXXXXXXXXXXX
```

图 6.1　Stata 软件输出的平衡面板数据结构

从图 6.1 可以看出，个体 state 的取值从 1 到 48，共有 48 个州，即个体数 n = 48；时点 year 从 1970、1971 年到 1986 年，时间间隔是 1 年，时间的总长度是 17 年，然而，每一个个体的时间长度可能是不一样的，所以时点长度 T 的下标会加一个 i，记为 T_i。该面板数据的统计结果显示，最小值是 17 年，5%的分位数是 17 年，中位数 17 年，最大值是 17 年，总时点长度是 17 年，即从 1970 年到 1986 年，此处表明每一个个体的时点长度都是一样的，即时点长度 T=17，因此，该数据是平衡面板数据。接下来，展示的不同个体在不同时点分布统计结果，其中，48 个个体 100%都被统计到了，“1111……1”展示的是数据模式，“1”表示 48 个个体（所有个体）在该时期有观测记录，即该面板数据为平衡面板数据。最后一行“X”表示在总个体 n 中至少有 1 个个体在该时期内有观测记录，所以，“XXXX……X”表示在 14 期中每一期都有个体被观测到。

非平衡面板数据（unbalanced panel data）指的是面板数据中的个体在相同的时期内缺失若干个观测值的面板数据。图 6.2 为某种形式的非平衡面板数据结构：某些个体从某一期开始，其观测记录缺失。

```
      id:  1, 2, ..., 91                                   n =         91
       t:  1, 2, ..., 14                                   T =         14
           Delta(t) = 1 unit
           Span(t)  = 14 periods
           (id*t uniquely identifies each observation)

Distribution of T_i:   min      5%     25%       50%       75%     95%     max
                         6       6       8        11        13      14      14

     Freq.  Percent    Cum. |  Pattern
 ---------------------------+----------------
       14     15.38   15.38 |  11111111111111
       13     14.29   29.67 |  111111111111..
       12     13.19   42.86 |  11111111111...
       11     12.09   54.95 |  1111111111111.
       10     10.99   65.93 |  1111111.......
       10     10.99   76.92 |  11111111......
        8      8.79   85.71 |  111111........
        7      7.69   93.41 |  111111111.....
        6      6.59  100.00 |  1111111111....
 ---------------------------+----------------
       91    100.00         |  XXXXXXXXXXXXXX
```

图 6.2　Stata 软件输出的非平衡面板数据结构 1

图 6.2 中，“1”表示个体在该时期有观测记录，“.”表示个体在该时期的观测记录缺失。图 6.2 中的频数统计结果显示，91 个个体中有 14 个个体在每一期都有观测记录，91 个个体中有 13 个个体在第 13 期和第 14 期无观测记录，类似地，有 6 个个体在最后 4 期的观测记录均缺失。

图 6.3 的非平衡面板数据更为普遍，即某些个体在某几期能观测到，然而，在其他时期内又是缺失的。


```
  idcode:  1, 2, ..., 5159                                 n =       4711
    year:  68, 69, ..., 88                                 T =         15
           Delta(year) = 1 unit
           Span(year)  = 21 periods
           (idcode*year uniquely identifies each observation)

Distribution of T_i:   min      5%     25%       50%       75%     95%     max
                         1       1       3         5         9      13      15

     Freq.  Percent    Cum. |  Pattern
 ---------------------------+-----------------------
      136      2.89    2.89 |  1....................
      114      2.42    5.31 |  ....................1
       89      1.89    7.20 |  .................1.11
       87      1.85    9.04 |  ...................11
       86      1.83   10.87 |  111111.1.11.1.11.1.11
       61      1.29   12.16 |  ..............11.1.11
       56      1.19   13.35 |  11...................
       54      1.15   14.50 |  ...............1.1.11
       54      1.15   15.64 |  .......1.11.1.11.1.11
     3974     84.36  100.00 | (other patterns)
 ---------------------------+-----------------------
     4711    100.00         |  XXXXXX.X.XX.X.XX.X.XX
```

图 6.3　Stata 软件输出的非平衡面板数据结构 2

三、面板数据模型的特点

Mundlak（1961）、Balestra 和 Nerlove（1966）较早将面板数据引入计量经济学

模型，作为混合数据（pooled data）样本用以估计经典计量经济学模型，即扩充了数据量。并且 Kuh（1959）较早研究了面板数据模型的异质性问题。

从面板数据的结构可以看出，面板数据综合了横截面数据和时间序列数据，同时反映了空间和时间两个维度的经验信息。由此可见，面板数据计量经济学充分利用了样本信息，因此，面板数据模型与截面数据模型相比，具有下列优势：

①面板数据可以揭示个体间的差异（可解决遗漏变量问题，请参见后文中的例子）。

②能更好地研究动态调节。

③能构造和检验更为复杂的行为模型。

④扩大样本容量、增加自由度。

⑤可以在一定程度上缓解变量间多重共线性问题。

⑥更好地利用不同截面之间相互影响的信息。

一般而言，面板数据模型的基本理论建模步骤如图 6.4 所示。注意：不同类型面板数据模型的具体建模步骤会因模型各自特点或差异而有所不同，且下图主要是从理论视角进行探讨。

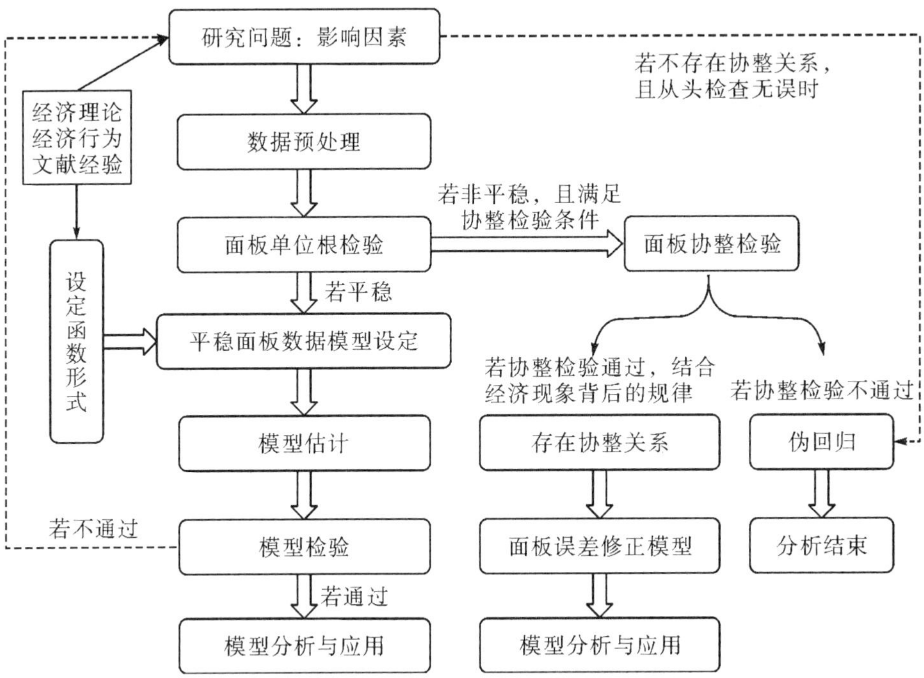

图 6.4　面板数据理论建模步骤流程图

从面板数据理论建模角度而言，一般需要先对预处理过的面板数据进行平稳性检验，以免由于面板数据的非平稳性而导致伪回归现象。然而，由于种种原因，诸多应用文献在面板数据实证分析中往往忽略了面板单位根检验环节，直接将面板数据视为平稳的，并按平稳面板数据进行建模分析。这是不严谨的。从理论角度出发，应该根据面板单位根检验结果选择合适的模型进行相应的检验与分析，以免由于面板数据非平稳而导致伪回归现象。需要说明的是，本章所涉及的面板数据模型均属于平稳面板数据建模技术。面板单位根检验及相应的非平稳面板数据建模方法此处不再赘述，读者可参阅其他文献。

第二节　变截距面板数据模型

一、模型介绍

根据面板数据模型中的参数 α 和 β 是否为常数进行分类，通常可以将面板数据模型简单地划分为三类：混合面板数据模型、变截距面板数据模型和变系数面板数据模型（见图 6.5）。

$$Y_{it} = \alpha_{?} + X'_{it}\beta_{?} + \varepsilon_{it},\ i = 1,\ 2,\ \cdots,\ n;\ t = 1,\ 2,\ \cdots,\ T$$

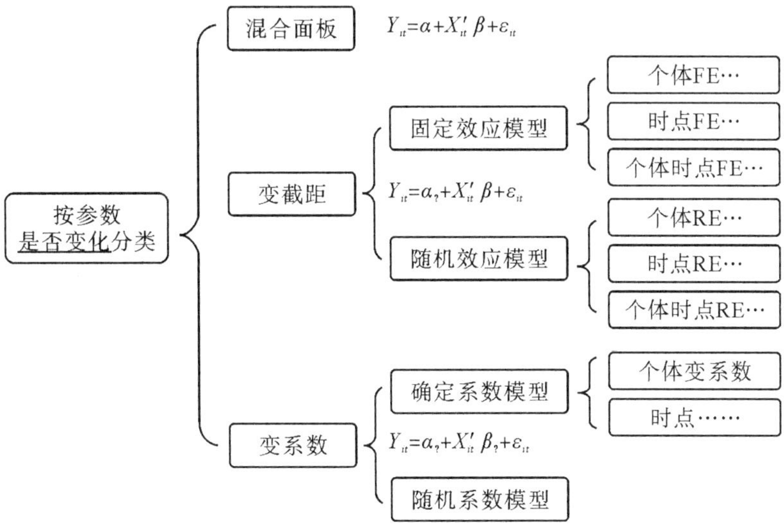

图 6.5　一种面板数据模型的常见分类

从图 6.5 可以看出，混合面板数据模型的截距项和斜率项均不变，即 α 、β 均为未知常数。变截距面板数据模型仅考虑截距项发生改变，而斜率不变，其可以分为固定效应变截距面板数据模型（简称固定效应模型）和随机效应变截距面板数据模型（简称随机效应模型），此处所涉及的固定效应模型指的是个体固定效应模型、时点固定效应模型、个体时点双固定效应模型，至于其他形式的高维（多维）固定效应模型，将在下一小节重点介绍。变系数面板数据模型的截距项和斜率项均可随个体、时点或其他某些因素发生改变，即变量系数为非常量。

（一）混合面板数据模型（Pooled panel data model）

定义面板数据模型如下：

$$Y_{it} = \alpha + X'_{it}\beta + \varepsilon_{it},\ i = 1,\ 2,\ \cdots,\ n;\ t = 1,\ 2,\ \cdots,\ T \tag{6.1}$$

其中，截距项 α 是标量；X_{it} 是 k 维列向量，其含有 k 个解释变量，即 $X_{it} = (X_{1it},\ X_{2it},\ \cdots,\ X_{kit})'$；参数 β 也是 k 维列向量，即 $\beta = (\beta_1,\ \beta_2,\ \cdots,\ \beta_k)'$；$\varepsilon_{it}$ 是随

机扰动项；则称该模型为混合面板数据模型。

此外，关于面板数据模型中的随机扰动项 ε_{it} 假定条件如下（后文类似，故不赘述）：

$$E(\varepsilon_{it} \mid X_{it}) = 0;\ \text{Cov}(\varepsilon_{it},\ \varepsilon_{jt}) = 0,\ i \neq j;\ \text{Cov}(X_{jit},\ \varepsilon_{it}) = 0,\ j = 1,\ 2,\ \cdots,\ k;$$

$$\text{Cov}(\varepsilon_{it},\ \varepsilon_{is}) = \begin{cases} \sigma_{\varepsilon}^2 & 若\ s = t \\ 0 & 若\ s \neq t \end{cases}$$

其中，上述假定分别为，扰动项条件零均值假定、同期截面不相关、外生性假定、组内同方差和组内无自相关假定。

图 6.6 是混合面板数据模型回归结果的展示。

```
. reg lnq lnarea lnfarmm lnagchf , r          // 混合面板模型回归+稳健估计

Linear regression                               Number of obs     =        986
                                                F(3, 982)         =    9950.05
                                                Prob > F          =     0.0000
                                                R-squared         =     0.9721
                                                Root MSE          =     .19104

------------------------------------------------------------------------------
             |               Robust
         lnq |      Coef.   Std. Err.      t    P>|t|     [95% Conf. Interval]
-------------+----------------------------------------------------------------
      lnarea |   .6328814   .0096616    65.51   0.000     .6139218    .6518411
     lnfarmm |  -.0314812   .0128754    -2.45   0.015    -.0567478   -.0062147
     lnagchf |    .382088   .0148613    25.71   0.000     .3529246    .4112515
       _cons |   .5521515   .0616883     8.95   0.000     .4310954    .6732076
------------------------------------------------------------------------------
```

图 6.6　混合面板数据模型回归结果

接下来，针对随机扰动项是否满足假定条件，这里介绍两种常见的随机扰动项方差协方差矩阵形式。

情形 1：当随机扰动项 ε_{it} 满足假定条件时，ε_{it} 的方差协方差矩阵形式为

$$\text{Var}(\varepsilon \mid X) = E(\varepsilon\varepsilon' \mid X) = \sigma_{\varepsilon}^2 I_{nT\times nT}$$

其中，σ_{ε}^2 是随机扰动项 ε_{it} 的方差，$I_{nT\times nT}$ 是 $nT \times nT$ 维的单位矩阵，即对角线上的元素全为 1，对角线两边的元素全为 0。

情形 2：允许随机扰动项 ε_{it} 存在组内自相关、组间异方差、同期截面相关时的方差协方差矩阵形式（$nT \times nT$ 维）为

$$\text{Var}(\varepsilon \mid X) = E(\varepsilon\varepsilon' \mid X) =$$

$$
\begin{pmatrix}
\begin{pmatrix} \sigma_1^2 & \sigma_{\varepsilon_{11}\varepsilon_{12}} & \cdots & \sigma_{\varepsilon_{11}\varepsilon_{1T}} \\ \sigma_{\varepsilon_{12}\varepsilon_{11}} & \sigma_1^2 & \cdots & \sigma_{\varepsilon_{12}\varepsilon_{1T}} \\ \vdots & \vdots & \ddots & \vdots \\ \sigma_{\varepsilon_{1T}\varepsilon_{11}} & \sigma_{\varepsilon_{1T}\varepsilon_{12}} & \cdots & \sigma_1^2 \end{pmatrix} &
\begin{pmatrix} \sigma_{\varepsilon_{11}\varepsilon_{21}} & 0 & \cdots & 0 \\ 0 & \sigma_{\varepsilon_{12}\varepsilon_{22}} & \cdots & 0 \\ \vdots & \vdots & \ddots & \vdots \\ 0 & 0 & \cdots & \sigma_{\varepsilon_{1T}\varepsilon_{2T}} \end{pmatrix} & \cdots &
\begin{pmatrix} \sigma_{\varepsilon_{11}\varepsilon_{n1}} & 0 & \cdots & 0 \\ 0 & \sigma_{\varepsilon_{21}\varepsilon_{n2}} & \cdots & 0 \\ \vdots & \vdots & \ddots & \vdots \\ 0 & 0 & \cdots & \sigma_{\varepsilon_{1T}\varepsilon_{nT}} \end{pmatrix} \\
\begin{pmatrix} \sigma_{\varepsilon_{21}\varepsilon_{11}} & 0 & \cdots & 0 \\ 0 & \sigma_{\varepsilon_{22}\varepsilon_{12}} & \cdots & 0 \\ \vdots & \vdots & \ddots & \vdots \\ 0 & 0 & \cdots & \sigma_{\varepsilon_{2T}\varepsilon_{1T}} \end{pmatrix} &
\begin{pmatrix} \sigma_2^2 & \sigma_{\varepsilon_{21}\varepsilon_{22}} & \cdots & \sigma_{\varepsilon_{21}\varepsilon_{2T}} \\ \sigma_{\varepsilon_{22}\varepsilon_{21}} & \sigma_2^2 & \cdots & \sigma_{\varepsilon_{22}\varepsilon_{2T}} \\ \vdots & \vdots & \ddots & \vdots \\ \sigma_{\varepsilon_{2T}\varepsilon_{21}} & \sigma_{\varepsilon_{2T}\varepsilon_{22}} & \cdots & \sigma_2^2 \end{pmatrix} & \cdots &
\begin{pmatrix} \sigma_{\varepsilon_{21}\varepsilon_{n1}} & 0 & \cdots & 0 \\ 0 & \sigma_{\varepsilon_{22}\varepsilon_{n2}} & \cdots & 0 \\ \vdots & \vdots & \ddots & \vdots \\ 0 & 0 & \cdots & \sigma_{\varepsilon_{2T}\varepsilon_{nT}} \end{pmatrix} \\
\vdots & \vdots & \ddots & \vdots \\
\begin{pmatrix} \sigma_{\varepsilon_{n1}\varepsilon_{11}} & 0 & \cdots & 0 \\ 0 & \sigma_{\varepsilon_{n2}\varepsilon_{12}} & \cdots & 0 \\ \vdots & \vdots & \ddots & \vdots \\ 0 & 0 & \cdots & \sigma_{\varepsilon_{nT}\varepsilon_{1T}} \end{pmatrix} &
\begin{pmatrix} \sigma_{\varepsilon_{n1}\varepsilon_{21}} & 0 & \cdots & 0 \\ 0 & \sigma_{\varepsilon_{n2}\varepsilon_{22}} & \cdots & 0 \\ \vdots & \vdots & \ddots & \vdots \\ 0 & 0 & \cdots & \sigma_{\varepsilon_{nT}\varepsilon_{2T}} \end{pmatrix} & \cdots &
\begin{pmatrix} \sigma_n^2 & \sigma_{\varepsilon_{n1}\varepsilon_{n2}} & \cdots & \sigma_{\varepsilon_{n1}\varepsilon_{nT}} \\ \sigma_{\varepsilon_{n2}\varepsilon_{n1}} & \sigma_n^2 & \cdots & \sigma_{\varepsilon_{n2}\varepsilon_{nT}} \\ \vdots & \vdots & \ddots & \vdots \\ \sigma_{\varepsilon_{nT}\varepsilon_{n1}} & \sigma_{\varepsilon_{nT}\varepsilon_{n2}} & \cdots & \sigma_n^2 \end{pmatrix}
\end{pmatrix}
$$

为了更清楚地观察随机扰动项 ε_{it} 的方差协方差矩阵形式，采用分块矩阵形式表示。其中，将对角分块矩阵中第 i 个组 $\varepsilon_i = (\varepsilon_{i1}, \varepsilon_{i2}, \cdots, \varepsilon_{iT})'$ 的方差协方差矩阵记为 $\mathrm{Var}(\varepsilon_i)$（$T \times T$ 维），对角分块矩阵两边的分块矩阵是第 i 个组 ε_i 和第 j 个组 ε_j 的方差协方差矩阵（$i \neq j$），其中，$i = 1, 2, \cdots, n$，$j = 1, 2, \cdots, n$。

（二）固定效应面板数据模型（Fixed effects panel data model）

传统的固定效应变截距面板数据模型大致分为三类：①个体固定效应模型（Individual fixed effects model）、②时点固定效应模型（Time fixed effects model）、③个体时点双固定效应模型（Individual and time fixed effects model）。

至于其他形式的固定效应模型，例如，要控制区域、省份、行业、产业等不随时间变化的因素，请参见第三节“高维（多维）固定效应面板数据模型”。此外，值得注意的是，若无特殊说明，通常提及的固定效应模型或随机效应模型，指的是变截距面板数据模型中的某种情形。

例如，某人在研究 1979—2012 年我国 31 个省（区、市）粮食产量问题时，考虑如下混合面板数据模型，

$$Y_{it} = \gamma_0 + X'_{it}\beta + \varepsilon_{it},\ i = 1, 2, \cdots, 31;\ t = 1979, 1980, \cdots, 2012 \quad (6.2)$$

图 6.7 显示了在模型（6.2）中忽略地理位置因素的影响可能会产生内生性问题。解决该内生性问题的思路之一：将遗漏的地理位置因素纳入模型中即可解决。

由于每一个省市自治区所处位置不同，因此，仅需要考虑每一个省（区、市）的地理位置信息，并通过虚拟变量加法的形式纳入模型（6.2）即可。

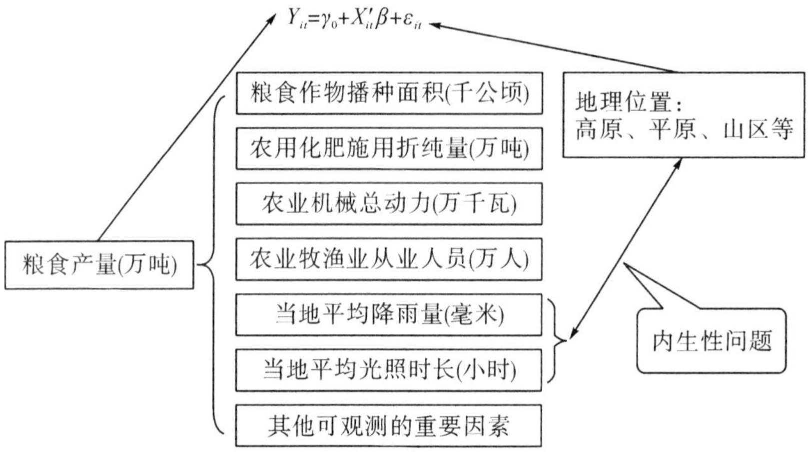

图 6.7　粮食产量问题中各影响因素之间的关系图

1. 个体固定效应模型（Individual fixed effects model）

（1）个体固定效应模型的虚拟变量形式。

由于模型（6.2）存在截距项，因此，将可能忽略的个体影响设置 31-1 个虚拟变量纳入模型（6.2），得到模型（6.3）：

$$Y_{it}=\gamma_0+\gamma_2D_{2i}+\gamma_3D_{3i}+\cdots+\gamma_{31}D_{31i}+X'_{it}\beta+\varepsilon_{it} \tag{6.3}$$

其中，$D_{2i}=\begin{cases}1 & i\text{是第 2 个省市}\\0 & i\text{是其他省市}\end{cases}$，$D_{3i}=\begin{cases}1 & i\text{是第 3 个省市}\\0 & i\text{是其他省市}\end{cases}$，…，$D_{31i}=\begin{cases}1 & i\text{是第 31 个省市}\\0 & i\text{是其他省市}\end{cases}$。

令 $\alpha_1=\gamma_0$，$\alpha_2=\gamma_0+\gamma_2$，$\alpha_3=\gamma_0+\gamma_3$，…，$\alpha_{31}=\gamma_0+\gamma_{31}$，

于是，模型（6.3）改写为

$$Y_{it}=\alpha_i+X'_{it}\beta+\varepsilon_{it} \tag{6.4}$$

其中，X_{it} 是 k 维列向量，含 k 个解释变量，β 也是 k 维列向量，截距项 α_i 为个体效应项，且 α_i 与某个或某些解释变量相关，ε_{it} 是随机扰动项，且与 X_{it} 不相关，其他关于 ε_{it} 的假定与混合面板数据模型一致。则称模型（6.4）为个体固定效应变截距面板数据模型，简称个体固定效应模型。

图 6.8 是个体固定效应模型虚拟变量形式的回归结果的展示。

```
. reg lnq lnarea lnfarmm lnagchf i.provi,r     /*----个体固定效应LSDV法+稳健估计结果----*/

Linear regression                               Number of obs     =        986
                                                F(31, 954)        =    4533.16
                                                Prob > F          =     0.0000
                                                R-squared         =     0.9926
                                                Root MSE          =      .0995
```

lnq	Coef.	Robust Std. Err.	t	P>|t|	[95% Conf.	Interval]
lnarea	.8637717	.0222817	38.77	0.000	.8200449	.9074985
lnfarmm	.0429491	.0134529	3.19	0.001	.0165483	.0693499
lnagchf	.3108648	.0155037	20.05	0.000	.2804395	.3412901
provi						
bj	.6918151	.0759407	9.11	0.000	.542785	.8408451
fj	.2484143	.0375465	6.62	0.000	.174731	.3220976
gd	.1385636	.0239069	5.80	0.000	.0916475	.1854798
gs	-.0850774	.0299198	-2.84	0.005	-.1437936	-.0263612
guiz	.1488213	.0328024	4.54	0.000	.0844481	.2131946
gx	.0741422	.0268016	2.77	0.006	.0215452	.1267391
heb	-.1547167	.022589	-6.85	0.000	-.1990466	-.1103869
hen	-.1143577	.0223927	-5.11	0.000	-.1583023	-.0704131
hlj	-.0161357	.0285114	-0.57	0.572	-.072088	.0398165
hub	.1780484	.0227648	7.82	0.000	.1333736	.2227233
hun	.3097141	.0198643	15.59	0.000	.2707314	.3486969
jl	.4165091	.0317681	13.11	0.000	.3541657	.4788526
js	.1917376	.0191371	10.02	0.000	.154182	.2292932
jx	.3258721	.0230443	14.14	0.000	.2806487	.3710955
liaon	.3158402	.0319515	9.88	0.000	.2531369	.3785436
nmg	-.0530145	.0287462	-1.84	0.065	-.1094276	.0033985
nx	.2487471	.0557506	4.46	0.000	.1393392	.358155
qh	.4947308	.0750606	6.59	0.000	.3474278	.6420338
sc	.137986	.0199781	6.91	0.000	.0987798	.1771921
sd	-.0126088	.0234835	-0.54	0.591	-.0586942	.0334765
shai	.8303229	.0820003	10.13	0.000	.6694011	.9912447
sx	-.0978051	.0297749	-3.28	0.001	-.1562369	-.0393732
sxian	-.1693515	.0273545	-6.19	0.000	-.2230334	-.1156697
tj	.5595933	.0748639	7.47	0.000	.4126763	.7065104
xiz	1.022489	.0923939	11.07	0.000	.84117	1.203808
xj	.2720159	.0399257	6.81	0.000	.1936635	.3503683
yn	-.004767	.02518	-0.19	0.850	-.0541816	.0446476
zj	.3968277	.0308461	12.86	0.000	.3362936	.4573619
_cons	-1.679651	.2121331	-7.92	0.000	-2.095953	-1.26335

图 6.8 个体固定效应模型虚拟变量形式的 reg 回归结果

（2）个体固定效应模型的两种常见形式。

$$Y_{it} = \alpha_i + X'_{it}\beta + \varepsilon_{it} \tag{6.5}$$

若 $E(\alpha_i) = \alpha_0$，$\alpha_i = \alpha_0 + (\alpha_i - \alpha_0)$，令 $u_i = \alpha_i - \alpha_0$，则 $E(u_i) = 0$，因此，α_i 与 u_i 同分布形态，u_i 仅进行了中心化处理，不影响估计结果。

于是，模型（6.5）可改写为

$$Y_{it} = \alpha_0 + u_i + X'_{it}\beta + \varepsilon_{it} \tag{6.6}$$

其中，α_0 为共同截距项，u_i 是差异截距项。

模型（6.5）和模型（6.6）中参数估计值之间的关系为 $\hat{\alpha}_0 = \frac{1}{n}\sum_{i=1}^{n}\hat{\alpha}_i$，$\hat{u}_i = \hat{\alpha}_i - \hat{\alpha}_0$，$\frac{1}{n}\sum_{i=1}^{n}\hat{u}_i = 0$。

Stata 软件中 xtreg 命令是以模型（6.6）的形式给出个体固定效应模型回归结果，如图 6.9 所示，其中，图 6.9 中的"_ cons=-1.462 604"是模型（6.6）中共同截距项 $\hat{\alpha}_0$ 的估计值。

```
. xtreg lnq lnarea lnfarmm lnagchf,fe          /*----个体固定效应，附Chow检验----*/

Fixed-effects (within) regression               Number of obs      =       986
Group variable: provi                           Number of groups   =        29

R-sq:                                           Obs per group:
     within  = 0.8523                                         min =        34
     between = 0.9765                                         avg =      34.0
     overall = 0.9690                                         max =        34

                                                F(3,954)           =   1834.84
corr(u_i, Xb)  = -0.7978                        Prob > F           =    0.0000

------------------------------------------------------------------------------
         lnq |      Coef.   Std. Err.      t    P>|t|     [95% Conf. Interval]
-------------+----------------------------------------------------------------
      lnarea |   .8637717   .0176808    48.85   0.000      .829074    .8984695
     lnfarmm |   .0429491    .011087     3.87   0.000     .0211913    .0647069
     lnagchf |   .3108648   .0118731    26.18   0.000     .2875644    .3341653
       _cons |  -1.462604   .1478782    -9.89   0.000    -1.752809     -1.1724
-------------+----------------------------------------------------------------
     sigma_u |  .29615164
     sigma_e |   .0994958
         rho |  .89857698   (fraction of variance due to u_i)
------------------------------------------------------------------------------
F test that all u_i=0: F(28, 954) = 95.22                    Prob > F = 0.0000
```

图 6.9 个体固定效应模型的 Within 回归结果

2. 时点固定效应模型（Time fixed effects model）

$$Y_{it} = \lambda_t + X'_{it}\beta + \varepsilon_{it},\ i = 1,\ 2,\ \cdots,\ n;\ t = 1,\ 2,\ \cdots,\ T$$

其中，X_{it} 是 k 维列向量，含 k 个解释变量，β 也是 k 维列向量，截距项 λ_t 为时点效应项，且 λ_t 与某个或某些解释变量相关，ε_{it} 是随机扰动项，且与 X_{it} 不相关，其他关于 ε_{it} 的假定与混合面板数据模型一致。则称模型为时点固定效应变截距面板数据模型，简称时点固定效应模型。图 6.10 是时点固定效应模型虚拟变量回归结果，其中，year 为时间虚拟变量估计结果。

```
. reg lnq lnarea lnfarmm lnagchf i.year, r      //时点固定效应+稳健估计

Linear regression                               Number of obs     =        986
                                                F(36, 949)        =     860.58
                                                Prob > F          =     0.0000
                                                R-squared         =     0.9731
                                                Root MSE          =     .19087

------------------------------------------------------------------------------
             |               Robust
         lnq |      Coef.   Std. Err.      t    P>|t|     [95% Conf. Interval]
-------------+----------------------------------------------------------------
      lnarea |    .605678   .0154562    39.19   0.000     .5753457    .6360104
     lnfarmm |  -.0128627   .0142725    -0.90   0.368     -.040872    .0151466
     lnagchf |    .393432   .0170475    23.08   0.000     .3599769    .4268872
             |
        year |
        1980 |  -.0567625    .056229    -1.01   0.313    -.1671101    .0535851
        1981 |  -.0489164    .057993    -0.84   0.399    -.1627257    .0648929
        1982 |  -.0207513   .0538915    -0.39   0.700    -.1265116     .085009
        1983 |  -.0029894   .0537307    -0.06   0.956    -.1084341    .1024554
        1984 |   .0510113   .0546708     0.93   0.351    -.0562782    .1583009
        1985 |   .0151507   .0540384     0.28   0.779    -.0908979    .1211993
        1986 |   .0022674   .0572903     0.04   0.968    -.1101628    .1146976
        1987 |   .0137651   .0576299     0.24   0.811    -.0993316    .1268619
        1988 |  -.0158056   .0531878    -0.30   0.766     -.120185    .0885737
        1989 |  -.0375103   .0533188    -0.70   0.482    -.1421467    .0671262
        1990 |   .0091513   .0535446     0.17   0.864    -.0959282    .1142309
        1991 |  -.0304832   .0567289    -0.54   0.591    -.1418118    .0808453
        1992 |  -.0200002    .056878    -0.35   0.725    -.1316213    .0916209
        1993 |   -.004468   .0545335    -0.08   0.935    -.1114882    .1025523
        1994 |  -.0490505   .0589931    -0.83   0.406    -.1648225    .0667214
        1995 |   -.051711   .0606557    -0.85   0.394    -.1707459    .0673239
        1996 |  -.0027611   .0555174    -0.05   0.960    -.1117121      .10619
        1997 |  -.0379222   .0570081    -0.67   0.506    -.1497987    .0739544
        1998 |  -.0023564   .0573286    -0.04   0.967    -.1148619    .1101491
        1999 |  -.0392498   .0615763    -0.64   0.524    -.1600913    .0815917
        2000 |  -.1098174   .0619296    -1.77   0.077    -.2313522    .0117175
        2001 |  -.1072261   .0607896    -1.76   0.078    -.2265237    .0120714
        2002 |  -.0950243   .0608064    -1.56   0.118    -.2143549    .0243063
        2003 |  -.1288332   .0616548    -2.09   0.037    -.2498288   -.0078376
        2004 |  -.0924569   .0599647    -1.54   0.123    -.2101356    .0252217
        2005 |  -.0882005   .0602938    -1.46   0.144    -.2065251    .0301241
        2006 |  -.0770373   .0612333    -1.26   0.209    -.1972056    .0431311
        2007 |   -.088244   .0601528    -1.47   0.143    -.2062918    .0298039
        2008 |  -.0572114   .0620085    -0.92   0.356    -.1789011    .0644783
        2009 |   -.072769   .0599133    -1.21   0.225    -.1903467    .0448088
        2010 |  -.0670791   .0618609    -1.08   0.278    -.1884791    .0543208
        2011 |  -.0419781   .0649222    -0.65   0.518    -.1693858    .0854296
        2012 |  -.0241589   .0639429    -0.38   0.706    -.1496447    .1013269
             |
       _cons |   .6313001   .0867788     7.27   0.000     .4609995    .8016007
```

图 6.10　时点固定效应模型的 reg 回归结果

3. 个体时点双固定效应模型（Individual and time fixed effects model）

$$Y_{it}=\alpha_i+\lambda_t+X'_{it}\beta+\varepsilon_{it},\ i=1,\ 2,\ \cdots,\ n;\ t=1,\ 2,\ \cdots,\ T$$

其中，X_{it} 是 k 维列向量，含 k 个解释变量，β 也是 k 维列向量，截距项 α_i 为个体效应项，λ_t 为时点效应项，且 α_i 和 λ_t 分别与某个或某些解释变量相关，ε_{it} 是随机扰动项，且与 X_{it} 不相关，其他关于 ε_{it} 的假定与混合面板数据模型一致。则称该模型为个体时点固定效应变截距面板数据模型，简称个体时点固定效应模型，或个体时点双固定效应模型。图 6.11 为个体时点固定效应模型的 xtreg 回归结果，其中个体效应是用 Within 估计、时点效应是采用虚拟变量形式进行表示。

```
. xtreg y x1 x2 x3 i.year,fe

Fixed-effects (within) regression               Number of obs      =       986
Group variable: id                              Number of groups   =        29

R-sq:                                           Obs per group:
     within  = 0.8708                                         min =        34
     between = 0.9730                                         avg =      34.0
     overall = 0.9666                                         max =        34

                                                F(36,921)          =    172.41
corr(u_i, Xb)  = -0.7781                        Prob > F           =    0.0000

------------------------------------------------------------------------------
           y |      Coef.   Std. Err.      t    P>|t|     [95% Conf. Interval]
-------------+----------------------------------------------------------------
          x1 |   .9629443   .0264821    36.36   0.000     .9109719    1.014917
          x2 |   -.002817   .0152954    -0.18   0.854     -.032835    .0272009
          x3 |   .2501225   .0148421    16.85   0.000     .2209941    .2792508
             |
        year |
        1980 |   -.034795   .0249846    -1.39   0.164    -.0838284    .0142384
        1981 |  -.0163952   .0251224    -0.65   0.514     -.065699    .0329086
        1982 |    .036563   .0254803     1.43   0.152    -.0134432    .0865692
        1983 |   .0692054   .0259037     2.67   0.008     .0183684    .1200425
        1984 |   .1332936   .0263137     5.07   0.000     .0816518    .1849355
        1985 |   .1114466   .0268258     4.15   0.000     .0587997    .1640934
        1986 |   .1044381    .027335     3.82   0.000     .0507919    .1580843
        1987 |   .1206244   .0278162     4.34   0.000      .066034    .1752148
        1988 |   .1077795   .0285776     3.77   0.000     .0516948    .1638642
        1989 |   .0955913   .0291855     3.28   0.001     .0383135    .1528691
        1990 |   .1535407   .0297727     5.16   0.000     .0951106    .2119708
        1991 |   .1275098   .0304006     4.19   0.000     .0678473    .1871724
        1992 |   .1489363   .0309618     4.81   0.000     .0881724    .2097002
        1993 |   .1756174   .0316263     5.55   0.000     .1135496    .2376853
        1994 |   .1427312   .0323584     4.41   0.000     .0792265     .206236
        1995 |   .1488259   .0330843     4.50   0.000     .0838967    .2137552
        1996 |   .2011618    .033612     5.98   0.000     .1351968    .2671268
        1997 |   .1712792   .0341789     5.01   0.000     .1042016    .2383568
        1998 |   .2082291    .034653     6.01   0.000      .140221    .2762372
        1999 |   .1777142   .0353408     5.03   0.000     .1083563     .247072
        2000 |   .1279859    .036595     3.50   0.000     .0561666    .1998053
        2001 |   .1499702   .0377401     3.97   0.000     .0759036    .2240369
        2002 |   .1759793   .0387285     4.54   0.000     .0999729    .2519857
        2003 |   .1689829   .0403119     4.19   0.000      .089869    .2480968
        2004 |   .2051925   .0407299     5.04   0.000     .1252582    .2851267
        2005 |   .2012604   .0409108     4.92   0.000     .1209711    .2815497
        2006 |   .2181554   .0416993     5.23   0.000     .1363187     .299992
        2007 |   .2107517   .0423438     4.98   0.000     .1276501    .2938532
        2008 |   .2400509   .0427918     5.61   0.000       .15607    .3240317
        2009 |   .2180245   .0430228     5.07   0.000     .1335905    .3024585
        2010 |   .2251718   .0436196     5.16   0.000     .1395665    .3107772
        2011 |   .2514147   .0441544     5.69   0.000     .1647598    .3380696
        2012 |   .2715616   .0446947     6.08   0.000     .1838463    .3592769
             |
       _cons |  -1.821434   .1653515   -11.02   0.000    -2.145943   -1.496924
-------------+----------------------------------------------------------------
     sigma_u |  .30352262
     sigma_e |  .09470908
         rho |  .91127414   (fraction of variance due to u_i)
------------------------------------------------------------------------------
F test that all u_i=0: F(28, 921) = 104.76                   Prob > F = 0.0000
```

图 6.11　个体时点固定效应模型的 xtreg 回归结果

（三）随机效应面板数据模型（Random effects model）

1. 个体随机效应模型（Individual random effects model）

$$Y_{it} = (\gamma + u_i) + X'_{it}\beta + \varepsilon_{it},\ i = 1,\ 2,\ \cdots,\ n;\ t = 1,\ 2,\ \cdots,\ T$$

其中，X_{it} 是 k 维列向量，含 k 个解释变量，β 也是 k 维列向量，截距项为 $\gamma + u_i$，u_i 为个体效应项，且 u_i 与所有解释变量不相关，ε_{it} 是随机扰动项，$\varepsilon_{it} \sim i.i.d.\ (0,\ \sigma_\varepsilon^2)$，且 ε_{it} 与 X_{it} 不相关，并假定 u_i 与 X_{it}、ε_{it} 不相关，$u_i \sim i.i.d.\ (0,\ \sigma_u^2)$，其他关于 ε_{it} 的假定与混合面板数据模型一致。则称该模型为个体随机效应变截距面板数据模型，简称个体随机效应模型。图 6.12 是个体随机效应模型的 FGLS 估计结果。

```
. xtreg y x1 x2 x3 ,vce(cluster id)

Random-effects GLS regression                   Number of obs      =       986
Group variable: id                              Number of groups   =        29

R-sq:                                           Obs per group:
     within  = 0.8516                                          min =        34
     between = 0.9768                                          avg =      34.0
     overall = 0.9695                                          max =        34

                                                Wald chi2(3)       =    646.61
corr(u_i, X)   = 0 (assumed)                    Prob > chi2        =    0.0000

                                    (Std. Err. adjusted for 29 clusters in id)
------------------------------------------------------------------------------
             |               Robust
           y |      Coef.   Std. Err.      z    P>|z|     [95% Conf. Interval]
-------------+----------------------------------------------------------------
          x1 |   .8028009   .0450619    17.82   0.000     .7144812    .8911206
          x2 |   .0435898   .0363775     1.20   0.231    -.0277088    .1148884
          x3 |   .3022352   .0434942     6.95   0.000     .2169882    .3874822
       _cons |  -.9543847   .3996747    -2.39   0.017    -1.737733   -.1710367
-------------+----------------------------------------------------------------
     sigma_u |   .1657525
     sigma_e |   .0994958
         rho |  .73512072   (fraction of variance due to u_i)
------------------------------------------------------------------------------
```

图 6.12 个体随机效应模型的 xtreg 回归结果

2. 时点随机效应模型（Time random effects model）

$$Y_{it} = (\lambda_0 + \lambda_t) + X'_{it}\beta + \varepsilon_{it},\ i = 1,\ 2,\ \cdots,\ n;\ t = 1,\ 2,\ \cdots,\ T$$

其中，X_{it} 是 k 维列向量，含 k 个解释变量，β 也是 k 维列向量，截距项为 $\lambda_0 + \lambda_t$，λ_t 为时点效应项，且 λ_t 与所有解释变量不相关，ε_{it} 是随机扰动项，$\varepsilon_{it} \sim i.i.d.\ (0,\ \sigma_\varepsilon^2)$，且 ε_{it} 与 X_{it} 不相关，并假定 λ_t 与 X_{it}、ε_{it} 不相关，$\lambda_t \sim i.i.d.\ (0,\ \sigma_\lambda^2)$，其他关于 ε_{it} 的假定与混合面板数据模型一致。则称模型为时点随机效应变截距面板数据模型，简称时点随机效应模型。

3. 个体时点双随机效应模型（Individual and time random effects model）

$$Y_{it} = \alpha_i + \lambda_t + X'_{it}\beta + \varepsilon_{it},\ i = 1,\ 2,\ \cdots,\ n;\ t = 1,\ 2,\ \cdots,\ T$$

其中，X_{it} 是 k 维列向量，含 k 个解释变量，β 也是 k 维列向量，截距项为 $\alpha_i + \lambda_t$，α_i 为个体效应项，λ_t 为时点效应项，且 α_i 和 λ_t 均与所有解释变量不相关，ε_{it} 是随机扰动项，$\varepsilon_{it} \sim i.i.d.\ (0,\ \sigma_\varepsilon^2)$，且 ε_{it} 与 X_{it} 不相关，并假定 α_i、λ_t 与 X_{it}、ε_{it} 不相关，$\alpha_i \sim i.i.d.\ (\alpha_0,\ \sigma_\alpha^2)$，$\lambda_t \sim i.i.d.\ (0,\ \sigma_\lambda^2)$，其他关于 ε_{it} 的假定与混合面板数据模型

一致。则称模型为个体时点随机效应变截距面板数据模型，简称个体时点随机效应模型，或个体时点双随机效应模型。

值得注意的是，在上述变截距面板数据模型中，其截距项要么都是固定效应，要么都是随机效应，然而，理论上的变截距还有诸多其他混合情形，例如，个体固定效应时点随机效应模型（FERE）、个体随机效应时点固定效应模型（REFE）等类型，均不在本章探讨范围之内。

二、模型估计

混合面板数据模型的参数估计，类似于横截面数据直接使用 OLS 估计即可，在满足假定的前提下，可得到参数一致估计量。该估计方法称为混合最小二乘估计方法。Stata 操作如图 6.13 所示。估计结果可参见图 6.6。

```
常用 Stata 命令：（含稳健估计的结果）个体变量名：id；时点变量名：year

reg y x1 x2 x3 … xk        //混合面板数据模型回归
reg y x1 x2 x3 … xk, r      //混合面板数据模型回归+稳健估计
```

图 6.13 混合面板数据模型的 Stata 操作

1. LSDV 估计

当个体或时点固定效应是以虚拟变量的形式呈现在面板数据模型中时，可直接使用最小二乘虚拟变量（least squares dummy variable，LSDV）方法估计固定效应面板数据模型中的参数。在满足假定条件的前提下，可以得到参数估计量的一致估计，然而，当个体数 n 或时点长度 T 较大时，LSDV 估计方法的自由度损失较为严重。

（1）个体固定效应模型。

若模型存在截距项，可能忽略的个体影响设置 31-1 个虚拟变量，此时，个体固定效应模型的虚拟变量形式如下：

$$Y_{it} = \gamma_0 + \gamma_2 D_{2i} + \gamma_3 D_{3i} + \cdots + \gamma_{31} D_{31i} + X'_{it}\beta + \varepsilon_{it}$$

其中，$D_{2i} = \begin{cases} 1 & i\text{ 是第 2 个省市} \\ 0 & i\text{ 是其他省市} \end{cases}$，$D_{3i} = \begin{cases} 1 & i\text{ 是第 3 个省市} \\ 0 & i\text{ 是其他省市} \end{cases}$，…，$D_{31i} = \begin{cases} 1 & i\text{ 是第 31 个省市} \\ 0 & i\text{ 是其他省市} \end{cases}$。

（2）时点固定效应模型。

若模型存在截距项，可能忽略的时点影响设置 $T-1$ 个虚拟变量，此时，时点固定效应模型的虚拟变量形式如下：

$$Y_{it} = \gamma_0 + \gamma_2 D_{2t} + \gamma_3 D_{3t} + \cdots + \gamma_T D_{Tt} + X'_{it}\beta + \varepsilon_{it}$$

其中，$D_{2t} = \begin{cases} 1 & t = 2 \\ 0 & \text{其他} \end{cases}$，$D_{3t} = \begin{cases} 1 & t = 3 \\ 0 & \text{其他} \end{cases}$，…，$D_{Tt} = \begin{cases} 1 & t = T \\ 0 & \text{其他} \end{cases}$。

（3）个体时点固定效应模型。

若模型存在截距项，可能忽略的个体时点影响设置 $n-1+T-1$ 个虚拟变量，此时，个体时点固定效应模型的虚拟变量形式如下：

$$Y_{it}=\gamma_0+\varphi_2\text{Dum}_{2i}+\varphi_3\text{Dum}_{3i}+\cdots+\varphi_n\text{Dum}_{ni}+\gamma_2D_{2t}+\gamma_3D_{3t}+\cdots+\gamma_TD_{Tt}+X'_{it}\beta+\varepsilon_{it}$$

其中，$D_{2t}=\begin{cases}1 & t=2\\0 & \text{其他}\end{cases}$，$D_{3t}=\begin{cases}1 & t=3\\0 & \text{其他}\end{cases}$，…，$D_{Tt}=\begin{cases}1 & t=T\\0 & \text{其他}\end{cases}$，$\text{Dum}_{2i}=\begin{cases}1 & i=2\\0 & \text{其他}\end{cases}$，

$\text{Dum}_{3i}=\begin{cases}1 & i=3\\0 & \text{其他}\end{cases}$，…，$\text{Dum}_{ni}=\begin{cases}1 & i=n\\0 & \text{其他}\end{cases}$。

Stata 操作如图 6.14 所示。

常用 Stata 命令：（稳健估计的结果）个体变量名：id；时点变量名：year

```
reg y x1 x2 x3 ... xk i. id , r            //个体固定效应
reg y x1 x2 x3 ... xk  i. year, r          //时点固定效应
reg y x1 x2 x3 ... xk i. id i. year, r     //个体时点固定效应
```

图 6.14 个体时点固定效应模型的 Stata 操作

2. 一阶差分估计与 Within 估计

对于个体或时点固定效应，当个体数 n 或时点长度 T 较大时，LSDV 估计方法的自由度损失较为严重。为了解决 LSDV 估计方法自由度损失严重的问题，接下来，介绍另一种思路的估计方法：一阶差分估计与 Within 估计，其基本思想是，当个体数 n 较大时，通过适当变换，先消除个体效应项 α_i，再估计系数 β。

（1）一阶差分估计。

对于个体固定效应面板数据模型，可以考虑使用一阶差分估计的思路：先消除个体效应项 α_i，然后估计系数 β。

对于个体固定效应模型

$$Y_{it}=\alpha_i+X'_{it}\beta+\varepsilon_{it},\ i=1,2,\cdots,n;\ t=1,2,\cdots,T$$

将上述模型滞后一期，可得如下模型：

$$Y_{i,t-1}=\alpha_i+X'_{i,t-1}\beta+\varepsilon_{i,t-1}$$

将上述两式相减，消去了 α_i，得

$$Y_{it}-Y_{i,t-1}=(X_{it}-X_{i,t-1})'\beta+(\varepsilon_{it}-\varepsilon_{i,t-1})$$

对上式一阶差分模型应用 OLS 估计，得到的参数估计量称作一阶差分 OLS 估计量，尽管在一阶差分模型中无法估计截距项 α_i，但得到的 $\hat{\beta}$ 是一致估计量。若要估计截距项 α_i，可以采用 Within 估计方法。

（2）Within 估计。

对于个体固定效应面板数据模型，可以考虑使用 Within 估计方法的思路：先消除个体效应项 α_i，估计系数 β，再利用已估计的 $\hat{\beta}$ 和样本信息，估计参数 α_i。

对个体固定效应模型

$$Y_{it}=\alpha_i+X'_{it}\beta+\varepsilon_{it},\ i=1,2,\cdots,n;\ t=1,2,\cdots,T$$

中的每个个体在时间 t 维度上计算平均，可得如下模型：

$$\bar{Y}_i = \alpha_i + \bar{X}'_i\beta + \bar{\varepsilon}_i$$

其中，$\bar{Y}_i = T^{-1}\sum_{t=1}^{T} Y_{it}$，$\bar{X}_i = T^{-1}\sum_{t=1}^{T} X_{it}$，$\bar{\varepsilon}_i = T^{-1}\sum_{t=1}^{T}\varepsilon_{it}$，$\alpha_i = T^{-1}\sum_{t=1}^{T}\alpha_i$

将上述两式相减，消去了 α_i，得

$$Y_{it} - \bar{Y}_i = (X_{it} - \bar{X}_i)'\beta + (\varepsilon_{it} - \bar{\varepsilon}_i)$$

此模型称作离差数据模型。

对上式应用 OLS 估计，所得的估计量称作离差 OLS 估计量（或称 Within 估计量、组内估计量）。对于个体固定效应模型，$\hat{\beta}$ 的离差 OLS 估计量是一致估计量。

关于个体固定效应项 $\hat{\alpha}_i$ 的估计，可由下列最小化问题得到

$$\min_{\hat{\alpha}_i,\ \hat{\beta}} \sum_{i,\ t} (Y_{it} - \hat{\alpha}_i - X'_{it}\hat{\beta})^2$$

由上述最小化问题的残差平方和对 $\hat{\alpha}_i$ 求一阶偏导，并令其等于零，得，

$$\hat{\alpha}_i = \bar{Y}_i - \bar{X}'_i\hat{\beta},\ i = 1,\ 2,\ \cdots,\ n$$

上述等式中含 n 个方程和 n 个未知数，因此，方程有唯一解，可以得到 $\hat{\alpha}_i$。Stata 操作如图 6.15 所示。估计结果可参见图 6.9。

```
常用 Stata 命令：（例如，id 是个体变量名，year 是时点变量名）

xtreg y x1 x2 x3 , fe
xtreg y x1 x2 x3 , fe vce (cluster id)
```

图 6.15　Stata 操作命令

值得注意的是，面板数据模型中拟合优度的计算方法不同于横截面数据模型中的拟合优度的算法，其中，面板数据模型中的拟合优度是根据被解释变量样本信息和被解释变量相应的样本条件均值计算相关系数平方得到的。

3. FGLS 估计

对于个体随机效应面板数据模型

$$Y_{it} = (\gamma + u_i) + X'_{it}\beta + \varepsilon_{it},\ i = 1,\ 2,\ \cdots,\ n,\ t = 1,\ 2,\ \cdots,\ T$$

$$Y_{it} = \gamma + X'_{it}\beta + v_{it} \tag{6.7}$$

其中，$v_{it} = \varepsilon_{it} + u_i$，

$$\mathrm{Cov}(v_{it},\ v_{is}) = \begin{cases}\sigma_u^2 + \sigma_\varepsilon^2 & t = s\\ \sigma_u^2 & t \neq s\end{cases},\qquad \Omega = E(v_i v'_i) = \sigma_\varepsilon^2 I_T + \sigma_u^2 ee',$$

$$V = (E(v_i v'_j))_{nT\times nT} = I_n \otimes \Omega$$

$$= \begin{pmatrix} 1*\Omega & 0*\Omega & \cdots & 0*\Omega\\ 0*\Omega & 1*\Omega & \cdots & 0*\Omega\\ \vdots & \vdots & \ddots & \vdots\\ 0*\Omega & 0*\Omega & \cdots & 1*\Omega \end{pmatrix} = \begin{pmatrix} \Omega & 0_{T\times T} & \cdots & 0_{T\times T}\\ 0_{T\times T} & \Omega & \cdots & 0_{T\times T}\\ \vdots & \vdots & \ddots & \vdots\\ 0_{T\times T} & 0_{T\times T} & \cdots & \Omega \end{pmatrix}$$

对上述模型（6.7）分两种情形（Ω 已知和未知）进行讨论，最后得到 FGLS

估计量。常用的 Stata 命令如图 6.16 所示。

```
常用 Stata 命令：（例如，id 是个体变量名，year 是时点变量名）

xtreg y x1 x2 x3 , vce (cluster id)          /*--此处仅演示这一种--*/
xtreg y x1 x2 x3 , re vce (cluster id)       /*--此处仅演示这一种--*/
```

图 6.16　FGLS 估计常用的 Stata 命令

三、模型检验

在面板数据模型的实证分析中，经常面临诸多模型设定方面的问题，即何时选择混合面板数据模型、何时选用固定效应模型、何时选用随机效应模型等。接下来，介绍几种面板数据模型理论设定检验中常用的检验方法。

1. F（Chow）检验

约束模型与无约束模型下的 F 检验（邹至庄检验，或称 Chow 检验）。例如，检验多元线性回归模型中所有解释变量的系数是否全为 0 的 F 检验，是 Chow 检验的特例。

Chow 检验的原假设为参数的线性约束条件（可以是多个线性约束条件）成立，备择假设为线性约束条件不全成立，Chow 检验统计量为

$$F=\frac{(\mathrm{RSS}_R-\mathrm{RSS}_U)/[(m-k_R)-(m-k_U)]}{\mathrm{RSS}_U/(m-k_U)}\sim F(k_U-k_R,\ m-k_U)$$

其中，RSS_R 为约束模型的残差平方和，RSS_U 为无约束模型的残差平方和，m 为样本容量，k_R 是约束模型中待估计参数个数，k_U 是无约束模型中待估计参数个数，k_U-k_R 为原假设中约束条件的个数。

（1）以个体固定效应模型为例，进行 F（Chow）检验。

$$Y_{it}=\alpha_i+X'_{it}\beta+\varepsilon_{it},\ i=1,\ 2,\ \cdots,\ n;\ t=1,\ 2,\ \cdots,\ T$$

对于上述个体固定效应模型，检验其截距项是否随个体变化的原假设和备择假设分别为

$$\begin{cases}\mathrm{H}_0:\ \alpha_1=\alpha_2=\cdots=\alpha_n & \text{混合模型}\\ \mathrm{H}_1:\ \alpha_i\ \text{不全相等} & \text{个体固定效应变截距模型}\end{cases}$$

此时，无约束模型为个体固定效应面板数据模型：$Y_{it}=\alpha_i+X'_{it}\beta+\varepsilon_{it}$；约束模型为混合面板数据模型：$Y_{it}=\alpha_0+X'_{it}\beta+\varepsilon_{it}$。因此，Chow 检验统计量定义为

$$F=\frac{(\mathrm{RSS}_R-\mathrm{RSS}_u)/[(nT-k-1)-(nT-k-n)]}{\mathrm{RSS}_u/(nT-k-n)}\sim F(n-1,\ nT-k-n)$$

其中，RSS_R 为混合面板数据模型残差平方和，RSS_U 为个体固定效应面板数据模型残差平方和，k 为模型中解释变量的个数，F 检验中分子自由度为原假设中约束条件的个数 $n-1$，分母自由度为个体固定效应面板数据模型中残差平方和 RSS_U 的自由度 $nT-k-n$。

Chow 检验的判断规则：给定显著性水平（例如，1%、5%或 10%），当统计量

的值大于临界值时，拒绝原假设，截距项应随个体变化；否则，不拒绝原假设，为混合面板数据模型。

当执行命令“xtreg y x1 x2 x3 ，fe”时，Stata 软件提供个体固定效应的 Chow 检验，参见图 6.17 中最后一行的 F 检验，即检验模型的截距项是个体固定效应还是不变情形，F 检验统计量的值为 95.22，P 值小于 0.000 1，表明拒绝原假设，不应该建立混合模型。

```
. xtreg y x1 x2 x3,fe

Fixed-effects (within) regression               Number of obs      =       986
Group variable: id                              Number of groups   =        29

R-sq:                                           Obs per group:
     within  = 0.8523                                          min =        34
     between = 0.9765                                          avg =      34.0
     overall = 0.9690                                          max =        34

                                                F(3,954)           =   1834.84
corr(u_i, Xb)  = -0.7978                        Prob > F           =    0.0000

------------------------------------------------------------------------------
           y |      Coef.   Std. Err.      t    P>|t|     [95% Conf. Interval]
-------------+----------------------------------------------------------------
          x1 |   .8637717   .0176808    48.85   0.000      .829074    .8984695
          x2 |   .0429491    .011087     3.87   0.000     .0211913    .0647069
          x3 |   .3108648   .0118731    26.18   0.000     .2875644    .3341653
       _cons |  -1.462604   .1478782    -9.89   0.000    -1.752809     -1.1724
-------------+----------------------------------------------------------------
     sigma_u |  .29615164
     sigma_e |   .0994958
         rho |  .89857698   (fraction of variance due to u_i)
------------------------------------------------------------------------------
F test that all u_i=0: F(28, 954) =    95.22                 Prob > F = 0.0000
```

图 6.17　个体固定效应模型的 xtreg 回归和 Chow 检验结果

值得注意的是，Chow 检验服从 F 分布必须要求模型随机扰动项满足假定条件中同方差、无自相关、无截面相关，否则，F 检验失效。例如，当执行命令“xtreg y x1 x2 x3 ... xk，fe vce（cluster id）”时，Stata 不再提供 Chow 检验结果，因为当命令中含有选项 vce（cluster id）时，表明在模型随机扰动项存在异方差或自相关的情形下，对参数估计量方差协方差矩阵进行异方差-自相关方差协方差矩阵一致估计，此时 Chow 检验不一定服从 F 分布，因此 Chow 检验失效。

（2）以个体时点固定效应模型为例，进行 Chow 检验。

$$Y_{it} = \alpha_i + \lambda_t + X'_{it}\beta + \varepsilon_{it},\ i = 1,\ 2,\ \cdots,\ n;\ t = 1,\ 2,\ \cdots,\ T$$

对于上述个体时点固定效应模型，是在截距项含时点固定效应的基础上检验个体固定效应是否存在，原假设和备择假设分别为

$$\begin{cases} H_0: \alpha_1 = \alpha_2 = \cdots = \alpha_n,\ \lambda_t \text{ 不全相等} & \text{时点固定效应模型} \\ H_1: \alpha_i \text{ 不全相等},\ \lambda_t \text{ 不全相等} & \text{个体时点固定效应模型} \end{cases}$$

此时，无约束模型为个体时点固定效应面板数据模型：$Y_{it} = \alpha_i + \lambda_t + X'_{it}\beta + \varepsilon_{it}$；约束模型为时点固定效应面板数据模型：$Y_{it} = \lambda_t + X'_{it}\beta + \varepsilon_{it}$。因此，Chow 检验统计量

定义为

$$F=\frac{(\mathrm{RSS}_R-\mathrm{RSS}_u)/[(nT-k-T)-(nT-k-T-n+1)]}{\mathrm{RSS}_u/(nT-k-T-n+1)}\sim F(n-1,\ nT-k-T-n+1)$$

其中，RSS_R 为时点固定效应面板数据模型的残差平方和，RSS_U 为个体时点固定效应面板数据模型的残差平方和，k 为模型中解释变量的个数，F 检验中分子自由度为原假设中约束条件的个数 $n-1$，分母自由度为个体时点固定效应面板数据模型中残差平方和 RSS_U 的自由度 $nT-k-T-n+1$。Chow 检验的判断规则：给定显著性水平（1%、5%或 10%），当统计量的值大于临界值时，拒绝原假设，截距项应该随个体变化；否则，不拒绝原假设，截距项不随个体变化。图 6.18 为检验结果。

```
. xtreg y x1 x2 x3 i.year,fe

Fixed-effects (within) regression               Number of obs      =       986
Group variable: id                              Number of groups   =        29

R-sq:                                           Obs per group:
     within  = 0.8708                                         min =         34
     between = 0.9730                                         avg =       34.0
     overall = 0.9666                                         max =         34

                                                F(36,921)          =    172.41
corr(u_i, Xb)  = -0.7781                        Prob > F           =    0.0000

------------------------------------------------------------------------------
           y |      Coef.   Std. Err.      t    P>|t|     [95% Conf. Interval]
-------------+----------------------------------------------------------------
          x1 |   .9629443   .0264821    36.36   0.000     .9109719    1.014917
          x2 |   -.002817   .0152954    -0.18   0.854     -.032835    .0272009
          x3 |   .2501225   .0148421    16.85   0.000     .2209941    .2792508
             |
        year |
        1980 |   -.034795   .0249846    -1.39   0.164    -.0838284    .0142384
        1981 |  -.0163952   .0251224    -0.65   0.514     -.065699    .0329086
        1982 |    .036563   .0254803     1.43   0.152    -.0134432    .0865692
        1983 |   .0692054   .0259037     2.67   0.008     .0183684    .1200425
        1984 |   .1332936   .0263137     5.07   0.000     .0816518    .1849355
        1985 |   .1114466   .0268258     4.15   0.000     .0587997    .1640934
        1986 |   .1044381    .027335     3.82   0.000     .0507919    .1580843
        1987 |   .1206244   .0278162     4.34   0.000      .066034    .1752148
        1988 |   .1077795   .0285776     3.77   0.000     .0516948    .1638642
        1989 |   .0955913   .0291855     3.28   0.001     .0383135    .1528691
        1990 |   .1535407   .0297727     5.16   0.000     .0951106    .2119708
        1991 |   .1275098   .0304006     4.19   0.000     .0678473    .1871724
        1992 |   .1489363   .0309618     4.81   0.000     .0881724    .2097002

        1987 |   .1206244   .0278162     4.34   0.000      .066034    .1752148
        1988 |   .1077795   .0285776     3.77   0.000     .0516948    .1638642
        1989 |   .0955913   .0291855     3.28   0.001     .0383135    .1528691
        1990 |   .1535407   .0297727     5.16   0.000     .0951106    .2119708
        1991 |   .1275098   .0304006     4.19   0.000     .0678473    .1871724
        1992 |   .1489363   .0309618     4.81   0.000     .0881724    .2097002
        1993 |   .1756174   .0316263     5.55   0.000     .1135496    .2376853
        1994 |   .1427312   .0323584     4.41   0.000     .0792265     .206236
        1995 |   .1488259   .0330843     4.50   0.000     .0838967    .2137552
        1996 |   .2011618    .033612     5.98   0.000     .1351968    .2671268
        1997 |   .1712792   .0341789     5.01   0.000     .1042016    .2383568
        1998 |   .2082291    .034653     6.01   0.000      .140221    .2762372
        1999 |   .1777142   .0353408     5.03   0.000     .1083563     .247072
        2000 |   .1279859    .036595     3.50   0.000     .0561666    .1998053
        2001 |   .1499702   .0377401     3.97   0.000     .0759036    .2240369
        2002 |   .1759793   .0387285     4.54   0.000     .0999729    .2519857
        2003 |   .1689829   .0403119     4.19   0.000      .089869    .2480968
        2004 |   .2051925   .0407299     5.04   0.000     .1252582    .2851267
        2005 |   .2012604   .0409108     4.92   0.000     .1209711    .2815497
        2006 |   .2181554   .0416993     5.23   0.000     .1363187     .299992
        2007 |   .2107517   .0423438     4.98   0.000     .1276501    .2938532
        2008 |   .2400509   .0427918     5.61   0.000       .15607    .3240317
        2009 |   .2180245   .0430228     5.07   0.000     .1335905    .3024585
        2010 |   .2251718   .0436196     5.16   0.000     .1395665    .3107772
        2011 |   .2514147   .0441544     5.69   0.000     .1647598    .3380696
        2012 |   .2715616   .0446947     6.08   0.000     .1838463    .3592769
             |
       _cons |  -1.821434   .1653515   -11.02   0.000    -2.145943   -1.496924
-------------+----------------------------------------------------------------
     sigma_u |  .30352262
     sigma_e |  .09470908
         rho |  .91127414   (fraction of variance due to u_i)
------------------------------------------------------------------------------
F test that all u_i=0: F(28, 921) = 104.76                   Prob > F = 0.0000
```

图 6.18　个体时点固定效应模型的 xtreg 回归和 Chow 检验结果

当执行命令“xtreg y x1 x2 x3 i. year, fe”时，Stata 软件提供个体时点固定效应的 Chow 检验，见图 6.18 中最后一行的 F 检验，即检验模型是个体时点固定效应模型还是时点固定效应模型，F 检验统计量的值为 104.76，P 值小于 0.000 1，表明拒绝原假设，即截距项随个体变化。值得注意的是，图 6.18 最后一行的 F 检验的原假设和备择假设不是混合模型和个体固定效应模型，注意与图 6.17 中 Chow 检验的差异。

此处，应用 LR 检验同样可以检验截距项是否发生改变。

2. Hausman 检验

Hausman 检验方法常用于检验模型内生性问题，即检验模型中的解释变量是内生变量还是外生变量。

Hausman 检验内生性问题的基本思想是，如果模型中某个解释变量是内生的，则普通最小二乘法（OLS）对应的参数估计量是不一致的，但两阶段最小二乘法（TSLS、2SLS）得到的参数估计量是一致的；然而，若模型中所有解释变量都是外生的，则 OLS 估计量和 2SLS 估计量均是一致估计量。因此，Hausman 检验通过考察两种估计方法下的参数估计量之间是否存在显著性差异，进而判断模型是否存在内生性问题。

值得注意的是，对于变截距面板数据模型

$$Y_{it} = \alpha + u_i + X'_{it}\beta + \varepsilon_{it},\ i = 1,\ 2,\ \cdots,\ n;\ t = 1,\ 2,\ \cdots,\ T$$

若个体效应项 u_i 与所有解释变量不相关，则为随机效应面板数据模型。此时，可以将 u_i 与 ε_{it} 合并成新的扰动项，再应用 FGLS 估计方法，或对原模型直接应用 Within 估计方法，得到的参数估计量均是一致的；然而，当模型为固定效应面板数据模型时，Within 参数估计量是一致的，FGLS 参数估计量却是不一致的（由个体固定效应模型的定义知，新的扰动项与某个或某些解释变量相关，存在内生性问题）。因此，可以通过检验两种估计方法下的参数估计量是否存在显著性差异，判断个体效应项 u_i 与某个或某些解释变量是否相关（可转换成判断模型是否存在内生性问题），因此可利用 Hausmans 检验思想，构建检验方法判断模型中个体效应项是固定效应还是随机效应。

因此，Hausman 检验的原假设与备择假设分别为

$$\begin{cases} H_0:\ u_i \text{ 与 } X_{it} \text{ 不相关} \quad \text{（随机效应模型）} \\ H_1:\ u_i \text{ 与 } X_{it} \text{ 相关} \quad \text{（固定效应模型）} \end{cases}$$

Hausman 检验统计量（马氏距离的形式）为

$$H = (\hat{\beta}_{wi} - \hat{\beta}_{FGLS})'(\hat{\mathrm{Var}}(\hat{\beta}_{wi}) - \hat{\mathrm{Var}}(\hat{\beta}_{\mathrm{FGLS}}))^{-1}(\hat{\beta}_{wi} - \hat{\beta}_{\mathrm{FGLS}}) \xrightarrow{d} \chi^2(q)$$

其中，$\hat{\beta}_{wi}$ 和 $\hat{\mathrm{Var}}(\hat{\beta}_{wi})$ 为对模型应用 Within 估计方法得到的参数估计量和参数估计量的方差协方差矩阵；$\hat{\beta}_{\mathrm{FGLS}}$ 和 $\hat{\mathrm{Var}}(\hat{\beta}_{\mathrm{FGLS}})$ 为应用 FGLS 估计方法得到的参数估计量和参数估计量的方差协方差矩阵；自由度 q 可以是解释变量个数，也可以是待估参数个数，即含截距项。

Hausman 检验的判断准则：给定显著性水平（1%、5%或 10%），当统计量的值

大于临界值时，拒绝原假设，模型为个体固定效应模型；否则，不拒绝原假设，模型为个体随机效应模型。Stata 操作如图 6.19 所示。结果可参见图 6.20。

```
常用 Stata 命令：
xtreg y x1 x2 x3, fe
esti store FE1

quietly xtreg y x1 x2 x3, re
esti store RE1

hausman FE1 RE1, constant sigmamore
```

图 6.19　Stata 操作命令

图 6.20 是 Hausman 检验结果，H 统计量的值为 42.74，其 P 值小于 0.000 1，表示拒绝原假设，模型为个体固定效应模型。

```
. hausman FE1 RE1, constant sigmamore

                 —— Coefficients ——
             |      (b)          (B)            (b-B)     sqrt(diag(V_b-V_B))
             |      FE1          RE1         Difference          S.E.
-------------+----------------------------------------------------------------
          x1 |    .8637717     .8028009        .0609708        .0096264
          x2 |    .0429491     .0435898       -.0006407        .0015949
          x3 |    .3108648     .3022352        .0086296        .0024844
       _cons |   -1.462604    -.9543847       -.5082198        .0732519
------------------------------------------------------------------------------
                          b = consistent under Ho and Ha; obtained from xtreg
           B = inconsistent under Ha, efficient under Ho; obtained from xtreg

    Test:  Ho:  difference in coefficients not systematic

                  chi2(4) = (b-B)'[(V_b-V_B)^(-1)](b-B)
                          =       42.74
                Prob>chi2 =      0.0000
                (V_b-V_B is not positive definite)
```

图 6.20　Hausman 检验结果

在实证分析中，一般建议先进行 Chow 检验，若 Chow 检验不拒绝原假设，则建立混合模型，否则，继续 Hausman 检验。

然而，从 Hausman 检验原理可以看出，无论真实模型是固定效应还是随机效应，将其视为固定效应，并按固定效应模型进行估计，得到的参数估计量始终是一致的。因此，在实证分析中不进行 Hausman 检验，直接将模型中的效应项设定为固定效应总是没有错的。

值得注意的是，部分面板数据模型是直接设置个体固定效应或变系数模型。例如，动态面板模型、面板向量自回归模型、面板门限模型、面板单位根检验、面板协整检验等都是直接设定模型为个体固定效应，因此，加大了对其截距项进行检验的难度，尤其是当数据是非平稳时，现有的检验方法是否可行都值得深思。此外，部分面板单位根检验、面板协整检验模型甚至直接设定变系数的形式，且变量系数随个体变化。

第三节　高维（多维）固定效应面板数据模型

第二节介绍的固定效应模型指的是个体固定效应模型、时点固定效应模型和个体时点固定效应模型，即传统固定效应模型。然而，若要控制除个体、时点固定效应外的其他类型固定效应，该如何控制呢?

例如，表 6.2 是 2017 年《经济研究》上的一篇研究僵尸企业的投资挤出效应论文中的部分回归结果。从表 6.2 可以看出，其模型控制了年份固定效应、省份固定效应、行业固定效应或企业固定效应。其中，该模型的个体是企业，时点是年份。表中的模型（3）和模型（4）是控制了企业固定效应和年份固定效应，即传统的个体时点固定效应。模型（1）和模型（2）是控制了年份固定效应、省份固定效应和行业固定效应，即高维固定效应，有时也称多维固定效应。

表 6.2　僵尸企业对非僵尸企业的投资挤出效应：基准回归结果①

	(1)	(2)	(3)	(4)
省份僵尸企业比例	−0.160** (0.075)	−0.015*** (0.006)	−0.182*** (0.008)	−0.022** (0.009)
企业规模	−0.025*** (0.003)	−0.025*** (0.000)	−0.220*** (0.001)	−0.224*** (0.001)
成立年限	−0.002*** (0.000)	−0.002*** (0.000)	−0.001*** (0.000)	−0.000*** (0.000)
速动资产占总资产比重	0.182*** (0.012)	0.181*** (0.001)	0.466*** (0.003)	0.469*** (0.002)
利润率	0.145*** (0.015)	0.138** (0.004)	−0.175*** (0.006)	0.156** (0.006)
其他控制变量	否	是	否	是
年份固定效应	是	是	是	是
省份固定效应	是	是	否	否
行业固定效应	是	是	否	否
企业固定效应	否	否	是	是
观测值数	2016883	2016883	2016883	2016883

注：括号中是在省份聚类的稳健标准误。***、**、* 表示在 1%、5%和 10%的显著性水平下显著。

类似上述问题，如何有效控制高维（多维）固定效应，例如，在实证分析中控制区域、省份、产业、企业性质、规模（例如，大、中、小型）、性别、专业、教育程度等效应对研究对象的影响，是本节研究的重点内容。

---

① 该表来自文献：谭语嫣，谭之博，黄益平，等，2017。僵尸企业的投资挤出效应：基于中国工业企业的证据［J］. 经济研究，52（5）：175-188.

（1）当模型含有个体固定效应时，无法控制不随时点变化的量。

在个体固定效应模型的基础之上，无论使用 xtreg 还是 reghdfe 命令都无法控制不随时点变化的量，见图 6.21。

```
. xtreg y x1 x2 x3 i.qy,fe
note: 2.qy omitted because of collinearity
note: 3.qy omitted because of collinearity

Fixed-effects (within) regression               Number of obs     =        986
Group variable: id                              Number of groups  =         29

R-sq:                                           Obs per group:
     within  = 0.8523                                         min =         34
     between = 0.9765                                         avg =       34.0
     overall = 0.9690                                         max =         34

                                                F(3,954)          =    1834.84
corr(u_i, Xb)  = -0.7978                        Prob > F          =     0.0000

------------------------------------------------------------------------------
           y |      Coef.   Std. Err.      t    P>|t|     [95% Conf. Interval]
-------------+----------------------------------------------------------------
          x1 |   .8637717   .0176808    48.85   0.000      .829074    .8984695
          x2 |   .0429491    .011087     3.87   0.000     .0211913    .0647069
          x3 |   .3108648   .0118731    26.18   0.000     .2875644    .3341653
             |
          qy |
          2  |          0  (omitted)
          3  |          0  (omitted)
             |
       _cons |  -1.462604   .1478782    -9.89   0.000    -1.752809     -1.1724
-------------+----------------------------------------------------------------
     sigma_u |  .29615164
     sigma_e |   .0994958
         rho |  .89857698   (fraction of variance due to u_i)
------------------------------------------------------------------------------
F test that all u_i=0: F(28, 954) = 95.22                    Prob > F = 0.0000
```

图 6.21　xtreg 控制区域固定效应失败的例子

图 6.21 中解释变量区域 *qy*=2，3（*qy*=1、2、3 分别表示东、中、西部）对应的估计结果都是“0（omitted）”，是由于变量 *qy* 与个体效应 *id*（省份）存在完全多重共线性，值得注意的是，尽管 Stata 软件给出了回归结果，但 Stata 软件是在剔除变量 *qy* 后，再估计个体固定效应模型所得到的估计结果。此处模型是否含时点固定效应，不影响区域效应的控制结果。

类似地，在个体固定效应的基础上，reghdfe 命令同样不能控制区域效应。参见图 6.22 中，“Absorbed degrees of freedom”最后一行关于区域变量 *qy* 的自由度信息，‘Categories’是 3，‘Redundant’是 3，‘Num. Coefs’是 0，表明区域变量 *qy* 有 3 个属性，冗余 3 个，估计 0 个，所以命令 reghdfe 同样无法在个体固定效应的基础上控制区域效应。

```
. reghdfe y x1 x2 x3, absorb(id qy)
(MWFE estimator converged in 2 iterations)

HDFE Linear regression                            Number of obs   =        986
Absorbing 2 HDFE groups                           F(   3,     954) =    1834.84
                                                  Prob > F        =     0.0000
                                                  R-squared       =     0.9926
                                                  Adj R-squared   =     0.9924
                                                  Within R-sq.    =     0.8523
                                                  Root MSE        =     0.0995

------------------------------------------------------------------------------
           y |      Coef.   Std. Err.      t    P>|t|     [95% Conf. Interval]
-------------+----------------------------------------------------------------
          x1 |   .8637717   .0176808    48.85   0.000      .829074    .8984695
          x2 |   .0429491    .011087     3.87   0.000     .0211913    .0647069
          x3 |   .3108648   .0118731    26.18   0.000     .2875644    .3341653
       _cons |  -1.462604   .1478782    -9.89   0.000    -1.752809     -1.1724
------------------------------------------------------------------------------

Absorbed degrees of freedom:
-----------------------------------------------------+
 Absorbed FE | Categories  - Redundant  = Num. Coefs |
-------------+---------------------------------------|
          id |        29           0          29     |
          qy |         3           3           0     |
-----------------------------------------------------+
```

图 6.22　reghdfe 控制区域固定效应失败的例子

（2）为什么在个体固定效应模型中无法估计不随时间变化的量？

对于个体固定效应模型（模型含截距项，区域包含 3 个属性，故设置 2 个虚拟变量）：

$$Y_{it} = \alpha_i + d\_\ qy_{2i}\delta_2 + d\_\ qy_{3i}\delta_3 + X'_{it}\beta + \varepsilon_{it},\ i = 1,\ 2,\ \cdots,\ n;\ t = 1,\ 2,\ \cdots,\ T$$

中的每个个体在时间 t 维度上计算平均，可得如下模型：

$$\bar{Y}_i = \alpha_i + d\_\ qy_{2i}\delta_2 + d\_\ qy_{3i}\delta_3 + \bar{X}'_i\beta + \bar{\varepsilon}_i$$

其中，$\bar{Y}_i = T^{-1}\sum_{t=1}^{T} Y_{it}$，$\bar{X}_i = T^{-1}\sum_{t=1}^{T} X_{it}$，$\bar{\varepsilon}_i = T^{-1}\sum_{t=1}^{T}\varepsilon_{it}$，$\alpha_i = T^{-1}\sum_{t=1}^{T}\alpha_i$

$$d\_\ qy_{2i} = T^{-1}\sum_{t=1}^{T} d\_\ qy_{2i},\ d\_\ qy_{3i} = T^{-1}\sum_{t=1}^{T} d\_\ qy_{3i}$$

上两式相减，消去了 α_i、$d\_\ qy_{2i}\delta_2$、$d\_\ qy_{3i}\delta_3$，得

$$Y_{it} - \bar{Y}_i = (X_{it} - \bar{X}_i)'\beta + (\varepsilon_{it} - \bar{\varepsilon}_i)$$

估计出 $\hat{\beta}$。然而，关于固定效应 $\hat{\alpha}_i$、参数估计量 $\hat{\delta}_2$ 和 $\hat{\delta}_3$，由下列方程组给出

$$\begin{cases} \dfrac{\partial \sum\limits_{i,\ t}(Y_{it} - \hat{\alpha}_i - d\_\ qy'_i\hat{\delta} - X'_{it}\hat{\beta})^2}{\partial\ \hat{\alpha}_i} = 0 \\ \dfrac{\partial \sum\limits_{i,\ t}(Y_{it} - \hat{\alpha}_i - d\_\ qy'_i\hat{\delta} - X'_{it}\hat{\beta})^2}{\partial\ \hat{\delta}} = 0 \end{cases} \Rightarrow \begin{cases} \hat{\alpha}_1 + d\_\ qy'_1\hat{\delta} = \bar{Y}_1 - \bar{X}'_1\hat{\beta} \\ \hat{\alpha}_2 + d\_\ qy'_2\hat{\delta} = \bar{Y}_2 - \bar{X}'_2\hat{\beta} \\ \cdots\cdots \\ \hat{\alpha}_n + d\_\ qy'_n\hat{\delta} = \bar{Y}_n - \bar{X}'_n\hat{\beta} \end{cases}$$

由于上述方程组中含 n 个方程，n+2 个未知数，故方程组无唯一解。其本质原因是区域变量 qy 与个体效应项（省份效应）存在完全多重共线性，因此，在个体

固定效应的基础上，Within 估计方法无法估计区域效应，同样地，LSDV 估计方法也无法估计区域效应。

基于上述分析，得出两个结论：第一，在含有个体固定效应的模型里，无法控制不随时间变化因素的影响，例如，区域、省份、产业、行业、企业性质、所有权、规模、性别、专业、教育程度等；第二，在含有时点固定效应的模型里，无法控制不随个体变化因素的影响，例如，改革开放前后、减免农业税前后、房地产新政前后、新冠疫情前后、贸易磨擦前后等。

（3）如何控制不随时点或个体变化因素的影响，即如何控制高维固定效应？

情形 1：在含有个体固定效应的模型里，无法控制不随时间变化因素的影响。若要控制它们，需去掉个体固定效应，再将其他固定效应以虚拟变量的形式纳入模型，且满足下列条件：

$$(n_1 - 1) + (n_2 - 1) + \cdots + (n_L - 1) \leqslant n - 1$$

其中，L 为不随时点变化因素的个数，n_l 是第 l 个影响因素的属性个数（$l = 1, 2, \cdots, L$），n 为模型中个体数量。

情形 2：在含有时点固定效应的模型里，无法控制不随个体变化因素的影响。若要控制它们，需去掉时点固定效应，再将其他固定效应以虚拟变量的形式纳入模型，且满足下列条件：

$$(m_1 - 1) + (m_2 - 1) + \cdots + (m_H - 1) \leqslant T - 1$$

其中，H 为不随个体变化因素的个数，m_h 是第 h 个影响因素的属性个数（$h = 1, 2, \cdots, H$），T 为模型中时点长度。

最后，值得注意的是，若要检验高维固定效应是否存在，仍可使用 Chow 检验或 LR 检验。然而，由 Hausman 检验原理可知，将模型设定为固定效应，再按固定效应模型进行估计，得到的参数估计量是一致的。因此，在实证分析中，可根据定性分析或参考相关文献研究经验，在模型中考虑相应的固定效应，并辅助模型回归结果中经济学意义检验等，综合考虑在模型中该控制哪些固定效应。

第四节　变系数面板数据模型

例如，某人在研究商业银行经营效率问题时，经分析认为银行经营效率除了受资产、存贷款、所有者权益、不良贷款、坏账率等因素影响外，可能会受到其他忽略因素的影响，比如，当地社会文化传统、地理位置、银行所有制性质等因素，这些因素不仅会造成模型截距项上的差异，还有可能会导致模型结构也存在差异，例如，不同类型银行（如国有银行和某地级市农商行）的经营方式可能存在较大差异。此时，考虑变系数面板数据模型可能会比仅考虑变截距面板数据模型更合适一些。

一、变系数面板数据模型

1. 系数随个体变化的情形

情形 1：在截距项为个体固定效应的基础上，考虑全部解释变量系数随个体 i 变

化的情形，

$$Y_{it} = \alpha_i + X'_{it}\beta_i + \varepsilon_{it} \quad i = 1, 2, \cdots, n; \ t = 1, 2, \cdots, T$$

其中，此处模型中的截距项可以是个体固定效应，也可以是个体时点固定效应。Stata 操作命令如图 6.23 所示。

```
常用 Stata 命令：（例如，id 是个体变量名，year 是时点变量名）

reg y i.id#c.x2 i.id#c.x3 ... i.id#c.xk i.id, r
reg y i.id#c.(x2 x3 ... xk) i.id, r
xtreg y i.id#c.x2 i.id#c.x3 ... i.id#c.xk, fe vce(cluster id)
xtreg y i.id#c.(x2 x3 ... xk) , fe vce(cluster id)
```

图 6.23　情形 1 的 Stata 操作命令

情形 2：在截距项为个体固定效应的基础上，考虑某些变量（例如，X_{2it}、X_{4it}）的系数随个体 i 变化的情形，

$$Y_{it} = \alpha_i + \beta_{2i}X_{2it} + \beta_3X_{3it} + \beta_{4i}X_{4it} + \cdots + \beta_kX_{kit} + \varepsilon_{it}$$

其中，此处模型中的截距项可以是个体固定效应，也可以是个体时点固定效应。Stata 操作命令如图 6.24 所示。

```
常用 Stata 命令：（例如，id 是个体变量名，year 是时点变量名）

reg y i.id#c.x2 x3 i.id#c.x4 ... xk i.id, r
xtreg y i.id#c.x2 x3 i.id#c.x4 ... xk, fe vce(cluster id)
```

图 6.24　情形 2 的 Stata 操作命令

情形 3：在截距项为个体固定效应的基础上，仅考虑某个变量（例如，X_{3it}）的系数随个体 i 变化的情形，

$$Y_{it} = \alpha_i + \beta_2X_{2it} + \beta_{3i}X_{3it} + \beta_4X_{4it} + \cdots + \beta_kX_{kit} + \varepsilon_{it}$$

其中，此处模型中的截距项可以是个体固定效应，也可以是个体时点固定效应。Stata 操作命令如图 6.25 所示。

```
常用 Stata 命令：（例如，id 是个体变量名，year 是时点变量名）
reg y x2 i.id#c.x3 x4... xk i.id, r
xtreg y x2 i.id#c.x3 x4... xk, fe vce(cluster id)
xtreg y x2 i.id#c.x3 x4... xk i.year, fe vce(cluster id)        //控制个体时点固定效应
reghdfey x2 i.id#c.x3 x4... xk , absorb(id year) vce(r)        //控制个体时点固定效应
```

图 6.25　情形 3 的 Stata 操作命令

图 6.26 呈现的是截距项为个体固定效应，变量 X_{1it}、X_{3it} 的系数不变，仅考虑解释变量 X_{2it} 的系数随个体 i 发生改变的情形。例如，在所有时点所有省（区、市）X_{1it} 的系数为 0.872 117 7，在所有时点安徽（ah）X_{2it} 的系数为 0.024 565 9，在所有时点北京（bj）X_{2it} 的系数为 0.372 819 9。

```
. xtreg y x1 i.id#c.x2 x3,fe vce(cluster id)

Fixed-effects (within) regression               Number of obs      =       986
Group variable: id                              Number of groups   =        29

R-sq:                                           Obs per group:
     within  = 0.8943                                         min =        34
     between = 0.6924                                         avg =      34.0
     overall = 0.6972                                         max =        34

                                                F(2,28)            =         .
corr(u_i, Xb)  = -0.6198                        Prob > F           =         .

                                   (Std. Err. adjusted for 29 clusters in id)
------------------------------------------------------------------------------
             |               Robust
           y |      Coef.   Std. Err.      t    P>|t|     [95% Conf. Interval]
-------------+----------------------------------------------------------------
          x1 |   .8721177   .0463245    18.83   0.000     .7772263    .9670091
             |
     id#c.x2 |
          ah |   .0245659   .0323726     0.76   0.454    -.0417464    .0908781
          bj |   .3728199   .0247698    15.05   0.000     .3220813    .4235585
          fj |  -.0192367   .0444959    -0.43   0.669    -.1103823     .071909
          gd |   .0936924   .0497879     1.88   0.070    -.0082935    .1956784
          gs |   .1806607   .0468098     3.86   0.001      .084775    .2765463
        guiz |   .0089684   .0236463     0.38   0.707    -.0394688    .0574056
          gx |  -.0128584   .0437194    -0.29   0.771    -.1024135    .0766966
         heb |   .1491993   .0323806     4.61   0.000     .0828706    .2155281
         hen |    .136946   .0409316     3.35   0.002     .0531014    .2207905
         hlj |   .2477304    .044591     5.56   0.000     .1563898    .3390709
         hub |   .0136966   .0540583     0.25   0.802    -.0970368      .12443
         hun |   .0260915    .026881     0.97   0.340    -.0289717    .0811546
          jl |   .1735745   .0394241     4.40   0.000     .0928178    .2543312
          js |   .0847212   .0465829     1.82   0.080    -.0106995    .1801419
          jx |   .0559089   .0214325     2.61   0.014     .0120065    .0998114
       liaon |   .1945623   .0281277     6.92   0.000     .1369454    .2521792
         nmg |   .2364144   .0648298     3.65   0.001     .1036166    .3692122
          nx |   .1868507   .0447014     4.18   0.000      .095284    .2784174
          qh |   .1259676   .0288033     4.37   0.000     .0669667    .1849686
          sc |   .0602717   .0325145     1.85   0.074    -.0063312    .1268747
          sd |   .1716699   .0296201     5.80   0.000     .1109958    .2323439
        shai |  -.2188418   .0478655    -4.57   0.000    -.3168898   -.1207939
          sx |   .0792888   .0393841     2.01   0.054    -.0013859    .1599634
       sxian |   .0574951   .0623987     0.92   0.365    -.0703228    .1853129
          tj |   .2647635   .0903135     2.93   0.007     .0797648    .4497623
         xiz |   .1430568   .0376036     3.80   0.001     .0660292    .2200844
          xj |   .2860118   .0663082     4.31   0.000     .1501856     .421838
          yn |   .0040846   .0410409     0.10   0.921    -.0799839     .088153
          zj |   .0238839   .0363545     0.66   0.517    -.0505849    .0983526
             |
          x3 |   .2350879   .0454905     5.17   0.000     .1419049    .3282709
       _cons |  -1.661516    .411772    -4.04   0.000    -2.504993   -.8180396
-------------+----------------------------------------------------------------
     sigma_u |   .8071755
     sigma_e |  .08543566
         rho |  .98892091   (fraction of variance due to u_i)
------------------------------------------------------------------------------
```

图 6.26　变量 $x2$ 的系数随个体 i 变化的情形

2. 系数随时点变化的情形

情形 1：在截距项为时点固定效应的基础上，考虑全部解释变量系数随时点 t 变化的情形，

$$Y_{it} = \lambda_t + X'_{it}\beta_t + \varepsilon_{it},\ i = 1,\ 2,\ \cdots,\ n;\ t = 1,\ 2,\ \cdots,\ T$$

其中，此处模型中的截距项可以是时点固定效应，也可以是个体时点固定效应。Stata 操作命令如图 6.27 所示。

```
常用 Stata 命令：（例如，id 是个体变量名，year 是时点变量名）

reg y i.year#c.x2 i.year#c.x3 … i.year#c.xk i.year, r
reg y i.year#c.(x2 x3 … xk) i.year, r
reghdfei.year#c.(x2 x3 … xk) , absorb(year) vce(r)        //推荐使用
reghdfei.year#c.(x2 x3 … xk) , absorb(id year) vce(r)     //推荐使用
```

图 6.27　情形 1 的 Stata 操作命令

情形 2：在截距项为时点固定效应的基础上，考虑某些变量（例如 X_{2it} 、X_{4it} ）的系数随时点 t 变化的情形，

$$Y_{it} = \lambda_t + \beta_{2t}X_{2it} + \beta_3 X_{3it} + \beta_{4t}X_{4it} + \cdots + \beta_k X_{kit} + \varepsilon_{it}$$

其中，此处模型中的截距项可以是时点固定效应，也可以是个体时点固定效应。Stata 操作命令如图 6.28 所示。

```
常用 Stata 命令：（例如，id 是个体变量名，year 是时点变量名）

reg y i.year#c.x2 x3 i.year#c.x4... xk i.year, r
reghdfey i.year#c.x2 x3 i.year#c.x4... xk , absorb(year) vce(r)        //推荐使用
reghdfey i.year#c.x2 x3 i.year#c.x4... xk , absorb(id year) vce(r)     //推荐使用
```

图 6:28　情形 2 的 Stata 操作命令

情形 3：在截距项为时点固定效应的基础上，仅考虑某个变量（例如 X_{3it} ）的系数随时点 t 变化的情形，有

$$Y_{it} = \alpha_i + \beta_2 X_{2it} + \beta_{3t}X_{3it} + \beta_4 X_{4it} + \cdots + \beta_k X_{kit} + \varepsilon_{it}$$

其中，此处模型中的截距项可以是时点固定效应，也可以是个体时点固定效应。Stata 操作命令如图 6.29 所示。

```
常用 Stata 命令：（例如，id 是个体变量名，year 是时点变量名）

reg y x2 i. year#c. x3 x4... xk i. year, r
reghdfey x2 i. year#c. x3 x4... xk , absorb (year) vce (r)        //推荐使用
reghdfey x2 i. year#c. x3 x4... xk , absorb (id year) vce (r)     //推荐使用
```

图 6.29　情形 3 的 Stata 操作命令

图 6.30 是在时点固定效应的基础上，仅考虑变量 X_{2it} 的系数随时点变化的情形。例如，所有省份在所有时点上 X_{1it} 的系数为 0.602 918 6，所有省份在 1979 年 X_{2it} 的系数为 0.021 538 7，所有省份在 1980 年 X_{2it} 的系数为-0.055 244 5，其他系数类似解释。

```
. reghdfe y x1 i.year#c.x2 x3, absorb(year) vce(r)
(MWFE estimator converged in 1 iterations)

HDFE Linear regression                          Number of obs     =        986
Absorbing 1 HDFE group                          F(  36,      916) =     998.57
                                                Prob > F          =     0.0000
                                                R-squared         =     0.9735
                                                Adj R-squared     =     0.9715
                                                Within R-sq.      =     0.9731
                                                Root MSE          =     0.1927

------------------------------------------------------------------------------
             |               Robust
           y |      Coef.   Std. Err.      t    P>|t|     [95% Conf. Interval]
-------------+----------------------------------------------------------------
          x1 |   .6029186   .0148948    40.48   0.000     .5736868    .6321504
             |
   year#c.x2 |
       1979  |   .0215387   .0770421     0.28   0.780    -.1296608    .1727382
       1980  |  -.0552445   .0769221    -0.72   0.473    -.2062084    .0957195
       1981  |  -.0641062   .0866325    -0.74   0.460    -.2341275     .105915
       1982  |   -.011175   .0538592    -0.21   0.836    -.1168768    .0945269
       1983  |   .0661693   .0300252     2.20   0.028     .0072431    .1250955
       1984  |   .0177374   .0329342     0.54   0.590    -.0468979    .0823727
       1985  |  -.0201789    .043283    -0.47   0.641    -.1051243    .0647664
       1986  |  -.0223876   .0490924    -0.46   0.648    -.1187341     .073959
       1987  |  -.0189569   .0507325    -0.37   0.709    -.1185224    .0806085
       1988  |  -.0036475   .0353493    -0.10   0.918    -.0730225    .0657274
       1989  |  -.0117873   .0379321    -0.31   0.756    -.0862312    .0626566
       1990  |   .0101397   .0324601     0.31   0.755    -.0535651    .0738446
       1991  |   -.017972   .0327579    -0.55   0.583    -.0822614    .0463173
       1992  |  -.0256962   .0403648    -0.64   0.525    -.1049145    .0535221
       1993  |  -.0273609   .0350533    -0.78   0.435     -.096155    .0414332
       1994  |  -.0439204    .040591    -1.08   0.280    -.1235825    .0357416
       1995  |  -.0268952   .0490268    -0.55   0.583    -.1231131    .0693227
       1996  |   -.025588   .0296994    -0.86   0.389    -.0838748    .0326989
       1997  |  -.0437403   .0325003    -1.35   0.179    -.1075239    .0200434
       1998  |  -.0485014   .0328244    -1.48   0.140    -.1129211    .0159183
       1999  |  -.0256238   .0427741    -0.60   0.549    -.1095704    .0583228
       2000  |  -.0264379   .0530732    -0.50   0.619    -.1305971    .0777213
       2001  |  -.0442586   .0421694    -1.05   0.294    -.1270185    .0385012
       2002  |  -.0356261    .041909    -0.85   0.396     -.117875    .0466228
       2003  |  -.0301201     .04439    -0.68   0.498     -.117238    .0569978
       2004  |  -.0116669   .0379093    -0.31   0.758     -.086066    .0627322
       2005  |  -.0098784   .0318543    -0.31   0.757    -.0723943    .0526376
       2006  |   .0032738   .0313672     0.10   0.917    -.0582861    .0648337
       2007  |   .0046411   .0301138     0.15   0.878    -.0544588    .0637411
       2008  |    .002083   .0287642     0.07   0.942    -.0543683    .0585344
       2009  |  -.0037854   .0296617    -0.13   0.898    -.0619983    .0544275
       2010  |    -.00052   .0317417    -0.02   0.987    -.0628149    .0617749
       2011  |   .0029221   .0307292     0.10   0.924    -.0573857    .0632298
       2012  |   .0096973   .0323731     0.30   0.765    -.0538367    .0732313
             |
          x3 |   .3972282   .0161623    24.58   0.000     .3655088    .4289476
       _cons |   .6115681   .0654202     9.35   0.000     .4831772    .7399591
------------------------------------------------------------------------------

Absorbed degrees of freedom:
-----------------------------------------------------+
 Absorbed FE | Categories  - Redundant  = Num. Coefs |
-------------+---------------------------------------|
        year |        34           0          34     |
-----------------------------------------------------+
```

图 6.30 变量 $x2$ 的系数随时点 t 变化的情形

3. 系数随其他因素变化的情形

在研究企业经营效率问题时，若定性分析认为，相同区域企业（省份、企业性质、规模、产业、行业等）对应的变量系数相同，不同区域企业对应的变量系数不同。此时，设置仅截距项变化的情形不足以反映样本背后真实的数量规律。因此，在模型设定中需要考虑全部变量（或部分变量）系数是否随区域（省份、规模、产业、行业等）变化的情形，或当 $n \gg T$ 时，即随个体变系数面板数据模型待估参数过多，此时，也可以考虑随其他情形的变系数面板数据模型。

值得注意的是，对不同区域企业的样本数据分别建立面板数据模型的分样本回归方法，与相应的变系数回归结果是一样的，但变系数回归方法的优势在于能够直接进行模型是否为变系数情形的显著性检验。

情形 1：差异系数项情形。

例如，区域分为东部、中部、西部地区。若区域设置 2 个虚拟变量，则

$$D_{1i}=\begin{cases}1 & i\text{ 位于中部地区}\\0 & i\text{ 位于其他地区}\end{cases},\quad D_{2i}=\begin{cases}1 & i\text{ 位于西部地区}\\0 & i\text{ 位于其他地区}\end{cases}$$

仅考虑 X_{2it}、X_{3it} 的系数随区域位置变化的变系数模型，如下所示：

$$\begin{aligned}Y_{it}&=\alpha_i+\beta_2X_{2it}+\beta_3X_{3it}+\beta_4X_{4it}+\cdots+\beta_kX_{kit}\\&\quad+\gamma_1X_{2it}*D_{1i}+\gamma_2X_{2it}*D_{2i}+\gamma_3X_{3it}*D_{1i}+\gamma_4X_{3it}*D_{2i}+\varepsilon_{it}\\&=\alpha_i+(\beta_2+\gamma_1D_{1i}+\gamma_2D_{2i})X_{2it}+(\beta_3+\gamma_3D_{1i}+\gamma_4D_{2i})X_{3it}+\beta_4X_{4it}+\cdots+\beta_kX_{kit}+\varepsilon_{it}\end{aligned}$$

其中，γ_1 到 γ_4 是差异系数；变量 X_{2it} 的系数，对于东部地区是 β_2，中部地区是 $\beta_2+\gamma_1$，西部地区是 $\beta_2+\gamma_2$，类似地，可以得到变量 X_{3it} 的不同地区的系数。其他解释变量的系数不随区域变化，截距项个体固定效应，也可以是个体时点固定效应或区域固定效应情形。

值得注意的是，在 Stata 软件操作中，无须先设置两个虚拟变量再进行变系数回归，尤其是当变系数的变量个数较多，或虚拟变量较多时，仅需事先生成新变量 *qy* 取值 1、2、3，分别表示个体属于东、中、西部，然后用 *i.qy* 与变量相乘即可。Stata 操作命令如图 6.31 所示。

常用 Stata 命令：（例如，id 是个体变量名，year 是时点变量名，qy 是区域变量名）

```
xtreg y x2 x3 x4 x5 … xk i.qy#c.x2 i.qy#c.x3, fe            // 可添加 vce(cluster id)
reghdfey x2 x3 x4 x5 … xk i.qy#c.x2 i.qy#c.x3, absorb(id year) vce(r)
reghdfey x2 x3 x4 x5 … xk i.qy#c.x2 i.qy#c.x3, absorb(qy year) vce(r)
```

图 6.31　情形 1 的 Stata 操作命令

由图 6.32 知，变量 X_{1it} 的系数对所有区域在所有时点都是 0.860 717 1；在所有时点东部地区变量 X_{2it} 的系数为 0.106 051 3，中部地区变量 X_{2it} 的系数为 0.106 051 3−0.096 580 9，西部地区变量 X_{2it} 的系数为 0.106 051 3−0.034 040 2；类似地，可以得到各地区变量 X_{3it} 的系数。

```
. xtreg y x1 x2 x3 i.qy#c.x2 i.qy#c.x3,fe

Fixed-effects (within) regression               Number of obs      =       986
Group variable: id                              Number of groups   =        29

R-sq:                                           Obs per group:
     within  = 0.8609                                         min =        34
     between = 0.9662                                         avg =      34.0
     overall = 0.9595                                         max =        34

                                                F(7,950)           =    840.10
corr(u_i, Xb)  = -0.7538                        Prob > F           =    0.0000

------------------------------------------------------------------------------
           y |      Coef.   Std. Err.      t    P>|t|     [95% Conf. Interval]
-------------+----------------------------------------------------------------
          x1 |   .8607171   .0177867    48.39   0.000     .8258112    .8956229
          x2 |   .1060513   .0272571     3.89   0.000     .0525601    .1595424
          x3 |   .2719709    .024161    11.26   0.000     .2245559    .3193859
             |
    qy#c.x2 |
          2  |  -.0965809   .0317747    -3.04   0.002    -.1589376   -.0342242
          3  |  -.0340402   .0324521    -1.05   0.294    -.0977263    .0296459
             |
    qy#c.x3 |
          2  |   .1061316   .0301866     3.52   0.000     .0468914    .1653718
          3  |  -.0425375   .0317677    -1.34   0.181    -.1048805    .0198056
             |
       _cons |  -1.506871    .150529   -10.01   0.000    -1.802279   -1.211464
-------------+----------------------------------------------------------------
     sigma_u |  .32357915
     sigma_e |  .09674735
         rho |  .91794002   (fraction of variance due to u_i)
------------------------------------------------------------------------------
F test that all u_i=0: F(28, 950) = 81.38                    Prob > F = 0.0000
```

图 6.32　变量 $x2$ 和 $x3$ 的系数随区域变化的差异系数项情形

图 6.32 中最后一行的 F 检验是在变量 X_{2it} 和 X_{3it} 的系数随区域发生变化的基础上，检验截距项是个体固定效应还是截距项不变的情形，F 检验统计量的值为 81.38，P 值小于 0.000 1，拒绝原假设，即变截距项情形。

情形 2：各自系数项情形。

若区域设置 3 个虚拟变量，变系数模型如下所示：

$$
\begin{aligned}
Y_{it} = \alpha_i &+ (\gamma_1 \mathrm{Dum}_{1i} + \gamma_2 \mathrm{Dum}_{2i} + \gamma_3 \mathrm{Dum}_{3i})\, X_{2it} \\
&+ (\gamma_4 \mathrm{Dum}_{1i} + \gamma_5 \mathrm{Dum}_{2i} + \gamma_6 \mathrm{Dum}_{3i})\, X_{3it} + \beta_4 X_{4it} + \cdots + \beta_k X_{kit} + \varepsilon_{it}
\end{aligned}
$$

其中，$\mathrm{Dum}_{1i} = \begin{cases} 1 & i\text{ 位于东部地区} \\ 0 & i\text{ 位于其他地区} \end{cases}$；$\mathrm{Dum}_{2i} = \begin{cases} 1 & i\text{ 位于中部地区} \\ 0 & i\text{ 位于其他地区} \end{cases}$；$\mathrm{Dum}_{3i} = \begin{cases} 1 & i\text{ 位于西部地区} \\ 0 & i\text{ 位于其他地区} \end{cases}$。

γ_1 到 γ_6 是不同区域各自系数；变量 X_{2it} 的系数，对于东部地区是 γ_1，中部地区是 γ_2，西部地区是 γ_3；变量 X_{3it} 的系数，对于东部地区是 γ_4，中部地区是 γ_5，西部地区是 γ_6；其他解释变量的系数不随区域变化；截距项是个体固定效应，也可以是个体时点固定效应或区域固定效应情形。Stata 命令如图 6.33 所示。

常用 Stata 命令：（例如，id 是个体变量名，year 是时点变量名，qy 是区域变量名）

```
xtreg y x4 x5 … xk i.qy#c.x2 i.qy#c.x3 , fe            // 可添加 vce(cluster id)
reghdfey x4 x5 … xk i.qy#c.x2 i.qy#c.x3 , absorb(id year) vce(r)
reghdfey x4 x5 … xk i.qy#c.x2 i.qy#c.x3 , absorb(qy year) vce(r)
```

图 6.33　情形 2 的 Stata 操作命令

图 6.34 中，变量 X_{1it} 的系数对所有区域在所有时点都是 0.860 717 1；在所有时点东部地区变量 X_{2it} 的系数为 0.106 051 3，中部地区变量 X_{2it} 的系数为 0.009 470 4，西部地区变量 X_{2it} 的系数为 0.072 011 1；类似地，可以得到各地区变量 X_{3it} 的系数。图 6.34 最后一行的 F 检验与图 6.32 中的含义类似。

```
. xtreg y x1 i.qy#c.x2 i.qy#c.x3,fe

Fixed-effects (within) regression               Number of obs      =       986
Group variable: id                              Number of groups   =        29

R-sq:                                           Obs per group:
     within  = 0.8609                                         min =        34
     between = 0.9662                                         avg =      34.0
     overall = 0.9595                                         max =        34

                                                F(7,950)           =    840.10
corr(u_i, Xb)  = -0.7538                        Prob > F           =    0.0000

------------------------------------------------------------------------------
           y |      Coef.   Std. Err.      t    P>|t|     [95% Conf. Interval]
-------------+----------------------------------------------------------------
          x1 |   .8607171   .0177867    48.39   0.000     .8258112    .8956229
             |
     qy#c.x2 |
           1 |   .1060513   .0272571     3.89   0.000     .0525601    .1595424
           2 |   .0094704   .0163516     0.58   0.563    -.0226189    .0415597
           3 |   .0720111   .0176575     4.08   0.000     .0373589    .1066633
             |
     qy#c.x3 |
           1 |   .2719709    .024161    11.26   0.000     .2245559    .3193859
           2 |   .3781025   .0179421    21.07   0.000     .3428918    .4133133
           3 |   .2294334   .0205185    11.18   0.000     .1891666    .2697003
             |
       _cons |  -1.506871    .150529   -10.01   0.000    -1.802279   -1.211464
-------------+----------------------------------------------------------------
     sigma_u |  .32357915
     sigma_e |  .09674735
         rho |  .91794002   (fraction of variance due to u_i)
------------------------------------------------------------------------------
F test that all u_i=0: F(28, 950) = 81.38                    Prob > F = 0.0000
```

图 6.34　变量 x2 和 x3 的系数随区域变化的各自系数项情形

4. LR 检验

情形 1：仅考虑 X_{2it} 、X_{3it} 的系数随个体变化，且截距项是个体固定效应（注意：其他情形，例如，全部变量、某个变量系数变化的情形，或随时点变化等情形可类似处理，且截距项可以是个体时点固定效应）。

该情形对应的原假设和备择假设分别为

$$\begin{cases} H_0: \beta_{21} = \beta_{22} = \dots = \beta_{2n} \\ \quad\ \ \beta_{31} = \beta_{32} = \dots = \beta_{3n} \end{cases} \quad X_{2it}、X_{3it}\text{ 系数不变}$$
$$H_1: \beta_{2i}\text{ 不全相等或 }\beta_{3i}\text{ 不全相等} \quad \text{变系数模型}$$

无约束模型（考虑 X_{2it}、X_{3it} 的系数随个体变化，且截距项是个体固定效应）

$$Y_{it} = \alpha_i + \beta_{2i}X_{2it} + \beta_{3i}X_{3it} + \beta_4 X_{4it} + \cdots + \beta_k X_{kit} + \varepsilon_{it}$$

约束模型（原假设 H_0 成立时对应的模型，此处是个体固定效应模型）

$$Y_{it} = \alpha_i + \beta_2 X_{2it} + \beta_3 X_{3it} + \beta_4 X_{4it} + \cdots + \beta_k X_{kit} + \varepsilon_{it}$$

构建 LR 检验统计量为

$$LR = -2(\ln L_R - \ln L_U) \xrightarrow{a.\ s.} \chi^2(\text{约束条件的个数：}q)$$

其中，$\ln L_R$ 和 $\ln L_U$ 分别为约束模型和无约束模型的对数似然函数值，q 为原假设中约束条件的个数 2（$n-1$）。

LR 检验的判断准则：给定显著性水平（1%、5%、10%），若 LR 统计量的值大于临界值，则拒绝原假设，建立变系数模型；否则，不拒绝原假设，系数不变。

情形 2：仅考虑 X_{2it}、X_{3it} 的系数随区域位置变化，且截距项是个体固定效应（截距项可以是个体时点固定效应、区域固定效应、区域时点固定效应），区域设置 2 个虚拟变量的情形。

该情形对应的原假设和备择假设分别为

$$\begin{cases} H_0: \gamma_1 = \gamma_2 = \gamma_3 = \gamma_4 = 0 & X_{2it}、X_{3it}\text{ 系数不变} \\ H_1: \gamma_1, \cdots, \gamma_4\text{ 不全为 0} & \text{变系数模型} \end{cases}$$

无约束模型（考虑 X_{2it}、X_{3it} 的系数随区域变化，且截距项是个体固定效应）

$$Y_{it} = \alpha_i + \beta_2 X_{2it} + \beta_3 X_{3it} + \beta_4 X_{4it} + \cdots + \beta_k X_{kit}$$
$$+ \gamma_1 X_{2it} * D_{1i} + \gamma_2 X_{2it} * D_{2i} + \gamma_3 X_{3it} * D_{1i} + \gamma_4 X_{3it} * D_{2i} + \varepsilon_{it}$$

约束模型（原假设 H_0 成立时对应的模型，此处是个体固定效应模型）

$$Y_{it} = \alpha_i + \beta_2 X_{2it} + \beta_3 X_{3it} + \beta_4 X_{4it} + \cdots + \beta_k X_{kit} + \varepsilon_{it}$$

构建 LR 检验统计量为

$$LR = -2(\ln L_R - \ln L_U) \xrightarrow{a.\ s.} \chi^2(\text{约束条件的个数：}q)$$

其中，$\ln L_R$ 和 $\ln L_U$ 分别为约束模型和无约束模型的对数似然函数值，q 为原假设中约束条件的个数 4。

LR 检验的判断准则：给定显著性水平（1%、5%、10%），若 LR 统计量的值大于临界值，则拒绝原假设，建立变系数模型；否则，不拒绝原假设，系数不变。

情形 3：仅考虑 X_{2it}、X_{3it} 的系数随区域位置变化，且截距项是个体固定效应（截距项可以是个体时点固定效应、区域固定效应、区域时点固定效应），区域设置 3 个虚拟变量的情形。

该情形对应的原假设和备择假设分别为

$$\begin{cases} H_0: \gamma_1 = \gamma_2 = \gamma_3;\ \gamma_4 = \gamma_5 = \gamma_6 & X_{2it}、X_{3it}\text{ 系数不变} \\ H_1: \gamma_1 \sim \gamma_3\text{ 不全相等、或 }\gamma_4 \sim \gamma_6\text{ 不全相等} & \text{变系数模型} \end{cases}$$

无约束模型（考虑 X_{2it}、X_{3it} 的系数随区域变化，且截距项是个体固定效应）

$$Y_{it} = \alpha_i + (\gamma_1 \text{Dum}_{1i} + \gamma_2 \text{Dum}_{2i} + \gamma_3 \text{Dum}_{3i}) X_{2it} + (\gamma_4 \text{Dum}_{1i} + \gamma_5 \text{Dum}_{2i} + \gamma_6 \text{Dum}_{3i}) X_{3it} + \beta_4 X_{4it} + \cdots + \beta_k X_{kit} + \varepsilon_{it}$$

约束模型（原假设 H_0 成立时对应的模型，此处是个体固定效应模型）

$$Y_{it} = \alpha_i + \beta_2 X_{2it} + \beta_3 X_{3it} + \beta_4 X_{4it} + \cdots + \beta_k X_{kit} + \varepsilon_{it}$$

构建 LR 检验统计量为

$$\text{LR} = -2(\ln L_R - \ln L_U) \xrightarrow{a.\ s.} \chi^2(\text{约束条件的个数：}q)$$

其中，$\ln L_R$ 和 $\ln L_U$ 分别为约束模型和无约束模型的对数似然函数值，q 为原假设中约束条件的个数 4。

LR 检验的判断准则：给定显著性水平（1%、5%、10%），若 LR 统计量的值大于临界值，则拒绝原假设，建立变系数模型；否则，不拒绝原假设，系数不变。

二、随机系数模型及检验

1. Swamy 随机系数模型（1970）

$$Y_i = X_i\beta_i + \varepsilon_i \quad i = 1, 2, \cdots, n$$

其中，Y_i 和 ε_i 是 T 维列向量，X_i 是 $T \times k$ 维的矩阵（含截距项），β_i 是 k 维的列向量，$\beta_i = \beta_0 + \alpha_i$，并假定

$$E(\alpha_i) = 0_{k\times 1},\ E(\alpha_i\alpha'_j) = \begin{cases}\Delta_i & i = j \\ 0 & i \neq j\end{cases},\ E(X'_{it}\alpha_i) = 0,\ E(\varepsilon_i\varepsilon'_j) = \begin{cases}\sigma_i^2 & i = j \\ 0 & i \neq j\end{cases}$$

将模型进行改写：

$$Y = X\beta_0 + \tilde{X}\alpha + \varepsilon$$

其中，

$$Y = \begin{pmatrix} Y_1 \\ Y_2 \\ \vdots \\ Y_n \end{pmatrix}_{nT\times 1},\ \beta_0 = \begin{pmatrix} \beta_{01} \\ \beta_{02} \\ \vdots \\ \beta_{0k} \end{pmatrix},\ \alpha = \begin{pmatrix} \alpha_1 \\ \alpha_2 \\ \vdots \\ \alpha_n \end{pmatrix}_{nk\times 1},\ \varepsilon = \begin{pmatrix} \varepsilon_1 \\ \varepsilon_2 \\ \vdots \\ \varepsilon_n \end{pmatrix},\ X = \begin{pmatrix} X_1 \\ X_2 \\ \vdots \\ X_n \end{pmatrix}_{nT\times k},\ \tilde{X} = \begin{pmatrix} X_1 & 0 & \cdots & 0 \\ 0 & X_2 & \cdots & 0 \\ \vdots & \vdots & \ddots & \vdots \\ 0 & 0 & \cdots & X_n \end{pmatrix}_{nT\times nk}$$

对上述模型使用 FGLS 得到参数估计量。

2. Swamy 检验

以个体变系数模型为例，Swamy 检验的原假设 H_0：$\beta_1 = \beta_2 = \ldots = \beta_n$，Swamy（1970）检验统计量，给定 n，$T \to \infty$ 时，

$$Sw = \sum_{i=1}^{n} \frac{(\hat{\beta}_i - \hat{\beta}_0^*)' X'_i X_i (\hat{\beta}_i - \hat{\beta}_0^*)}{\hat{\sigma}_i^2} \xrightarrow{d} \chi^2((n-1)k)$$

其中，$\hat{\beta}_0^*$ 是在原假设下 β_0 的估计量，$\hat{\beta}_0^* = \left(\sum_{i=1}^{n} \hat{\sigma}_i^2 X'_i X_i\right)^{-1}\left(\sum_{i=1}^{n} \hat{\sigma}_i^2 X'_i Y_i\right)$。Stata 操作

命令如图 6.35 所示。

Swamy 随机系数检验判断准则：拒绝原假设，表明应建立变系数模型；不拒绝原假设，表明应建立同系数模型。

```
常用 Stata 命令：(例如，id 是个体变量名，year 是时点变量名)
xtrc y x1 x2 x3 if provi<=5, betas
//   betas 表示显示不同系数的回归结果，不包含 betas 默认不显示
//   vce (boot) 用 Bootstrap 计算参数估计量的稳健标准误
```

图 6.35

图 6.36 是同系数估计结果，表中最后一行是 Swamy 检验结果，Swamy 检验统计量的值为 689.85，对应的 P 值小于 0.000 1，给定 5%的显著性水平，拒绝原假设，应建立变系数模型。

```
. xtrc y x1 x2 x3 if provi<=5, betas

Random-coefficients regression                  Number of obs      =       170
Group variable: provi                           Number of groups   =         5

                                                Obs per group:
                                                             min =        34
                                                             avg =      34.0
                                                             max =        34

                                                Wald chi2(3)       =     54.22
                                                Prob > chi2        =    0.0000
```

y	Coef.	Std. Err.	z	P>|z|	[95% Conf.	Interval]
x1	1.187733	.277497	4.28	0.000	.6438484	1.731617
x2	.09787	.1095202	0.89	0.372	-.1167858	.3125257
x3	.3005452	.0939055	3.20	0.001	.1164938	.4845967
_cons	-4.56394	2.305954	-1.98	0.048	-9.083527	-.044352

```
Test of parameter constancy:    chi2(16) =   689.85        Prob > chi2 = 0.0000
```

图 6.36　随机系数模型回归结果中同系数情形

图 6.37 是随机变系数模型回归结果，系数随个体 i 变化，例如，Group 1 表示的是 $i=1$ 时对应的系数估计结果。

Group-specific coefficients

	Coef.	Std. Err.	z	P>|z|	[95% Conf.	Interval]
Group 1						
x1	2.048198	.2753317	7.44	0.000	1.508557	2.587838
x2	-.2282	.0774263	-2.95	0.003	-.3799527	-.0764473
x3	.5369144	.0938024	5.72	0.000	.353065	.7207638
_cons	-11.13464	2.324907	-4.79	0.000	-15.69137	-6.577905
Group 2						
x1	.8937965	.0514838	17.36	0.000	.7928902	.9947028
x2	.3212931	.0724879	4.43	0.000	.1792194	.4633668
x3	.2405384	.044298	5.43	0.000	.153716	.3273608
_cons	-2.602967	.6554499	-3.97	0.000	-3.887625	-1.318309
Group 3						
x1	.7628583	.0520435	14.66	0.000	.6608549	.8648617
x2	.0726386	.0249014	2.92	0.004	.0238327	.1214444
x3	.0835807	.0312857	2.67	0.008	.0222618	.1448995
_cons	.1407555	.5053682	0.28	0.781	-.8497481	1.131259
Group 4						
x1	1.223641	.1107491	11.05	0.000	1.006577	1.440706
x2	.1744764	.0309143	5.64	0.000	.1138856	.2350672
x3	.3720067	.0664065	5.60	0.000	.2418523	.502161
_cons	-5.740854	1.310172	-4.38	0.000	-8.308743	-3.172965
Group 5						
x1	1.010169	.1465368	6.89	0.000	.722962	1.297376
x2	.1491417	.0440792	3.38	0.001	.0627481	.2355353
x3	.2696862	.0465048	5.80	0.000	.1785384	.3608339
_cons	-3.481992	1.115323	-3.12	0.002	-5.667985	-1.295999

图 6.37 随机系数模型回归结果中各组系数情形

*第五节 动态面板数据模型

一、模型介绍

由于经济变量的影响经常存在滞后效应，因此，模型设定需要在模型解释变量中考虑滞后被解释变量的影响，通常将含有被解释变量滞后项的模型称为动态面板数据模型（Dynamic Panel Data）。接下来，简要介绍动态面板数据模型的三种常见形式。

1. 面板自回归模型（Panel autoregressive model）

一阶面板自回归模型 PAR（1），

$$Y_{it} = \alpha_i + \rho_1 Y_{i,\ t-1} + \varepsilon_{it},\ i = 1,\ 2,\ \cdots,\ n;\ t = 2,\ 3,\ \cdots,\ T$$

其中，α_i 为个体固定效应，$|\rho_1|<1$，ε_{it} 为随机扰动项，假定 ε_{it} 的均值为0，方差为 σ_ε^2，且无序列相关。根据面板单位根检验模型的数据生成过程以及面板单位根检验原假设和备择假设知，$|\rho_1|<1$ 表明 Y_{it} 是平稳的。

更一般地，p 阶面板自回归模型 PAR（p），

$$Y_{it}=\alpha_i+\sum_{s=1}^{p}\rho_s Y_{i,\,t-s}+\varepsilon_{it},\ i=1,\ 2,\ \cdots,\ n;\ t=p+1,\ p+2,\ \cdots,\ T$$

其中，α_i 为个体固定效应，$\left|\sum_{s=1}^{p}\rho_s\right|<1$，$\varepsilon_{it}$ 为随机扰动项，假定 ε_{it} 的均值为0，方差为 σ_ε^2，且无序列相关。

2. 含外生变量的动态面板模型

以 PAR（1）模型为例，模型中含有其他外生解释变量的动态面板数据模型为

$$Y_{it}=\alpha_i+\rho Y_{i,\,t-1}+X'_{it}\beta+\varepsilon_{it},\ i=1,\ 2,\ \cdots,\ n;\ t=2,\ 3,\ \cdots,\ T$$

其中，α_i 为个体固定效应，$|\rho|<1$，X_{it} 和 β 均为 k 维列向量，ε_{it} 为随机扰动项，假定 ε_{it} 的均值为0，方差为 σ_ε^2，无序列相关，且 ε_{it} 与 X_{it} 不相关。

3. 扰动项存在序列相关的面板数据模型

若模型含有外生解释变量，且随机扰动项 ε_{it} 存在一阶自相关情形，

$$\begin{cases}Y_{it}=\alpha_i+X'_{it}\beta+\varepsilon_{it},\ i=1,\ 2,\ \cdots,\ n,\ t=2,\ 3,\ \cdots,\ T\\ \varepsilon_{it}=\rho\varepsilon_{i,\,t-1}+v_{it}\end{cases}$$

其中，α_i 为个体固定效应，v_{it} 满足假定条件，X_{it} 为外生解释变量。

对模型两边同时乘以 $(1-\rho L)$，其中，L 为滞后算子，得广义方差模型，

$$(1-\rho L)Y_{it}=(1-\rho L)\alpha_i+(1-\rho L)X'_{it}\beta+(1-\rho L)\varepsilon_{it}$$

上述模型经整理，得，

$$Y_{it}=(1-\rho)\alpha_i+\rho Y_{i,\,t-1}+X'_{it}\beta-X'_{i,\,t-1}\beta\rho+v_{it}$$

上述模型称为面板自回归分布滞后模型（Panel Auto-regressive Distributed Lag model），记为 PARDL（1，1）模型，是动态面板数据模型更一般的情形。

二、模型估计

动态面板数据模型的估计方法因 n 和 T 的大小关系而不同，一般地，当 $n\gg T$ 时，称为短动态面板模型；当 $n\ll T$ 时，称为长动态面板模型。

$$Y_{it}=\alpha_i+\rho Y_{i,\,t-1}+X'_{it}\beta+\varepsilon_{it},\ i=1,\ 2,\ \cdots,\ n;\ t=2,\ 3,\ \cdots,\ T$$

对于含有个体固定效应的动态面板数据模型，若采用 Within 估计方法，得

$$Y_{it}-\bar{Y}_i=\rho_1(Y_{it}-\bar{Y}_{i,\,-1})+(X_{it}-\bar{X}_i)'\beta+\varepsilon_{it}-\bar{\varepsilon}_i$$

上述模型的参数估计量称为 Within 参数估计量，然而，Nickel（1981）证明了组内估计量是不一致的。因此，需要采用其他估计方法对上述动态面板数据模型进行估计。

值得注意的是，动态面板数据模型的估计方法适用于非平衡面板数据。接下来，仅针对不同模型的估计方法进行简要介绍。

1. 短动态面板数据模型

对于含有外生解释变量的一阶面板自回归模型，

$$Y_{it} = \alpha_i + \rho Y_{i,\ t-1} + X'_{it}\beta + \varepsilon_{it},\ i = 1,\ 2,\ \cdots,\ n;\ t = 2,\ 3,\ \cdots,\ T$$

滞后一期得

$$Y_{i,\ t-1} = \alpha_i + \rho Y_{i,\ t-2} + X'_{i,\ t-1}\beta + \varepsilon_{i,\ t-1}$$

由两式相减，消去 α_i，得一阶差分模型：

$$\Delta Y_{it} = \rho\Delta Y_{i,\ t-1} + \Delta X'_{it}\beta + \Delta\varepsilon_{it}$$

其中，原模型随机扰动项 ε_{it} 无序列相关，可以证明一阶差分模型扰动项 $\Delta\varepsilon_{it}$ 存在一阶自相关但无高阶自相关。且一阶差分模型中的解释变量 $\Delta Y_{i,\ t-1}$ 与 $\Delta\varepsilon_{it}$ 相关，存在内生性问题，但可以通过寻找适当的工具变量解决内生性问题。

接下来，针对短动态面板数据模型，介绍三种常见解决方法，分别为差分 GMM、水平 GMM 与系统 GMM。

方法 1：差分 GMM（Difference GMM）。

对于一阶差分动态面板数据模型

$$\Delta Y_{it} = \rho\Delta Y_{i,\ t-1} + \Delta X'_{it}\beta + \Delta\varepsilon_{it}$$

Anderson 和 Hsiao（1981）提出用 $Y_{i,\ t-2}$ 作为内生解释变量 $\Delta Y_{i,\ t-1}$ 的工具变量，应用两阶段最小二乘法（2SLS、TSLS）估计差分模型的参数，得到 Anderson-Hsiao 估计量是一致的。Arellano 和 Bond（1991）使用所有可能的工具变量 $Y_{i,\ t-2}$，$Y_{i,\ t-3}$，$Y_{i,\ t-4}$，… 作为 $\Delta Y_{i,\ t-1}$ 的工具变量，此时，工具变量的个数大于内生解释变量个数，然后，应用 GMM 估计，得到一致估计量，该方法称为差分 GMM。差分 GMM 常用 Stata 命令如图 6.38 所示。图 6.39 是动态面板数据模型差分 GMM 估计结果。

差分 GMM 方法有效的前提条件：原模型扰动项 ε_{it} 不存在自相关，即差分模型扰动项 $\Delta\varepsilon_{it}$ 存在一阶自相关但无高阶自相关。

```
常用 Stata 命令：(例如，id 是个体变量名，year 是时点变量名)

xtabond lnemp l(0/2).lnindoutpt yr1980-yr1984, lags(1) maxldep(3) maxlags(5) ///
          pre(lnwage,lag(1,2)) endogenous(lncap,lag(0,2)) twostep vce(robust)
*   ///为连接符
```

图 6.38　方法 1 常用 Stata 命令

```
Arellano-Bond dynamic panel-data estimation     Number of obs      =       611
Group variable: id                              Number of groups   =       140
Time variable: year
                                                Obs per group:
                                                             min =           4
                                                             avg =    4.364286
                                                             max =           6

Number of instruments =     71                  Wald chi2(12)      =    696.97
                                                Prob > chi2        =    0.0000
Two-step results
                                     (Std. Err. adjusted for clustering on id)
------------------------------------------------------------------------------
             |              WC-Robust
       lnemp |      Coef.   Std. Err.      z    P>|z|     [95% Conf. Interval]
-------------+----------------------------------------------------------------
       lnemp |
         L1. |   .5882385   .1153127     5.10   0.000     .3622299    .8142472
             |
      lnwage |
         --. |  -.7522841   .1819417    -4.13   0.000    -1.108883   -.3956849
         L1. |   .4505903   .1661297     2.71   0.007     .1249821    .7761985
             |
       lncap |   .1905576   .1322853     1.44   0.150    -.0687169     .449832
             |
  lnindoutpt |
         --. |   .7720221   .1625258     4.75   0.000     .4534773    1.090567
         L1. |  -.8162373   .2650875    -3.08   0.002    -1.335799   -.2966753
         L2. |   .2195899   .1875871     1.17   0.242     -.148074    .5872538
             |
      yr1980 |   .0152997   .0133293     1.15   0.251    -.0108252    .0414246
      yr1981 |  -.0236104   .0277159    -0.85   0.394    -.0779325    .0307118
      yr1982 |  -.0585927   .0346495    -1.69   0.091    -.1265045    .0093191
      yr1983 |  -.0430101    .042053    -1.02   0.306    -.1254325    .0394124
      yr1984 |   -.042603   .0451071    -0.94   0.345    -.1310112    .0458053
       _cons |    .668729   1.135781     0.59   0.556    -1.557362     2.89482
------------------------------------------------------------------------------
Instruments for differenced equation
        GMM-type: L(2/4).lnemp L(1/5).L.lnwage L(2/5).lncap
        Standard: D.lnindoutpt LD.lnindoutpt L2D.lnindoutpt D.yr1980
                  D.yr1981 D.yr1982 D.yr1983 D.yr1984
Instruments for level equation
        Standard: _cons
```

图 6.39 短动态面板数据模型差分 GMM 估计结果

方法 2：水平 GMM（Level GMM）。

由于差分 GMM 模型不能估计不随时点变化的量，因此可采用下列方法进行估计——水平模型：

$$Y_{it} = \alpha_i + \rho Y_{i,\ t-1} + X'_{it}\beta + \varepsilon_{it},\ i = 1,\ 2,\ \cdots,\ n;\ t = 2,\ 3,\ \cdots,\ T$$

Arellano 和 Bover（1995）使用 $\Delta Y_{i,\ t-2}$，$\Delta Y_{i,\ t-3}$，$\Delta Y_{i,\ t-4}$，… 作为 $Y_{i,\ t-1}$ 的工具变量，最后，应用 GMM 估计参数，该方法被称为水平 GMM。

在差分 GMM 方法前提条件的基础之上，水平 GMM 方法还要求个体效应项 α_i 与工具变量 $\Delta Y_{i,\ t-2}$，$\Delta Y_{i,\ t-3}$，$\Delta Y_{i,\ t-4}$，… 不相关。

方法 3：系统 GMM（System GMM）。

Blundell 和 Bond（1998）提出的系统 GMM 估计方法是将差分方程和水平方程视为一个系统，然后进行 GMM 估计。由于系统 GMM 方法考虑了水平模型，因此，可以估计个体固定效应。此外，系统 GMM 方法的前提条件与水平 GMM 一样。系统 GMM 估计结果见图 6.40。

```
System dynamic panel-data estimation             Number of obs      =       751
Group variable: id                               Number of groups   =       140
Time variable: year
                                                 Obs per group:
                                                              min =         5
                                                              avg =  5.364286
                                                              max =         7

Number of instruments =     64                   Wald chi2(15)      =   4688.05
                                                 Prob > chi2        =    0.0000
Two-step results
------------------------------------------------------------------------------
             |              WC-Robust
       lnemp |      Coef.   Std. Err.      z    P>|z|     [95% Conf. Interval]
-------------+----------------------------------------------------------------
       lnemp |
         L1. |   1.013517   .1098739     9.22   0.000     .7981677    1.228866
         L2. |  -.1201835   .0835322    -1.44   0.150    -.2839036    .0435366
             |
      lnwage |
         --. |  -.8432712   .2420882    -3.48   0.000    -1.317755    -.368787
         L1. |   .7576676   .2341127     3.24   0.001     .2988151     1.21652
             |
       lncap |
         --. |   .3568467   .1093836     3.26   0.001     .1424587    .5712348
         L1. |  -.2209638   .0979843    -2.26   0.024    -.4130095   -.0289182
         L2. |   -.060357   .0940223    -0.64   0.521    -.2446373    .1239234
             |
  lnindoutpt |
         --. |   .8191945   .2030095     4.04   0.000     .4213031    1.217086
         L1. |  -1.219047   .3778686    -3.23   0.001    -1.959656   -.4784387
         L2. |   .3588023   .2551511     1.41   0.160    -.1412847    .8588894
             |
      yr1980 |   .0315266   .0175931     1.79   0.073    -.0029552    .0660084
      yr1981 |  -.0064883   .0313917    -0.21   0.836    -.0680148    .0550383
      yr1982 |  -.0258735   .0366644    -0.71   0.480    -.0977345    .0459874
      yr1983 |  -.0115748   .0330189    -0.35   0.726    -.0762906    .0531411
      yr1984 |  -.0196536   .0280715    -0.70   0.484    -.0746727    .0353656
       _cons |   .6042958   .6189738     0.98   0.329    -.6088706    1.817462
------------------------------------------------------------------------------
Instruments for differenced equation
        GMM-type: L(2/4).lnemp L(2/3).L.lnwage L(2/3).L2.lncap
        Standard: D.lnindoutpt LD.lnindoutpt L2D.lnindoutpt D.yr1980
                  D.yr1981 D.yr1982 D.yr1983 D.yr1984
Instruments for level equation
        GMM-type: LD.lnemp L2D.lnwage L3D.lncap
        Standard: _cons
```

图 6.40 短动态面板数据模型系统 GMM 估计结果

2. 长动态面板数据模型

$$Y_{it} = \alpha_i + \rho Y_{i,\ t-1} + X'_{it}\beta + \varepsilon_{it},\ i = 1,\ 2,\ \cdots,\ n;\ t = 2,\ 3,\ \cdots,\ T_i$$

长动态面板数据模型通常采用偏差校正最小二乘虚拟变量估计方法（bias-corrected least-squares dummy variable，LSDVC，简称为偏差校正 LSDV），该方法可用于非平衡面板数据类型（Bun and Kiviet，2003；Kiviet，1999；Kiviet，1995）。

偏差校正 LSDV 估计思路：先用 LSDV 估计模型参数；得到参数的偏差；最后，

将 LSDV 估计的参数减去对应的偏差即可。LSDVC 的局限性在于：要求所有变量严格外生，且目前 xtlsdvc 命令仅含被解释变量 1 阶滞后项的情形。具体估计结果见图 6.41。

```
. xtlsdvc lnemp lnwage lncap lnindoutp, initial(ah) bias(1) vcov(40) first lsdv
Note: Bias correction initialized by Anderson and Hsiao estimator

Instrumental variables (2SLS) regression

      Source |       SS           df       MS      Number of obs   =       751
-------------+----------------------------------   F(4, 747)       =         .
       Model |  5.2976129          4  1.32440323   Prob > F        =         .
    Residual | 10.7666856        747  .014413234   R-squared       =         .
-------------+----------------------------------   Adj R-squared   =         .
       Total | 16.0642985        751  .021390544   Root MSE        =    .12006

------------------------------------------------------------------------------
     D.lnemp |      Coef.   Std. Err.      t    P>|t|     [95% Conf. Interval]
-------------+----------------------------------------------------------------
       lnemp |
         LD. |   .5836162   .1992652     2.93   0.004     .1924298    .9748026
             |
      lnwage |
         D1. |  -.5495583    .051821   -10.60   0.000    -.6512904   -.4478261
             |
       lncap |
         D1. |   .2300453   .0647661     3.55   0.000        .1029    .3571906
             |
  lnindoutpt |
         D1. |   .5570992    .076073     7.32   0.000     .4077569    .7064415
------------------------------------------------------------------------------
Instrumented:  LD.lnemp
Instruments:   D.lnwage D.lncap D.lnindoutpt L2.lnemp
------------------------------------------------------------------------------
LSDV dynamic regression
------------------------------------------------------------------------------
       lnemp |      Coef.   Std. Err.      z    P>|z|     [95% Conf. Interval]
-------------+----------------------------------------------------------------
       lnemp |
         L1. |   .5139503   .0277805    18.50   0.000     .4595014    .5683991
             |
      lnwage |  -.4218298   .0466848    -9.04   0.000    -.5133303   -.3303292
       lncap |   .3003542   .0237951    12.62   0.000     .2537166    .3469918
  lnindoutpt |   .4000916   .0486032     8.23   0.000      .304831    .4953522
------------------------------------------------------------------------------


note: Bias correction up to order O(1/T)

LSDVC dynamic regression
(bootstrapped SE)
------------------------------------------------------------------------------
       lnemp |      Coef.   Std. Err.      z    P>|z|     [95% Conf. Interval]
-------------+----------------------------------------------------------------
       lnemp |
         L1. |   .6527267   .0393031    16.61   0.000     .5756941    .7297593
             |
      lnwage |  -.3973596   .0399942    -9.94   0.000    -.4757467   -.3189724
       lncap |   .2396263   .0220273    10.88   0.000     .1964536    .2827991
  lnindoutpt |   .3933451   .0488564     8.05   0.000     .2975884    .4891019
------------------------------------------------------------------------------
```

图 6.41　长动态面板数据模型偏差校正 LSDV 估计结果

第六节 案例分析

本节通过几个例子简单演示本章所述面板数据模型在 Stata 软件中的操作与分析。

由前文介绍的相关理论可知，即便在模型不存在遗漏重要解释变量的前提下，Chow 检验（约束条件下的 F 检验）和 Hausman 检验的应用前提条件往往使得它们在实证分析中存在一定的局限性。例如，Chow 检验要求模型随机扰动项满足同方差、无自相关、无截面相关假定条件，否则 Chow 检验不再服从 F 分布，即 Chow 检验失效。且由 Hausman 检验原理可知，若截距项非常数，无论真实模型是随机效应模型还是固定效应模型，将其设定为固定效应，并应用固定效应模型估计方法对模型参数进行估计，得到的参数估计量总是一致的。正因如此，Hausman 检验原理支撑了“大多数期刊论文或学位论文通常不进行 Chow 检验或 Hausman 检验，而是通过定性分析或根据已有文献的经验直接将模型设定为某类固定效应模型进行估计与分析”这一做法的合理性。

对于高维固定效应模型或传统固定效应变截距面板数据模型，本节将直接介绍各个模型的回归方法，忽略相关检验，主要是因为考虑到目前 Stata 软件提供的关于模型随机扰动项异方差检验、自相关检验、截面相关检验与相关修正方法等或多或少存在一定的局限性。至于期刊论文中涉及的“稳健性检验”，读者可根据具体实证分析的需要进行合理选择，并在回归命令选项中添加参数估计量方差协方差矩阵的稳健估计，可在一定程度上缓解异方差、自相关等对模型估计的影响。

本节所用数据来源于国家统计局和各省统计年鉴，主要研究的是 1979—2012 年全国 31 个省（区、市）粮食产量可能受到哪些因素的影响。选择了下列变量指标：粮食产量 q（万吨）、农用化肥施用折纯量 agchf（万吨）、农业机械总动力 farmm（万千瓦）、粮食作物播种面积 area（千公顷）、乡村从业人数 aglabor（万人）。其中，lnq、lnagchf、lnfarmm、lnarea、lnaglabor 分别为上述变量取自然对数后的变量。由于本章介绍的模型均为平稳面板数据模型，故为教学演示假设上述变量均为 I（0），且受限于数据获取的全面性，本节仅选取了 29 个省（区、市）的相关数据进行分析，29 个省（区、市）根据地理位置可分为东、中、西部三个区域，并用变量 qy 表示区域，qy 取值分别为 1（表示该地属于东部地区），2（表示该地属于中部地区），3（表示该地属于西部地区）。此外，provi、year 分别表示省（区、市）变量和时点变量。

接下来，重点介绍各类模型对应的回归命令和结果解读。

一、面板数据分析的基本操作

变截距面板数据模型、高维固定效应模型、变系数面板数据模型使用同一类数据演示，而动态面板数据模型则使用另一数据库进行分析。

1. 导入、保存、调用数据

图 6.42 是导入数据和保存数据的命令，读者也可参考本书附录中的操作演示流程。

```
/＊----导入、保存面板数据----＊/

import excel " G: \ Stataex \ ch6data1. xls", sheet (" sheet11" ) firstrow clear
                    /＊--导入指定位置的 Excel 文件，具体选项说明，参加附录--＊/
save G: \ Stataex \ ch6paneldata1. dta, replace      /＊--对数据进行指导位置的保存--＊/
```

图 6.42 保存面板数据的 Stata 命令

调用已有数据库的命令如图 6.43 所示。

```
/＊----调用面板数据----＊/

pwd                   /＊---'path of working directory'查看当前目录位置---＊/
cd G: \ Stataex                  /＊----指定默认路径----＊/
use G: \ Stataex \ ch6paneldata1. dta. dta, clear            /＊--打开指定路径下的数
据文件--＊/
```

图 6.43 调用面积数据的 Stata 命令

2. 定义面板数据类型

在运行面板数据的相关命令前，一定要运行图 6.44 中的命令，对面板数据类型进行定义，否则 Stata 软件可能无法运行其他相关命令。

```
常用 Stata 命令:(例如，province 是个体变量名，year 是时点变量名)(注意：在运行面板数据
的相关命令前，一定要运行下列命令，我们在每一个 do 命令文档中都加以说明了。)

encode province , gen (provi)
                 /＊----生成新变量 id (取值为 1, 2, 3...) 替代 province----＊/
                 /＊---注意：若个体变量为 1, 2, 3…整数，就无需使用 encode 命令--＊/
xtset id year    /＊----告诉 Stata，该数据为面板数据----＊/
```

图 6.44 定义面板数据类型的 Stata 命令

运行 xtset 命令后，显示了面板数据的一些基本信息，如图 6.45 所示。

```
. xtset provi year                /*----告诉Stata该数据为面板数据----*/
       panel variable:  provi (strongly balanced)
        time variable:  year, 1979 to 2012
                delta:  1 unit
```

图 6.45 面板数据的一些基本信息

3. 描述性分析

在实证分析中，通常会通过描述性分析对数据结构及分布做一定的了解，尤其是考察数据中是否存在异常值等。描述性分析的 Stata 命令如图 6.46 所示。画图命令操作见附录。

```
/ * -----描述统计----- * /

xtdes                                          / * ----显示面板数据的结构---- * /
xtsum q area farmm agchf provi year            / * ----显示面板数据的统计特征---- * /
xttab q in 1/100                               / * ----显示面板数据的分布频率---- * /
xttab q if q<=1 000
/ * ----xttab--使用命令：set maxsize # ; Stata/MP 和 Stata/SE，允许的范围：10 < # < 11 000;
Stata/IC：10 < # < 800，超过这个范围就会出错---- * /
```

图 6.46　描述性分析的 Stata 命令

有时需要了解数据的统计特征，例如，各变量的均值、标准差、最大值、最小值、以及每个变量观测记录情况等，如图 6.47 所示。

```
. xtsum q area farmm agchf provi year        /*----显示面板数据的统计特征----*/

Variable         |      Mean   Std. Dev.       Min        Max |    Observations
-----------------+--------------------------------------------+----------------
q        overall |  1532.701    1182.39         37    5761.49 |     N =     986
         between |              1125.47   72.53676   3738.378 |     n =      29
         within  |             416.8949  -71.17622   4575.434 |     T =      34
                 |                                            |
area     overall |  3745.242   2614.211     141.34   11519.54 |     N =     986
         between |             2595.332   188.2732   9165.939 |     n =      29
         within  |             569.2271   1765.952   6894.863 |     T =      34
                 |                                            |
farmm    overall |  1559.906   1877.988      22.95   12419.87 |     N =     986
         between |             1407.448   134.9421   5627.261 |     n =      29
         within  |             1269.762  -2822.525   8352.515 |     T =      34
                 |                                            |
agchf    overall |   117.206   111.0793         .2     684.43 |     N =     986
         between |             92.07968   2.423824   341.0532 |     n =      29
         within  |             64.37383  -174.9472   460.5828 |     T =      34
                 |                                            |
provi    overall |        15   8.370846          1         29 |     N =     986
         between |             8.514693          1         29 |     n =      29
         within  |                    0         15         15 |     T =      34
                 |                                            |
year     overall |    1995.5   9.815687       1979       2012 |     N =     986
         between |                    0     1995.5     1995.5 |     n =      29
         within  |             9.815687       1979       2012 |     T =      34
```

图 6.47　面板数据的统计特征

图 6.48 显示的是平衡面板数据的结构。

```
. xtdes                                          /*----显示面板数据的结构----*/

   provi:  1, 2, ..., 29                                    n =         29
    year:  1979, 1980, ..., 2012                            T =         34
           Delta(year) = 1 unit
           Span(year)  = 34 periods
           (provi*year uniquely identifies each observation)

Distribution of T_i:   min      5%     25%      50%      75%     95%     max
                        34      34      34       34       34      34      34

     Freq.  Percent    Cum. |  Pattern
 ---------------------------+------------------------------------
       29    100.00  100.00 |  1111111111111111111111111111111111
 ---------------------------+------------------------------------
       29    100.00         |  XXXXXXXXXXXXXXXXXXXXXXXXXXXXXXXXXX
```

图 6.48　平衡面板数据的结构

4. 生成新变量

在实证分析中，有时需要对变量进行适当变换或处理，例如，对绝对量（含单位的量，如多少人、多少万元、多少亩等）取对数变换或其他形式的变换等。生成新变量的 Stata 命令如图 6.49 所示，相对量或比例等通常无需进行对数变换处理。

```
/*-----生成新变量-----*/

g lnq=log (q)                    /*----对变量 q 取自然对数变换----*/
g lnarea=log (area)
g lnfarmm=log (farmm)
g lnagchf=log (agchf)
g qa=q*2-sqrt (area)             /*----sqrt 函数是开根号处理----*/
g qaa=exp (lnq)                  /*----exp 函数是计算 e 的多少次方----*/

g d_ qy2= (qy==2)          /*如果是中部省市，生成虚拟变量 d_ qy2=1，否则为 0。*/
g d_ qy3= (qy==3)          /*如果是西部省市，生成虚拟变量 d_ qy3=1，否则为 0。*/
tab qy, gen (dum_ qy)       //推荐使用该命令生成虚拟变量
/*----tab 命令可用于字符型变量，有多少个属性就生成多少个虚拟变量----*/
```

图 6.49　生成新变量的 Stata 命令

一些重要的定性因素纳入模型的方式是将定性因素生成虚拟变量，再以某种方式引入模型进行分析。tab 命令可以将字符型或数字型变量转换成虚拟变量，值得注意的是，运行该命令后，将生成与属性个数相同数量的虚拟变量。例如，图 6.50 对区域变量 *qy*（*qy* = 1、2、3，分别表示东、中、西部），执行命令“tab qy，gen (dum_ qy)”将生成 3 个虚拟变量，分别是 dum_ qy1、dum_ qy2、dum_ qy3。其中，dum_ qy1 = 1 表示个体属于东部地区，dum_ qy1 = 0 表示个体属于中部或西部地区，dum_ qy2、dum_ qy3 类似解读。因此，读者可根据具体问题的特点引入适当的虚拟变量个数，否则可能出现完全多重共线性问题。

```
. tab qy, gen(dum_qy)    // 推荐使用该命令生成虚拟变量
```

qy	Freq.	Percent	Cum.
1	272	27.59	27.59
2	374	37.93	65.52
3	340	34.48	100.00
Total	986	100.00	

图 6.50　使用 tab 命令生成虚拟变量

二、变截距面板数据模型

传统变截距面板数据模型指的是截距项可能随个体或时点变化，然而，某些研究问题中截距项的变化不限于个体效应和时点效应，还有可能存在其他形式的固定效应，例如，高维固定效应模型——变截距面板数据模型的一种延伸或拓展。

1. 混合面板数据模型回归

混合面板数据模型回归方式与横截面数据模型回归方式类似，可在模型中考虑参数估计量方差协方差矩阵的稳健估计，即在 reg 命令选项中添加 robust 或 r，可缓解扰动项存在异方差对模型参数估计量方差协方差估计带来的影响。通常，回归命令中的选项 robust 用于扰动项存在异方差的情形，vce （clusterid） 用于扰动项存在异方差或自相关的情形。

Stata 命令如图 6.51 所示。

```
常用 Stata 命令：个体变量名：province；时点变量名：year；区域变量名：qy

reg lnq lnarea lnfarmm lnagchf            //混合面板模型回归
estimates store POOL00      //保存回归结果至 POOL00 中

reg lnq lnarea lnfarmm lnagchf , r
//混合模型回归中对参数估计量方差协方差矩阵的稳健估计（考虑异方差情形）
estimates store POOL01      //保存回归结果至 POOL01 中

estimates table  POOL00 POOL01, b  se (%-9.4f) t stats (N r2_ a ll aic bic)
//将上述两个回归结果放到同一张表中对比

 * ssc install st0085_ 2              /*----安装非 Stata 系统软件包----*/
 * h esttab                           //推荐使用 esttab 命令
esttab POOL00 POOL01 using testpool1.doc, ar2 (%8.4f) se (%8.4f) aic bic mtitles replace
/*结果输出至名为 testpool1.doc 的 Word 里、也可以输出到 testpool1.xls 的 Excel 里*/
```

图 6.51 Stata 操作命令

图 6.52 是未考虑参数估计量方差协方差矩阵稳健估计的混合面板数据模型回归结果。其中每一项的含义与横截面数据模型结果一样。

```
. reg lnq lnarea lnfarmm lnagchf                    // 混合面板模型回归

      Source |       SS           df       MS      Number of obs   =       986
-------------+----------------------------------   F(3, 982)       =  11396.88
       Model |  1247.81235         3  415.937449   Prob > F        =    0.0000
    Residual |  35.8388168       982  .03649574   R-squared       =    0.9721
-------------+----------------------------------   Adj R-squared   =    0.9720
       Total |  1283.65116       985  1.30319915   Root MSE        =    .19104

------------------------------------------------------------------------------
         lnq |      Coef.   Std. Err.      t    P>|t|     [95% Conf. Interval]
-------------+----------------------------------------------------------------
      lnarea |   .6328814   .0097701    64.78   0.000     .6137088    .6520541
     lnfarmm |  -.0314812   .0132274    -2.38   0.018    -.0574385    -.005524
     lnagchf |    .382088   .0130506    29.28   0.000     .3564777    .4076984
       _cons |   .5521515   .0724992     7.62   0.000     .4098803    .6944226
------------------------------------------------------------------------------
```

图 6.52 混合面板数据模型回归结果

图 6.53 是考虑了参数估计量方差协方差矩阵稳健估计的混合面板数据模型回归结果。

```
. reg lnq lnarea lnfarmm lnagchf , r          // 混合面板模型回归+稳健估计

Linear regression                               Number of obs     =        986
                                                F(3, 982)         =    9950.05
                                                Prob > F          =     0.0000
                                                R-squared         =     0.9721
                                                Root MSE          =     .19104

------------------------------------------------------------------------------
             |               Robust
         lnq |      Coef.   Std. Err.      t    P>|t|     [95% Conf. Interval]
-------------+----------------------------------------------------------------
      lnarea |   .6328814   .0096616    65.51   0.000     .6139218    .6518411
     lnfarmm |  -.0314812   .0128754    -2.45   0.015    -.0567478   -.0062147
     lnagchf |    .382088   .0148613    25.71   0.000     .3529246    .4112515
       _cons |   .5521515   .0616883     8.95   0.000     .4310954    .6732076
------------------------------------------------------------------------------
```

图 6.53　考虑稳健估计的混合面板数据模型回归结果

通过对比上述两种情形（图 6.52 与图 6.53）的回归结果发现，robust 稳健估计，不影响系数估计值、拟合优度、对数似然函数值、AIC 准则、BIC 准则等值，仅影响标准误的估计值、t 值、p 值、参数置信区间估计结果等（见图 6.54）。

```
. estimates table POOL00 POOL01,b se(%-9.4f) t stats(N r2_a ll aic bic)

----------------------------------------
    Variable |    POOL00       POOL01
-------------+--------------------------
      lnarea |  .63288145    .63288145
             |    0.0098       0.0097
             |     64.78        65.51
     lnfarmm | -.03148123   -.03148123
             |    0.0132       0.0129
             |     -2.38        -2.45
     lnagchf |  .38208803    .38208803
             |    0.0131       0.0149
             |     29.28        25.71
       _cons |  .55215146    .55215146
             |    0.0725       0.0617
             |      7.62         8.95
-------------+--------------------------
           N |        986          986
        r2_a |  .97199527    .97199527
          ll |  235.03662    235.03662
         aic | -462.07325   -462.07325
         bic | -442.49862   -442.49862
----------------------------------------
                           legend: b/se/t
```

图 6.54　两种回归结果的对比

2. 固定效应模型回归

固定效应模型回归可以用 reg、xtreg、reghdfe 命令实现。其中，LSDV 估计方法是命令 reg、reghdfe；命令“xtreg，fe”是 Within 估计方法。

接下来，分别以个体固定效应、时点固定效应、个体时点固定效应 3 种传统固定效应情形进行演示。

情形 1：个体固定效应模型。

个体固定效应模型回归命令可以使用 reg、xtreg、reghdfe 命令控制个体固定效应（见图 6.55）。一般地，当个体数较多时，建议采用 xtreg 命令进行分析。

```
常用 Stata 命令：个体变量名：province；时点变量名：year；区域变量名：qy

reg lnq lnarea lnfarmm lnagchf i. provi, r  // 个体固定效应 LSDV 法+稳健估计结果
estimates store iFEreg

xtreg lnq lnarea lnfarmm lnagchf, fe      //个体固定效应回归，附 Chow 检验，
//fe 个体固定效应，re 个体随机效应，默认个体随机效应
Estimaes store iFExtreg0

xtreg lnq lnarea lnfarmm lnagchf, fe vce (cluster provi)
//个体固定效应回归+稳健估计，Chow 检验失效
estimates store iFExtreg

* h reghdfe  //安装 reghdfe 命令
reghdfe lnq lnarea lnfarmm lnagchf, absorb (provi) vce (r)    //个体固定效应+稳健估计
estimates store iFEreghdfe

* h esttab           //安装 esttab 命令
esttab iFE *, b (%8.4f) se (%8.4f)    s (N r2_ a) nogap addnotes ("  * * * 1% * * 5% *
10%" )    star ( * 0.1 * * 0.05 * * * 0.01) mtitles ( ) replace
```

图 6.55 情形 1 的 Stata 命令

图 6.56 是个体固定效应模型 reg 命令回归结果。

```
. reg lnq lnarea lnfarmm lnagchf i.provi,r     /*----个体固定效应LSDV法+稳健估计结果----*/

Linear regression                               Number of obs     =        986
                                                F(31, 954)        =    4533.16
                                                Prob > F          =     0.0000
                                                R-squared         =     0.9926
                                                Root MSE          =      .0995
```

lnq	Coef.	Robust Std. Err.	t	P>|t|	[95% Conf.	Interval]
lnarea	.8637717	.0222817	38.77	0.000	.8200449	.9074985
lnfarmm	.0429491	.0134529	3.19	0.001	.0165483	.0693499
lnagchf	.3108648	.0155037	20.05	0.000	.2804395	.3412901
provi						
bj	.6918151	.0759407	9.11	0.000	.542785	.8408451
fj	.2484143	.0375465	6.62	0.000	.174731	.3220976
gd	.1385636	.0239069	5.80	0.000	.0916475	.1854798
gs	-.0850774	.0299198	-2.84	0.005	-.1437936	-.0263612
guiz	.1488213	.0328024	4.54	0.000	.0844481	.2131946
gx	.0741422	.0268016	2.77	0.006	.0215452	.1267391
heb	-.1547167	.022589	-6.85	0.000	-.1990466	-.1103869
hen	-.1143577	.0223927	-5.11	0.000	-.1583023	-.0704131
hlj	-.0161357	.0285114	-0.57	0.572	-.072088	.0398165
hub	.1780484	.0227648	7.82	0.000	.1333736	.2227233
hun	.3097141	.0198643	15.59	0.000	.2707314	.3486969
jl	.4165091	.0317681	13.11	0.000	.3541657	.4788526
js	.1917376	.0191371	10.02	0.000	.154182	.2292932
jx	.3258721	.0230443	14.14	0.000	.2806487	.3710955
liaon	.3158402	.0319515	9.88	0.000	.2531369	.3785436
nmg	-.0530145	.0287462	-1.84	0.065	-.1094276	.0033985
nx	.2487471	.0557506	4.46	0.000	.1393392	.358155
qh	.4947308	.0750606	6.59	0.000	.3474278	.6420338
sc	.137986	.0199781	6.91	0.000	.0987798	.1771921
sd	-.0126088	.0234835	-0.54	0.591	-.0586942	.0334765
shai	.8303229	.0820003	10.13	0.000	.6694011	.9912447
sx	-.0978051	.0297749	-3.28	0.001	-.1562369	-.0393732
sxian	-.1693515	.0273545	-6.19	0.000	-.2230334	-.1156697
tj	.5595933	.0748639	7.47	0.000	.4126763	.7065104
xiz	1.022489	.0923939	11.07	0.000	.84117	1.203808
xj	.2720159	.0399257	6.81	0.000	.1936635	.3503683
yn	-.004767	.02518	-0.19	0.850	-.0541816	.0446476
zj	.3968277	.0308461	12.86	0.000	.3362936	.4573619
_cons	-1.679651	.2121331	-7.92	0.000	-2.095953	-1.26335

图 6.56 个体固定效应模型 reg 命令回归结果

个体固定效应模型 xtreg 命令回归结果如图 6.57 所示。当 xtreg 命令选项中不含稳健估计，Stata 软件回归结果中提供检验截距项是否含个体固定效应的 Chow 检验。图 6.57 最后一行的 F 检验，$F(28,\ 954)=95.22$，P 值小于 0.000 1，结果显示拒绝原假设，截距项非常数。

```
. xtreg lnq lnarea lnfarmm lnagchf,fe                    /*----个体固定效应，附Chow检验----*/

Fixed-effects (within) regression               Number of obs      =       986
Group variable: provi                           Number of groups   =        29

R-sq:                                           Obs per group:
     within  = 0.8523                                         min =        34
     between = 0.9765                                         avg =      34.0
     overall = 0.9690                                         max =        34

                                                F(3,954)           =   1834.84
corr(u_i, Xb)  = -0.7978                        Prob > F           =    0.0000

------------------------------------------------------------------------------
         lnq |      Coef.   Std. Err.      t    P>|t|     [95% Conf. Interval]
-------------+----------------------------------------------------------------
      lnarea |   .8637717   .0176808    48.85   0.000      .829074    .8984695
     lnfarmm |   .0429491    .011087     3.87   0.000     .0211913    .0647069
     lnagchf |   .3108648   .0118731    26.18   0.000     .2875644    .3341653
       _cons |  -1.462604   .1478782    -9.89   0.000    -1.752809     -1.1724
-------------+----------------------------------------------------------------
     sigma_u |  .29615164
     sigma_e |   .0994958
         rho |  .89857698   (fraction of variance due to u_i)
------------------------------------------------------------------------------
F test that all u_i=0: F(28, 954) = 95.22                    Prob > F = 0.0000
```

图 6.57　个体固定效应模型 xtreg 命令回归结果

若 xtreg 命令选项中含稳健估计 vce（cluster provi），Stata 软件不再提供 Chow 检验，如图 6.58 所示。原因在于，当 xtreg 命令选项中含 vce（cluster provi），表明模型扰动项存在异方差或自相关，此时 Chow 检验失效，故不提供。尽管可以计算出 Chow 检验统计量的值，但没有任何参考意义。这正是本章案例分析不做 Chow 检验的原因所在。同样地，稳健估计 vce（cluster provi）不改变参数估计值的大小，仅影响标准误估计值、t 值、P 值等。

```
. xtreg lnq lnarea lnfarmm lnagchf,fe vce(cluster provi)  //个体固定效应+稳健估计，Chow检验失效

Fixed-effects (within) regression               Number of obs      =       986
Group variable: provi                           Number of groups   =        29

R-sq:                                           Obs per group:
     within  = 0.8523                                         min =        34
     between = 0.9765                                         avg =      34.0
     overall = 0.9690                                         max =        34

                                                F(3,28)            =    162.63
corr(u_i, Xb)  = -0.7978                        Prob > F           =    0.0000

                                 (Std. Err. adjusted for 29 clusters in provi)
------------------------------------------------------------------------------
             |               Robust
         lnq |      Coef.   Std. Err.      t    P>|t|     [95% Conf. Interval]
-------------+----------------------------------------------------------------
      lnarea |   .8637717   .0574023    15.05   0.000     .7461883    .9813551
     lnfarmm |   .0429491   .0355479     1.21   0.237    -.0298674    .1157656
     lnagchf |   .3108648   .0399109     7.79   0.000     .2291111    .3926186
       _cons |  -1.462604   .5183995    -2.82   0.009    -2.524498   -.4007112
-------------+----------------------------------------------------------------
     sigma_u |  .29615164
     sigma_e |   .0994958
         rho |  .89857698   (fraction of variance due to u_i)
------------------------------------------------------------------------------
```

图 6.58　稳健估计结果

图 6.59 是 reghdfe 命令回归结果。固定效应是否得到有效控制，需要观察 reghdfe 命令回归结果下方"Absorbed degrees of freedom"一栏中的信息。具体详情请参见第三节"高维（多维）固定效应面板数据模型"中图 6.21 和图 6.22 的解读。下图中的个体固定效应得到了有效控制。

```
. reghdfe lnq lnarea lnfarmm lnagchf, absorb(provi) vce(r) //个体固定效应+稳健估计
(MWFE estimator converged in 1 iterations)

HDFE Linear regression                            Number of obs   =        986
Absorbing 1 HDFE group                            F(   3,    954) =    1151.31
                                                  Prob > F        =     0.0000
                                                  R-squared       =     0.9926
                                                  Adj R-squared   =     0.9924
                                                  Within R-sq.    =     0.8523
                                                  Root MSE        =     0.0995

------------------------------------------------------------------------------
             |               Robust
         lnq |      Coef.   Std. Err.      t    P>|t|     [95% Conf. Interval]
-------------+----------------------------------------------------------------
      lnarea |   .8637717   .0222817    38.77   0.000     .8200449    .9074985
     lnfarmm |   .0429491   .0134529     3.19   0.001     .0165483    .0693499
     lnagchf |   .3108648   .0155037    20.05   0.000     .2804395    .3412901
       _cons |  -1.462604   .1903098    -7.69   0.000    -1.836079    -1.08913
------------------------------------------------------------------------------

Absorbed degrees of freedom:
-----------------------------------------------------+
 Absorbed FE | Categories  - Redundant  = Num. Coefs |
-------------+---------------------------------------|
       provi |        29           0          29     |
-----------------------------------------------------+
```

图 6.59　reghdfe 命令回归结果

对于个体固定效应模型，将 reg、xtreg、reghdfe 命令的估计结果放置在一起进行对比可以发现，无论运行哪种命令，参数估计值大小不变，但标准误估计值有所差异，如图 6.60 所示。

	(1) iFEreg	(2) iFExtreg0	(3) iFExtreg	(4) iFEreghdfe
lnarea	0.8638*** (0.0223)	0.8638*** (0.0177)	0.8638*** (0.0574)	0.8638*** (0.0223)
lnfarmm	0.0429*** (0.0135)	0.0429*** (0.0111)	0.0429 (0.0355)	0.0429*** (0.0135)
lnagchf	0.3109*** (0.0155)	0.3109*** (0.0119)	0.3109*** (0.0399)	0.3109*** (0.0155)
_cons	-1.6797*** (0.2121)	-1.4626*** (0.1479)	-1.4626*** (0.5184)	-1.4626*** (0.1903)
N	986.0000	986.0000	986.0000	986.0000
r2_a	0.9924	0.8475	0.8518	0.9924

Standard errors in parentheses
*** 1% ** 5% * 10%
* p<0.1, ** p<0.05, *** p<0.01

图 6.60　估计结果对比

值得注意的是，图 6.60 中的结果仅保留了解释变量和共同的截距项等信息，并没有将 reg 回归中个体虚拟变量估计结果纳入其中。此外，模型（2）和模型（3）的差别在于，模型（2）未考虑参数估计量方差协方差矩阵的稳健性估计。一般地，当 $n \gg T$ 时，建议采用 xtreg 或 reghdfe 命令估计个体固定效应模型。

情形 2：时点固定效应模型。

时点固定效应模型回归可以使用 reg、reghdfe 命令控制时点固定效应。一般地，当时点长度较大时，建议采用 reghdfe 命令进行分析。情形 2 的 Stata 命令如图 6.61 所示。

```
常用 Stata 命令：个体变量名：province；时点变量名：year；区域变量名：qy
//时点固定效应模型

reg lnq lnarea lnfarmm lnagchf i. year, r                    //时点固定效应+稳健估计
estimates store tFEreg

reghdfe lnq lnarea lnfarmm lnagchf, absorb (year) vce (r)    //时点固定效应+稳健估计
estimates store tFEreghdfe

* h esttab          //安装 esttab 命令
esttab tFE * , b (%8.4f) se (%8.4f)    s (N r2_ a) nogap addnotes ("  * * * 1%  * * 5%  *
10%" )    star ( * 0.1  * * 0.05  * * * 0.01) mtitles ( ) replace
```

图 6.61　情形 2 的 Stata 命令

图 6.62 是时点固定效应模型 reg 命令估计结果。

图 6.63 是时点固定效应模型 reghdfe 命令估计结果，控制了时点固定效应，但未将具体时点固定效应的估计信息显示在回归结果中，仅在 reghdfe 命令回归结果最下方“Absorbed degrees of freedom”中显示已经成功控制了时点固定效应。

图 6.64 将命令 reg 和 reghdfe 关于时点固定效应估计结果进行对比，可以看出估计结果无差异。注意：此处由于篇幅所限未将 reg 命令中时点固定效应的虚拟变量估计结果呈现出来。一般来说，在估计固定效应时，命令 reghdfe 与 reg 的做法是一致的。

```
. reg lnq lnarea lnfarmm lnagchf i.year, r       //时点固定效应+稳健估计

Linear regression                               Number of obs     =        986
                                                F(36, 949)        =     860.58
                                                Prob > F          =     0.0000
                                                R-squared         =     0.9731
                                                Root MSE          =     .19087
```

lnq	Coef.	Robust Std. Err.	t	P>|t|	[95% Conf.	Interval]
lnarea	.605678	.0154562	39.19	0.000	.5753457	.6360104
lnfarmm	-.0128627	.0142725	-0.90	0.368	-.040872	.0151466
lnagchf	.393432	.0170475	23.08	0.000	.3599769	.4268872
year						
1980	-.0567625	.056229	-1.01	0.313	-.1671101	.0535851
1981	-.0489164	.057993	-0.84	0.399	-.1627257	.0648929
1982	-.0207513	.0538915	-0.39	0.700	-.1265116	.085009
1983	-.0029894	.0537307	-0.06	0.956	-.1084341	.1024554
1984	.0510113	.0546708	0.93	0.351	-.0562782	.1583009
1985	.0151507	.0540384	0.28	0.779	-.0908979	.1211993
1986	.0022674	.0572903	0.04	0.968	-.1101628	.1146976
1987	.0137651	.0576299	0.24	0.811	-.0993316	.1268619
1988	-.0158056	.0531878	-0.30	0.766	-.120185	.0885737
1989	-.0375103	.0533188	-0.70	0.482	-.1421467	.0671262
1990	.0091513	.0535446	0.17	0.864	-.0959282	.1142309
1991	-.0304832	.0567289	-0.54	0.591	-.1418118	.0808453
1992	-.0200002	.056878	-0.35	0.725	-.1316213	.0916209
1993	-.004468	.0545335	-0.08	0.935	-.1114882	.1025523
1994	-.0490505	.0589931	-0.83	0.406	-.1648225	.0667214
1995	-.051711	.0606557	-0.85	0.394	-.1707459	.0673239
1996	-.0027611	.0555174	-0.05	0.960	-.1117121	.10619
1997	-.0379222	.0570081	-0.67	0.506	-.1497987	.0739544
1998	-.0023564	.0573286	-0.04	0.967	-.1148619	.1101491
1999	-.0392498	.0615763	-0.64	0.524	-.1600913	.0815917
2000	-.1098174	.0619296	-1.77	0.077	-.2313522	.0117175
2001	-.1072261	.0607896	-1.76	0.078	-.2265237	.0120714
2002	-.0950243	.0608064	-1.56	0.118	-.2143549	.0243063
2003	-.1288332	.0616548	-2.09	0.037	-.2498288	-.0078376
2004	-.0924569	.0599647	-1.54	0.123	-.2101356	.0252217
2005	-.0882005	.0602938	-1.46	0.144	-.2065251	.0301241
2006	-.0770373	.0612333	-1.26	0.209	-.1972056	.0431311
2007	-.088244	.0601528	-1.47	0.143	-.2062918	.0298039
2008	-.0572114	.0620085	-0.92	0.356	-.1789011	.0644783
2009	-.072769	.0599133	-1.21	0.225	-.1903467	.0448088
2010	-.0670791	.0618609	-1.08	0.278	-.1884791	.0543208
2011	-.0419781	.0649222	-0.65	0.518	-.1693858	.0854296
2012	-.0241589	.0639429	-0.38	0.706	-.1496447	.1013269
_cons	.6313001	.0867788	7.27	0.000	.4609995	.8016007

图 6.62　时点固定效应模型 reg 命令估计结果

```
. reghdfe lnq lnarea lnfarmm lnagchf, absorb(year) vce(r)   //时点固定效应+稳健估计
(MWFE estimator converged in 1 iterations)

HDFE Linear regression                            Number of obs   =        986
Absorbing 1 HDFE group                            F(   3,    949) =    9836.54
                                                  Prob > F        =     0.0000
                                                  R-squared       =     0.9731
                                                  Adj R-squared   =     0.9720
                                                  Within R-sq.    =     0.9727
                                                  Root MSE        =     0.1909

------------------------------------------------------------------------------
             |               Robust
         lnq |      Coef.   Std. Err.      t    P>|t|     [95% Conf. Interval]
-------------+----------------------------------------------------------------
      lnarea |    .605678   .0154562    39.19   0.000     .5753457    .6360104
     lnfarmm |  -.0128627   .0142725    -0.90   0.368     -.040872    .0151466
     lnagchf |    .393432   .0170475    23.08   0.000     .3599769    .4268872
       _cons |   .5907287   .0637703     9.26   0.000     .4655816    .7158757
------------------------------------------------------------------------------

Absorbed degrees of freedom:
-----------------------------------------------------+
 Absorbed FE | Categories  - Redundant  = Num. Coefs |
-------------+---------------------------------------|
        year |        34           0          34     |
-----------------------------------------------------+
```

图 6.63 时点固定效应模型 reghdfe 命令估计结果

	(1) tFEreg	(2) tFEreghdfe
lnarea	0.6057***	0.6057***
	(0.0155)	(0.0155)
lnfarmm	-0.0129	-0.0129
	(0.0143)	(0.0143)
lnagchf	0.3934***	0.3934***
	(0.0170)	(0.0170)
_cons	0.6313***	0.5907***
	(0.0868)	(0.0638)
N	986.0000	986.0000
r2_a	0.9720	0.9720

Standard errors in parentheses
*** 1% ** 5% * 10%
* p<0.1, ** p<0.05, *** p<0.01

图 6.64 命令 reg 和 reghdfe 时点固定效应估计结果对比

情形 3：个体时点固定效应模型。

估计个体时点固定效应模型的常用命令分别为 reg、xtreg、reghdfe 命令，如图 6.65 所示。同样地，建议使用 xtreg 和 reghdfe 命令估计个体时点双固定效应模型。

```
常用 Stata 命令：个体变量名：province；时点变量名：year；区域变量名：qy
//个体时点双固定效应模型

reg lnq lnarea lnfarmm lnagchf i. provi i. year, r  //个体时点固定效应 LSDV+稳健估计
estimates store itFEreg

xtreg lnq lnarea lnfarmm lnagchf i. year, fe  //双固定效应，附带 Chow 检验
estimates store itFExtreg0

xtreg lnq lnarea lnfarmm lnagchf i. year, fe vce (cluster provi)   //双固定效应+稳健估计
estimates store itFExtreg

reghdfe lnq lnarea lnfarmm lnagchf, absorb (provi year) vce (r)   //双固定效应+稳健估计
estimates store itFEreghdfe

 * h esttab          //安装 esttab 命令
esttab itFE * , b (%8.4f) se (%8.4f)  s (N r2_ a) nogap  ///
            addnotes (" * * * 1% * * 5% * 10%" )  ///
            star ( * 0.1 * * 0.05 * * * 0.01) mtitles ( ) replace
```

图 6.65　情形 3 的 Stata 命令

个体时点固定效应模型 reg 命令估计结果如图 6.66 所示。个体效应和时点效应均通过引入虚拟变量的形式进行控制。当 n 和 T 较大时，该方法自由度损失较为严重，reghdfe 命令存在同样的问题。

```
. reg lnq lnarea lnfarmm lnagchf i.provi i.year,r    //个体时点固定效应LSDV估计+稳健估计

Linear regression                               Number of obs     =        986
                                                F(64, 921)        =    2855.97
                                                Prob > F          =     0.0000
                                                R-squared         =     0.9936
                                                Root MSE          =     .09471

------------------------------------------------------------------------------
             |               Robust
         lnq |      Coef.   Std. Err.      t    P>|t|     [95% Conf. Interval]
-------------+----------------------------------------------------------------
      lnarea |   .9629443   .0311028    30.96   0.000     .9019037    1.023985
     lnfarmm |   -.002817    .017752    -0.16   0.874    -.0376561    .0320221
     lnagchf |   .2501225   .0215971    11.58   0.000     .2077372    .2925077
             |
       provi |
         bj  |   .7409656   .0683486    10.84   0.000     .6068285    .8751026
         fj  |   .2786269   .0353915     7.87   0.000     .2091695    .3480844
         gd  |   .1732228    .023586     7.34   0.000     .1269342    .2195114
         gs  |  -.1334889   .0287551    -4.64   0.000    -.1899219   -.0770558
       guiz  |   .0861818   .0329401     2.62   0.009     .0215354    .1508283
         gx  |   .0740899   .0248672     2.98   0.003     .0252869    .1228929
        heb  |  -.1245517   .0223004    -5.59   0.000    -.1683173   -.0807861
        hen  |  -.0993298   .0214622    -4.63   0.000    -.1414503   -.0572093
        hlj  |  -.0973373   .0325934    -2.99   0.003    -.1613033   -.0333713
        hub  |   .1905582   .0212954     8.95   0.000      .148765    .2323514
        hun  |   .3114078   .0191433    16.27   0.000     .2738382    .3489774
         jl  |   .3825825   .0287291    13.32   0.000     .3262004    .4389645
         js  |   .2256383   .0194431    11.61   0.000     .1874803    .2637962
         jx  |   .3032423   .0213193    14.22   0.000     .2614023    .3450822
      liaon  |   .3234002   .0279491    11.57   0.000     .2685489    .3782516
        nmg  |  -.1279169   .0326139    -3.92   0.000    -.1919231   -.0639106
         nx  |   .2153444   .0489415     4.40   0.000     .1192945    .3113943
         qh  |   .4612927   .0657693     7.01   0.000     .3322176    .5903679
         sc  |   .0999507   .0216204     4.62   0.000     .0575197    .1423818
         sd  |   .0369197   .0232307     1.59   0.112    -.0086716     .082511
       shai  |   .8709406   .0684786    12.72   0.000     .7365485    1.005333
         sx  |  -.1112751   .0281089    -3.96   0.000      -.16644   -.0561102
      sxian  |  -.1980363   .0252395    -7.85   0.000    -.2475699   -.1485027
         tj  |   .5942139   .0687149     8.65   0.000     .4593579    .7290699
        xiz  |   .9456136   .0856272    11.04   0.000     .7775666    1.113661
         xj  |   .2755243   .0389349     7.08   0.000     .1991128    .3519358
         yn  |   -.040244   .0252344    -1.59   0.111    -.0897675    .0092796
         zj  |   .4329219   .0311406    13.90   0.000     .3718071    .4940367
             |
        year |
       1980  |   -.034795   .0365854    -0.95   0.342    -.1065954    .0370055
       1981  |  -.0163952   .0368934    -0.44   0.657       -.0888    .0560097
       1982  |    .036563   .0374087     0.98   0.329    -.0368532    .1099792
       1983  |   .0692054   .0396418     1.75   0.081    -.0085932    .1470041
       1984  |   .1332936    .034269     3.89   0.000     .0660392    .2005481
       1985  |   .1114466   .0325635     3.42   0.001     .0475394    .1753538
       1986  |   .1044381   .0339578     3.08   0.002     .0377945    .1710817
       1987  |   .1206244   .0337184     3.58   0.000     .0544507    .1867982
       1988  |   .1077795   .0333726     3.23   0.001     .0422843    .1732747
       1989  |   .0955913   .0361638     2.64   0.008     .0246184    .1665643
       1990  |   .1535407   .0359866     4.27   0.000     .0829155    .2241659
       1991  |   .1275098   .0388822     3.28   0.001     .0512018    .2038178
       1992  |   .1489363   .0376267     3.96   0.000     .0750923    .2227803
       1993  |   .1756174   .0387457     4.53   0.000     .0995774    .2516575
       1994  |   .1427312   .0401858     3.55   0.000     .0638649    .2215976
       1995  |   .1488259   .0407867     3.65   0.000     .0687803    .2288715
       1996  |   .2011618   .0411479     4.89   0.000     .1204072    .2819164
       1997  |   .1712792   .0418169     4.10   0.000     .0892118    .2533466
       1998  |   .2082291    .042567     4.89   0.000     .1246894    .2917687
       1999  |   .1777142   .0441339     4.03   0.000     .0910995    .2643288
       2000  |   .1279859   .0464093     2.76   0.006     .0369057    .2190662
       2001  |   .1499702   .0464692     3.23   0.001     .0587724     .241168
       2002  |   .1759793   .0464743     3.79   0.000     .0847715    .2671871
       2003  |   .1689829   .0486037     3.48   0.001     .0735959    .2643698
       2004  |   .2051925   .0491058     4.18   0.000     .1088203    .3015646
       2005  |   .2012604   .0492258     4.09   0.000     .1046527    .2978681
       2006  |   .2181554   .0502598     4.34   0.000     .1195184    .3167924
       2007  |   .2107517   .0509286     4.14   0.000     .1108022    .3107012
       2008  |   .2400509   .0511944     4.69   0.000     .1395796    .3405221
       2009  |   .2180245   .0518013     4.21   0.000     .1163623    .3196867
       2010  |   .2251718   .0527578     4.27   0.000     .1216324    .3287113
       2011  |   .2514147   .0546145     4.60   0.000     .1442314    .3585979
       2012  |   .2715616   .0548086     4.95   0.000     .1639973    .3791258
             |
       _cons |  -2.031449   .2035907    -9.98   0.000    -2.431005   -1.631894
------------------------------------------------------------------------------
```

图 6.66　个体时点固定效应模型 reg 命令估计结果

图 6.67 为 reghdfe 命令关于个体时点固定效应模型的回归结果，图中显示控制了个体时点固定效应，然而未将具体的个体或时点固定效应估计信息显示在回归结果中，仅在 reghdfe 命令回归结果下方 “Absorbed degrees of freedom” 中显示已经成功控制了个体时点固定效应。

```
. reghdfe lnq lnarea lnfarmm lnagchf, absorb(provi year) vce(r)      //个体时点固定效应+稳健估计
(MWFE estimator converged in 2 iterations)

HDFE Linear regression                            Number of obs   =        986
Absorbing 2 HDFE groups                           F(   3,     921) =    1141.17
                                                  Prob > F        =     0.0000
                                                  R-squared       =     0.9936
                                                  Adj R-squared   =     0.9931
                                                  Within R-sq.    =     0.8193
                                                  Root MSE        =     0.0947

------------------------------------------------------------------------------
             |               Robust
         lnq |      Coef.   Std. Err.      t    P>|t|     [95% Conf. Interval]
-------------+----------------------------------------------------------------
      lnarea |   .9629443   .0311028    30.96   0.000     .9019037    1.023985
     lnfarmm |   -.002817    .017752    -0.16   0.874    -.0376561    .0320221
     lnagchf |   .2501225   .0215971    11.58   0.000     .2077372    .2925077
       _cons |  -1.672969   .1749088    -9.56   0.000    -2.016235   -1.329703
------------------------------------------------------------------------------

Absorbed degrees of freedom:
-----------------------------------------------------+
 Absorbed FE | Categories  - Redundant  = Num. Coefs |
-------------+---------------------------------------|
       provi |        29           0          29     |
        year |        34           1          33     |
-----------------------------------------------------+
```

图 6.67　reghdfe 命令关于个体时点固定效应模型的回归结果

图 6.68 为个体时点固定效应模型 xtreg 命令回归结果，从回归结果可以看出，xtreg 命令控制时点固定效应，仍是通过引入时点虚拟变量的形式进行控制。

```
. xtreg lnq lnarea lnfarmm lnagchf i.year,fe vce(cluster provi)      //【双】固定效应+稳健估计

Fixed-effects (within) regression               Number of obs      =       986
Group variable: provi                           Number of groups   =        29

R-sq:                                           Obs per group:
     within  = 0.8708                                         min =        34
     between = 0.9730                                         avg =      34.0
     overall = 0.9666                                         max =        34

                                                F(28,28)           =         .
corr(u_i, Xb)  = -0.7781                        Prob > F           =         .

                                  (Std. Err. adjusted for 29 clusters in provi)
------------------------------------------------------------------------------
             |               Robust
         lnq |      Coef.   Std. Err.      t    P>|t|     [95% Conf. Interval]
-------------+----------------------------------------------------------------
      lnarea |   .9629443   .0671374    14.34   0.000     .8254195    1.100469
     lnfarmm |   -.002817   .0514121    -0.05   0.957     -.10813      .102496
     lnagchf |   .2501225    .053782     4.65   0.000      .139955    .3602899
             |
        year |
       1980  |   -.034795   .0245885    -1.42   0.168    -.0851623    .0155723
       1981  |  -.0163952   .0211972    -0.77   0.446    -.0598157    .0270254
       1982  |    .036563     .02395     1.53   0.138    -.0124964    .0856224
       1983  |   .0692054   .0348642     1.99   0.057    -.0022106    .1406214
       1984  |   .1332936   .0356311     3.74   0.001     .0603067    .2062806
       1985  |   .1114466    .036848     3.02   0.005     .0359668    .1869263
       1986  |   .1044381    .043887     2.38   0.024     .0145397    .1943365
       1987  |   .1206244   .0443265     2.72   0.011     .0298257    .2114232
       1988  |   .1077795   .0505671     2.13   0.042     .0041975    .2113615
       1989  |   .0955913   .0530077     1.80   0.082    -.0129901    .2041728
       1990  |   .1535407   .0591627     2.60   0.015     .0323513      .27473
       1991  |   .1275098   .0666174     1.91   0.066    -.0089497    .2639694
       1992  |   .1489363   .0670114     2.22   0.034     .0116696    .2862029
       1993  |   .1756174   .0687405     2.55   0.016      .034809    .3164259
       1994  |   .1427312   .0724268     1.97   0.059    -.0056283    .2910908
       1995  |   .1488259   .0739096     2.01   0.054    -.0025711     .300223
       1996  |   .2011618   .0738834     2.72   0.011     .0498184    .3525052
       1997  |   .1712792   .0782838     2.19   0.037     .0109221    .3316363
       1998  |   .2082291   .0790959     2.63   0.014     .0462085    .3702497
       1999  |   .1777142   .0774175     2.30   0.029     .0191317    .3362966
       2000  |   .1279859   .0776237     1.65   0.110     -.031019    .2869909
       2001  |   .1499702   .0846079     1.77   0.087    -.0233412    .3232817
       2002  |   .1759793     .08809     2.00   0.056    -.0044649    .3564236
       2003  |   .1689829   .0916434     1.84   0.076    -.0187402    .3567059
       2004  |   .2051925     .09436     2.17   0.038     .0119048    .3984802
       2005  |   .2012604   .0958312     2.10   0.045      .004959    .3975617
       2006  |   .2181554   .0991585     2.20   0.036     .0150385    .4212723
       2007  |   .2107517   .0990373     2.13   0.042      .007883    .4136203
       2008  |   .2400509   .1052138     2.28   0.030     .0245301    .4555716
       2009  |   .2180245   .1056839     2.06   0.048     .0015409    .4345081
       2010  |   .2251718   .1103425     2.04   0.051    -.0008544    .4511981
       2011  |   .2514147   .1147133     2.19   0.037     .0164351    .4863943
       2012  |   .2715616   .1164593     2.33   0.027     .0330055    .5101176
             |
       _cons |  -1.821434   .4533469    -4.02   0.000    -2.750073   -.8927945
-------------+----------------------------------------------------------------
     sigma_u |  .30352262
     sigma_e |  .09470908
         rho |  .91127414   (fraction of variance due to u_i)
------------------------------------------------------------------------------
```

图 6.68　个体时点固定效应模型 xtreg 命令回归结果

关于个体时点固定效应模型，图 6.69 将不同估计命令回归结果进行对比。

	(1) itFEreg	(2) itFExtreg0	(3) itFExtreg	(4) itFEreghdfe
lnarea	0.9629***	0.9629***	0.9629***	0.9629***
	(0.0311)	(0.0265)	(0.0671)	(0.0311)
lnfarmm	-0.0028	-0.0028	-0.0028	-0.0028
	(0.0178)	(0.0153)	(0.0514)	(0.0178)
lnagchf	0.2501***	0.2501***	0.2501***	0.2501***
	(0.0216)	(0.0148)	(0.0538)	(0.0216)
_cons	-2.0314***	-1.8214***	-1.8214***	-1.6730***
	(0.2036)	(0.1654)	(0.4533)	(0.1749)
N	986.0000	986.0000	986.0000	986.0000
r2_a	0.9931	0.8618	0.8659	0.9931

Standard errors in parentheses
*** 1% ** 5% * 10%
* p<0.1, ** p<0.05, *** p<0.01

图 6.69　回归结果对比

需要注意的是，图 6.69 中的结果仅保留了解释变量和共同的截距项信息，未将 reg 回归中个体和时点虚拟变量估计结果、xtreg 回归中时点虚拟变量估计结果纳入其中。此外，模型（2）和模型（3）的差别在于，模型（2）未考虑参数估计量方差协方差矩阵的稳健性估计。一般地，当 $n \gg T$ 时，建议采用 xtreg 或 reghdfe 命令估计个体时点固定效应模型。

3. 随机效应模型回归

接下来，以个体随机效应模型为例，演示如何估计个体随机效应模型。随机效应模型回归常用的 Stata 命令如图 6.70 所示。

```
常用 Stata 命令：个体变量名：province；时点变量名：year；区域变量名：qy
//个体随机效应模型

xtreg lnq lnarea lnfarmm lnagchf, mle   //个体随机效应 MLE，附 LR 检验 H0：sigmaU=0
estimates store iREmle

xtreg lnq lnarea lnfarmm lnagchf, re vce (cluster provi) theta
//个体随机效应模型 FGLS，fe 个体固定效应，re 个体随机效应，默认个体随机效应
estimates store iREfgls

xttest0              /*----LM 检验--H0：sigmaU2=0----*/

* h esttab             //安装 esttab 命令
esttab iRE*, b (%8.4f) se (%8.4f)   s (N r2_a) nogap addnotes (" *** 1% ** 5% * 10%" )   star (* 0.1 ** 0.05 *** 0.01) mtitles ( ) replace
```

图 6.70　随机效应模型回归常用的 Stata 命令

图 6.71 是个体随机效应模型 FGLS 估计结果。

```
. xtreg lnq lnarea lnfarmm lnagchf,re vce(cluster provi) theta    //个体随机效应变截距模型FGLS

Random-effects GLS regression                   Number of obs     =        986
Group variable: provi                           Number of groups  =         29

R-sq:                                           Obs per group:
     within  = 0.8516                                         min =         34
     between = 0.9768                                         avg =       34.0
     overall = 0.9695                                         max =         34

                                                Wald chi2(3)      =     646.61
corr(u_i, X)   = 0 (assumed)                    Prob > chi2       =     0.0000
theta          = .8975962

                                 (Std. Err. adjusted for 29 clusters in provi)
------------------------------------------------------------------------------
             |               Robust
         lnq |      Coef.   Std. Err.      z    P>|z|     [95% Conf. Interval]
-------------+----------------------------------------------------------------
      lnarea |   .8028009   .0450619    17.82   0.000     .7144812    .8911206
     lnfarmm |   .0435898   .0363775     1.20   0.231    -.0277088    .1148884
     lnagchf |   .3022352   .0434942     6.95   0.000     .2169882    .3874822
       _cons |  -.9543847   .3996747    -2.39   0.017    -1.737733   -.1710367
-------------+----------------------------------------------------------------
     sigma_u |   .1657525
     sigma_e |   .0994958
         rho |  .73512072   (fraction of variance due to u_i)
------------------------------------------------------------------------------
```

图 6.71　个体随机效应模型 FGLS 估计结果

Stata 提供了检验个体随机效应是否存在的 Breusch—Pagan 检验（LM 检验），原假设是截距项不随个体变化，备择假设是个体随机效应，图 6.72 的结果表明，LM 检验统计量的值为 7 261.45，P 值小于 0.000 1，即拒绝原假设。

```
. xttest0        /*----LM检验--H0: sigmaU2=0----*/

Breusch and Pagan Lagrangian multiplier test for random effects

        lnq[provi,t] = Xb + u[provi] + e[provi,t]

        Estimated results:
                         |       Var     sd = sqrt(Var)
                ---------+-----------------------------
                     lnq |   1.303199       1.141577
                       e |   .0098994       .0994958
                       u |   .0274739       .1657525

        Test:   Var(u) = 0
                             chibar2(01) =  7261.45
                          Prob > chibar2 =   0.0000
```

图 6.72　LM 检验

三、高维固定效应模型

高维固定效应模型继续沿用上一节“变截距面板数据模型”中的例子，演示如何在模型中控制其他形式的固定效应。高维固定效应模型常用的 Stata 命令如图 6.73 所示。

```
常用 Stata 命令：个体变量名：province；时点变量名：year；区域变量名：qy
//如何控制其他固定效应模型（高维固定效应）

reg lnq lnarea lnfarmm lnagchf  i.qy, r          /*----仅考虑控制区域因素的影响----*/
reg lnq lnarea lnfarmm lnagchf  i.qy i.year , r
/*----在时点固定效应变截距模型基础上，考虑控制区域因素的影响----*/
reg lnq lnarea lnfarmm lnagchf  i.mji i.qy i.year, r
/*----在时点固定效应变截距模型基础上，考虑控制区域、自然地理位置因素的影响---
-*/
reghdfe lnq lnarea lnfarmm lnagchf, absorb (qy) vce (r)
/*----仅考虑控制区域因素的影响----*/
reghdfe lnq lnarea lnfarmm lnagchf, absorb (year qy) vce (r)
/*----在时点固定效应变截距模型基础上，考虑控制区域因素的影响----*/
reghdfe lnq lnarea lnfarmm lnagchf, absorb (mji qy) vce (r)
/*----考虑控制区域、自然地理位置因素的影响----*/
reghdfe lnq lnarea lnfarmm lnagchf, absorb (year mji qy) vce (r)
/*----在时点固定效应变截距模型基础上，考虑控制区域因素的影响----*/
```

图 6.73 高维固定效应模型常用的 Stata 命令

值得注意的是：若要控制不随时点变化因素的影响，可以使用 reg 和 reghdfe 命令控制其他形式的固定效应，此外，根据具体问题的特点，可以考虑是否含时点固定效应。若要控制不随个体变化因素的影响，可使用 reg、reghdfe 和“xtreg, fe”（“xtreg, fe”是在个体固定效应的基础之上控制其他因素的影响）进行控制，同样地，根据具体问题的特点，可以考虑是否含个体固定效应。一般推荐使用 reghdfe 命令控制其他形式的固定效应。

接下来，分别以 reg 和 reghdfe 命令控制其他形式的固定效应为例，展示如何有效控制高维固定效应。此外，由于难以甄别 reghdfe 命令是否成功控制高维固定效应，因此，本节通过一个控制高维固定效应失败的案例，详细解读如何识别 reghdfe 命令是否成功控制其他固定效应。

1. 控制高维固定效应之 reg 命令

下例展示了 reg 命令如何控制非传统形式的固定效应，其他情形读者可自行尝试。图 6.74 给出的是 reg 命令通过加法的形式引入 2 个区域虚拟变量（qy=1、2、3 分别表示东、中、西部地区），进行控制区域固定效应。类似地，在满足第三节中控制高维固定效应的条件下，可将其他不随时点变量的因素以虚拟变量的形式纳入模型即可。

```
. reg lnq lnarea lnfarmm lnagchf  i.qy, r    //仅考虑控制区域因素的影响

Linear regression                               Number of obs     =        986
                                                F(5, 980)         =    6181.26
                                                Prob > F          =     0.0000
                                                R-squared         =     0.9751
                                                Root MSE          =     .18072

------------------------------------------------------------------------------
             |               Robust
         lnq |      Coef.   Std. Err.      t    P>|t|     [95% Conf. Interval]
-------------+----------------------------------------------------------------
      lnarea |   .5918957   .0107799    54.91   0.000     .5707414    .6130499
     lnfarmm |  -.0654059   .0126279    -5.18   0.000    -.0901868   -.0406251
     lnagchf |   .4096749    .014768    27.74   0.000     .3806943    .4386555
             |
          qy |
           2 |    .138857   .0165107     8.41   0.000     .1064566    .1712574
           3 |  -.0325352   .0159349    -2.04   0.041    -.0638056   -.0012648
             |
       _cons |   .9470814   .0714069    13.26   0.000     .8069534    1.087209
------------------------------------------------------------------------------
```

图 6.74 控制区域固定效应

2. 控制高维固定效应之 reghdfe 命令

图 6.75 是 reghdfe 命令控制了区域、自然地理位置因素的固定效应。此处为教学演示如何控制多个不随时点变化因素的影响，按个体名排列顺序生成的一个不随时点变化的因素，此处称为自然地理位置，自然地理位置 *mji* 含有 5 个属性。

```
. reghdfe lnq lnarea lnfarmm lnagchf, absorb(year mji qy) vce(r)
(MWFE estimator converged in 4 iterations)

HDFE Linear regression                            Number of obs   =        986
Absorbing 3 HDFE groups                           F(   3,    943) =    5161.48
                                                  Prob > F        =     0.0000
                                                  R-squared       =     0.9771
                                                  Adj R-squared   =     0.9760
                                                  Within R-sq.    =     0.9629
                                                  Root MSE        =     0.1767

------------------------------------------------------------------------------
             |               Robust
         lnq |      Coef.   Std. Err.      t    P>|t|     [95% Conf. Interval]
-------------+----------------------------------------------------------------
      lnarea |    .558275    .016594    33.64   0.000     .5257097    .5908404
     lnfarmm |   -.052398   .0152843    -3.43   0.001    -.0823931    -.022403
     lnagchf |   .4284753   .0169461    25.28   0.000     .3952189    .4617318
       _cons |   1.084392   .0745653    14.54   0.000     .9380586    1.230725
------------------------------------------------------------------------------

Absorbed degrees of freedom:
-----------------------------------------------------+
 Absorbed FE | Categories  - Redundant  = Num. Coefs |
-------------+---------------------------------------|
        year |        34           0          34     |
         mji |         5           1           4     |
          qy |         3           1           2    ?|
-----------------------------------------------------+
? = number of redundant parameters may be higher
```

图 6.75 控制区域、自然地理位置

从图 6.75 回归结果下方关于"Absorbed degrees of freedom"栏中 *mji*、*qy* 的自由

度信息可以看出：自然地理位置 *mji*‘Categories’是 5，‘Redundant’是 1，‘Num. Coefs’是 4”，表明自然地理位置变量有 5 个属性，冗余 1 个，估计 4 个；区域 qy 的‘Categories’是 3，‘Redundant’是 1，‘Num. Coefs’是 2”，表明区域变量有 3 个属性，冗余 1 个，估计 2 个；所以此处 reghdfe 命令成功地控制了自然地理位置和区域效应。注意，此处是否含有时点效应（year）不影响区域和自然地理位置效应的控制。

3. 控制高维固定效应之失败案例

图 6. 76 试图利用 reghdfe 命令控制区域、自然地理位置、省份（个体）固定效应。图 6. 76 和图 6. 77 均无法全部控制区域、自然地理位置和省份固定效应。

```
. reghdfe lnq lnarea lnfarmm lnagchf,absorb(provi year mji qy) vce(r)   /*--控制失效--*/
(MWFE estimator converged in 2 iterations)

HDFE Linear regression                              Number of obs   =        986
Absorbing 4 HDFE groups                             F(   3,     921) =    1141.17
                                                    Prob > F        =     0.0000
                                                    R-squared       =     0.9936
                                                    Adj R-squared   =     0.9931
                                                    Within R-sq.    =     0.8193
                                                    Root MSE        =     0.0947

------------------------------------------------------------------------------
             |               Robust
         lnq |      Coef.   Std. Err.      t    P>|t|     [95% Conf. Interval]
-------------+----------------------------------------------------------------
      lnarea |   .9629443   .0311028    30.96   0.000     .9019037    1.023985
     lnfarmm |   -.002817    .017752    -0.16   0.874    -.0376561    .0320221
     lnagchf |   .2501225   .0215971    11.58   0.000     .2077372    .2925077
       _cons |  -1.672969   .1749088    -9.56   0.000    -2.016235   -1.329703
------------------------------------------------------------------------------

Absorbed degrees of freedom:
-----------------------------------------------------+
 Absorbed FE | Categories  - Redundant  = Num. Coefs |
-------------+---------------------------------------|
       provi |        29           0          29     |
        year |        34           1          33     |
         mji |         5           5           0    ?|
          qy |         3           3           0    ?|
-----------------------------------------------------+
? = number of redundant parameters may be higher
```

图 6. 76　控制区域、自然地理位置、省份

```
. reghdfe lnq lnarea lnfarmm lnagchf,absorb(year mji qy provi ) vce(r)   /*--控制失效--*/
(MWFE estimator converged in 2 iterations)

HDFE Linear regression                              Number of obs   =        986
Absorbing 4 HDFE groups                             F(   3,     919) =    1138.69
                                                    Prob > F        =     0.0000
                                                    R-squared       =     0.9936
                                                    Adj R-squared   =     0.9931
                                                    Within R-sq.    =     0.8193
                                                    Root MSE        =     0.0948

------------------------------------------------------------------------------
             |               Robust
         lnq |      Coef.   Std. Err.      t    P>|t|     [95% Conf. Interval]
-------------+----------------------------------------------------------------
      lnarea |   .9629443   .0311366    30.93   0.000     .9018372    1.024051
     lnfarmm |   -.002817   .0177713    -0.16   0.874    -.0376941      .03206
     lnagchf |   .2501225   .0216206    11.57   0.000      .207691    .2925539
       _cons |  -1.672969    .175099    -9.55   0.000    -2.016609   -1.329329
------------------------------------------------------------------------------

Absorbed degrees of freedom:
-----------------------------------------------------+
 Absorbed FE | Categories  - Redundant  = Num. Coefs |
-------------+---------------------------------------|
        year |        34           0          34     |
         mji |         5           1           4     |
          qy |         3           1           2    ?|
       provi |        29           5          24    ?|
-----------------------------------------------------+
? = number of redundant parameters may be higher
```

图 6. 77　无法全部控制区域、自然地理位置、省份固定效应

上述两个失败回归结果的不同之处在于，命令选项 absorbed（ ）中“provi year mji qy”各变量的顺序不同：第一个失败案例的 reghdfe 命令选项是 absorbed（provi year mji qy），从其回归结果可以看出 *mji* 和 *qy* 的“Num. Coefs”是0，表明没有估计 *mji* 和 *qy* 的任何信息，均为冗余变量；第二个失败案例的 reghdfe 命令选项是 absorbed（year mji qy provi），从其回归结果可以看出 *provi* 的“Num. Coefs”是24，表明冗余了 $n-24=29-24=5$ 个，表明个体固定效应没控制全，仅控制了一部分而已。

四、变系数面板数据模型

接下来，演示模型中变量系数分别随个体、时点或区域变化的情形。

1. 系数随个体变化的情形

此处，仅演示模型中某个变量系数随个体变化的情形。模型中某些变量或所有变量系数都随个体变化的情形，读者可以根据图 6.78 中的命令自行尝试。

```
常用 Stata 命令：个体变量名：province；时点变量名：year；区域变量名：qy

/*----截距项随【个体】变----（1 个变量系数）随个体变----*/
reg lnq lnarea lnfarmm lnagchf i. provi#c. lnfarmm i. provi, r  //不推荐使用 reg 命令
xtreg lnq lnarea lnagchf   i. provi#c. lnfarmm, fe vce (cluster provi)
reghdfe lnq lnarea lnagchf   i. provi#c. lnfarmm, absorb (provi) vce (r)

/*---截距项随【个体】变----（2 个变量系数）随个体变----*/
xtreg lnq lnarea   i. provi#c. (lnfarmm lnagchf), fe vce (cluster provi)
reghdfe lnq lnarea   i. provi#c. (lnfarmm lnagchf), absorb (provi) vce (r)

/*---截距项随【个体】变----（所有变量系数）随个体变----*/
xtreg lnq i. provi#c. (lnarea lnfarmm lnagchf), fe vce (cluster provi)
reghdfe lnq i. provi#c. (lnarea lnfarmm lnagchf), absorb (provi) vce (r)

/*---截距项随【个体和时点】，（1 个变量系数）随个体变，其他情形，自行尝试---*/
xtreg lnq lnarea lnfarmm lnagchf i. provi#c. lnfarmm i. year , fe vce (cluster provi)
reghdfe lnq i. provi#c. (lnarea lnfarmm lnagchf), absorb (provi year) vce (r)
```

图 6.78 常用的 Stata 命令

图 6.79 给出的是在个体固定效应的基础上，变量 lnfarmm 的系数随个体变化的情形，而且 lnfarmm 的系数表示是不同省（区、市）各自的系数。一般推荐使用 xtreg 或 reghdfe 命令。

```
. xtreg lnq lnarea lnagchf  i.provi#c.lnfarmm,fe vce(cluster provi)

Fixed-effects (within) regression               Number of obs      =       986
Group variable: provi                           Number of groups   =        29

R-sq:                                           Obs per group:
     within  = 0.8943                                         min =         34
     between = 0.6924                                         avg =       34.0
     overall = 0.6972                                         max =         34

                                                F(2,28)            =         .
corr(u_i, Xb)  = -0.6198                        Prob > F           =         .

                                 (Std. Err. adjusted for 29 clusters in provi)
------------------------------------------------------------------------------
             |               Robust
         lnq |      Coef.   Std. Err.      t    P>|t|     [95% Conf. Interval]
-------------+----------------------------------------------------------------
      lnarea |   .8721177   .0463245    18.83   0.000     .7772263    .9670091
     lnagchf |   .2350879   .0454905     5.17   0.000     .1419049    .3282709
             |
provi#c.lnfarmm |
          ah |   .0245659   .0323726     0.76   0.454    -.0417464    .0908781
          bj |   .3728199   .0247698    15.05   0.000     .3220813    .4235585
          fj |  -.0192367   .0444959    -0.43   0.669    -.1103823     .071909
          gd |   .0936924   .0497879     1.88   0.070    -.0082935    .1956784
          gs |   .1806607   .0468098     3.86   0.001      .084775    .2765463
        guiz |   .0089684   .0236463     0.38   0.707    -.0394688    .0574056
          gx |  -.0128584   .0437194    -0.29   0.771    -.1024135    .0766966
         heb |   .1491993   .0323806     4.61   0.000     .0828706    .2155281
         hen |    .136946   .0409316     3.35   0.002     .0531014    .2207905
         hlj |   .2477304    .044591     5.56   0.000     .1563898    .3390709
         hub |   .0136966   .0540583     0.25   0.802    -.0970368      .12443
         hun |   .0260915    .026881     0.97   0.340    -.0289717    .0811546
          jl |   .1735745   .0394241     4.40   0.000     .0928178    .2543312
          js |   .0847212   .0465829     1.82   0.080    -.0106995    .1801419
          jx |   .0559089   .0214325     2.61   0.014     .0120065    .0998114
       liaon |   .1945623   .0281277     6.92   0.000     .1369454    .2521792
         nmg |   .2364144   .0648298     3.65   0.001     .1036166    .3692122
          nx |   .1868507   .0447014     4.18   0.000      .095284    .2784174
          qh |   .1259676   .0288033     4.37   0.000     .0669667    .1849686
          sc |   .0602717   .0325145     1.85   0.074    -.0063312    .1268747
          sd |   .1716699   .0296201     5.80   0.000     .1109958    .2323439
        shai |  -.2188418   .0478655    -4.57   0.000    -.3168898   -.1207939
          sx |   .0792888   .0393841     2.01   0.054    -.0013859    .1599634
       sxian |   .0574951   .0623987     0.92   0.365    -.0703228    .1853129
          tj |   .2647635   .0903135     2.93   0.007     .0797648    .4497623
         xiz |   .1430568   .0376036     3.80   0.001     .0660292    .2200844
          xj |   .2860118   .0663082     4.31   0.000     .1501856     .421838
          yn |   .0040846   .0410409     0.10   0.921    -.0799839     .088153
          zj |   .0238839   .0363545     0.66   0.517    -.0505849    .0983526
             |
       _cons |  -1.661516    .411772    -4.04   0.000    -2.504993   -.8180396
-------------+----------------------------------------------------------------
     sigma_u |   .8071755
     sigma_e |  .08543566
         rho |  .98892091   (fraction of variance due to u_i)
------------------------------------------------------------------------------
```

图 6.79　变量 lnfarmm 的系数随个体变化的情形

值得注意的是，此处模型的截距项可以是个体固定效应或个体时点固定效应。

2. 系数随时点变化的情形

此处，仅演示模型中某个变量系数随时点变化的情形。模型中某些变量或所有变量系数都随时点变化的情形，读者可以根据图 6.80 中的命令自行尝试。

```
常用 Stata 命令：个体变量名：province；时点变量名：year；区域变量名：qy

/*----截距项随【时点】变----（1 个变量系数）随时点变----*/
reg lnq lnarea lnfarmm lnagchf i. year#c. lnfarmm i. year, r  //不推荐使用
reghdfe lnq lnarea lnagchf lnfarmm i. year#c. lnfarmm, absorb (year) vce (r)

/*---截距项随【时点】变----（2 个变量系数）随时点变----*/
reghdfe lnq lnarea i. year#c. (lnagchf lnfarmm), absorb (year) vce (r)

/*---截距项随【时点】变----（所有变量系数）随时点变----*/
reghdfe lnq i. provi#c. (lnarea lnfarmm lnagchf), absorb (year) vce (r)

/*---截距项随【个体和时点】，（1 个变量系数）随时点变，其他情形，自行尝试---*/
xtreg lnq lnarea lnfarmm lnagchf i. year#c. lnfarmm i. year, fe vce (cluster provi)
reghdfe lnq i. year#c. (lnarea lnfarmm lnagchf), absorb (provi year) vce (r)
```

图 6.80　常用的 Stata 命令

图 6.81 给出的是在时点固定效应的基础上，变量 lnfarmm 的系数随时点变化的情形，且 lnfarmm 的系数是其他年份与 1979 年的差异系数。一般推荐使用 reghdfe 命令。

```
. reghdfe lnq lnarea lnagchf lnfarmm i.year#c.lnfarmm,absorb(year) vce(r)
(MWFE estimator converged in 1 iterations)

HDFE Linear regression                          Number of obs     =        986
Absorbing 1 HDFE group                          F(  36,     916)  =     998.57
                                                Prob > F          =     0.0000
                                                R-squared         =     0.9735
                                                Adj R-squared     =     0.9715
                                                Within R-sq.      =     0.9731
                                                Root MSE          =     0.1927

------------------------------------------------------------------------------
             |               Robust
         lnq |      Coef.   Std. Err.      t    P>|t|     [95% Conf. Interval]
-------------+----------------------------------------------------------------
      lnarea |   .6029186   .0148948    40.48   0.000     .5736868    .6321504
     lnagchf |   .3972282   .0161623    24.58   0.000     .3655088    .4289476
     lnfarmm |   .0215387   .0770421     0.28   0.780    -.1296608    .1727382
             |
year#c.lnfarmm |
        1980 |  -.0767831   .1084626    -0.71   0.479    -.2896471    .1360809
        1981 |  -.0856449   .1160262    -0.74   0.461    -.3133528    .1420631
        1982 |  -.0327136   .0922707    -0.35   0.723    -.2138001    .1483729
        1983 |   .0446306   .0804607     0.55   0.579    -.1132781    .2025394
        1984 |  -.0038012   .0815228    -0.05   0.963    -.1637944    .1561919
        1985 |  -.0417176   .0863866    -0.48   0.629    -.2112562     .127821
        1986 |  -.0439262   .0895993    -0.49   0.624      -.21977    .1319175
        1987 |  -.0404956   .0904438    -0.45   0.654    -.2179968    .1370056
        1988 |  -.0251862   .0826284    -0.30   0.761    -.1873491    .1369767
        1989 |  -.0333259   .0838709    -0.40   0.691    -.1979274    .1312756
        1990 |  -.0113989   .0814142    -0.14   0.889    -.1711789     .148381
        1991 |  -.0395107   .0816885    -0.48   0.629    -.1998291    .1208077
        1992 |  -.0472349   .0849391    -0.56   0.578    -.2139327     .119463
        1993 |  -.0488996   .0825266    -0.59   0.554    -.2108627    .1130635
        1994 |  -.0654591   .0850899    -0.77   0.442    -.2324529    .1015347
        1995 |  -.0484339   .0897304    -0.54   0.589     -.224535    .1276672
        1996 |  -.0471266   .0803177    -0.59   0.558    -.2047546    .1105014
        1997 |  -.0652789   .0814888    -0.80   0.423    -.2252054    .0946475
        1998 |    -.07004   .0816382    -0.86   0.391    -.2302597    .0901796
        1999 |  -.0471624    .086539    -0.54   0.586    -.2170002    .1226753
        2000 |  -.0479766   .0928359    -0.52   0.605    -.2301724    .1342192
        2001 |  -.0657973     .08629    -0.76   0.446    -.2351463    .1035517
        2002 |  -.0571647   .0864445    -0.66   0.509     -.226817    .1124875
        2003 |  -.0516587   .0880613    -0.59   0.558    -.2244841    .1211666
        2004 |  -.0332056   .0844915    -0.39   0.694     -.199025    .1326138
        2005 |   -.031417   .0816388    -0.38   0.700    -.1916378    .1288038
        2006 |  -.0182649   .0814537    -0.22   0.823    -.1781223    .1415926
        2007 |  -.0168975   .0810078    -0.21   0.835    -.1758799    .1420848
        2008 |  -.0194556   .0805207    -0.24   0.809    -.1774822    .1385709
        2009 |  -.0253241   .0806025    -0.31   0.753    -.1835111     .132863
        2010 |  -.0220587   .0813645    -0.27   0.786    -.1817411    .1376238
        2011 |  -.0186166   .0810334    -0.23   0.818    -.1776494    .1404162
        2012 |  -.0118414   .0816364    -0.15   0.885    -.1720574    .1483746
             |
       _cons |   .6115681   .0654202     9.35   0.000     .4831772    .7399591
------------------------------------------------------------------------------

Absorbed degrees of freedom:
-----------------------------------------------------+
 Absorbed FE | Categories  - Redundant  = Num. Coefs |
-------------+---------------------------------------|
        year |        34           0          34     |
-----------------------------------------------------+
```

图 6.81　变量 lnfarmm 的系数随时点变化的情形

值得注意的是，此处模型的截距项可以是时点固定效应或个体时点固定效应。

3. 系数随区域变化的情形及变系数检验

（1）系数随区域变化的情形。

此处，由于区域属性较少，仅演示模型中所有变量系数随区域变化的情形。模型中某些变量或单个变量系数随区域变化的情形，读者可以根据表图 6.82 中的命令自行尝试。

```
常用 Stata 命令：个体变量名：province；时点变量名：year；区域变量名：qy
//系数随区域变化的情形

/*----截距项随【区域】变----（1 个变量系数）随区域变----*/
reg lnq lnarea lnfarmm lnagchf i. qy#c. lnfarmm i. qy, r  //不推荐使用 reg 命令
reghdfe lnq lnarea lnagchf  i. provi#c. lnfarmm, absorb (qy) vce (r)

/*---截距项随【区域】变----（2 个变量系数）随区域变----*/
reghdfe lnq lnarea  i. qy#c. (lnfarmm lnagchf), absorb (qy) vce (r)

/*---截距项随【区域】变----（所有变量系数）随区域变----*/
reghdfe lnq i. qy#c. (lnarea lnfarmm lnagchf), absorb (qy) vce (r)

/*---截距项随【区域和时点】变，（所有变量系数）随区域变，其他情形，自行尝试---*/
reghdfe lnq i. qy#c. (lnarea lnfarmm lnagchf), absorb (qy year) vce (r)

/*----截距项随【个体】变，（1 个变量系数）随区域变，其他情形，自行尝试----*/
xtreg lnq lnarea lnagchf i. qy#c. lnfarmm, fe vce (cluster provi)
reghdfe lnq lnarea lnagchf i. qy#c. lnfarmm, absorb (provi) vce (r)

/*---截距项随【个体和时点】变，（所有变量系数）随区域变，其他情形，自行尝试--
-*/
xtreg lnq i. qy#c. (lnarea lnfarmm lnagchf) i. year , fe vce (cluster provi)
reghdfe lnq i. qy#c. (lnarea lnfarmm lnagchf), absorb (provi year) vce (r)
```

图 6.82　常用的 Stata 命令

图 6.83 是在区域和时点固定效应的基础上，所有变量的系数随区域变化的情形，而且所有变量的系数是不同区域各自系数。一般推荐使用 reghdfe 命令。

```
. reghdfe lnq i.qy#c.(lnarea lnfarmm lnagchf),absorb(qy year) vce(r)
(MWFE estimator converged in 2 iterations)

HDFE Linear regression                            Number of obs   =        986
Absorbing 2 HDFE groups                           F(   9,     941) =    2719.79
                                                  Prob > F        =     0.0000
                                                  R-squared       =     0.9790
                                                  Adj R-squared   =     0.9780
                                                  Within R-sq.    =     0.9681
                                                  Root MSE        =     0.1694

------------------------------------------------------------------------------
             |               Robust
         lnq |      Coef.   Std. Err.      t    P>|t|     [95% Conf. Interval]
-------------+----------------------------------------------------------------
qy#c.lnarea  |
          1  |   .5870213   .0196696    29.84   0.000       .54842    .6256227
          2  |   .4156403    .035065    11.85   0.000     .3468256     .484455
          3  |   .5473696   .0192446    28.44   0.000     .5096023     .585137
             |
qy#c.lnfarmm |
          1  |  -.0172555   .0315996    -0.55   0.585    -.0792695    .0447584
          2  |   -.080398   .0216801    -3.71   0.000    -.1229449    -.037851
          3  |   .0821371   .0233114     3.52   0.000     .0363888    .1278853
             |
qy#c.lnagchf |
          1  |   .4458539   .0251426    17.73   0.000     .3965119    .4951959
          2  |   .5204404   .0235757    22.08   0.000     .4741733    .5667076
          3  |   .3181398   .0253147    12.57   0.000       .26846    .3678197
             |
       _cons |   1.186798   .1022819    11.60   0.000     .9860707    1.387525
------------------------------------------------------------------------------

Absorbed degrees of freedom:
-----------------------------------------------------+
 Absorbed FE | Categories  - Redundant  = Num. Coefs |
-------------+---------------------------------------|
          qy |         3           0           3     |
        year |        34           1          33     |
-----------------------------------------------------+
```

图 6.83　所有变量的系数随区域变化的情形

值得注意的是，此处模型的截距项可以是区域固定效应、个体固定效应、个体时点固定效应、区域时点固定效应。

（2）检验系数是否随区域变化。

检验模型解释变量系数是否随区域变化，需要根据检验的原假设和备择假设构造 LR 检验统计量进行检验。检验模型解释变量系数是否变化可以在截距项确定的情形下进行。

图 6.84 的命令是在截距项含区域时点固定效应的基础之上，检验所有解释变量的系数是否随区域发生改变（其他情形可类似构造相应的 LR 检验）。

```
常用 Stata 命令：个体变量名：province；时点变量名：year；区域变量名：qy

/*----【无约束模型】备择假设 H1：区域固定效应变截距，所有变量系数随【区域】变化的模型------*/
reghdfe lnq i.qy#c.(lnarea lnfarmm lnagchf), absorb(qy year) vce(r)
                                        //注意对数似然函数值 lnL 不受 vce(r)的影响。

gen ll_u1=e(ll)
display ll_u1                           //调用【无约束模型】对数似然函数值
gen n1=3                                //调用区域数 n1

/*----【约束模型】H0：区域时点固定效应模型，变量系数不变---------*/
reghdfe lnq lnarea lnfarmm lnagchf, absorb(qy year) vce(r)
gen ll_r=e(ll)
display ll_r                            //调用【约束模型】对数似然函数值

di " LR = " -2*(ll_r-ll_u)              //根据 LR 检验定义构造 LR 检验统计量
di invchi2tail(3*(n1-1), 0.05)          //计算卡方检验 5%显著性水平对应的临界值
```

图 6.84　常用的 Stata 命令

该检验的原假设和备择假设为，

H_0：区域固定效应，模型中所有变量系数不变；

H_1：区域固定效应，模型中所有变量系数随区域变化。

根据原假设和备择假设，分别对约束模型和无约束模型进行回归，得到对数似然函数值，计算 LR 统计量的值，并与临界值进行比较，以此判断检验结果的显著性。

读者可以根据上图中的命令操作即可，此处由于篇幅所限，未展示约束模型和无约束模型回归结果及对数似然函数值，仅给出 LR 统计量的值和临界值。

$LR = 127.140\,63 > \chi^2(6) = 12.591\,587$，表明拒绝原假设。

根据定性分析和变系数 LR 检验结果，本节案例可以考虑建立变系数模型。至于本节案例中其他模型的分析过程，可视为教学演示。因此，针对具体应用研究问题该选用何种模型进行实证分析，读者需结合所研究问题的特点，综合考虑定性分析、参考权威文献，以及相关的模型检验结果等，选用合适的模型进行实证研究。

4. 随机系数模型估计及检验

Stata 软件提供 Swamy 随机系数模型回归命令 xtrc 和变系数检验，如图 6.85 所示。

```
常用 Stata 命令：个体变量名：province；时点变量名：year；区域变量名：qy
// 随机系数模型：Stata 自带检验方法 Swamy 检验
xtrc lnq lnarea lnfarmm lnagchf, betas vce(boot)
/*----betas 表示显示不同系数的回归结果--不包含 betas 默认不显示----*/
```

图 6.85　常用的 Stata 命令 xtrc

图 6.86 是随机系数模型 xtrc 命令的回归结果及检验，模型回归结果最后一行——不变系数检验统计量的值为 8 347.73，P 值小于 0.000 1，表示拒绝原假设，模型截距项及解释变量系数不为常数。值得注意的是，Swamy 随机系数模型的截距项同样是随机效应。

```
. xtrc lnq lnarea lnfarmm lnagchf, betas vce(boot)
(running xtrc on estimation sample)

Bootstrap replications (50)
----+--- 1 ---+--- 2 ---+--- 3 ---+--- 4 ---+--- 5
..................................................    50

Random-coefficients regression                  Number of obs      =       986
Group variable: provi                           Number of groups   =        29

                                                Obs per group:
                                                             min =        34
                                                             avg =      34.0
                                                             max =        34

                                                Wald chi2(3)       =    325.49
                                                Prob > chi2        =    0.0000

                                  (Replications based on 29 clusters in provi)
------------------------------------------------------------------------------
             |   Observed   Bootstrap                         Normal-based
         lnq |      Coef.   Std. Err.      z    P>|z|     [95% Conf. Interval]
-------------+----------------------------------------------------------------
      lnarea |   .9478244   .0728454    13.01   0.000       .80505    1.090599
     lnfarmm |   .0999678   .0382041     2.62   0.009     .0250891    .1748465
     lnagchf |   .2628199   .0318539     8.25   0.000     .2003875    .3252524
       _cons |  -2.296521   .5636312    -4.07   0.000    -3.401218   -1.191824
------------------------------------------------------------------------------
Test of parameter constancy:    chi2(112) =  8347.73     Prob > chi2 = 0.0000
```

图 6.86　随机系数模型 xtrc 命令的回归及检验结果

* 五、动态面板数据模型案例

动态面板数据模型建模需要注意下列事项：

①确定面板数据属于长面板还是短面板；

②确定滞后被解释变量的最佳滞后阶数，大多数应用文献的做法是直接将模型设定为一阶动态面板数据模型；

③检验原模型扰动项是否存在自相关；

④若模型解释变量中含有内生解释变量，工具变量如何选择等。

本小节所介绍的动态面板数据模型的截距项是直接设定为个体固定效应情形。因此，无需检验模型截距项是固定效应还是随机效应。

接下来，仅对动态面板数据模型如何估计与检验进行教学演示。

首先，调用面板数据、定义面板数据类型、生成新变量，如图 6.87 所示。

```
常用 Stata 命令：个体变量名：id；时点变量名：year

use c：\Stataex\ch5data.dta, clear   /*----打开指定路径下的数据文件----*/
/*----数据来源于 Arellano & Bond（1991）中的数据----*/

* encode id, gen（idp）
/*----生成新变量 idp（取值为 1，2，3...）替代 id--*/
/*----注意：此处 id 为 1，2，3……整数，故无需使用 encode 命令----*/

xtset id year              /*----告诉 Stata 该数据为面板数据----*/

gen lnemp=log（emp）
g  lnwage=log（wage）           /*----实际工资----*/
g  lncap=log（cap）             /*----总资本----*/
g  lnindoutpt=log（indoutpt）   /*----工业产出--衡量工业需求波动----*/
```

图 6.87　调用、定义面板数据类型的 Stata 操作

当然，可根据实际情况进行相应的描述性分析，与变截距面板数据模型分析类似。

1. 短动态面板数据模型：差分 GMM

接下来，介绍短动态面板数据模型的差分 GMM 估计方法，具体命令如图 6.88 所示，估计结果如图 6.89 所示。

```
常用 Stata 命令：个体变量名：id；时点变量名：year

* h xtabond                  /*--安装命令--*/

xtabond lnemp l（0/2）.lnindoutpt yr1980-yr1984, lags（2）maxldep（3）maxlags（5）   ///
pre（lnwage, lag（1，2））endogenous（lncap, lag（2，2））twostep vce（robust）
/*----lags（2）表示模型中含被解释变量 p=2 阶滞后变量，默认为 p=1；maxldep（3）表示
最多使用被解释变量 3 阶滞后变量作为工具变量，默认为使用所有可能滞后变量；maxlags（5）
表示模型中前定变量、内生变量作为 IV，出现的最大滞后阶数为 5，默认前定变量使用 T_ i-p
-1 的滞后变量，内生变量 T_ i-p-2；pre（lnwage, lag（0，2））表示 lnwage 为前定变量，0
表示无滞后变量作为解释变量，2 表示使用其 2 个更高阶滞后变量作为工具变量；endogenous
（）类似；inst（）表示额外工具变量；twostep 表示使用 GMM，默认为一步估计 GMM；nocon-
stant 表示不包括常数项----*/
```

图 6.88　差分 GMM 估计的 Stata 命令

```
Arellano-Bond dynamic panel-data estimation     Number of obs      =       611
Group variable: id                              Number of groups   =       140
Time variable: year
                                                Obs per group:
                                                              min =         4
                                                              avg =  4.364286
                                                              max =         6

Number of instruments =     62                  Wald chi2(15)      =    974.71
                                                Prob > chi2        =    0.0000
Two-step results
                                       (Std. Err. adjusted for clustering on id)
------------------------------------------------------------------------------
             |              WC-Robust
       lnemp |      Coef.   Std. Err.      z    P>|z|     [95% Conf. Interval]
-------------+----------------------------------------------------------------
       lnemp |
         L1. |   .7326183   .1131787     6.47   0.000     .5107921    .9544445
         L2. |   .0009834   .0791387     0.01   0.990    -.1541257    .1560924
             |
      lnwage |
         --. |   -.866785   .1557776    -5.56   0.000    -1.172104   -.5614664
         L1. |    .380818   .2253638     1.69   0.091    -.0608869    .8225228
             |
       lncap |
         --. |   .3697082   .1186041     3.12   0.002     .1372485    .6021678
         L1. |    -.22026    .116319    -1.89   0.058     -.448241    .0077211
         L2. |  -.1155135   .0940175    -1.23   0.219    -.2997844    .0687573
             |
 lnindoutpt  |
         --. |   .5953653   .1796244     3.31   0.001     .2433078    .9474227
         L1. |  -.8040831   .2537187    -3.17   0.002    -1.301363   -.3068036
         L2. |   .3238859   .2264584     1.43   0.153    -.1199644    .7677361
             |
      yr1980 |   .0192214   .0148366     1.30   0.195    -.0098577    .0483006
      yr1981 |  -.0172335   .0311454    -0.55   0.580    -.0782772    .0438103
      yr1982 |  -.0214094    .040544    -0.53   0.597    -.1008743    .0580554
      yr1983 |   .0070883   .0529891     0.13   0.894    -.0967684    .1109449
      yr1984 |   .0030263   .0616719     0.05   0.961    -.1178483     .123901
       _cons |   1.282437   1.442501     0.89   0.374    -1.544813    4.109686
------------------------------------------------------------------------------
Instruments for differenced equation
        GMM-type: L(2/4).lnemp L(2/.).L.lnwage L(2/.).L2.lncap
        Standard: D.lnindoutpt LD.lnindoutpt L2D.lnindoutpt D.yr1980
                  D.yr1981 D.yr1982 D.yr1983 D.yr1984
Instruments for level equation
        Standard: _cons
```

图 6.89　差分 GMM 估计结果

利用差分 GMM 估计动态面板数据模型后需要检验差分 GMM 的使用条件：原模型随机扰动项不存在序列相关。该条件等价于一阶差分模型随机扰动项存在一阶序列相关、无二阶及以上的高阶序列相关，因此，需要进行扰动项序列相关检验和工具变量有效性检验，Stata 操作如图 6.90 所示。

```
常用Stata命令：个体变量名：id；时点变量名：year

xtabond lnemp l（0/2）. lnindoutpt yr1980-yr1984, lags（2）maxldep（3）   ///
            endogenous（lnwage, lag（1,.））end（lncap, lag（2,.））twostep vce（robust）
estimates store DIFFGMM

estat abond, artests（3）
/ * ----差分GMM使用前提，原模型扰动项无自相关；等价于差分模型扰动项一阶自相关，二阶及以上无自相关；H0：差分模型扰动项无序列相关---- * /

quietly xtabond lnemp l（0/2）. lnindoutpt yr1980-yr1984, lags（2）maxldep（3）   ///
            end（lnwage, lag（1,.））endogenous（lncap, lag（2,.））twostep

estat sargan
/ * ----sargan检验工具变量过度识别问题；H0：所有工具变量均有效；sargan检验假设扰动项iid；sargan检验时，xtabond不能使用vce（robust）---- * /
```

图6.90 Stata操作

执行差分GMM命令后，运行命令“estat abond, artests（3）”即可得到序列相关检验结果，如图6.91所示。图6.91提供的Arellano-Bond序列相关检验的原假设是一阶差分模型扰动项无序列相关。图中检验结果显示：Arellano-Bond检验统计量值为-3.185 3，P值为0.001 4，小于5%显著性水平，即拒绝原假设，表明差分模型中的扰动项存在一阶自相关；二阶和三阶对应的P值分别为0.111 4和0.825 7，均大于5%显著性水平，即不拒绝原假设，表明差分模型随机扰动项无二阶及以上的高阶序列相关，即原模型扰动项无序列相关检验通过。

Arellano-Bond test for zero autocorrelation in first-differenced errors

Order	z	Prob > z
1	-3.1853	0.0014
2	-1.5918	0.1114
3	-.22025	0.8257

H0: no autocorrelation

图6.91 序列相关检验

接下来，继续进行“工具变量有效性”Sargan检验，该检验要求扰动项是独立同分布，因此，在进行Sargan检验前的差分GMM回归命令中不能含参数估计量方差协方差矩阵的稳健估计选项vce（robust），否则，Sargan检验失效。

图6.92中的Sargan检验结果显示：统计量的值为45.319 08，P值为0.500 7，大于5%显著性水平，即不拒绝原假设，表明所有工具变量均有效。

```
. estat sargan
Sargan test of overidentifying restrictions
        H0: overidentifying restrictions are valid

        chi2(46)      =   45.31908
        Prob > chi2   =     0.5007
```

图6.92 Sargan检验

接下来，读者可根据具体问题的特点，对动态面板数据模型中参数估计结果或显著性等进行相应分析。

2. 短动态面板数据模型：系统 GMM

类似于差分 GMM 估计方法的操作过程，系统 GMM 主要差别在于估计命令不同。具体命令如图 6.93 所示，估计结果如图 6.94 所示。

```
常用 Stata 命令：个体变量名：id；时点变量名：year

* h xtdpdsys                    /*--安装命令--*/
xtdpdsys lnemp l (0/2). lnindoutpt yr1980-yr1984, lags (2) maxldep (3)    ///
        end (lnwage, lag (1, 2) ) endogenous (lncap, lag (2, 2) ) twostep vce (robust)
estimates store SYSGMM

estat abond, artests (4)
/*----系统 GMM 使用前提条件之一，原模型扰动项无自相关；等价于差分模型扰动项一阶
自相关，二阶及以上无自相关；H0：差分模型扰动项无序列相关----*/

quietly xtdpdsys lnemp l (0/2). lnindoutpt yr1980-yr1984, lags (2) maxldep (3)    ///
        end (lnwage, lag (1, 2) ) endogenous (lncap, lag (2, 2) ) twostep

estat sargan
/*----sargan 检验工具变量过度识别问题，H0：所有工具变量均有效----*/
```

图 6.93　系统 GMM 估计的常见 Stata 命令

```
System dynamic panel-data estimation          Number of obs      =       751
Group variable: id                            Number of groups   =       140
Time variable: year
                                              Obs per group:
                                                           min =         5
                                                           avg =  5.364286
                                                           max =         7

Number of instruments =     64                Wald chi2(15)      =   4688.05
                                              Prob > chi2        =    0.0000
Two-step results
```

lnemp	Coef.	WC-Robust Std. Err.	z	P>|z|	[95% Conf.	Interval]
lnemp						
L1.	1.013517	.1098739	9.22	0.000	.7981677	1.228866
L2.	-.1201835	.0835322	-1.44	0.150	-.2839036	.0435366
lnwage						
--.	-.8432712	.2420882	-3.48	0.000	-1.317755	-.368787
L1.	.7576676	.2341127	3.24	0.001	.2988151	1.21652
lncap						
--.	.3568467	.1093836	3.26	0.001	.1424587	.5712348
L1.	-.2209638	.0979843	-2.26	0.024	-.4130095	-.0289182
L2.	-.060357	.0940223	-0.64	0.521	-.2446373	.1239234
lnindoutpt						
--.	.8191945	.2030095	4.04	0.000	.4213031	1.217086
L1.	-1.219047	.3778686	-3.23	0.001	-1.959656	-.4784387
L2.	.3588023	.2551511	1.41	0.160	-.1412847	.8588894
yr1980	.0315266	.0175931	1.79	0.073	-.0029552	.0660084
yr1981	-.0064883	.0313917	-0.21	0.836	-.0680148	.0550383
yr1982	-.0258735	.0366644	-0.71	0.480	-.0977345	.0459874
yr1983	-.0115748	.0330189	-0.35	0.726	-.0762906	.0531411
yr1984	-.0196536	.0280715	-0.70	0.484	-.0746727	.0353656
_cons	.6042958	.6189738	0.98	0.329	-.6088706	1.817462

```
Instruments for differenced equation
        GMM-type: L(2/4).lnemp L(2/3).L.lnwage L(2/3).L2.lncap
        Standard: D.lnindoutpt LD.lnindoutpt L2D.lnindoutpt D.yr1980
                  D.yr1981 D.yr1982 D.yr1983 D.yr1984
Instruments for level equation
        GMM-type: LD.lnemp L2D.lnwage L3D.lncap
        Standard: _cons
```

图 6.94　系统 GMM 估计结果

执行系统 GMM 命令后，运行命令“estat abond，artests（4）”即可得到 Arellano-Bond 序列相关检验结果，如图 6.95 所示。检验结果表明差分模型的扰动项存在一阶自相关、无二阶及以上高阶自相关，即原模型扰动项无序列相关检验通过。

Arellano-Bond test for zero autocorrelation in first-differenced errors

Order	z	Prob > z
1	-3.855	0.0001
2	-.89148	0.3727
3	.17864	0.8582
4	-.14915	0.8814

H0: no autocorrelation

图 6.95　Arellano-Bond 序列相关检验

接下来，继续进行“工具变量有效性”Sargan 检验，该检验要求扰动项是独立同分布，因此，在进行 Sargan 检验前的系统 GMM 回归命令中不能含参数估计量方差协方差矩阵的稳健估计选项 vce（robust），否则检验失效。

图 6.96 中 Sargan 检验结果显示：统计量的值 45.093 86，P 值为 0.592 6，大于 5%显著性水平，不拒绝原假设，表明所有工具变量均有效。

```
. estat sargan
Sargan test of overidentifying restrictions
        H0: overidentifying restrictions are valid

        chi2(48)     =  45.09386
        Prob > chi2  =    0.5926
```

图 6.96　Sargan 检验

随后可根据具体问题进行相应分析。

3. 短动态面板数据模型：异方差稳健的 Hansen 检验

由于对差分 GMM 和系统 GMM 估计结果进行“工具变量有效性”的 Sargan 检验假设过强，即要求模型扰动项独立同分布，这一假定条件难以满足现实，因此，可以考虑异方差稳健的 Hansen 检验。命令 xtabond2（见图 6.97）融入了 Arellano-Bond 序列相关检验和异方差稳健的 Hansen 检验，且该命令综合了差分 GMM 和系统 GMM 估计方法。

```
常用 Stata 命令：个体变量名：id；时点变量名：year

*   ssc install xtabond2        //安装非 Stata 系统命令包
*   h xtabond2                  //安装命令
*   cd C:\ado\plus              //有时不改变默认路径是无法使用新安装的命令包

xtabond2 lnemp L（1/2）. lnemp  L（0/1）.（lnwage lncap lnindoutpt）  ///
            yr1980-yr1984, gmm（lnemp, lag（3 4））gmm（lncap, lag（2 3））  ///
            iv（yr1980-yr1984 lnindoutpt）noleveleq twostep robust
/*----gmm（lncap, lag（1 2））使用 lncap 的 2 和 3 阶滞后变量为 IV；iv（lnindoutpt）表示
lnindoutpt 为额外 IV；noleveleq 表示不估计水平模型，为差分 GMM，默认是系统 GMM；small
报告 t 和 F 统计量的信息----*/
```

图 6.97　Stata 命令 xtabond2

图 6.98 为差分 GMM 估计结果及检验，若要应用系统 GMM 估计，仅需将命令 xtabond2 选项中 noleveleq 去掉即可。

```
Dynamic panel-data estimation, two-step difference GMM
------------------------------------------------------------------------------
Group variable: id                              Number of obs      =       611
Time variable : year                            Number of groups   =       140
Number of instruments = 29                      Obs per group: min =         4
Wald chi2(13)  =    764.18                                     avg =      4.36
Prob > chi2    =     0.000                                     max =         6
------------------------------------------------------------------------------
             |              Corrected
       lnemp |      Coef.   Std. Err.      z    P>|z|     [95% Conf. Interval]
-------------+----------------------------------------------------------------
       lnemp |
         L1. |   .7572503   .2090407     3.62   0.000     .3475381    1.166963
         L2. |  -.2005762   .1476804    -1.36   0.174    -.4900244    .0888721
             |
      lnwage |
         --. |  -.4239565   .4072669    -1.04   0.298    -1.222185     .374272
         L1. |   .0454741   .4794202     0.09   0.924    -.8941722    .9851204
             |
       lncap |
         --. |   .1371325   .1950302     0.70   0.482    -.2451198    .5193847
         L1. |  -.1124787   .1112751    -1.01   0.312    -.3305739    .1056165
             |
  lnindoutpt |
         --. |   .6427224   .3944084     1.63   0.103    -.1303039    1.415749
         L1. |   .3988495   1.187585     0.34   0.737    -1.928774    2.726473
             |
      yr1980 |    .015296   .0228266     0.67   0.503    -.0294434    .0600353
      yr1981 |   .0252769   .0481822     0.52   0.600    -.0691586    .1197123
      yr1982 |   .0687428    .112945     0.61   0.543    -.1526254     .290111
      yr1983 |   .0978468    .143905     0.68   0.497    -.1842018    .3798953
      yr1984 |   .0493335   .1287287     0.38   0.702    -.2029702    .3016371
------------------------------------------------------------------------------
Instruments for first differences equation
  Standard
    D.(yr1980 yr1981 yr1982 yr1983 yr1984 lnindoutpt)
  GMM-type (missing=0, separate instruments for each period unless collapsed)
    L(3/4).lnemp
    L(2/3).lncap
------------------------------------------------------------------------------
Arellano-Bond test for AR(1) in first differences: z =  -2.15  Pr > z =  0.032
Arellano-Bond test for AR(2) in first differences: z =   0.63  Pr > z =  0.528
------------------------------------------------------------------------------
Sargan test of overid. restrictions: chi2(16)    =  27.97  Prob > chi2 =  0.032
  (Not robust, but not weakened by many instruments.)
Hansen test of overid. restrictions: chi2(16)    =  18.92  Prob > chi2 =  0.273
  (Robust, but can be weakened by many instruments.)

Difference-in-Hansen tests of exogeneity of instrument subsets:
  gmm(lnemp, lag(3 4))
    Hansen test excluding group:     chi2(5)     =   7.50  Prob > chi2 =  0.186
    Difference (null H = exogenous): chi2(11)    =  11.42  Prob > chi2 =  0.409
  gmm(lncap, lag(2 3))
    Hansen test excluding group:     chi2(4)     =   5.61  Prob > chi2 =  0.230
    Difference (null H = exogenous): chi2(12)    =  13.31  Prob > chi2 =  0.347
  iv(yr1980 yr1981 yr1982 yr1983 yr1984 lnindoutpt)
    Hansen test excluding group:     chi2(10)    =  13.87  Prob > chi2 =  0.179
    Difference (null H = exogenous): chi2(6)     =   5.05  Prob > chi2 =  0.538
```

图 6.98　差分 GMM 估计结果及检验

Arellano-Bond 序列相关检验结果表明：一阶差分模型随机扰动项存在一阶自相关（检验统计量对应的 P 值为 0.032）、不存在二阶自相关（检验统计量对应的 P 值为 0.528）；此时的 Sargan 检验 P 值为 0.032，拒绝原假设，表明所有工具变量不全有效；而异方差稳健的 Hansen 检验 P 值为 0.273，不拒绝原假设，表明所有工具变量均有效。此外，该命令回归结果提供了工具变量外生性检验结果，检验结果显示，所有工具变量均外生。

4. 长动态面板数据模型

接下来，仅演示长动态面板数据模型如何估计。Stata 操作命令见图 6.99。

```
常用 Stata 命令：个体变量名：id；时点变量名：year

* ssc install xtlsdvc              //安装非 Stata 系统命令包
* h xtlsdvc                        //安装命令
* cd C:\ado\plus                   //有时，不改变默认路径是无法使用新安装的命令包

xtlsdvc lnemp lnwage lncap lnindoutp, initial(ah) bias(1) vcov(40) first lsdv
/*----LSDVC 仅含被解释变量 1 阶滞后变量的情形；且要求所有解释变量是严格外生的；initial(ah) 表示用 Anderson-Hsiao 估计量作为初始值；i(ab) 用差分 GMM-Arellano-Bond 估计量；i(bb) 用系统 GMM-Blundell-Bond 估计量；bias(1) 表示精度 O(1/T)、bias(2) 表示精度 O(1/N*1/T)、bias(3) 表示精度 O(1/N*1/T^2)，默认为 bias(1)；vcov(40) 表示采用 40 次 bootstrap 抽样法估计方差-协方差矩阵；first、lsdv 分别表示显示第一阶段回归结果、lsdv 回归结果----*/

xtlsdvc lnemp lnwage lncap lnindoutp, initial(ab) bias(1) vcov(40)
estimates store LSDVC1AB

xtlsdvc lnemp lnwage lncap lnindoutp, initial(ab) bias(2) vcov(40)
estimates store LSDVC2AB

xtlsdvc lnemp lnwage lncap lnindoutp, initial(bb) bias(1) vcov(40)
estimates store LSDVC1BB
```

图 6.99　长动态面板数据模型的 Stata 操作

图 6.100 是 xtlsdvc 命令估计结果，图中最下方的估计结果才是偏差校正 LSDV 估计结果。当应用 xtlsdvc 命令时，注意前文已介绍过目前 Stata 软件提供的 xtlsdvc 命令具有一定的局限性，例如，仅含被解释变量一阶滞后项、所有解释变量均严格外生。

```
. xtlsdvc lnemp lnwage lncap lnindoutp, initial(ah) bias(1) vcov(40) first lsdv
Note: Bias correction initialized by Anderson and Hsiao estimator

Instrumental variables (2SLS) regression

      Source |       SS       df       MS              Number of obs =     751
-------------+------------------------------           F(4, 747)     =       .
       Model |  5.2976129      4  1.32440323           Prob > F      =       .
    Residual | 10.7666856    747  .014413234           R-squared     =       .
-------------+------------------------------           Adj R-squared =       .
       Total | 16.0642985    751  .021390544           Root MSE      =  .12006

------------------------------------------------------------------------------
     D.lnemp |      Coef.   Std. Err.      t    P>|t|     [95% Conf. Interval]
-------------+----------------------------------------------------------------
       lnemp |
         LD. |   .5836162   .1992652     2.93   0.004     .1924298    .9748026
             |
      lnwage |
         D1. |  -.5495583    .051821   -10.60   0.000    -.6512904   -.4478261
             |
       lncap |
         D1. |   .2300453   .0647661     3.55   0.000        .1029    .3571906
             |
  lnindoutpt |
         D1. |   .5570992    .076073     7.32   0.000     .4077569    .7064415
------------------------------------------------------------------------------
Instrumented:  LD.lnemp
Instruments:   D.lnwage D.lncap D.lnindoutpt L2.lnemp
------------------------------------------------------------------------------
LSDV dynamic regression
------------------------------------------------------------------------------
       lnemp |      Coef.   Std. Err.      z    P>|z|     [95% Conf. Interval]
-------------+----------------------------------------------------------------
       lnemp |
         L1. |   .5139503   .0277805    18.50   0.000     .4595014    .5683991
             |
      lnwage |  -.4218298   .0466848    -9.04   0.000    -.5133303   -.3303292
       lncap |   .3003542   .0237951    12.62   0.000     .2537166    .3469918
  lnindoutpt |   .4000916   .0486032     8.23   0.000      .304831    .4953522
------------------------------------------------------------------------------


note: Bias correction up to order O(1/T)

LSDVC dynamic regression
(bootstrapped SE)
------------------------------------------------------------------------------
       lnemp |      Coef.   Std. Err.      z    P>|z|     [95% Conf. Interval]
-------------+----------------------------------------------------------------
       lnemp |
         L1. |   .6527267   .0393031    16.61   0.000     .5756941    .7297593
             |
      lnwage |  -.3973596   .0399942    -9.94   0.000    -.4757467   -.3189724
       lncap |   .2396263   .0220273    10.88   0.000     .1964536    .2827991
  lnindoutpt |   .3933451   .0488564     8.05   0.000     .2975884    .4891019
------------------------------------------------------------------------------
```

图 6.100　xtlsdvc 命令估计结果

习题

1. 简述个体固定效应模型 Within 估计方法的思想。

2. 对于固定效应模型，简述 LSDV 估计法、Within 估计法和一阶差分估计法的优劣。

3. 若模型中含有4个解释变量，分别为x1～x4，且解释变量的系数都不变，请写出原假设和备择假设分别是个体固定效应模型和个体时点固定效应模型的Chow检验（要求写出原假设和备择假设、无约束模型和约束模型、Chow检验统计量及其分布）。

4. 简述在实证分析中Chow检验和Hausman检验有效的前提条件。

5. 简述Hausman检验原理。

6. 在实证分析中，某同学直接将模型设定为固定效应进行分析，这一做法是否合理？说明理由。

7. 一阶差分估计方法可用于估计个体固定效应模型，证明该方法对应的一阶差分模型中的随机扰动项$\Delta\varepsilon_{it}$存在一阶自相关、不存在高阶自相关。

8. 对于多个不随时点变化的因素，在高维固定效应模型中一般可采用哪些估计方法进行估计？

9. 在实证分析中，变量系数能否同时随个体和时点同时变化？为什么？

10. 简要说明分样本回归与变系数模型回归的异同。例如，qy=1、2、3分别表示东、中、西部；分样本回归的做法是，东部数据回归命令："reg y x1 x2 x3 if qy==1"；中部数据回归命令："reg y x1 x2 x3 if qy==2"；西部数据回归命令："reg y x1 x2 x3 if qy==3"。变系数回归做法对应的命令："reg y i. qy#c.（x1 x2 x3）i. qy"或者"reghdfe y i. qy#c.（x1 x2 x3），absorb（qy）"。

11. 简述差分GMM、水平GMM、系统GMM方法的优劣。

12. 思考动态面板数据模型中被解释变量的最优滞后阶数如何确定。

第七章
因果推断与政策评价模型

众所周知，计量经济学的核心任务之一是研究解释变量对被解释变量的“因果关系”（causal relationship）。但是因果关系是事物内部的一种复杂的逻辑关系，很难通过单纯的数据和模型直接反映。主要基于统计学方法论的计量经济模型很大程度上只能判断变量之间的相关而非因果关系。例如，对于一元线性回归模型来说，如果我们调换解释变量和被解释变量的位置，获得的结果本质上是没有区别的。也就是说，我们很难直接通过回归模型的统计指标来判断哪个变量是因，哪个变量是果。甚至有时候会出现两个变量有很强的相关性，但彼此都没有因果关系的情况。例如，有科学家发现，儿童的阅读能力和脚的尺码之间相关性很强，但是它们之间并没有相互的因果关系，而在其中起因果作用的是年龄这个因素。

格兰杰因果关系检验是传统计量经济学中少有的因果检验方法，但它与严格的“因果”也存在着很大的差距。我们不难发现，格兰杰因果关系检验是通过利用时间序列的“前因后果”逻辑来判断“因果关系”的。也就是说，格兰杰因果关系检验认为先发生的是原因，后发生的是结果。但现实却并不尽然。例如，早上公鸡先打鸣，然后太阳升起来，但是公鸡打鸣并不是太阳升起的原因。

那么，在计量经济模型中，我们是如何保证解释变量对被解释变量的因果关系呢？这里我们利用的主要是对解释变量的外生性（exogenous）假设，也就是说，解释变量的数据生成过程（data generating process）是由模型以外的因素决定的。具体而言，对于主要利用最小二乘估计的经典线性回归模型（CLRM），假设解释变量非随机，或即使解释变量随机，它也与扰动项不相关，即

$$\operatorname{cov}(X,\ u)=0 \tag{7.1}$$

对于主要利用极大似然估计的广义线性模型（GLM），我们假设解释变量的边际分布与模型中的参数无关，即

$$f(X \mid \theta)=f(X) \tag{7.2}$$

由于线性回归模型中的扰动项 u 是无法观测的变量，因此式（7.1）是否成立是很难进行检验的。在计量经济学中我们通常借用工具变量来判断其是否成立。而工具变量本身又需要假设其与扰动项不相关，那我们又如何判断工具变量是否与扰动项相关呢？因此，这看起来更像是个逻辑上的死循环。并且，式（7.1）暗含了模型没有遗漏与解释变量相关的重要变量，这在经济问题中也是很难保证的。另外，由于回归模型主要聚焦在给定解释变量、建立和描述被解释变量的经济结构，并没

有构造关于解释变量的模型，因此式（7.2）更是无法保证且难以检验。

本章我们将跳出传统计量经济模型的框架，利用 Rubin 的反事实框架探索经济变量之间的因果关系。由于这种因果推断方法通常假设我们关注的核心解释变量是一个二分变量（处理组与控制组），因此，这种方法也常用于进行政策评价（policy evaluation）。本章将主要介绍基础的倾向值得分匹配（PSM）方法，断点回归（RDD）模型，以及双重差分（DID）模型。对于以上模型和方法的扩展，可以通过其他文献进行深入学习。

第一节　因果推断模型概述

一、实验数据与观测数据

实验数据（experimental data）是研究因果关系的有力工具。假设我们关注解释变量 X 对被解释变量 Y 的因果关系。不难发现，除了 X 以外，可能还存在其它因素会影响 Y，将其统称其为 Z。那么，如何保证我们得到的结果一定是由 X 引起的，而没有受到 Z 的影响呢？实验数据可以帮助我们解决这个问题。

如果我们能知道除 X 以外其它所有影响 Y 的因素 Z，并且将其控制，那么我们将完全排除 Z 的影响并获得 X 对 Y 的因果关系，这被称为控制实验（controlled experiment）。但现实中我们很难知晓所有影响 Y 的因素并准确将其控制，因此控制实验将很难实现。为此，现代统计学之父 R. A. Fisher 提出了另外一种思路。例如，我们想知道一种新药是否有效，可将实验对象随机分成处理组（treatment group）和控制组（control group），并且实验对象本身并不知晓自己被分到哪一组。分别让处理组和控制组的对象分别服用新药以及安慰剂（placebo），然后观察最终的效果。由于实验对象以及科研人员均不知道分组的结果，因此这种方式被称为双盲法（double blind）。由于此时解释变量 X（处理组和控制组的选择）完全随机，与整个分析相互独立，因此这种实验被称为随机实验（randomized experiment）。考虑以下回归模型：

$$Y_i = \beta_1 + \beta_2 X_i + u_i \tag{7.3}$$

由于 X 完全随机，模型（7.3）一定满足式（7.1）和式（7.2）。除此之外，由于

$$E(u_i \mid X_i) = E(u_i) = 0$$

因此，即使模型（7.3）遗漏了再多变量，其最小二乘估计依然是无偏一致的。并且，我们可以在模型（7.3）的基础上加入其他控制变量来增加估计的有效性。

在自然科学中，实验设计是可行的，特别是随机实验，其被广泛应用在生物学、医学等领域。但在经济学中，由于人们的经济行为是完全自由的，因此我们很难对经济问题做实验。那么如何获得完全随机的 X 呢？为此可以考虑自然实验（natural experiment）。所谓自然实验是指，某些外部的突发事件，使得个体无法自我选择，仿佛被随机地分配到了处理组或者控制组。例如，某种传染病在某地爆发，那么爆

发地区会自动成为处理组，没有爆发的地区成为控制组。自然实验其实并不是实验，但是它的效果与随机实验并没有本质区别，因此被广泛应用在社会科学的因果推断中。需要注意的是，自然实验需要满足完全随机的要求。例如，“一带一路”地区与非“一带一路”地区看似是随机确定的，但从古代丝绸之路可以发现，它的确定其实与当地经济发展是有密切关系的，因此不能看作自然实验。

在很多情况下，我们并没有随机实验或者自然实验的数据，而仅有观测数据（observational data）。也就是说，绝大部分经济数据完全是被动观察获得的。经济参与者可以自由选择进入处理组还是控制组，而他们的选择往往与我们感兴趣的经济问题息息相关。那么，是他们的选择决定了经济规律，还是经济规律决定了他们的选择呢？使用观测数据进行因果推断是计量经济学中的难点，也是我们这一章讨论的主要问题。

二、数据的样本选择

在统计分析中，我们一般都假设样本是来自总体的随机抽样。所谓随机抽样是指总体中的每个个体被抽到的概率是给定的。通常情况下，理想的随机抽样认为每个个体被抽到的概率是相同的。然而，现实中很难保证这一点。当个体可自我选择是否进入到样本中时，这种现象被称为样本选择（sample selection）。样本选择现象会在一定程度上影响统计分析的结果。例如，如果我们让愿意接受访问的受访者主动打电话告诉我们他们对工作是否满意时，受访者中对工作不满意的比例会远远大于真实情况，因为对工作不满意的受访者更愿意打电话进行抱怨。

样本选择问题由奥地利统计学家 Abraham Wald 首先提出。第二次世界大战期间，在欧洲和太平洋地区的盟军战机以惊人的速度被击落。1943 年 8 月的一天，由盟军联合发起的空袭中，超过 60 架 B-17、B-24 被击落。美国空军指挥官坐不住了，几名高级军官来到哥伦比亚大学统计学教研室，找到统计学教授 Abraham Wald。Wald 让士兵将参加空袭任务的飞机中弹的部位涂黑。军事专家建议加强对这些涂黑部位的装甲。但 Wald 的建议却恰恰相反：“让厂家给轰炸机上那些没有被涂成黑色的部位尽快增加装甲”。Wald 认为这些部位之所以没有被涂黑，不是因为那里不会被击中，而是因为所有被击中这些部位的飞机，最终都没有返回基地。果然，在采取沃尔德的建议后，盟军轰炸机部队战损大幅下降。

样本选择问题同样会出现在因果推断问题中。此时，问题不再是个体自我选择进入样本，而是个体自我选择进入处理组还是控制组。例如，我们想知道读博士是否有利于增加收入，可以建立以下模型：

$$Y_i = \beta_1 + \beta_2 D_i + u_i \tag{7.4}$$

其中 Y_i 表示收入，D_i 表示是否获得博士学位。

我们知道，如果是否获得博士学位可以进行随机分配，也就是说我们随机让一部分人获得博士学位，那么模型（7.4）可获得无偏一致的估计。但众所周知，博士学位不可能随机分配，每个人可以自我选择是否读博士，因此这是一个典型的样本选择问题。我们发现，平均来说博士学位获得者的收入会高于非博士学位获得者，但这并不完全是博士学位的功劳。比如，能力强的人可能会选择读博士，与此同时，能力强的人一般会有更高的收入。此时，高收入更多地可能源于能力而非博士学位。

随机试验的作用在于通过随机分配使得实验组和控制组的个体趋于同质，那么处理组和控制组的差异仅仅源于处理和控制的区别。而样本的自我选择会使处理组和控制组趋于异质，这样会混淆处理和控制产生的效果。例如：如果我们随机分配博士学位，那么博士组中和非博士组中都存在着能力强的人和能力差的人；而样本自我选择会使得博士组中更多是能力较强的人，而非博士组中更多是能力较差的人，我们就很难区分两组的区别到底源于读博还是能力。

三、反事实框架与处理效应

在经济观测数据中，由于经济参与者对于处理组和控制组的选择通常是主动而非被动的，因此样本选择问题是不可避免的。我们如何在存在严重异质性的处理组和控制组中进行因果推断，是需要解决的问题。美国统计学家 Donald B. Rubin 于 1974 年提出了反事实框架（counterfactual framework），也被称为 Rubin 因果模型。

Rubin（1974）认为，任何两个个体本质上都是异质的，我们无法确定两个个体的差异是否完全由处理或控制的区别造成的。但我们可以假设，如果同一个体可以同时选择进入处理组和控制组，那么产生的差异就完全可以认为是处理和控制的区别造成的。具体来说，

$$Y_i = D_i Y_{1i} + (1 - D_i) Y_{0i} = Y_{0i} + D_i (Y_{1i} - Y_{0i}) \tag{7.5}$$

其中 Y_i 表示被解释变量，D_i 表示进入处理组还是控制组的处理变量。Y_{1i} 表示个体进行处理组后的观测值，Y_{0i} 表示个体进行控制组后的观测值。由于现实中个体不可能同时在处理组和控制组，因此式（7.5）被称为反事实框架。对于个体 i 来说，我们称 $Y_{1i} - Y_{0i}$ 为处理效应（treatment effect）。对于总体来说，定义以下处理效应：

处理组平均处理效应（Average Treatment Effect on Treated，ATT）

$$ATT = E(Y_{1i} - Y_{0i} \mid D_i = 1) \tag{7.6}$$

控制组平均处理效应（Average Treatment Effect on Untreated，ATU）：

$$ATU = E(Y_{1i} - Y_{0i} \mid D_i = 0) \tag{7.7}$$

平均处理效应（Average Treatment Effect，ATE）

$$ATE = E(Y_{1i} - Y_{0i}) \tag{7.8}$$

式（7.6）~式（7.8）定义的三种平均处理效应，从三个角度分别反映了处理组样本所在总体的平均处理效应，控制组样本所在总体的平均处理效应，以及全样本所在总体的平均处理效应。

由于 Y_{1i} 和 Y_{0i} 不能同时观测，因此我们无法直接对以上三种平均处理效应进行估计。具体来说，当 $D_i = 1$ 时，我们观测到的 Y_i 是 Y_{1i}，Y_{0i} 无法观测；当 $D_i = 0$ 时，我们观测到的 Y_i 是 Y_{0i}，Y_{1i} 无法观测。

对于随机试验或者自然实验数据来说，D_i 与 Y_{0i}，Y_{1i} 相互独立，由于处理组和控制组的样本是趋于同质的，因此

$$ATT = ATU = ATE = E(Y_{1i} - Y_{0i}) = E(Y_{1i} \mid D_i = 1) - E(Y_{0i} \mid D_i = 0) \tag{7.9}$$

那么我们可以使用 $\bar{Y}_1 - \bar{Y}_0$ 得到三种平均处理效应的无偏一致估计。

如果数据存在样本选择，

$$E(Y_{1i} \mid D_i = 1) - E(Y_{0i} \mid D_i = 0) = E(Y_{1i} - Y_{0i} \mid D_i = 1) + E(Y_{0i} \mid D_i = 1) - E(Y_{0i} \mid D_i = 0) \neq ATT$$

因此，$\bar{Y}_1 - \bar{Y}_0$ 是 ATT 的有偏非一致估计。其中 $E(Y_{0i} \mid D_i = 1) - E(Y_{0i} \mid D_i = 0)$ 为样本选择偏差（sample selection bias）。那么我们如何解决样本选择带来的偏差呢？

样本选择偏差的根本原因在于样本的自我选择导致处理组和控制组的异质性。我们假设 Y_{0i}，Y_{1i} 以及表示样本自我选择的处理变量 D_i 由协变量 X_i 决定，那么给定 X_i 后 D_i 与 Y_{0i}，Y_{1i} 相互独立，也就是

$$(Y_{1i} - Y_{0i}) \perp D_i \mid X_i \tag{7.10}$$

式（7.10）被称为反事实框架下的可忽略性假设，由 Rosenhaum 和 Rubin 在 1983 年提出。也就是说，给定 X 以后，处理组和控制组的选择可看作完全随机，此时样本选择可以忽略不计。例如，假设选择是否读博士以及读博和不读博的收入均由能力和兴趣决定，那么对于能力和兴趣均相同的一部分人来说，他们读博的平均收入和不读博的平均收入均相同，并且对于是否读博士的选择，完全是随机的；此时，这部分人平均收入的差异，仅仅是由是否选择读博决定的，具体思路参见图 7.1。我们在观测数据中进行因果推断，一般都是建立在反事实框架下的可忽略性假设成立的基础上的。

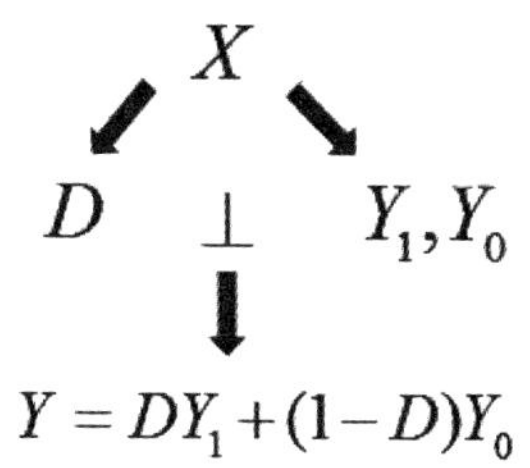

图 7.1 关系图

如果可忽略性假设成立，我们可以通过将 X 作为控制变量引入式（7.4）来解决样本选择偏差：

$$Y_i = X'_i\beta + \gamma D_i + u_i \tag{7.11}$$

模型（7.11）可以解决样本选择偏差需要建立在以下两个假设的基础上：

假设 1，X 对样本自我选择的影响是线性的；

假设 2，模型没有遗漏 X 以外的其他重要变量。

如果假设 1 不满足，我们可以通过使用倾向值得分匹配（PSM）的方法解决样本选择偏差；如果假设 2 不满足，可以考虑使用断点回归模型（RDD）或双重差分模型（DID）。这三种方法我们将在接下来的三个小节中分别介绍。

第二节　倾向值得分匹配

我们能利用线性回归模型（7.11）解决样本选择问题是建立在假设 1 和假设 2 成立的基础之上的。如果我们能找到影响 Y_{0i} 、Y_{1i} 以及处理变量 D_i 的所有变量 X_i ，但不能保证这些因素对于样本选择的影响是线性的，那么可以考虑使用本节介绍的倾向值得分匹配方法（PSM）。

一、匹配的基本思想

我们知道样本选择偏差主要源于处理组和控制组样本的异质性。如果这些异质性是由协变量 X 决定，那么可以考虑通过将处理组合控制组的样本进行匹配，使之达到同质的效果。具体来说，对于每个处理组的个体，我们在控制组中找到与之 X 最接近的样本进行匹配；同样，对于每个控制组的个体，我们在处理组中找到与之 X 最接近的样本进行匹配；最后再利用匹配后的数据估计处理效应。这就是由 Rosenhaum 和 Rubin 提出的匹配（matching）方法的思想。

如图 7.2 所示，可以将不同颜色的个体看作处理组和控制组的样本，样本之间的距离表示他们的 X 值的差异。例如，处理组表示读博士的个体，控制组表示未读博士的个体。X_1 和 X_2 分别表示能力和兴趣。我们假设 X_1 和 X_2 完全决定了读博的选择，那么对于每个读博士的个体，找到距他最近的未读博的个体，也就是跟他的能力和兴趣最接近的未读博士个体与之匹配。

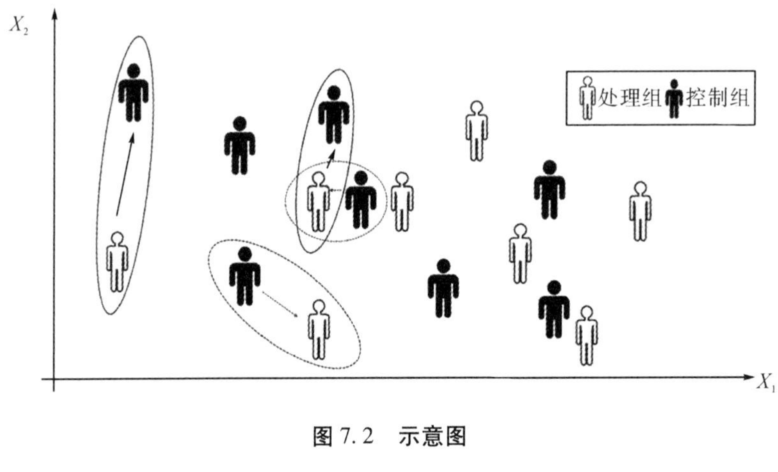

图 7.2　示意图

对于处理效应的估计，主要难点在于反事实的存在，也就是说我们无法同时观测同一个样本分别在处理组和控制组的 Y 值。例如对于处理组的样本，无法观测它在控制组时的 Y 值。但是经过匹配后，由于匹配对象的 X 与之很接近，那么我们就可以将其匹配对象的 Y 值作为其反事实 Y 值的估计。

表 7.1 提供了一个匹配的假想案例。假设我们有七个样本，其中四个在处理组，三个在控制组。样本用 ID 标记，处理变量 D 表示其属于处理组还是控制组。我们

同时观测到每个个体的被解释变量 Y 和协变量 X 的值。我们假设 X 是决定 Y_1，Y_0以及样本选择的唯一特征。对于 ID=1 的样本，由于 $D=0$，因此其属于控制组，那么 $Y=Y_0$；由于此样本 $X=2$，在处理组中与之 X 最近的样本为 ID=5 的样本，我们将它与其匹配，也就是说，我们将 ID=5 的样本的 Y 值作为 ID=1 的样本的 Y_1的估计。当存在超过一个样本可以与之匹配时，一般将它们 Y 的平均值作为反事实的估计。需要注意的是，匹配并不是相互的而是单向的。例如 ID=7 的样本匹配到 ID=1 的样本，而 ID=1 的样本匹配到的是 ID=5 的样本。

表 7.1　一个匹配的假想案例

ID	D	X	Y	匹配ID	Y_0	Y_1
1	0	2	7	{5}	7	8
2	0	4	8	{4,6}	8	7.5
3	0	5	6	{4,6}	6	7.5
4	1	3	9	{1,2}	7.5	9
5	1	2	8	{1}	7	8
6	1	3	6	{1,2}	7.5	6
7	1	1	5	{1}	7	5

匹配帮我们解决了反事实的问题，因此可以在此基础上估计平均处理效应。具体来说：

$$\widehat{ATT}=\frac{(9-7.5)+(8-7)+(6-7.5)+(5-7)}{4}=-0.25 \tag{7.12}$$

$$\widehat{ATU}=\frac{(8-7)+(7.5-8)+(7.5-6)}{3}=0.667 \tag{7.13}$$

$$\widehat{ATE}=\frac{(8-7)+(7.5-8)+(7.5-6)+(9-7.5)+(8-7)+(6-7.5)+(5-7)}{7}=0.143 \tag{7.14}$$

而如果我们直接使用 $\bar{Y}_1-\bar{Y}_0$ 估计处理效应得出的结果是有偏的，如式（7.15）所示：

$$\widehat{NATE}=\frac{9+8+6+5}{4}-\frac{7+8+6}{3}=0 \tag{7.15}$$

二、匹配方法和策略

在表 7.1 的假想案例中，由于协变量 X 为一维解释变量，因此只需通过比较 X

的值的接近程度进行匹配。但是在现实经济问题中，X 一般是高维的，那么我们如何判断 X 的接近程度呢？最常用的测度方法为马氏距离匹配和倾向值得分匹配。

1. 马氏距离匹配

马氏距离是统计学中常见的测度随机向量距离的方法。假设 X 为 k 维的随机向量，我们定义第 i 个样本和第 j 个样本的马氏距离为：

$$d(i,\ j) = (X_i - X_j)'\hat{\Sigma}_X^{-1}(X_i - X_j) \tag{7.16}$$

其中，$\sum_X$ 表示 X 的方差协方差矩阵。马氏距离其实是在传统的欧式距离基础上加入方差协方差矩阵的逆作为权重。也就是说，方差越大的维度不确定性越大，需要赋予相对较小的权重。

在计算样本的马氏距离过程中，我们将 k 维随机向量的信息压缩到一维。因此，马氏距离也是常用的一种降维工具。我们利用马氏距离来对样本进行匹配，也就是马氏距离匹配（Mahalanobis matching）。具体来说，对于处理组每个样本，我们寻找控制组样本中与之马氏距离最小的样本进行匹配，对于控制组样本，我们寻找处理组样本中与之马氏距离最小的样本进行匹配。

马氏距离匹配在 X 的维度较高或样本容量不大时效果较差，因此 Rosenhaum 和 Rubin 提出来现在更为常用的倾向值得分匹配方法。

2. 倾向值得分匹配

样本选择的根本问题在于样本自己决定进入处理组还是控制组，而其选择受到解释变量 X 的影响。那么我们可以利用解释变量估计样本进入处理组的概率，将它作为匹配的依据，这就是倾向值得分匹配（Propensity Score Matching，PSM）。假设 $p(X_i) = P(D_i = 1 \mid X_i)$，那么我们有：

定理 7.1（倾向值得分定理）：假设反事实框架下的可忽略性假设成立，那么

$$(Y_{1i},\ Y_{0i}) \perp D_i \mid p(X_i) \tag{7.17}$$

扫码查看定理 7.1 证明过程

由以上结论我们可以发现，当反事实框架下的可忽略性假设成立，那么给定样本选择处理组的概率，选择是随机的。也就是说进行匹配时，我们不需要根据 k 维的 X 匹配，只需要根据一维的 p（X）进行匹配即可。也就是说，我们首先估计每个样本选择处理组的概率，再利用此概率进行样本的匹配。估计样本选择处理组的概率，我们可以利用第四章介绍的二项选择模型（logit 模型或 probit 模型）来实现。

3. k 紧邻匹配与卡尺匹配

在匹配过程中，由于样本的随机抽样误差，可能导致匹配的样本实际没有想象的那么接近，造成估计的有效性较差。与此同时，即使匹配的样本是所有可匹配的样本中最接近的，但如果差异依然很大，也会导致估计结果的偏差。因此，我们在

匹配过程中常会使用 k 紧邻匹配和卡尺匹配的思想解决以上的问题。

具体来说，我们可以选择 k 个与匹配对象最接近的可匹配样本同时与之匹配，用他们 Y 的平均值作为反事实的估计，这被称为为 k 紧邻匹配（k-nearest neighbor matching）。当 k 取 1 时，就是我们传统的一对一匹配。通常情况下 k 取值不宜太大也不宜太小。如果 k 取值太小，受到样本抽样误差的影响越大；k 取值太大，会导致匹配到差异过大的样本，产生较大的估计偏差。一般情况下 k 取值 3~5 较为适宜。

为了避免匹配到差异过大的样本，我们可以使用卡尺匹配（caliper matching）。也就是设置一个匹配的临界值，我们称之为卡尺（caliper）。当匹配样本与待匹配样本之间的差异大于卡尺时，将不予匹配。卡尺的选择较为主观，最常用的选择为 $0.25\hat{\sigma}_p$，其中 σ_p 表示倾向值得分的标准差，可以利用估计的样本倾向值得分的样本标准差进行估计。图 7.3 展示了 k 紧邻匹配和卡尺匹配的思想。我们也可以将这两种方法结合起来，也就是在卡尺范围内寻找最紧邻匹配，被称为卡尺内最近邻匹配（nearest neighbor matching within caliper）。这种方法在实际应用中较为流行，它可以同时解决样本抽样误差和匹配较远样本产生的偏差。

图 7.3　示意图

4. 放回匹配与不放回匹配

匹配其实是某种形式的抽样，也就是说当需要对处理组样本进行匹配时，我们是在控制组中抽样。抽样就会涉及放回与不放回的问题。也就是说某个控制组的样本已经匹配给某个处理组样本时，它是否还能被匹配给其他处理组的样本。一般情况下，在样本容量较为有限时，我们主要使用可放回匹配（match with replacement），也就是一个样本可以被匹配给多个样本，这样可以有效地增加匹配的准确程度，减少偏差；在样本容量较大时，可选择不可放回匹配（match without replacement），避免某些样本多次重复匹配造成抽样误差被进一步放大。

三、倾向值得分匹配的步骤

1. 估计倾向值得分并确定共同取值范围

首先，需要选择协变量 X。我们尽量将可能影响处理变量 D_i 以及（Y_{1i}，Y_{0i}）的变量都选入，以保证反事实框架下的可忽略性假定式（7.10）成立。如果协变量 X 的选择不足，会导致估计得偏差。

其次，以处理变量 D 作为被解释变量，X 作为解释变量，利用二项选择模型（logit 模型或 probit 模型）得到倾向值得分的估计 $\hat{p}(X_i)$ 。除 X 本身以外，可以灵活的引入其高阶项和交叉项，以保证考虑可能的非线性影响。

在进行匹配之前，为了提高匹配质量，通常仅保留处理组和控制组倾向值得分重叠部分的个体。这部分倾向值得分重叠的取值范围被称为共同取值范围（common support）。这样虽然会损失部分样本容量，但可有效避免匹配过程中带来的偏差。具体来说，以处理组为例，当某个处理组个体的倾向值得分超过控制组个体倾向值得分的取值范围时，则去掉这个样本。共同取值范围的确定参见图 7.4。

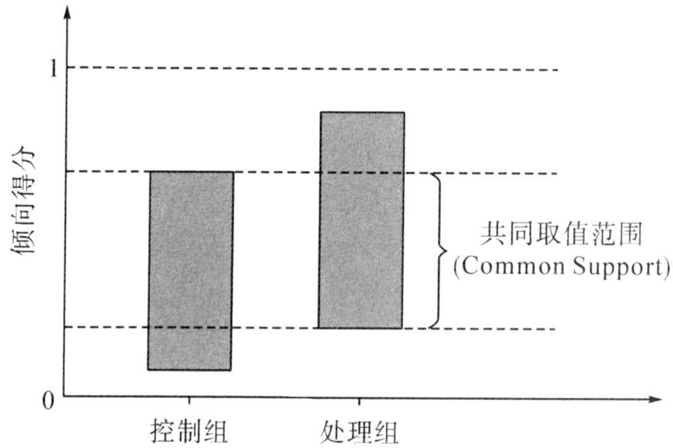

图 7.4　共同取值范围的确定

2. 进行匹配并检验匹配效果

我们可利用前面介绍的倾向值得分匹配的策略进行匹配，包括 k 紧邻匹配，卡尺匹配，以及卡尺内最紧邻匹配等。其中，k 紧邻匹配中的 k 以及卡尺匹配中的卡尺选择都可以作为参数进行调整，最终在多个匹配策略中选择效果最好的匹配方法。

如果匹配得当，那么匹配后处理组和控制组样本每个协变量 X 的值应该比较均匀，也就是 $\bar{X}_{treat}$ 与 $\bar{X}_{control}$ 比较接近。在统计学上，这被称为数据平衡（data balancing）。由于每个协变量具有自身的度量单位，因此需要将每个协变量处理组与控制组的差距进行标准化，我们称之为标准化偏差（standardized bias）：

$$\frac{|\bar{X}_{j,\ treat} - \bar{X}_{j,\ control}|}{\sqrt{(S_{j,\ treat}^2 + S_{j,\ control}^2)/2}} \tag{7.18}$$

其中，$S_{j,\ treat}^2$ 和 $S_{j,\ control}^2$ 分别表示处理组和控制组第 j 个协变量的样本方差。一般要求每个协变量的标准化偏差不超过 10%，否则需要调整匹配策略或重新估计倾向值得分。

除此之外，也可以直接利用 t 检验来判断每个协变量在处理组和控制组的均值是否有显著差异，如果差异显著，也说明匹配效果不理想 。

3. 估计平均处理效应

我们可以利用平均处理效应的定义和反事实框架下的可忽略性假设推导出各个平均处理效应的估计。以 ATT 为例：

$$\text{ATT} = E(Y_{1i} - Y_{0i} \mid D_i = 1) = E_{p(X)}E(Y_{1i} - Y_{0i} \mid p(X_i), D_i = 1)$$
$$= E_{p(X)}[E(Y_{1i} \mid p(X_i), D_i = 1) - E(Y_{0i} \mid p(X_i), D_i = 1)]$$

由式（7.17），给定 $p(X)$ 后，D 与 Y_{1i}，Y_{0i} 独立，那么

$$E(Y_{0i} \mid p(X_i), D_i = 1) = E(Y_{0i} \mid p(X_i), D_i = 0)$$

可以得到：

$$\text{ATT} = E_{p(X)}[E(Y_{1i} \mid p(X_i), D_i = 1) - E(Y_{0i} \mid p(X_i), D_i = 0)]$$

对于给定 p（X），我们可以观测到处理组样本的 Y 值，关键是估计相同 p（X）条件下控制组样本对应的 Y 值。如果匹配效果良好，就可以利用每个处理组样本匹配后的控制组样本（matched sample）计算相同 p（X）条件下控制组样本对应的 Y 值，进而估计 ATT。具体来说：

$$\widehat{\text{ATT}} = \frac{1}{N_1}\sum_{i:\ D_i = 1}(Y_i - \hat{Y}_{0i}) \tag{7.19}$$

同理，也可以估计相应的 ATU 和 ATE：

$$\widehat{\text{ATU}} = \frac{1}{N_0}\sum_{i:\ D_i = 0}(\hat{Y}_{1i} - Y_i) \tag{7.20}$$

$$\widehat{\text{ATE}} = \frac{1}{N}\sum_{i=1}^{N}(\hat{Y}_{1i} - Y_{0i}) \tag{7.21}$$

其中，N_1 和 N_0 分别表示处理组和控制组样本的个数。$\hat{Y}_{1i}$ 和 $\hat{Y}_{0i}$ 分别为对反事实的估计。具体来说，以处理组为例，$\hat{Y}_{0i}$ 表示对处理组样本对应选择控制组时的结果估计。如果匹配到一个样本，那么就以匹配样本的 Y 作为反事实的估计；如果匹配到多个样本，那么就以匹配样本 Y 的平均值作为反事实的估计。

【例 7.1】已婚女性就业是否有效增加家庭收入[①]

例 4.1 分析了已婚女性是否参与工作的影响因素，发现接受更好的教育能增加已婚女性参与工作的概率。在本案例中，我们换一个角度，研究已婚女性的就业是否能有效增加家庭收入。我们发现，对于就业的已婚女性，其家庭收入显著高于未就业的已婚女性家庭。有人认为，这是由于已婚女性就业后给家庭带来了更多的收入，因此提倡已婚女性参与就业进而增加家庭的收入；另外一些人则认为，正是由于家庭的高收入，使得已婚女性能放下照顾家庭的束缚参与到工作中，而非其就业增加家庭的收入，因此不提倡已婚女性就业。那么哪种观点更可信呢？

通过调查获得 753 位已婚女性的相关数据。其中，包括 428 名参与工作以及 325 名未工作的已婚女性，是否参与就业用‘inlf’表示，其中 inlf = 1 表示参与就业，inlf = 0 表示未参与就业；家庭收入用 faminc 表示。包括年龄（age），受教育年限（edu），配偶年龄（husage），配偶受教育程度（husedu），配偶薪资（huswage），6 岁以下子女个数（kidslt6）和 6 岁以上子女个数（kidsge6）在内的 7 个社会经济特征被选为协变量（数据来源：MROZ. RAW）。我们认为这些协变量能有效地决定已婚女性就业的参与以及她们就业与不就业情况下的家庭收入，也就是反事实框架下

① 本章案例涉及的数据文件，登陆网址 http://cbs.swufe.edu.cn/download_content.aspx?id=325 即可下载。

的可忽略性假设成立。

如果我们直接建立普通的回归模型（如图 7.5 所示），我们发现女性就业平均能够增加 3 008 美元的家庭收入。由于已婚女性参与就业必定存在着自我选择，并且由第四章我们知道协变量对女性是否就业并非是线性关系。因此我们考虑使用倾向值得分模型。

```
. reg faminc inlf age edu kidslt6 kidsge6 husage husedu huswage,r
```

Linear regression

Number of obs	=	753
F(8, 744)	=	50.55
Prob > F	=	0.0000
R-squared	=	0.5713
Root MSE	=	8024.3

faminc	Coef.	Robust Std. Err.	t	P>|t|	[95% Conf.	Interval]
inlf	3008.127	605.712	4.97	0.000	1819.019	4197.235
age	101.185	80.28517	1.26	0.208	-56.42747	258.7974
edu	734.6419	193.3912	3.80	0.000	354.9845	1114.299
kidslt6	-307.0909	790.5708	-0.39	0.698	-1859.106	1244.924
kidsge6	359.0442	229.2282	1.57	0.118	-90.9669	809.0553
husage	13.51399	71.24664	0.19	0.850	-126.3544	153.3824
husedu	130.7206	149.8213	0.87	0.383	-163.4022	424.8435
huswage	1962.784	138.2328	14.20	0.000	1691.411	2234.157
_cons	-9301.254	2723.109	-3.42	0.001	-14647.14	-3955.362

图 7.5　普通回归模型结果

在 Stata 中，需要通过下载非官方命令 psmatch2 来实现，具体命令为：ssc install psmatch2，replace。

psmatch2 命令的使用方法可参考图 7.6。

```
psmatch2 treatment x1 x2 x3, [option]
[option]:
outcome(y)        输出变量                neighbor(#)     k近邻匹配
common            仅在共同取值范围匹配    caliper(#)      卡尺匹配
ate               输出ATE和ATU            noreplacement   不可放回匹配
mahal(x1 x2 x3)   马氏距离匹配
logit             logit模型的倾向值得分匹配
```

图 7.6　psmatch2 命令的使用

在本案例中，我们首先使用 logit 模型估计倾向值得分并进行匹配，具体代码和结果见图 7.7。

```
. psmatch2 inlf age edu kidslt6 kidsge6 husage husedu huswage,outcome(faminc) logit common ate

Logistic regression                             Number of obs     =        753
                                                LR chi2(7)        =     114.81
                                                Prob > chi2       =     0.0000
Log likelihood = -457.46958                     Pseudo R2         =     0.1115

------------------------------------------------------------------------------
        inlf |      Coef.   Std. Err.      z    P>|z|     [95% Conf. Interval]
-------------+----------------------------------------------------------------
         age |  -.0414339   .0219688    -1.89   0.059     -.084492    .0016243
         edu |   .2750321    .047198     5.83   0.000     .1825256    .3675385
     kidslt6 |  -1.505675   .1988457    -7.57   0.000    -1.895405   -1.115944
     kidsge6 |  -.0908583   .0673388    -1.35   0.177    -.2228399    .0411232
      husage |  -.0264178   .0219891    -1.20   0.230    -.0695156    .0166799
      husedu |  -.0551673   .0354339    -1.56   0.119    -.1246166    .0142819
     huswage |  -.0574569   .0211231    -2.72   0.007    -.0988575   -.0160564
       _cons |   1.479088   .8378617     1.77   0.078    -.1630908    3.121267
------------------------------------------------------------------------------

----------------------------------------------------------------------------------------
        Variable     Sample |    Treated     Controls   Difference         S.E.   T-stat
----------------------------+-----------------------------------------------------------
          faminc  Unmatched | 24130.4229   21698.0523   2432.37059   893.098912     2.72
                        ATT | 24015.2892    21073.159   2942.13012   1425.69096     2.06
                        ATU | 21433.9781   22859.3636   1425.38558            .        .
                        ATE |                           2282.9455            .        .
----------------------------+-----------------------------------------------------------
Note: S.E. does not take into account that the propensity score is estimated.

 psmatch2: |   psmatch2: Common
 Treatment |        support
assignment | Off suppo  On suppor |     Total
-----------+----------------------+----------
 Untreated |         6        319 |       325
   Treated |        13        415 |       428
-----------+----------------------+----------
     Total |        19        734 |       753
```

图 7.7　logit 模型估计倾向值得分匹配

PSM 模型的结果分为三个部分，其中第一个部分展示的是估计倾向值得分所使用的 logit 模型的回归结果；第二个部分展示的是平均处理效应的估计；第三个部分为共同取值范围的确定。我们可以发现 753 个样本中，有 734 个样本落在共同取值范围，19 个样本由于在共同取值范围外被删除。我们可以使用 psgraph 命令展示不同倾向值得分下的共同取值范围的图形，见图 7.8。通过平均处理效应的计算，我们发现 ATT 的估计是显著的，也就说女性参与工作能够有效地增加家庭收入；ATE =2 282.95，这与普通回归模型的系数 3 008.13 存在着较大的差距，这意味着虽然已婚女性就业能有效增加家庭收入，但普通的回归模型高估了已婚女性就业产生的效果。

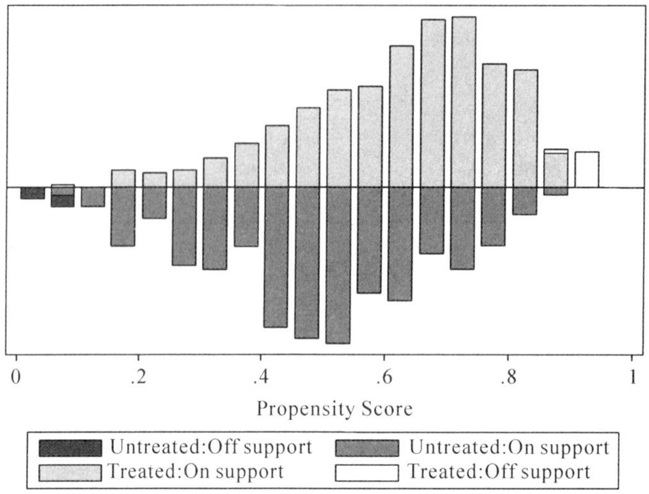

图 7.8　共同取值范围

利用 pstest 命令检验匹配的效果，如图 7.9 所示。其中 both 表示同时展现匹配前后的结果。

```
. pstest age edu kidslt6 kidsge6 husage husedu huswage,both
```

Variable	Unmatched Matched	Mean Treated	Mean Control	%bias	%reduct |bias|	t-test t	t-test p>|t|	V(T)/V(C)
age	U	41.972	43.283	-16.2		-2.21	0.027	0.83
	M	42.241	41.74	6.2	61.8	0.92	0.360	0.90
edu	U	12.659	11.797	38.6		5.23	0.000	1.10
	M	12.54	12.439	4.5	88.3	0.71	0.475	1.44*
kidslt6	U	.14019	.36615	-42.7		-6.00	0.000	0.38*
	M	.14458	.13976	0.9	97.9	0.18	0.861	1.02
kidsge6	U	1.3505	1.3569	-0.5		-0.07	0.947	0.98
	M	1.3518	1.547	-14.8	-2923.3	-2.05	0.040	0.88
husage	U	44.61	45.794	-14.7		-2.00	0.046	0.95
	M	44.918	44.47	5.6	62.1	0.82	0.413	0.99
husedu	U	12.612	12.332	9.3		1.26	0.208	1.02
	M	12.566	12.578	-0.4	95.7	-0.06	0.954	1.08
huswage	U	7.2262	7.8192	-13.7		-1.91	0.057	0.52*
	M	7.2556	7.1321	2.9	79.2	0.43	0.665	0.61*

* if variance ratio outside [0.83; 1.21] for U and [0.82; 1.21] for M

Sample	Ps R2	LR chi2	p>chi2	MeanBias	MedBias	B	R	%Var
Unmatched	0.112	114.85	0.000	19.4	14.7	80.9*	0.82	29
Matched	0.004	4.85	0.679	5.0	4.5	15.3	0.89	29

* if B>25%, R outside [0.5; 2]

图 7.9　检验匹配的效果

图 7.9 分别展示了每个协变量匹配前后的标准化偏差（%bias）以及 t 检验的结果（t-test）。我们发现除了 kidsge6 以外，其他变量匹配后的效果均比较理想。与此同时，图 7.9 展示了所有协变量的联合偏差（B）以及联合的 LR 检验结果（p>chi2）。由于 kidsge6 这个变量在 logit 模型中不显著，可以考虑去掉这个变量，或者尝试使用其他匹配方法。

例如，我们尝试使用卡尺最近邻匹配，其中紧邻个数 k 选为 3，卡尺选为 $0.25\hat{\sigma}_p$。首先计算卡尺的值，如图 7.10 所示。

```
. quietly psmatch2 inlf age edu kidslt6 kidsge6 husage husedu huswage,outcome(faminc) logit common ate

. sum _pscore

    Variable |        Obs        Mean    Std. Dev.       Min        Max
-------------+---------------------------------------------------------
     _pscore |        753    .5683931    .1874902    .020961   .9421693

. display 0.25*r(sd)
.04687254
```

图 7.10　卡尺的计算

将计算出的卡尺值 0.046 87 带入 psmatch 命令的卡尺选项 caliper 中，并加入紧邻选项 neighbor 获得卡尺紧邻匹配的结果，如图 7.11 所示。其中 quietly 选项表示不展示计算倾向值得分的模型结果。

```
. psmatch2 inlf age edu kidslt6 kidsge6 husage husedu huswage,outcome(faminc) logit common ate caliper(0.04687) neighbor(3) quietly

    Variable     Sample |    Treated     Controls   Difference         S.E.   T-stat
------------------------+-----------------------------------------------------------
      faminc  Unmatched | 24130.4229   21698.0523   2432.37059   893.098912     2.72
                    ATT | 24015.2892   21098.2715   2917.01767   1177.40636     2.48
                    ATU | 21433.9781   24157.7158   2723.73772            .        .
                    ATE |                           2833.01726            .        .
------------------------+-----------------------------------------------------------
Note: S.E. does not take into account that the propensity score is estimated.

 psmatch2: |   psmatch2: Common
 Treatment |        support
assignment | Off suppo  On suppor |     Total
-----------+----------------------+----------
 Untreated |         6        319 |       325
   Treated |        13        415 |       428
-----------+----------------------+----------
     Total |        19        734 |       753
```

图 7.11　卡尺最近邻匹配结果

通过图 7.12 我们发现，卡尺最近邻匹配的效果与普通匹配的效果类似。

. pstest

Variable	Mean Treated	Mean Control	%bias	t-test t	t-test p>|t|	V(T)/ V(C)
age	42.241	42.127	1.4	0.21	0.832	0.97
edu	12.54	12.465	3.3	0.51	0.612	1.23*
kidslt6	.14458	.12771	3.2	0.62	0.533	1.08
kidsge6	1.3518	1.5112	-12.1	-1.71	0.087	0.95
husage	44.918	44.922	-0.0	-0.01	0.994	1.06
husedu	12.566	12.648	-2.7	-0.39	0.695	1.05
huswage	7.2556	7.1184	3.2	0.51	0.611	0.74*

* if variance ratio outside [0.82; 1.21]

Ps R2	LR chi2	p>chi2	MeanBias	MedBias	B	R	%Var
0.004	4.81	0.683	3.7	3.2	15.2	0.89	29

* if B>25%, R outside [0.5; 2]

图 7.12 卡尺最近邻匹配与普通匹配的比较

小结上述内容，从某种意义上说，PSM 可看作一种再抽样方法（resampling）。它试图通过在已有样本中进行重抽样，使得观测数据尽可能接近实验数据。虽然 PSM 可在很大程度上减少观测数据由于自我选择导致的偏差，但它也有一定的局限性：

(1) PSM 一般要求较大的样本容量以达到匹配的良好效果。一般对于小样本，PSM 很难获得理想的结果。

(2) PSM 一般要求处理组和控制组有较大的共同取值范围（common support）。如果共同取值范围过小，将损失过多的样本，剩下较少的样本也很难具有代表性。

(3) PSM 只能控制可观测变量的影响。也就是说，我们需要假设没有遗漏重要变量，否则仍然会带来隐性偏差。如果可能遗漏重要变量，可以考虑后面介绍的 RDD 模型和 DID 模型。

第三节 断点回归模型

由于 PSM 方法仅能解决协变量的非线性影响，而不能解决遗漏重要变量的问题。当我们无法保证包含了所有影响 Y_{0i}，Y_{1i} 以及处理变量 D_i 的因素时，我们可以考虑使用断点回归模型（RDD）。

1. 断点回归模型的基本思想

在因果推断模型中，有一种特殊的情况：处理变量 D 完全由某连续变量 X 是否超过某断点（cutoff point）决定。例如，假设是否读博士完全由博士入学考试的分数 X 是否超过 300 分决定，那么有

$$D_i = \begin{cases} 1 & X_i > 300 \\ 0 & X_i \leqslant 300 \end{cases} \tag{7.22}$$

如果读博士的收入和不读博士的收入分别是 Y_{1i} 和 Y_{0i}，由于 D_i 完全由 X_i 决定，那么给定 X_i，D_i 可看作常数，因此与 Y_{1i} 和 Y_{0i} 独立。也就是说，即使我们不知道其他影响博士收入的因素，反事实框架下的可忽略性假设依然成立。那么此时是否可以使用 PSM 呢？答案是否定的。因为处理组所有样本的 X 都超过 300 而控制组所有样本都低于 300，因此共同取值范围是空集，不满足使用 PSM 的基本条件。

但是，当发现 D_i 作为 X_i 的函数在 $X_i = 300$ 处有一个断点，这就为因果推断提供了机会。对于考试分数在 300 分左右的考生，其实除了考试分数以外，其他各个方面都没有系统的差异。因此，可以将 300 分左右的考生是否读博士看作是随机分配的，他们能力接近，是否考上完全可以看作是运气的原因。也就说考试的制度为我们提供了一次自然实验的机会。但这种随机分组仅在 $X_i = 300$ 这一点附近成立，因此我们可以一致的估计出这一点处的平均处理效应，称之为局部平均处理效应（local average treatment effect，LATE）：

$$\begin{aligned} \text{LATE} &= \text{E}\ (\text{Y}_{1i} - \text{Y}_{0i} \mid \text{X}_i = 300) \\ &= \text{E}\ (\text{Y}_{1i} \mid \text{X}_i = 300) - \text{E}\ (\text{Y}_{0i} \mid \text{X}_i = 300) \\ & \lim_{X \downarrow 300} E(Y_{1i} \mid X_i) - \lim_{X \uparrow 300} E(Y_{0i} \mid X_i) \end{aligned} \tag{7.23}$$

其中 $\lim\limits_{X \downarrow 300}$ 和 $\lim\limits_{X \uparrow 300}$ 分别表示 300 右侧和左侧的极限。由于 $E(Y_{1i} \mid X_i)$ 和 $E(Y_{0i} \mid X_i)$ 是连续的函数，因此极限即为其在 300 处的函数值。

不失一般性，我们假设 X 在 c 处出现断点，假设 X 对 Y 是线性影响，如图 7.13 所示。通过设定处理变量

$$D_i = \begin{cases} 1 & X_i > c \\ 0 & X_i \leqslant c \end{cases} \tag{7.24}$$

构造带跳跃的回归方程：

$$Y_i = \alpha + \beta(X_i - c) + \delta D_i + \gamma(X_i - c)D_i + u_i \tag{7.25}$$

对模型（7.25）进行 OLS 估计，得到的 $\hat{\delta}$ 即为局部处理效应 LATE 的估计。由于方程出现断点，因此被称为断点回归设计（Regression Discontinuity Design，RDD）。断点回归示意图如图 7.13 所示。

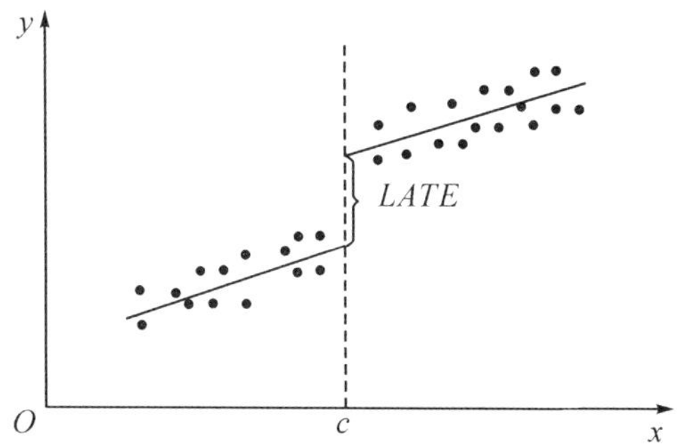

图 7.13　断点回归示意图

2. 精确断点回归

精确断点回归（Sharp Regression Discontinuity，SRD），是指在 $X_i = c$ 处，个体属于处理组的概率从 0 变化成 1。这就是我们在上一小节中构造的断点回归模型（7.25）。估计模型（7.25）的参数存在两个困难：首先，我们无法保证 X 对 Y 的影响为线性影响；其次，由于反事实框架下的可忽略性假设仅在 $X_i = c$ 的附近成立，那么我们估计参数的样本也必须在 $X_i = c$ 的附近，否则会导致估计的偏差。此时我们使用局部线性回归模型（local linear regression model）的思想同时解决以上两个困难。

假设非参数模型

$$Y_i = g(X_i) + u_i \tag{7.26}$$

其中，g 是未知的光滑函数，我们可以逐点估计以上模型的未知函数。例如我们想估计函数 g 在 $X_i = c$ 处的值，那么我们可以将未知函数 g 在 c 处一阶泰勒展开

$$Y_i = g(c) + g'(c)(X_i - c) + u_i \tag{7.27}$$

我们可以将 $g(c)$ 和 $g'(c)$ 看作未知参数进行估计。由于式（7.27）仅在 $X_i = c$ 的附近成立，因此我们可以利用加权最小二乘估计（WLS）的思想估计式（7.27）的参数。也就是说样本的 X_i 距离 c 越近，将赋予更高的权重。具体来说我们利用核函数（kernel function）设定其权重：

$$w_i = K(\frac{X_i - c}{h}) \tag{7.28}$$

其中 K（.）为核函数，它需要满足在零点取值最大，并向零的两侧单调不增。h 为窗宽（bandwidth）。利用以上定义的权重，我们就可以通过最小化以下目标函数估计式（7.27）中的参数：

$$\sum_{i=1}^{n} K(\frac{X_i - c}{h})(Y_i - g(c) - g'(c)(X_i - c))^2 \tag{7.29}$$

利用以上局部线性模型的思想我们可以最小化以下目标函数估计模型（7.25）中的参数：

$$\sum_{i=1}^{n} K(\frac{X_i - c}{h})(Y_i - \alpha - \beta(X_i - c) - \delta D_i - \gamma(X_i - c)D_i)^2 \tag{7.30}$$

其中最常用的核函数为三角核（triangular kernel）和矩形核（rectangular kernel）。窗宽 h 可通过交叉验证来选择。此估计量被称为局部 Wald 估计（local Wald estimator）。

由于在 $X_i = c$ 的附近模型满足反事实框架下的可忽略性假设，理论上我们不需要其他的协变量也可以保证参数估计的一致性。但是如果有可观测的其他协变量，我们也可以将它们放进模型中来进一步增加参数估计的有效性。具体如式（7.31）所示。需要注意的是，我们需要保证加入的协变量是外生变量，否则将导致参数估计的有偏非一致。

$$Y_i = \alpha + \beta(X_i - c) + \delta D_i + \gamma(X_i - c)D_i + \eta' Z_i + u_i \tag{7.31}$$

另外，如果加入的协变量 Z 在 c 处也存在跳跃，那么我们就无法保证估计得到的跳跃完全是由分组变量 X 造成的。因此在加入其他协变量之后，需要通过检验保证其在 c 处是没有跳跃的。具体办法是将每个协变量 Z 替代原来 X 的位置进行断点回归，如果其估计出的跳跃是不显著的，那么可以说明其在 c 处没有跳跃。

为了保证断点回归的稳健性，我们通常选择不同的核函数，不同的窗宽和加入不同的协变量来分别估计，看估计结果是否保持一致。

3. 模糊断点回归

有些情况下，分组变量 X 并不是决定处理变量 D 的唯一因素。例如，博士的录取方式有很多，不完全由考分决定，如还存在申请考核等免考的录取方式；与此同时，考分上线被录取也不代表最终能顺利毕业拿到学位。此时，X 在断点 c 处选择处理组的概率并非是从 0 跳跃到 1，而是从 a 跳跃到 b，其中 $0 \leqslant a < b \leqslant 1$，如图 7.14 所示。此时，断点回归被称为模糊断点回归（Fuzzy Regression Discontinuity, FRD）。精确断点回归可以看作模糊断点回归的极限形式。模糊断点回归示意图如图 7.14 所示。

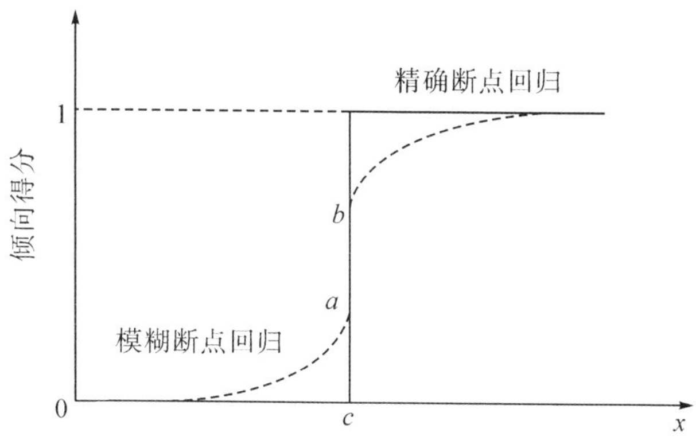

图 7.14　模糊断点回归示意图

由于分组变量 X 不是决定处理变量 D 的唯一因素，而一般其他影响处理效应的因素也会同时影响 Y，也就意味着如果遗漏此类变量会导致模型（7.25）或模型（7.31）的扰动项与处理变量 D 相关，进而使得参数估计非一致。此时由于我们无法保证反事实框架下的可忽略性假设成立，因此需要做额外的假设：

$$(Y_{1i} - Y_{0i}) \perp D_i \mid X_i \tag{7.32}$$

此时，我们可以允许给定 X_i 的情况下 Y_{0i} 与 D_i 相关，但是不能与 $Y_{1i} - Y_{0i}$ 相关。

在假设式（7.32）成立的基础上，由于 $Y_i = Y_{0i} + D_i(Y_{1i} - Y_{0i})$，因此，

$$E(Y_i \mid X_i) = E(Y_{0i} \mid X_i) + E(D_i \mid X_i)E(Y_{1i} - Y_{0i} \mid X_i) \tag{7.33}$$

对式（7.33）分别在 c 处取左极限和右极限：

$$\lim_{X_i \uparrow c} E(Y_i \mid X_i) = \lim_{X_i \uparrow c} E(Y_{0i} \mid X_i) + \lim_{X_i \uparrow c} E(D_i \mid X_i) \lim_{X_i \uparrow c} E(Y_{1i} - Y_{0i} \mid X_i) \tag{7.34}$$

$$\lim_{X_i \downarrow c} E(Y_i \mid X_i) = \lim_{X_i \downarrow c} E(Y_{0i} \mid X_i) + \lim_{X_i \downarrow c} E(D_i \mid X_i) \lim_{X_i \downarrow c} E(Y_{1i} - Y_{0i} \mid X_i) \quad (7.35)$$

由于 $E(Y_{1i} \mid X_i)$ 和 $E(Y_{0i} \mid X_i)$ 是连续的函数，因此极限即为其在 c 处的函数值。那么式（7.35）与式（7.34）相减得到

$$\text{LATE} = E(Y_{1i} - Y_{0i} \mid X_i = c) = \frac{\lim_{X \downarrow c} E(Y_{1i} \mid X_i) - \lim_{X \uparrow c} E(Y_{0i} \mid X_i)}{\lim_{X \downarrow c} E(D_i \mid X_i) - \lim_{X \uparrow c} E(D_i \mid X_i)} \quad (7.36)$$

其中式（7.36）的分子为精确断点回归模型的 LATE，分母为 $b-a$。当模型为精确断点回归时，分母为 1，因此精确断点回归模型可以看作模糊断点回归模型的特例。由于式（7.36）的分子是精确断点回归模型的 LATE，我们可以利用精确断点回归模型的方法进行估计。对于分母，可以看作被解释变量为 D 的精确断点回归模型的 LATE，因此可以将精确断点回归模型的被解释变量设为 D，再通过相同的估计方法得到分母的估计。

【例 7.2】已婚女性接受高等教育对收入的影响

例 7.1 中，我们利用 PSM 分析了已婚女性就业对家庭收入的因果效应。本小节，我们将使用相同的数据分析已婚女性接受高等教育对其收入的因果效应。在劳动经济学中，受教育程度是非常重要的特征。对于受教育程度，有着不同的度量方式。大部分西方国家习惯使用受教育年限这个连续的定量指标度量受教育程度。而对于我们国家来说，我们常用学历这个定性指标衡量受教育程度。在学历指标中，是否接受高等教育是非常重要的一个分界点。我们普遍认为受教育年限超过 12 年即表示接受过高等教育。因此受教育年限可以看作决定是否接受高等教育的因素，其中 12 年为其分段点。因此我们可以考虑使用 RDD 模型。

在 753 名已婚女性中，我们选取其中 428 名就业的已婚女性作为本案例的样本，她们的对数收入（lwage）作为被解释变量。除了受教育年限（edu）这个分段变量外，我们也考虑年龄（age）、6 岁以下子女个数（kidslt6）、6 岁以上子女个数（kidsge6）、工作年限（exper）、工作年限平方（expersq）等作为协变量。

外部函数 rd 被广泛应用于 Stata 进行断点回归，使用前需要提前安装，具体命令为：

· ssc install rd，replace。

rd 命令的使用方法可以参考图 7.15。

其中，y 为被解释变量，D 为处理变量，X 为分段变量。如果建立精确断点回归模型，则省略处理变量（D），由系统根据分段变量（X）和分段点（$z0$）自动生成处理变量。如果分段点处取严格大于生成处理变量则需要加入选项 strineq，否则不需要。如果建立精确断点回归模型，则需要同时输入实际的处理变量（D）和分段变量（X）以及其分段点（$z0$）。mbw 表示窗宽的选择，括号中输入最优窗宽的百分比，默认同时选择 50%、100%以及 200%的最优窗宽分别建模。

```
rd y D x, [option]
[option]:
z0(#)              断点位置                      cov(varlist)   加入其他协变量
mbw(#)             最优窗框百分比                x(varlist)     检验协变量在断点处是否有跳跃
graph              画出局部线性回归图            strineq        根据严格不等式计算处理变量
kernel(rectangle)  表示使用矩形核(默认为三角核)
bdep               画图现实估计对窗宽的依懒性
```

图 7.15　rd 命令的使用方法

本例中由于没有单独的处理变量标记已婚女性是否接受高等教育，因此可认为受教育年限大于 12 年即为接受高等教育。此时，应该使用精准断点回归模型。模型建立的代码和结果如图 7.16 所示。

```
. rd lwage edu, z0(12) strineq graph bdep cov(age kidslt6 kidsge6 exper expersq)
Two variables specified; treatment is
assumed to jump from zero to one at Z=12.

 Assignment variable Z is edu
 Treatment variable X_T unspecified
 Outcome variable y is lwage

Command used for graph: lpoly; Kernel used: triangle (default)
Bandwidth: 2.8822062; loc Wald Estimate: .03581599
Bandwidth: 1.4411031; loc Wald Estimate: .02598257
Bandwidth: 5.7644125; loc Wald Estimate: -.18927536
Estimating for bandwidth 2.882206245745043
Estimating for bandwidth 1.441103122872522
Estimating for bandwidth 5.764412491490086
```

lwage	Coef.	Std. Err.	z	P>|z|	[95% Conf.	Interval]
lwald	.1546297	.3084046	0.50	0.616	-.4498321	.7590916
lwald50	.0663416	.1424489	0.47	0.641	-.212853	.3455362
lwald200	-.1590466	.1554281	-1.02	0.306	-.4636801	.1455869

图 7.16　模型估计的代码和结果

图 7.16 展示了三种窗宽（100%、50%、200%最优窗宽）情况下的局部 Wald 估计（lwald）结果，我们发现无论窗宽如何选择，其局部处理效应都是不显著的。也就是说，已婚女性接受高等教育对收入没有显著的因果效应。图 7.17 分别展示了三种窗宽下局部线性模型估计的结果以及系数的区间估计，进一步验证了前面的结果。

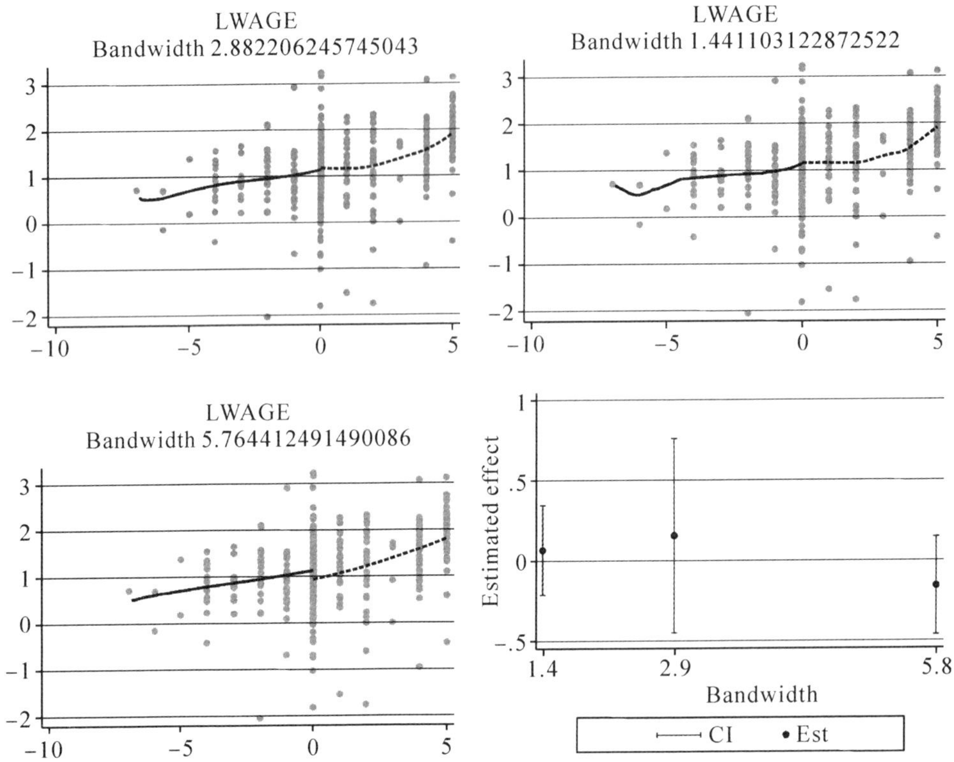

图 7.17　三种窗宽下局部线性模型估计的结果以及系数的区间估计

由于断点 12 不在年龄、子女个数的取值范围，因此我们只需要检验 exper 和 expersq 是否在 12 处存在断点，如图 7.18 所示。我们发现它们在断点处也都不存在断点。

```
. rd lwage edu, z0(12) strineq x(exper expersq)
Two variables specified; treatment is
assumed to jump from zero to one at Z=12.

 Assignment variable Z is edu
 Treatment variable X_T unspecified
 Outcome variable y is lwage

Estimating for bandwidth 2.882206245745043
Estimating for bandwidth 1.441103122872522
Estimating for bandwidth 5.764412491490086
```

lwage	Coef.	Std. Err.	z	P>|z|	[95% Conf.	Interval]
exper	-6.123259	3.808164	-1.61	0.108	-13.58712	1.340604
expersq	-163.2107	129.3573	-1.26	0.207	-416.7463	90.32494
lwald	.035816	.3270933	0.11	0.913	-.6052751	.6769071
exper50	-1.831062	1.764473	-1.04	0.299	-5.289365	1.62724
expersq50	-29.13819	56.95222	-0.51	0.609	-140.7625	82.48611
lwald50	.0259826	.1493597	0.17	0.862	-.2667572	.3187223
exper200	-.2797033	1.926453	-0.15	0.885	-4.055481	3.496074
expersq200	33.63345	65.13764	0.52	0.606	-94.03397	161.3009
lwald200	-.1892754	.1632199	-1.16	0.246	-.5091806	.1306299

图 7.18　断点的判断

为了比较受教育年限和是否接受高等教育对已婚女性收入分别的影响，此时我们以对数收入（lwage）作为被解释变量，受教育年限（edu）作为解释变量建立回归模型。由于受教育年限可能受到收入的影响，因此我们选择配偶的受教育年限（husedu）以及父母的受教育年限（motheduc，fatheduc）作为工具变量使用2SLS进行估计，具体代码和结果如图7.19所示。我们发现受教育年限对已婚女性的收入有显著的正影响。结合两个模型的结果我们得出如下的结论：接受更多的教育是有利于增加已婚女性收入的，并且这种影响是连续的，也就是说是否接受高等教育并没有对收入产生一个跳跃的变化。

```
. ivregress 2sls lwage age kidslt6 kidsge6 exper expersq (edu=husedu motheduc fatheduc),r

Instrumental variables (2SLS) regression          Number of obs   =        428
                                                  Wald chi2(6)    =      31.09
                                                  Prob > chi2     =     0.0000
                                                  R-squared       =     0.1503
                                                  Root MSE        =     .66586

------------------------------------------------------------------------------
             |               Robust
       lwage |      Coef.   Std. Err.      z    P>|z|     [95% Conf. Interval]
-------------+----------------------------------------------------------------
         edu |    .079133   .0220933     3.58   0.000     .0358309    .1224351
         age |  -.0018101   .0058763    -0.31   0.758    -.0133274    .0097073
     kidslt6 |  -.0398911   .1066411    -0.37   0.708    -.2489038    .1691216
     kidsge6 |  -.0209606   .0292609    -0.72   0.474    -.0783109    .0363897
       exper |    .041258    .015213     2.71   0.007      .011441     .071075
     expersq |  -.0008319    .000411    -2.02   0.043    -.0016375   -.0000263
       _cons |  -.0443222   .3750726    -0.12   0.906     -.779451    .6908066
------------------------------------------------------------------------------
Instrumented:  edu
Instruments:   age kidslt6 kidsge6 exper expersq husedu motheduc fatheduc
```

图7.19　2SLS估计

为了使用本案例介绍模糊断点回归模型的方法。我们随机生成一个处理变量（college）。此变量的生成没有任何实际意义，仅为展示模型的用法。通过图7.20可以发现，实际是否接受高等教育与受教育年限是否大于12年并不完全一致。因此可以考虑使用模糊断点回归模型。

```
. g edu12=edu>12

. g college=(edu+rnormal(-1,0.5))>12

. tabulate edu12 college

           |        college
     edu12 |         0          1 |     Total
-----------+----------------------+----------
         0 |       277          7 |       284
         1 |        15        129 |       144
-----------+----------------------+----------
     Total |       292        136 |       428
```

图7.20　两种情况比较

建立模糊断点回归模型时，需要同时输入真实的处理变量（college），以及分段变量（edu）和分段点［z0（12）］，结果如图 7.21 所示。其中，numer 和 denom 分别表示式（7.36）的分子和分母的估计，lwald 表示 LATE 的估计。我们发现局部处理效应仍然不显著。

```
. rd lwage college edu, z0(12) mbw(100) strineq cov(age kidslt6 kidsge6 exper expersq)
Three variables specified; jump in treatment
at Z=12 will be estimated. Local Wald Estimate
is the ratio of jump in outcome to jump in treatment.

 Assignment variable Z is edu
 Treatment variable X_T is college
 Outcome variable y is lwage

Estimating for bandwidth 2.882206245745043
```

lwage	Coef.	Std. Err.	z	P>|z|	[95% Conf.	Interval]
numer	.1546297	.3044505	0.51	0.612	-.4420823	.7513418
denom	.0811482	.1883694	0.43	0.667	-.2880491	.4503455
lwald	1.905523	6.298323	0.30	0.762	-10.43896	14.25001

图 7.21　模糊断点回归

本段小结如下：虽然断点回归模型在某些情况下解决了遗漏重要变量的问题。但是由于断点回归模型仅在断点附近可看作随机试验，因此仅能估计出断点处的局部处理效应。也就是说，它仅能帮助我们分析断点处的因果关系，无法推广到其他地方。因此断点回归模型的使用存在一定局限性。如果我们能同时观察处理前和处理后的数据，可以使用下一节介绍的 DID 模型进行分析。

第四节　双重差分模型

前两节介绍了 PSM 和 RDD 这两种最为常用的因果推断方法。它们各自有自己的局限。首先 PSM 不能允许遗漏重要变量，而 RDD 虽然可以允许遗漏重要变量，但需要某个分段变量对被解释变量的影响存在断点和跳跃，并且估计的处理效应仅在断点处成立。这两种方法的局限主要在于使用的是截面数据，也就是说我们仅能在一个时间点观察处理组和控制组样本的差异。如果我们能同时观察到处理组和控制组在处理前后的数据，那么所获得的信息将增加一个维度，能更好地对处理效应进行估计。此时，我们可以利用双重差分的思想解决遗漏变量的问题。

双重差分模型（DID）主要用于进行政策评价，而不是分析因果推断的模型。由于政策的实施一般是强制的，因此它要求处理组和实验组的选择是随机试验或自然实验，也就是不允许样本存在自我选择。当数据出现自我选择时，需要将 PSM 的方法和 DID 相结合来使用。

1. 双重差分模型

在进行随机试验或自然实验时，实验（政策）效果通常需要一段时间才能显现。而我们关心的恰好是实验前后的变化。假设实验组和控制组的样本在实验前和实验后的被解释变量值分别为 Y_0^T, Y_0^C 以及 Y_1^T, Y_1^C，其中下标 0 表示实验前（$t=0$），1 表示实验后（$t=1$）；上标 T 和 C 分别表示处理组（treatment）和控制组（control）。为了方便，我们暂时忽略样本下标。

如图 7.22 所示，如果我们直接使用 $Y_1^T - Y_0^T$ 作为处理效应（原始处理效应），将忽略处理组样本从 $t=0$ 到 $t=1$ 的自然变化，也就是除了实验以外的其他因素造成的影响。由于实验为随机试验或自然实验，也就是说处理组和控制组是随机分配的，那么我们可以认为实验组和控制组的样本除了处理变量以外，其他都是同质的。也就是说，处理组样本如果未进行处理，实验前后的差异是等于控制组样本未进行处理实验前后的差异。具体来说：

$$E(Y_{1i}^C - Y_{0i}^C \mid D_i = 1) = E(Y_{1i}^C - Y_{0i}^C \mid D_i = 0) \tag{7.37}$$

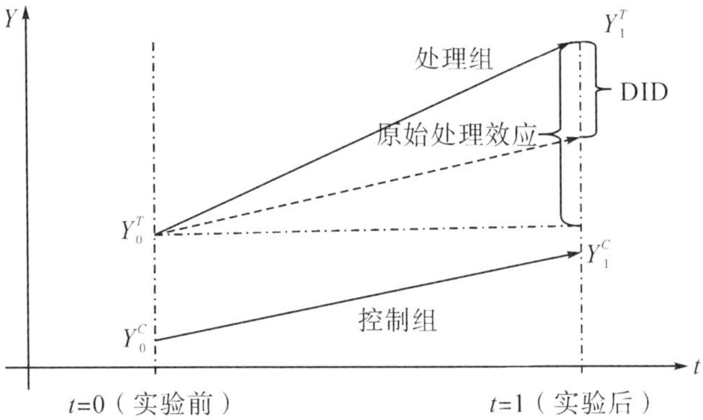

图 7.22　DID 示意图

式（7.37）被称为平均趋势假设。当 D 为随机分配时，式（7.37）自然成立。此时，我们可以将控制组样本从 t=0 到 t=1 的变化看作处理组样本没有接受处理时的反事实估计。这样我们就可以定义以下处理效应：

$$\text{DID} = (Y_1^T - Y_0^T) - (Y_1^C - Y_0^C) \tag{7.38}$$

由于式（7.37）是处理组的差分减去控制组的差分，我们可以看作差分的差分。因此，此效应也被称为双重差分（Difference in Difference，DID）效应。式（7.38）为样本视角下的 DID 效应，对于总体来说，我们可以定义双重差分平均处理效应：

$$\text{DID} = E(Y_1^T - Y_0^T) - E(Y_1^C - Y_0^C) \tag{7.39}$$

我们分别定义处理变量 D 来区分处理组和控制组，以及时间变量 T 来区分实验前和实验后：

$$D_i = \begin{cases} 1 & \text{处理组} \\ 0 & \text{控制组} \end{cases} \qquad T_t = \begin{cases} 1 & \text{实验前} \\ 0 & \text{实验后} \end{cases}$$

那么，我们设定以下面板回归模型：

$$Y_{it} = \alpha + \beta D_i + \gamma T_t + \delta D_i T_t + \eta X_i^* + \varepsilon_{it} \tag{7.40}$$

其中，X_i^* 表示不观测的不随时间变化的变量。由式（7.40）我们可以得到

$$E(Y_{i1}^{T}-Y_{i0}^{T})=(\alpha+\eta X_{i}^{*}+\beta+\gamma+\delta)-(\alpha+\eta X_{i}^{*}+\beta)$$

$$E(Y_{i1}^{C}-Y_{i0}^{C})=(\alpha+\eta X_{i}^{*}+\gamma)-\alpha+\eta X_{i}^{*} \tag{7.41}$$

那么，

$$\text{DID}=E(Y_{1}^{T}-Y_{0}^{T})-E(Y_{1}^{C}-Y_{0}^{C})=\delta \tag{7.42}$$

因此，我们可以通过对面板回归模型（7.40）进行估计，得到双重差分处理效应的估计。需要注意的是，式（7.42）成立要求遗漏的重要变量不随时间变化。可以将式（7.40）改写为个体效应的变截距模型：

$$Y_{it}=\alpha_{i}+\gamma T_{t}+\delta D_{i}T_{t}+\varepsilon_{it} \tag{7.43}$$

利用第六章介绍的方法进行估计。需要注意的是，处理变量 D 由于不随时间变化，因此也被统一归并到个体效应中。

如果同时考虑个体效应和时间效应，可以将模型设定为同时包含个体效应和时间效应的变截距模型：

$$Y_{it}=\alpha_{i}+\gamma_{t}+\delta D_{i}T_{t}+\varepsilon_{it} \tag{7.44}$$

具体模型可以根据样本量和自由度来选择。由于模型中仅允许遗漏不随时间发生变化的重要变量，因此在模型（7.43）或（7.44）基础上需要加入随个体和时间变化的控制变量，如模型（7.45）或（7.46）所示。

$$Y_{it}=\alpha_{i}+\gamma T_{t}+\delta D_{i}T_{t}+X'_{it}\beta+\varepsilon_{it} \tag{7.45}$$

$$Y_{it}=\alpha_{i}+\gamma_{t}+\delta D_{i}T_{t}+X'_{it}\beta+\varepsilon_{it} \tag{7.46}$$

2. 双重差分倾向值得分匹配模型

双重差分模型仅能在随机试验或自然实验中使用。在现实经济问题中，当样本存在自我选择时，可以将 PSM 的思想加入 DID 模型中，我们称之为 PSM-DID 模型，由 Heckman 在 1997 年提出。此时，我们既可以解决样本自我选择，又可以解决遗漏重要变量的问题。但需要注意的是，遗漏的重要变量不能随时间发生变化。

与本章第一节类似，定义以下基于双重差分模型的平均处理效应：

$$\text{ATT}_{\text{DID}}=E(Y_{1i}^{T}-Y_{0i}^{T}\mid D_{i}=1)-E(Y_{1i}^{C}-Y_{0i}^{C}\mid D_{i}=1) \tag{7.47}$$

$$\text{ATU}_{\text{DID}}=E(Y_{1i}^{T}-Y_{0i}^{T}\mid D_{i}=0)-E(Y_{1i}^{C}-Y_{0i}^{C}\mid D_{i}=0) \tag{7.48}$$

$$ATT_{DID}=E(Y_{1i}^{T}-Y_{0i}^{T})-E(Y_{1i}^{C}-Y_{0i}^{C}) \tag{7.49}$$

假设以下均值可忽略性假定成立：

$$E(Y_{1i}^{C}-Y_{0i}^{C}\mid X_{it},\ D_{i}=1)=E(Y_{1i}^{C}-Y_{0i}^{C}\mid X_{it},\ D_{i}=0) \tag{7.50}$$

$$E(Y_{1i}^{T}-Y_{0i}^{T}\mid X_{it},\ D_{i}=1)=E(Y_{1i}^{T}-Y_{0i}^{T}\mid X_{it},\ D_{i}=0) \tag{7.51}$$

也就是说，给定 X 后，处理组样本如果不处理的实验前后差异平均值等于控制组样本不处理的实验前后差值的平均值；控制组样本如果处理的实验前后差异平均值等于处理组样本处理的实验前后差异平均值。那么，

$$\begin{aligned}\text{ATT}_{\text{DID}}&=E(Y_{1i}^{T}-Y_{0i}^{T}\mid D_{i}=1)-E(Y_{1i}^{C}-Y_{0i}^{C}\mid D_{i}=1)\\&=E_{X}[E(Y_{1i}^{T}-Y_{0i}^{T}\mid X_{it},\ D_{i}=1)-E(Y_{1i}^{C}-Y_{0i}^{C}\mid X_{it},\ D_{i}=1)]\\&=E_{X}[E(Y_{1i}^{T}-Y_{0i}^{T}\mid X_{it},\ D_{i}=1)-E(Y_{1i}^{C}-Y_{0i}^{C}\mid X_{it},\ D_{i}=0)]\end{aligned} \tag{7.52}$$

要估计式（7.52），需要给定 X 后，估计处理组实验前后平均差异和控制组实

验前后平均差异。此时我们可以利用 PSM 的思想使用匹配的方法，对每个处理组样本找到其 X 相似的控制组样本，从而获得式（7.52）的一致估计。具体来说，

$$\widehat{\mathrm{ATT}}_{\mathrm{DID}} = \frac{1}{N_1}\sum_{i:\ D_i=1}[(Y_{1i}^T - Y_{0i}^T) - (\hat{Y}_{1i}^C - \hat{Y}_{0i}^C)] \tag{7.53}$$

其中，N_1 表示共同取值范围内的处理组样本容量，$\hat{Y}_{1i}^C$，$\hat{Y}_{0i}^C$ 表示对于共同取值范围内的处理组每个样本与之匹配的控制组样本的 Y 值。具体思路与式（7.20）相同。

同理，我们可以获得 ATU 和 ATE 的估计：

$$\widehat{\mathrm{ATU}}_{\mathrm{DID}} = \frac{1}{N_0}\sum_{i:\ D_i=0}[(\hat{Y}_{1i}^T - \hat{Y}_{0i}^T) - (\hat{Y}_{1i}^C - \hat{Y}_{0i}^C)] \tag{7.54}$$

$$\widehat{\mathrm{ATE}}_{\mathrm{DID}} = \frac{1}{N}\sum_{i=1}^{N}[(\hat{Y}_{1i}^T - \hat{Y}_{0i}^T) - (\hat{Y}_{1i}^C - \hat{Y}_{0i}^C)] \tag{7.55}$$

对于面板数据来说，可以在确定共同取值范围后，先利用每个处理组样本匹配对应的控制组样本，将原数据中控制组样本替换为匹配后的控制组样本，再利用式（7.45）或式（7.46）估计 DID 的 ATT。同理，我们可以利用每个控制组样本匹配对应的处理组样本，将原数据中处理组样本替换为匹配后的处理组样本，再利用式（7.45）或（7.46）估计 DID 的 ATU。将以上估计 ATT 和 ATU 的两组数据合并，便可估计 DID 的 ATE。

除此之外，还可以使用核匹配（kernel matching）的方法对反事实进行估计。与普通的匹配选择一个或多个最接近的样本进行匹配不同，核匹配是将所有可以匹配样本的 Y 值进行加权平均作为其反事实的估计，其权重由接近程度来决定。具体来说，假设我们需要计算 $\hat{Y}_{1i}^C - \hat{Y}_{0i}^C$，也就是某个处理组样本如果不处理的实验前后差值的估计。令：

$$\hat{Y}_{1i}^C - \hat{Y}_{0i}^C = \sum_{j:\ D_j=0} w(i,\ j)(Y_{1j}^C - Y_{0j}^C) \tag{7.56}$$

普通的匹配可以看作核匹配的特殊情况，也就是未匹配的权重为零，匹配上的按均匀权重计算，也就是说估计值为匹配上的样本平均。

一般情况下，按照如下方式设定权重：

$$w(i,\ j) = \frac{K(\frac{X_i - X_j}{h})}{\sum_{k:\ D_k=0} K(\frac{X_i - X_k}{h})} \tag{7.57}$$

其中 K（.）表示核函数，h 表示窗宽（bandwidth），用法与第 3 节中局部线性模型的核估计相同。其中，式（7.57）的分母是为了保证权重之和为 1。

【例 7.3】“一带一路”倡议对沿线城市出口额的影响分析

在目前世界各主要经济体经济增长动力不足，新兴经济体增速回落，地缘政治因素导致不确定性风险增大的背景下，2013 年，习近平主席提出建设“新丝绸之路经济带”和“21 世纪海上丝绸之路”的合作倡议，简称“一带一路”倡议。“一带一路”倡议进一步加快了对外开放的步伐，涉及我国 18 个省市，其中“贸易畅通”是合作的重点之一，因此对于“一带一路”沿线城市的外贸发展起到了至关重要的作用。

本案例选择 285 个大中城市 2000—2018 年的经济数据（少部分城市可能存在部分年份的数据缺失）为研究对象，分析“一带一路”倡议对出口额（export）的影响。数据包含的控制变量包括人口密度（den），对数 GDP（ln_ gdp），对数固定资产存量（ln_ fix），对数金融资本存量（ln_ fin），对数教育支出（ln_ edu），对数实际利用外资金额（ln_ for）。定义以下处理变量和时间变量

$$\text{Treatment}_i = \begin{cases} 1 & \text{“一带一路”沿线城市} \\ 0 & \text{非“一带一路”沿线城市} \end{cases} \quad T_t = \begin{cases} 1 & \text{year} \geqslant 2014 \\ 0 & \text{year} < 2014 \end{cases}$$

首先我们将“一带一路”倡议沿线城市的确定视为自然实验。那么可以直接建立 DID 模型估计“一带一路”倡议对城市出口额的影响。可以使用 xtreg 命令建立面板数据模型，也可以使用专门用于建立 DID 模型的外部命令 diff（ssc install diff, replace）。

diff 命令除了可以用于建立 DID 模型外，还可以建立 PSM-DID 模型，其使用的是核匹配的方法进行匹配。diff 命令的使用方法可以参考图 7.23：

diff y, [option]			
[option]:			
treat(varname)	处理变量	*period(varname)*	时间变量
cov(varlist)	加入其它协变量	*report*	报告协变量系数的估计
robust	汇报稳健标准差		
[option for PSM-DID]:			
id(varname)	个体变量	*kernel*	使用核匹配
ktype(kernel)	指定核函数(默认为二次核)	*logit*	使用logit模型估计倾向值得分
support	计算共同取值范围	*test*	检验匹配是否平衡

图 7.23　diff 命令的使用方法

分别使用普通线性回归模型 reg 命令，面板回归模型命令 xtreg 和 diff 命令分别建立模型，结果如图 7.24～图 7.26 所示。

```
. g did=T*treatment

. reg export did T treatment ln_fix ln_fin ln_edu ln_for ln_gdp den, r

Linear regression                               Number of obs     =      5,367
                                                F(9, 5357)        =      47.18
                                                Prob > F          =     0.0000
                                                R-squared         =     0.2423
                                                Root MSE          =      19424

------------------------------------------------------------------------------
             |               Robust
      export |      Coef.   Std. Err.      t    P>|t|     [95% Conf. Interval]
-------------+----------------------------------------------------------------
         did |   2168.725   1787.246     1.21   0.225    -1335.005    5672.455
           T |  -3165.008   967.9545    -3.27   0.001    -5062.593   -1267.423
   treatment |   3052.812   511.1287     5.97   0.000     2050.792    4054.833
      ln_fix |  -7893.043   1301.273    -6.07   0.000    -10444.07   -5342.017
      ln_fin |   2330.761    434.324     5.37   0.000      1479.31    3182.213
      ln_edu |    3649.56   621.6448     5.87   0.000     2430.883    4868.237
      ln_for |   635.2924   111.9948     5.67   0.000      415.737    854.8478
      ln_gdp |   9181.912    1337.98     6.86   0.000     6558.926     11804.9
         den |   .3178255   .4243825     0.75   0.454    -.5141368    1.149788
       _cons |    -172370   12307.66   -14.01   0.000      -196498   -148241.9
------------------------------------------------------------------------------
```

图 7.24　普通线性回归模型

```
. encode city,gen(city2)

. xtset city2 year
       panel variable:  city2 (unbalanced)
        time variable:  year, 2000 to 2018
                delta:  1 unit

. xtreg export did T treatment ln_fix ln_fin ln_edu ln_for ln_gdp den,fe r

Fixed-effects (within) regression               Number of obs     =      5,367
Group variable: city2                           Number of groups  =        287

R-sq:                                           Obs per group:
     within  = 0.0975                                         min =          8
     between = 0.2066                                         avg =       18.7
     overall = 0.1741                                         max =         19

                                                F(8,286)          =          .
corr(u_i, Xb)  = 0.0994                         Prob > F          =          .

                               (Std. Err. adjusted for 287 clusters in city2)
------------------------------------------------------------------------------
             |               Robust
      export |      Coef.   Std. Err.      t    P>|t|     [95% Conf. Interval]
-------------+----------------------------------------------------------------
         did |   3290.294   2321.684     1.42   0.158    -1279.462     7860.05
           T |  -194.0157   623.6984    -0.31   0.756    -1421.637    1033.606
   treatment |  -3674.194   2448.998    -1.50   0.135    -8494.541    1146.154
      ln_fix |  -4030.842   1855.181    -2.17   0.031    -7682.382   -379.3026
      ln_fin |   686.5934    1578.75     0.43   0.664     -2420.85    3794.037
      ln_edu |   1203.686   767.4417     1.57   0.118    -306.8646    2714.236
      ln_for |  -609.7393   248.4186    -2.45   0.015      -1098.7   -120.7787
      ln_gdp |   7411.151   3039.425     2.44   0.015     1428.672    13393.63
         den |   3.510869   3.493642     1.00   0.316    -3.365644    10.38738
       _cons |    -110467   33195.39    -3.33   0.001    -175805.3   -45128.75
-------------+----------------------------------------------------------------
     sigma_u |  16751.408
     sigma_e |  11707.049
         rho |  .67185396   (fraction of variance due to u_i)
------------------------------------------------------------------------------
```

图 7.25　面板回归模型

我们可以发现，使用 reg 命令和 diff 命令得到的结果相同，也就是说 diff 使用的是普通的混合面板回归的方法。如果考虑加入个体效应或者时间效应，则应该使用 xtreg 进行回归。我们发现直接使用 DID 模型，“一带一路”政策的效应是不显著的。可以考虑到的原因是“一带一路”沿线城市的确定并不是完全随机的。古代丝绸之路的确定是与沿线城市的经济发展和对外贸易息息相关的。因此，需要考虑使用 PSM-DID 模型完善以上的分析。

```
. diff export, treat(treatment) period(T) cov(ln_fix ln_fin ln_edu ln_for ln_gdp den) robust
DIFFERENCE-IN-DIFFERENCES WITH COVARIATES

DIFFERENCE-IN-DIFFERENCES ESTIMATION RESULTS
Number of observations in the DIFF-IN-DIFF: 5367
            Before         After
   Control: 2040           732          2772
   Treated: 1897           697          2594
            3937           1429
--------------------------------------------------------
 Outcome var.   | export   | S. Err.  |   |t|  |  P>|t|
--------------------------------------------------------
Before          |          |          |        |
   Control      |  1.7e+05 |          |        |
   Treated      | -1.7e+05 |          |        |
   Diff (T-C)   | 3052.812 | 511.129  | 5.97   | 0.000***
After           |          |          |        |
   Control      | -1.8e+05 |          |        |
   Treated      | -1.7e+05 |          |        |
   Diff (T-C)   | 5221.537 | 1821.328 | 2.87   | 0.004***
                |          |          |        |
Diff-in-Diff    | 2168.725 | 1787.246 | 1.21   | 0.225
--------------------------------------------------------
R-square:    0.24
* Means and Standard Errors are estimated by linear regression
**Robust Std. Errors
**Inference: *** p<0.01; ** p<0.05; * p<0.1
```

图 7.27　diff 命令建立的模型

diff 命令可以直接实现 PSM-DID 模型。具体结果如图 7.28 所示。

· diff export, treat (treatment) period (T) id (city2) cov (In_ fix In_ fin In_ edu In_ for In_ gdp den) kernel logit support test robust

```
TWO-SAMPLE T TEST
    Test on common support

Number of observations (baseline): 3949
            Before         After
   Control: 2044           -           2044
   Treated: 1905           -           1905
            3949           -

t-test at period = 0:
----------------------------------------------------------------------------------------
Weighted Variable(s) | Mean Control | Mean Treated |  Diff.    |  |t|  | Pr(|T|>|t|)
----------------------------------------------------------------------------------------
export               | 2765.250     | 4923.409     | 2158.159  | 3.88  | 0.0001***
ln_fix               | 23.028       | 23.024       | -0.004    | 0.08  | 0.9356
ln_fin               | 23.571       | 23.510       | -0.061    | 1.29  | 0.1956
ln_edu               | 19.758       | 19.735       | -0.023    | 0.45  | 0.6556
ln_for               | 17.104       | 17.088       | -0.017    | 0.18  | 0.8568
ln_gdp               | 23.765       | 23.748       | -0.018    | 0.36  | 0.7166
den                  | 803.091      | 737.837      | -65.254   | 3.26  | 0.0011***
----------------------------------------------------------------------------------------
*** p<0.01; ** p<0.05; * p<0.1
Attention: option kernel weighs variables in cov(varlist)
Means and t-test are estimated by linear regression
```

图 7.28　PSM-DID 模型

由 PSM-DID 模型发现，经过匹配后，“一带一路”倡议的效应变得显著。需要注意的是，diff 命令仅汇报 DID 模型中的 ATT 的估计，在匹配时仅能使用核匹配的方法，并且匹配后建立 DID 模型时使用的是混合面板进行估计。如果需要得到 DID 模型的 ATU 和 ATE 的估计，使用其他匹配方法，或者在 DID 模型建立中加入个体效应或时间效应，则需要手动利用 psmatch2 进行匹配，并使用匹配后的结果利用

xtreg 命令建立 DID 模型。这个工作交给读者完成。

综上所述，DID 模型是研究政策评价常用的模型。需要注意的是政策必须满足自然实验的要求。否则需要利用 PSM-DID 来完善模型。另外，DID 模型仅能允许遗漏不随时间变化的重要变量。因此，在建立 DID 模型时，应尽量包含随个体和时间发生变化的协变量，以保证不会产生遗漏变量偏差。

习题

1. 对于表 7.1 中的假想数据，请分别对协变量 *X* 使用 K 近邻匹配（K=2），卡尺匹配（r=1），以及卡尺最近邻匹配（K=2，r=1）对数据进行匹配，并分别计算每种匹配方法下的 ATT、ATU 和 ATE。

2. 以下哪些情况可以看作自然实验，可直接使用 DID 建模。

（1）“新冠”疫情波及的地区和未波及的地区对经济的影响分析。

（2）参与“就业培训”对收入的影响分析。

（3）由于部分旧宿舍年久失修，原旧宿舍的学生搬入“智能宿舍”。入住智能宿舍对学生成绩的影响分析。

（4）“扶贫政策”对颁布地区居民收入的影响分析。

3. 使用例 7.1 的数据，选择适当的 PSM 模型，分析已婚女性是否生育小孩对家庭收入的影响。

4. 使用例 7.1 的数据，选择适当的 RDD 模型，分析已婚女性“生育二胎”的局部处理效应。

参考文献

白仲林，2008. 面板数据的计量经济分析［M］. 天津：南开大学出版社.

陈强，2014. 高级计量经济学及 stata 应用［M］. 2 版. 北京：高等教育出版社.

格林，2020. 计量经济分析［M］8 版. 张成思，译. 北京：中国人民大学出版社.

卡梅隆，特里维迪，2008. 微观计量经济学方法与应用［M］. 英文版. 北京：机械工业出版社.

李子奈，叶阿忠，2012，高级计量经济学［M］. 北京：清华大学出版社.

潘省初，2013. 计量经济学中级教程［M］. 2 版. 北京：清华大学出版社.

张卫东，喻开志，郭建军，2010. 中级计量经济学［M］. 成都：西南财经大学出版社.

AKAIKE H, 1969. Fitting autoregressive models for prediction [J]. Annals of the institute of statistical mathematics, 21: 243-247.

AKAIKE H, 1973. Information theory and an extension of the maximum likelihood principle [M] // PETROV B, CSAKI F. Second international symposium on information theory. Akademiai Kiado: 267-281

ANDERSON T W, HSIAO C, 1981. Estimation of dynamic models with error components [J]. Journal of the American statistical association, 76 (375): 598-606.

ARELLANO M, BOND S, 1991. Some tests of specification for panel data: Monte Carlo evidence and an application to employment equations [J]. The review of economic studies, 58 (2): 277-297.

ARELLANO M, BOVER O, 1995. Another look at the instrumental variable estimation of error-components models [J]. Journal of econometrics, 68 (1): 29-51.

Balestra P, Nerlove M, 1966. Pooling cross section and time series data in the estimation of a dynamic model: The demand for natural Gas [J]. Econometrica, 34 (3): 585-612.

BALTAGI B H, 2005. Econometric analysis of panel data [M]. 3rd ed. Hoboken: John Wiley & Sons, Inc.

BLUNDELL R, BOND S, 1998. Initial conditions and moment restrictions in dynamic panel data models [J]. Journal of econometrics, 89 (1): 115-143.

BOLLERSLEV T, 1986. Generalized autoregressive conditional heteroskedasticity [J]. Journal of econometrics, 31: 307-327.

BOX G E P, JENKINS G M, 1970. Time Series Analysis, Forecasting, and Control [M]. Oakland, CA: Holden-Day.

BUN M J G, KIVIET J F, 2003. On the diminishing returns of higher order terms in asymptotic expansions of bias [J]. Economics letters, 79: 145-152.

DICKEY D A, FULLER W A, 1979. Distribution of the estimators for autoregressive time series with a unit root [J]. Journal of American Statistical Association, 74: 427-431.

DOAN T, LITTERMAN R B, SIMS C A, 1984. Forecasting and conditional projection using realistic prior distributions [J]. Econometric Reviews, 3: 1-144.

EL BABSIRI M, ZAKOÏAN J M, 1990. Approximation en temps continu d'un modèle ARCH à seuil [R]. Document de travail 9011. INSEE.

ENGLE R F, 1982. Autoregressive conditional heteroskedasticity with estimates of the variance of United Kingdom inflations [J]. Econometrica, 50: 987-1008.

FISHER R A, 1922. On the mathematical foundations of theoretical statistics [J]. Philosophical transanctions of the royal society, 222: 309-368.

GLOSTEN L R, JAGANNATHAN R, RUNKLE D, 1993. On the relation between the expected values and the volatility of the nominal excess return on stocks [J]. Journal of finance, 48: 1779-1801.

GRANGER C W J, 1969. Investigating causal relations by econometric models and cross-spectral methods [J]. Econometrica, 37: 424-438.

GRANGER C W J, 2001. Macroeconometrics—Past and future [J]. Journal of econometrics, 100: 17-19.

GUJARATI D N, 2001. Basic econometrics [M]. 4th ed. New York: The McGraw-Hill Companies.

HANNAN E J, QUINN B G, 1979. The determination of the order of anautoregression [J]. Journal of the royal statistical society, B-41 (2): 190-195.

HANSEN L, 1982. Large sample properties of the generalized method of moments estimators [J]. Econometrica, 50: 1029-1054.

HAUSMAN J, 1978. Specification tests in econometrics [J]. Econometrica, 46: 1251-1271.

HECKMAN J J, ICHIMURA H, TODD P E, 1997. Matching as an econometric evaluation estimator: Evidence from evaluating a job training programme [J]. Review of economic studies, 64: 605-654.

KIVIET J F, 1995. On bias, inconsistency, and efficiency of various estimators in dynamic panel data models [J]. Journal of econometrics, 68: 53-78.

KIVIET J F, 1999. Expectation of expansions for estimators in a dynamic panel data model; some results for weakly exogenous Regressors [M] //HSIAO C , LAHIRI K, LEE L F, et al. Analysis of panel data and limited dependent variables. Cambridge: Cambridge University Press, 199-225.

KUH E, 1959. The validity of cross-sectionally estimated behavior equations in time series applications [J]. Econometrica, 27 (2): 197-214.

LITTERMAN R B, 1986. Forecasting with Bayesian vector autoregressions-five years of experience [J]. Journal of business & economic statistics, 4: 25-38.

MACKINNON J G, 1991. Critical values for cointegration tests [M] //ENGLE R F, GRANGER C W J. Long-run economic relationships: Readings in cointegration. Oxford: Oxford University Press.

MCFADDEN D, 1974. The measurement of urban travel demand [J]. Journal of public economics, 3: 303-328.

MUNDLAK Y, 1961. Empirical production function free of management bias american [J]. Journal of agricultural economics, 43 (1): 44-56.

NELDER J A, WEDDERBURN R W M, 1972. Generalized linear models [J]. Journal of the royal statistical society, series A 135: 370-384.

NEWEY W, WEST K, 1987. A simple positive semi-definite, heteroskedasticity and autocorrelation consistent covariance matrix [J]. Econometrica, 55: 703-708.

PERACCHI F, 2001. Econometrics [M]. Hoboken: Wiley.

RUBIN D B, 1974. Estimating causal effects of treatments in randomized and nonrandomized studies [J]. Journal of educational psychology, 66: 688-701.

RUUD P A, 2000. An introduction to classical econometric theory [M]. New York: Oxford University Press.

SHARPE W, 1964. Capital asset prices: A theory of market equilibrium under conditions of risk [J]. Journal of finance, 19 (3): 425-442.

SIMS C A, 1980. Macroeconomics and reality [J]. Econometrica, 48: 1-48.

STOCK J H, 2001. Macroeconometrics [J]. Journal of econometrics, 29-32.

THOMSON C J, CROOKE S T, 1991. Results of the southern California sportfish economic Survey [R]. NOAA Technical Memorandum, National Marine Fisheries Service, Southwest Fisheries Science Center.

WHITE H, 1980. A heteroskedasticity-consistent covariance matrix estimator and a direct test for heteroskedasticity [J]. Econometrica, 48: 817-838.

WOOLDRIDGE JEFFREY M, 2010. Econometric analysis of cross section and panel data [M]. 2nd ed. Cambridge: The MIT Press.

附录
Stata 软件入门操作

Stata 区分大小写，建议变量名用小写，以免弄错。此外，需要注意的是，Stata 命令中的标点符号均为英文标点符号，否则可能会出错。对于较低版本的 Stata 软件（例如 Stata 15 以下版本），除面板协整检验外，其他少数命令可以通过安装运行。

一、基本操作 1：命令安装、“.do 命令”文档

大多数的命令，可以通过下列命令进行安装，执行下列命令。

```
help 命令名
 *或者
h 命令名
search 命令名  //【注意】早期版本可运行该命令
```


按图 1 所示的命令安装的一般步骤，按步骤操作即可。

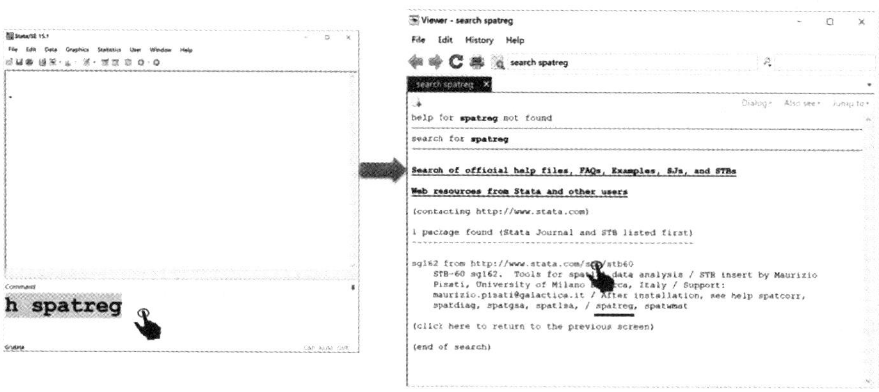

图 1　命令安装演示图解 1

按照图 1 中的流程操作后，接着按图 2 中的顺序点击安装命令。

对不熟悉的命令，可以按照图 3 操作，查看已安装命令的结构和使用说明，例如，查看 xtreg 命令的细节。执行命令 h xtreg。

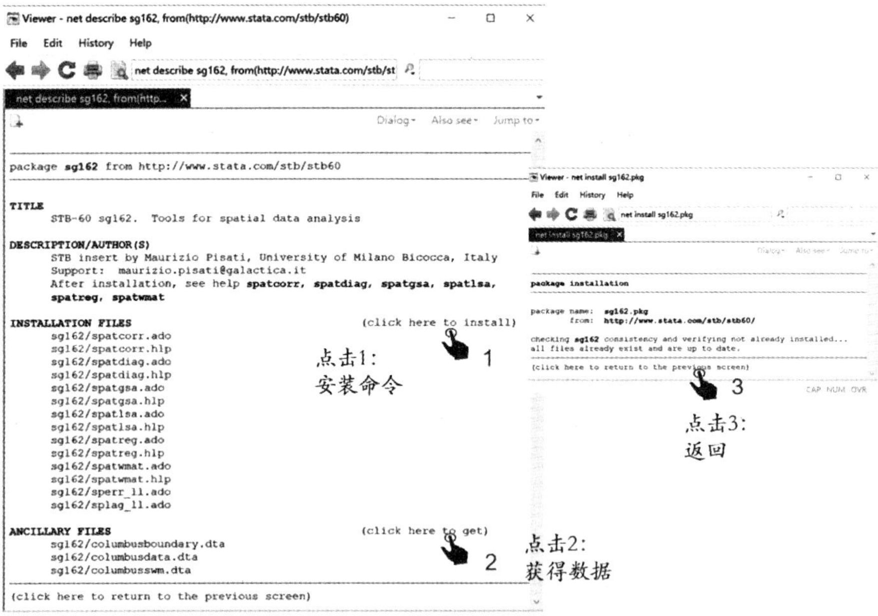

图 2　命令安装演示图解 2

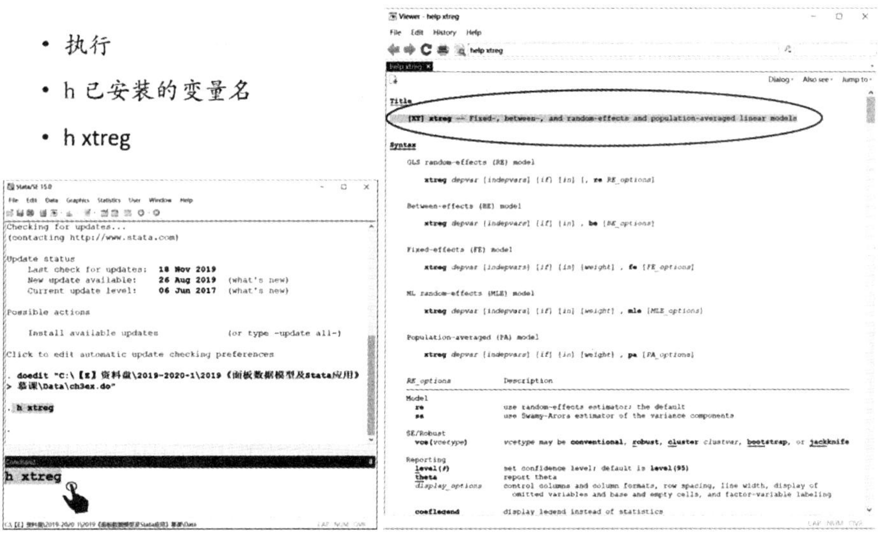

图 3　查看已安装命令的结构和使用说明

如何新建“.do 文档”？如图 4 所示。建议大家将所有命令都写到“.do 文档”里，并做相应说明，以便日后使用。

打开已有的“.do 文件”（或直接双击.do 文件也可打开“.do 文件”）的方式如图 5 所示。

图 4　通过 Stata 软件主窗口新建“.do 文档”

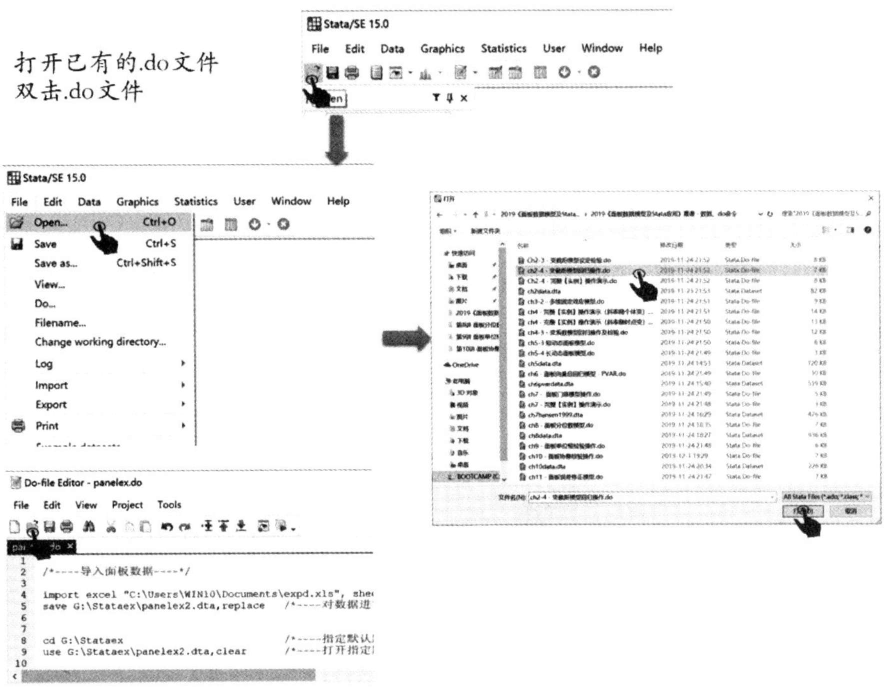

图 5　打开已有“.do 文档”

二、基本操作 2：数据输入与保存

接下来，介绍 3 种常用数据输入方法，分别是复制、粘贴法，导入法（数据量巨大）和命令输入法。

1. 复制、粘贴法

（1）打开 Stata 软件；

（2）点击（或者按 Ctrl+8），见图 6；

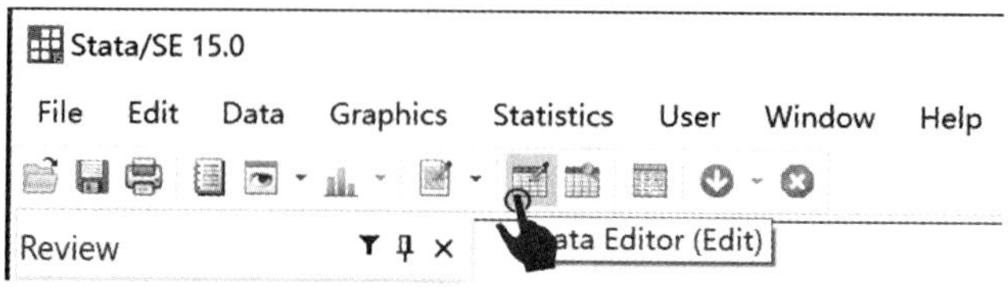

图 6　复制、粘贴法输入数据图示 1

（3）输入数据。

方法 1：手动输入，见图 7。

双击编辑数据。注意：第一行作为变量名；Stata 区分大小写。变量名：最好是小写，可以有数字、下划线的组合。

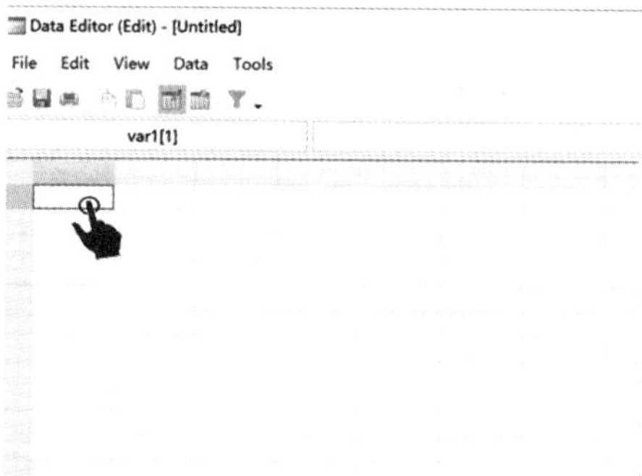

图 7　复制、粘贴法输入数据图示 2

方法 2：复制、粘贴法，见图 8。

先从 Excel 中复制数据，然后，粘贴至右图中，点击下图，表示将第一行作为变量名。

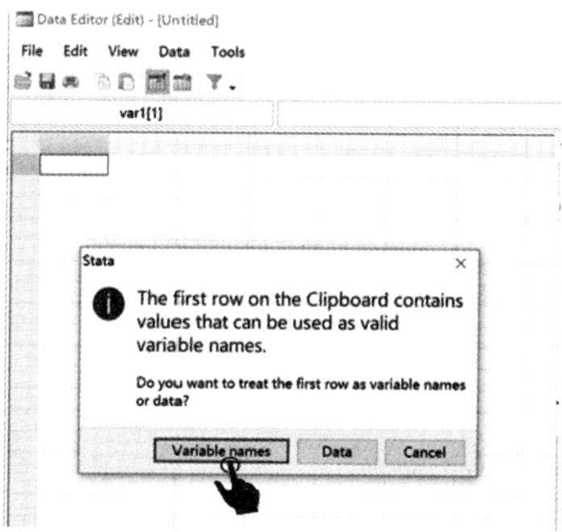

图 8　复制、粘贴法输入数据图示 3

保存数据如图 9 所示。注意：面板数据必须有个体变量、时点变量；见图 9 阴影部分（变量前后位置不限）；点击保存数据，或按 Ctrl+s。

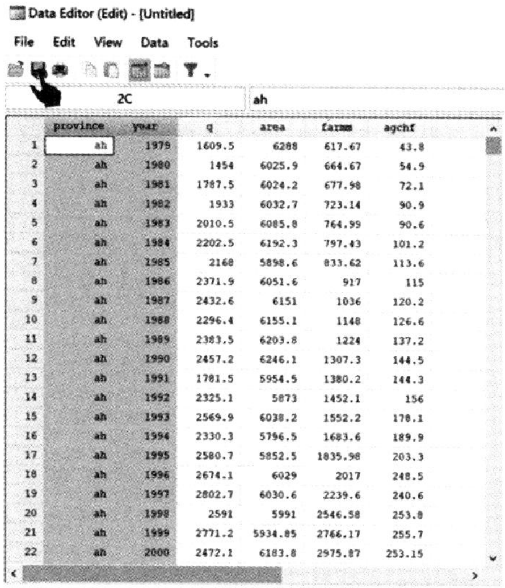

	province	year	q	area	farmm	agchf
1	ah	1979	1609.5	6288	617.67	43.8
2	ah	1980	1454	6025.9	664.67	54.9
3	ah	1981	1787.5	6024.2	677.98	72.1
4	ah	1982	1933	6032.7	723.14	90.9
5	ah	1983	2010.5	6085.8	764.99	90.6
6	ah	1984	2202.5	6192.3	797.43	101.2
7	ah	1985	2168	5898.6	833.62	113.6
8	ah	1986	2371.9	6051.6	917	115
9	ah	1987	2432.6	6151	1036	120.2
10	ah	1988	2296.4	6155.1	1148	126.6
11	ah	1989	2383.5	6203.8	1224	137.2
12	ah	1990	2457.2	6246.1	1307.3	144.5
13	ah	1991	1781.5	5954.5	1380.2	144.3
14	ah	1992	2325.1	5873	1452.1	156
15	ah	1993	2569.9	6038.2	1552.2	178.1
16	ah	1994	2330.3	5796.5	1683.6	189.9
17	ah	1995	2580.7	5852.5	1835.98	203.3
18	ah	1996	2674.1	6029	2017	248.5
19	ah	1997	2802.7	6030.6	2239.6	240.6
20	ah	1998	2591	5991	2546.58	253.8
21	ah	1999	2771.2	5934.85	2766.17	255.7
22	ah	2000	2472.1	6183.8	2975.87	253.15

图 9　保存数据

给数据库命名如图 10 所示：低 Stata 版本，需加上后缀.dta；命名后，点保存。

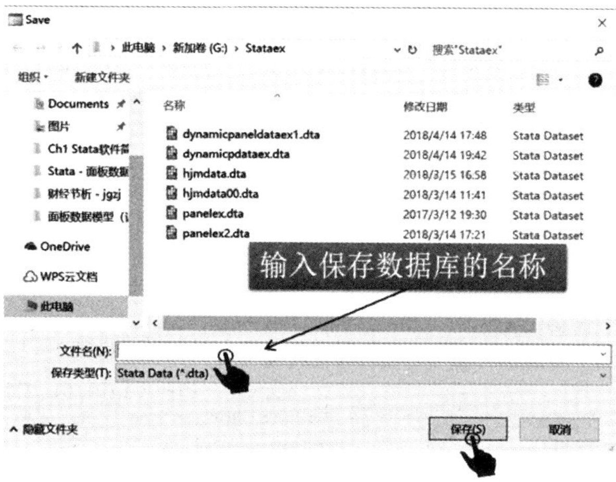

图 10　给数据库命名

2. 导入法

当数据量巨大时，导入法尤为简便。

注意：导入数据前的准备工作。用导入法时，Excel 表格中的数据需具备如下特点，以免出错。第一，第一行是变量名，以小写英文字母或加下划线或加数字的方式命名；第二，Excel 文件名最好以英文或加数字形式命名，见图 10。

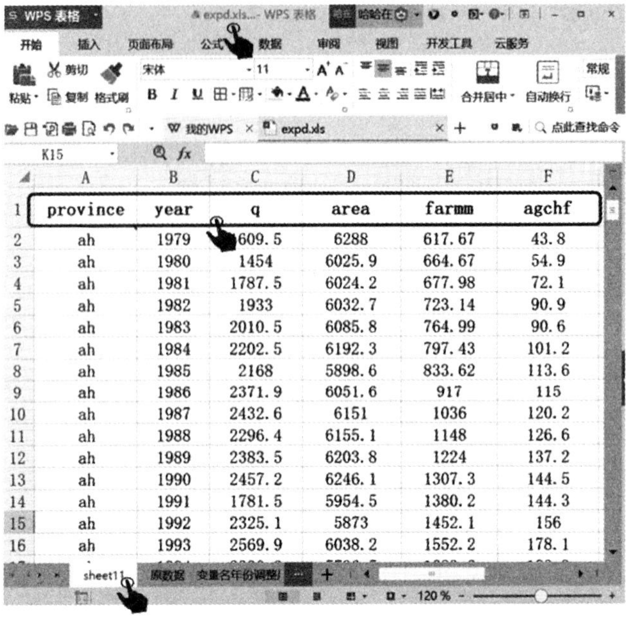

图 10　导入法输入数据图示 1-Excel 数据准备工作

Stata 软件主窗口路径如图 11 所示，先打开 Stata，再按右图路径点击。

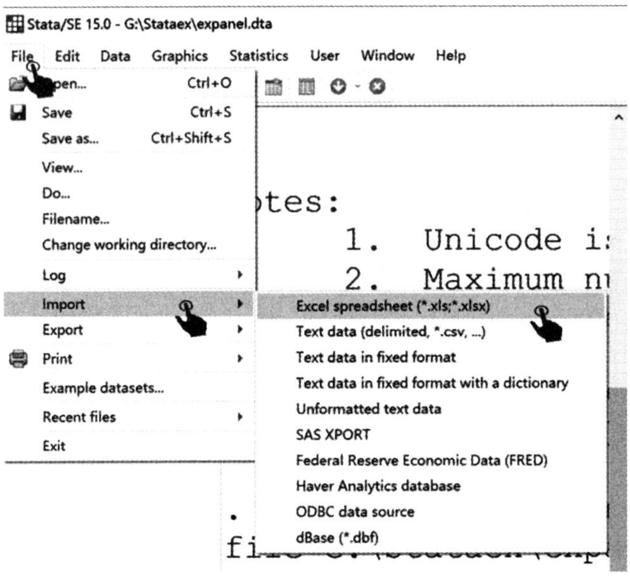

图 11　导入法输入数据图示 2

找到要导入的 Excel 文件的位置，如图 12 所示。

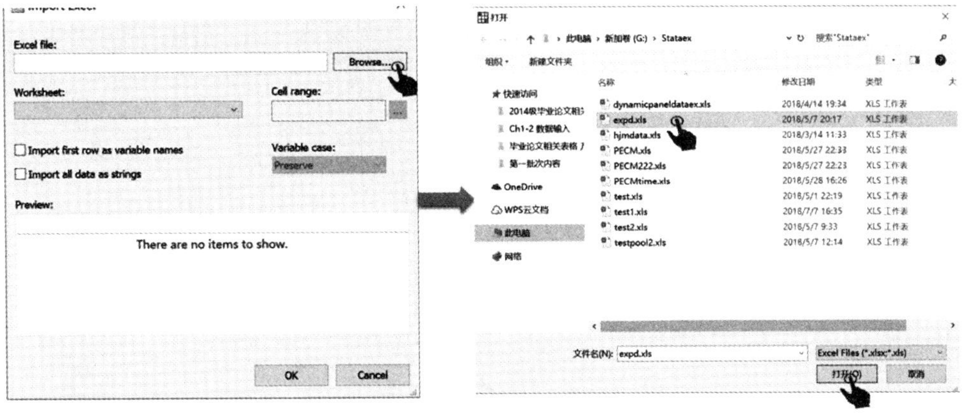

图 12　导入法输入数据图示 3

选择 Excel 文件中，要导入的数据和范围。图 13 中选项 Import first row as variable names 是将 Excel 表中第一行作为变量名。所以，建议在 Excel 文件中将第一行作为变量名。其他选项见图 13。例如，Variable case：变量大小写；preserve：按 Excel 中变量名的格式；upper：所有变量大写；lower：所有变量小写。具体操作见图 13。

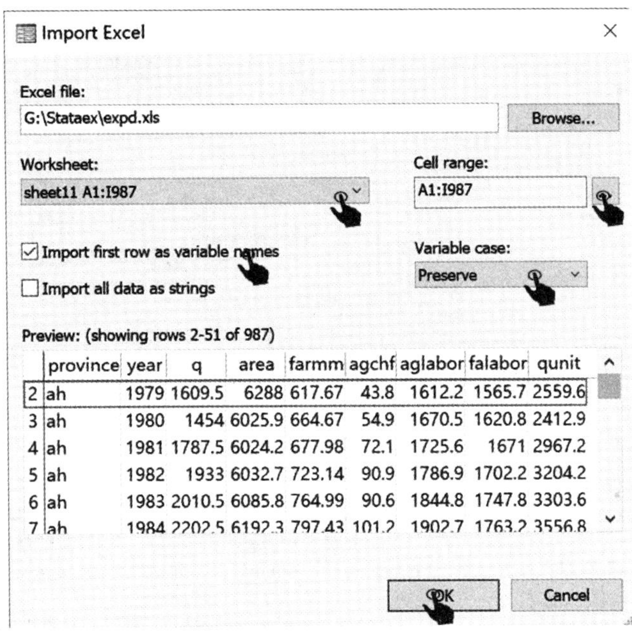

图 13　导入法输入数据图示 4

查看数据的方式，一种是执行命令：browse；另一种如图 14 所示。

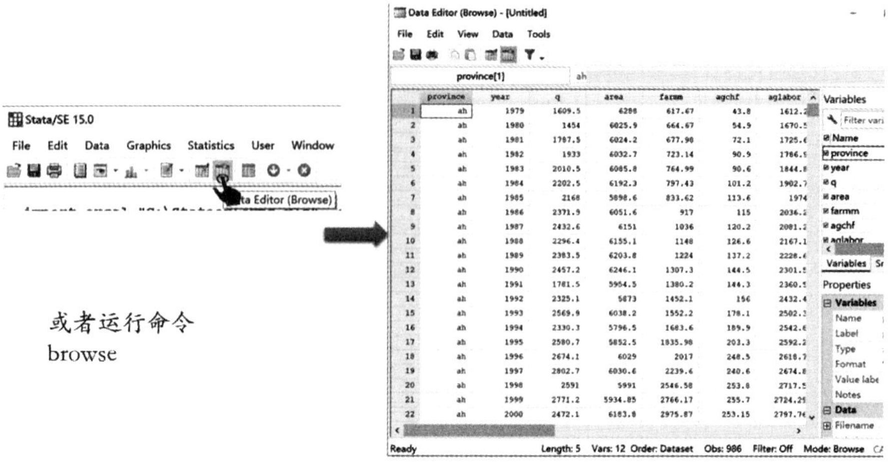

图 14　查看数据图示

数据输入或导入后，需要保存数据，可以将鼠标点击 Stata 主窗口，然后按 ctrl+s 保存数据；或者按图 15 保存数据，并命名。数据库后缀.dta。

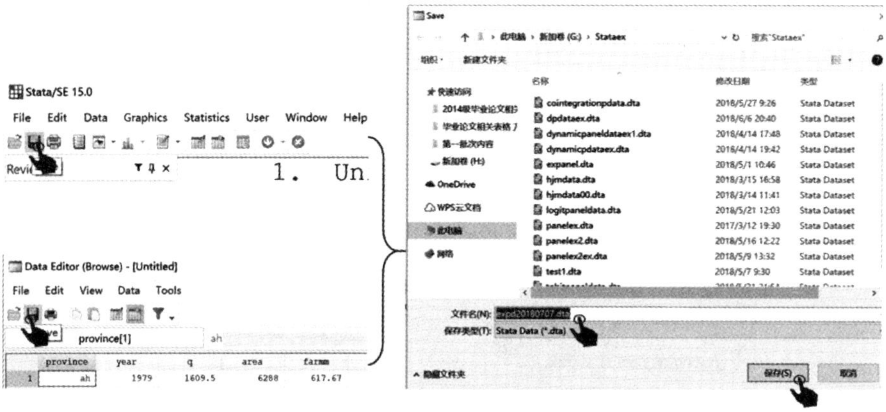

图 15　保存数据并命名

3. 命令输入法

命令输入数据程序如下所示：

```
pwd                          /＊--path of working directory--查看当前路径--＊/
import excel " G: \ Stataex \ expd. xls", sheet ( " sheet11" ) firstrow clear
  /＊----输入数据----＊/
save " G: \ Stataex \ expanel. dta"    /＊----保存数据到指定位置----＊/
＊【注意】“/＊......  ＊/”、“＊”对命令进行注解，在 Stata 中不会被执行。
```

三、基本操作 3：调用数据

下面介绍两种常用的调用数据的方式。

方法 1：在 Stata 主窗口打开已有数据库，如图 16 所示。

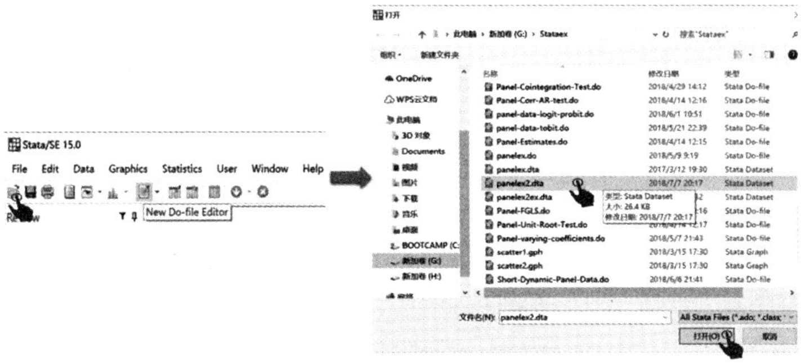

图 16 打开已有数据库

方法 2：用命令打开已有数据库，如下所示。

```
use " G: \ Stataex \ expanel. dta", clear          /* ----打开指定路径下的数据文件---- */
* 【注意】"/*...... */"、"*" 对命令进行注解，在 Stata 中不会被执行。
```

四、基本操作 4：描述性分析

描述性分析前，先打开数据，操作如下：

```
pwd                  /* --查看当前目录位置-- */
cd C: \ Stataex      /* ----指定默认路径---- */
use C: \ Stataex \ panelex2ex. dta, clear          /* --打开指定路径下的数据文件-- */
```

注意：对面板数据进行操作前，一定要运行下列命令，并定义面板数据类型：

```
encode province , gen (id)
/* ----生成新变量 id (取值为 1, 2, 3...) 替代 province---- */
/* 注意：若个体变量为 1, 2, 3…整数，就无需使用 encode 命令 */
xtset id year     /* ----告诉 Stata，该数据为面板数据---- */
//若是时间序列数据，用命令：tset year
//若是横截面数据，无需用 tset 或 xtset 命令
```

常见的描述性分析命令如下，命令有前缀 "xt" 一般是处理面板数据的命令，大多数命令去掉前缀 "xt" 就可以直接应用于横截面数据或时间序列数据，例如，下面的描述性统计命令：

```
/*-----描述统计-----*/
xtdes                                   /*----显示面板数据的结构----*/
xtsum q area farmm agchf provi year     /*显示面板数据的统计特征*/
xttab q in 1/100                        /*显示面板数据的分布频率*/
xttab q if q<=1000
/*-----注意：非面板数据将 xt 去掉即可使用-----*/
/*----xttab--使用命令：set maxsize #；Stata/MP 和 Stata/SE，允许的范围：
10 < # < 11000；Stata/IC：10 < # < 800，超过这个范围就会出错----*/
```

显示一定条件下的数据命令如下：

```
/*------------显示一定条件下的数据-----------------------*/
list q area in 4/10            /*显示指定变量从 i=4 到 i=10 的取值*/
l q farmm if q<=2000           /*显示指定变量满足 q<=2000 的取值*/
l q farmm if q>=2000 & farmm<=230
l q farmm if 2000>=q & q>=1500
```

下面是画数据折线图的命令和图片保存命令：

```
/*------------画图-----------------------*/
xtline q, overlay
/*-overlay：在同一图里画变量 q 的时间序列图，否则，画 n 个时间序列图；
非面板数据用 line-*/
graph save panel2, replace            //将图片保存至默认路径，图名为 panel2
```


五、基本操作5：变量命名、生成新变量、删减数据

生成新变量的方式如下：

```
/*-----生成新变量-----*/
g lnq=log (q)                  /*----对变量 q 取自然对数变换----*/
g lnarea=log (area)
g lnfarmm=log (farmm)
g lnagchf=log (agchf)
g qa=q*2-sqrt (area)           /*----sqrt 函数是开根号处理----*/
g qaa=exp (lnq)                /*----exp 函数是计算 e 的多少次方----*/
//生成虚拟变量的方法
g d_ qy2= (qy==2)              //如果是中部省市，生成虚拟变量 d_ qy2=1，
否则为 0。
g d_ qy3= (qy==3)              //如果是西部省市，生成虚拟变量 d_ qy3=1，
否则为 0。
tab qy , gen (dum_ qy)         //推荐使用该命令生成虚拟变量
/*tab 命令可用于字符型变量，有多少个属性就生成多少个虚拟变量*/
```

给变量命名：

```
//如果前面的操作中 lnq 变量生成错误，需要重新生成，则可以使用下列命令，
gen lnq=log (q+farmm)
drop lnq                          /＊--删除变量 lnq--＊/
g lnq=log (q)

＊或者运行下列命令：
rename lnq lnq1                   /＊--把变量 lnq 的名字换成 lnq1--＊/
g lnq=log (q)
```

删减数据的方法：

```
/＊----【以下命令慎用】----最好，事先备份一份数据库----＊/
drop farmm                        /＊----删除变量 farmm----＊/
drop if q<=1200                   /＊----删除数据库中满足 q<=1200 对应的变量值----＊/
keep q area                       /＊----仅保留变量 q 和 area----＊/
keep if q>=2300                   /＊----仅保留数据库中满足 q>=2300 对应的变量值----＊/
```

六、基本操作 6：回归结果对比、输出至 word、excel 等

如何将 Stata 回归结果输出至 Word、Excel 中，在同一表格中对比多个回归结果，操作如图 17 所示。

	(1)	(2)
	POOL11	FE1
lnarea	0.633***	0.864***
	(0.0251)	(0.0574)
lnfarmm	-0.0315	0.0429
	(0.0446)	(0.0355)
lnagchf	0.382***	0.311***
	(0.0569)	(0.0399)
_cons	0.552*	-1.463**
	(0.2167)	(0.5184)
N	986	986
adj. R-sq	0.9720	0.8518
AIC	-462.1	-1779.0
BIC	-442.5	-1764.4

Standard errors in parentheses
* p<0.05, ** p<0.01, *** p<0.001

？→

表 1　pool 回归与固定效应回归结果对比

	(1)	(2)
	POOL11	FE1
lnarea	0.633***	0.864***
	[0.0251]	[0.0574]
lnfarmm	-0.0315	0.0429
	[0.0446]	[0.0355]
lnagchf	0.382***	0.311***
	[0.0569]	[0.0399]
_cons	0.552*	-1.463**
	[0.2167]	[0.5184]
个体效应	-	控制
年份效应	-	-
N	986	986
adj. R-sq	0.972	0.8518
AIC	-462.1	-1779
BIC	-442.5	-1764.4

Standard errors in brackets
* p<0.05, ** p<0.01, *** p<0.001

图 17　如何将多个回归结果放到同一表格中进行对比分析

esttab 命令安装及使用说明（推荐使用）：

```
//esttab 命令安装、使用说明（推荐使用）
ssc install st0085_ 2                /＊----安装非 Stata 系统软件包----＊/
＊或在 Stata 命令窗口输入（推荐不知道软件包名时使用，最为有效。）
help esttab
＊找到 esttab 对应的软件包（与前面的软件安装演示步骤类似），点击安装即可。
＊注意：要联网使用。
esttab using test1. xls, ar2 (%8. 4f) se (%8. 4f) brackets aic bic mtitles replace
/＊---- (%8. 4f) 表示数据保留小数点后 4 位有效数字；star ( ＊ 0.1 ＊ ＊ 0.05 ＊ ＊ ＊ 0.01) 显著性水平，默认也显示；brackets 表示 se 放在中括号里，默认是小括号；ar2 表示修正的 R2，r2 表示 R2；se 表示标准误；aic、bic 是信息准则；mtitles 表示把 POOL11、FE1 作为标题名，默认是被解释变量名；using test1. doc 表示将回归结果保存至 Word 文档----＊/
reg lnq lnarea lnfarmm lnagchf, r          /＊----pool 回归，稳健估计----＊/
estimates store POOL11                     /＊--将回归结果保存至 POOL11--＊/

xtreg lnq lnarea lnfarmm lnagchf, fe vce (cluster provi)      //个体固定效应模型，组内估计
est sto FE1                                /＊--将回归结果保存至 FE1--＊/
esttab , ar2 (%8. 4f) se (%8. 4f) brackets aic bic mtitles       //默认展示最近一次回归的结果
esttab POOL11 FE1, ar2 (%8. 4f) se (%8. 4f)   star ( ＊ 0.1 ＊ ＊ 0.05 ＊ ＊ ＊ 0.01)
```


七、基本操作 7：条件回归（例如，分样本回归）

```
//分样本回归
xtreg lnq lnarea lnfarmm lnagchf if provi<12, fe vce (cluster provi)
//个体固定效应模型，组内估计，个体数小于 12 个的样本回归
```